流言与传奇

Eileen Chang 张爱玲评传

孔庆茂 著

商务印书馆
创于1897 The Commercial Press

2018年·北京

图书在版编目（CIP）数据

流言与传奇——张爱玲评传/孔庆茂著. —北京：商务印书馆，2013（2018.11 重印）
ISBN 978－7－100－09114－5

Ⅰ. ①流… Ⅱ. ①孔… Ⅲ. ①张爱玲（1920～1995）—传记 Ⅳ. ①K825.6

中国版本图书馆 CIP 数据核字（2012）第 083125 号

流言与传奇
——张爱玲评传
孔庆茂 著

商 务 印 书 馆 出 版
（北京王府井大街36号 邮政编码 100710）
商 务 印 书 馆 发 行
北 京 冠 中 印 刷 厂 印 刷
ISBN 978－7－100－09114－5

2013 年 8 月第 1 版　　开本 787×960 1/16
2018 年 11 月北京第 2 次印刷　　印张 29½
定价：65.00 元

目　　录

引子

张爱玲死了——

死在美国西海岸！

在漂泊海外半个世纪后，像一片落叶，无声无息地，离开了这个世界。

> 大的黄叶子朝下掉，
> 慢慢的，它经过风，
> 经过淡青的天，
> 经过天的刀光，
> 黄灰楼房的尘梦。
> ……

当人们发现时，她已经死去一个多星期了。

这天，西洛杉矶10911 Rochester Ave. 公寓的房东艾利塔·伊芙雷想起已有两个礼拜没有见到这个“非常瘦不爱讲话”的东方老太太了，这位一向独来独往的老太太年纪实在太大了，这么长时间没见她出来，实在叫人担心。

张爱玲的门锁着。伊芙雷给张爱玲住的那间屋门上留个字条，请张爱玲与她联络，结果几天没有回音；给张爱玲的房间打电话，也一直没有人接。伊芙雷顿感紧张，赶忙去敲张爱玲住的206室的门，还是没有人应声。她拿出自备的钥匙打开房门，一眼看见张爱玲躺在地毯上，已经死去很久了，她吓得立刻夺门而出，马上通知警方。

时间是 1995 年 9 月 8 日。

在偌大空荡的房间里，张爱玲已辞世六七天了。她神情安详地躺在地板上，盖着一条毯子，像睡着了一样……

她一生的“传奇”结束了！

第二天就是故国的中秋节，遥远的一轮大、圆、白的月亮，带着“但愿人长久，千里共婵娟”的诗意，又要勾起海外游子的天涯思情了。但张爱玲却没有等到。

隔着数十年的辛苦路往回看，再也望不见故乡那一轮明月，只留下谜一样的一段传奇，一曲悲歌，一个永远难圆的遗憾。

张爱玲的死，像天边一道隐隐滚过的雷，响在中国人的耳畔。她仅有的几个海外华人朋友夏志清、张错、林式同，在美国洛杉矶玫瑰墓场为她举行了追悼会。之后，她的骨灰被撒向太平洋中。

人生如梦，世事沧桑，一代才女就这样香消玉殒了。回首往事，那个曾红遍大上海的女作家，她过人的聪明，旷世的才华，悲欣交集的人生，包括她的痛苦、喜悦、失落、孤独、迷惘，都随着生命的终结而烟消云散，无影无踪。

逝者如斯，唯有感慨系之矣！

让时光倒流到七十五年前，在历史的弹指间，我们再一睹张爱玲传奇的一生吧。

> 人生到处知何似，应似飞鸿踏雪泥；
> 泥上偶然留指爪，鸿飞哪复计东西？

尽管这可能只是惊鸿一瞥，得其仿佛，不过，从中或许可以悟出点什么。

第一章　曲折的流年

真的家应该是合身的，随着我生长的，我想起了我从前的家。

……

古代的夜里有更鼓，现在有卖馄饨的梆子，千年来无数人的梦的拍板：“托，托，托，托”。可爱又可哀的年月呵！

——《私语》①

---

① 书中凡引文未注明作者的，皆为张爱玲作品。

童言无忌

七十多年前，一个大年初一，在天津。

在法租界区一条繁华的街道的北侧，一座豪华的宅院。古典式的朱漆大门两旁，蹲着两只雄伟高大的石狮子，巍峨地傲视着。这座宅院昔日通亮的光彩已经黯淡，颜色稍显斑驳，似乎有些过时，然而依然显示着高门贵族式的气势，门前站着巡警把守。一条林荫道由大门进去，直达花木丛中的欧式洋楼前，楼前有喷泉，有花坛，鹅卵石铺成图案的道路连接着洋楼的前后，偌大的院落寂静无声。

大年初一清早的鞭炮声在院外的天空中噼噼啪啪地炸响，一串一串的鞭炮声夹杂着各色焰火，热烈地欢迎着新的一年。在周围热烈的响声中，院内更显得寂静，静得冷清，静得沉郁，那是死一般无生气的寂静。洋楼的主人，一个皮肤黝黑而瘦削的老人，穿着一件青布长袍，斜靠在藤椅里，一手抽着大烟管，一手握一卷旧得发黄的线装书，有气无力地吟哦着混浊得听不清的诗句，窗外依然是热闹的鞭炮声，但这仿佛一点也不能影响到他似的，其实他只有三四十岁，那神情却是六十多岁人的。雕刻着花纹的旧式铜床，柜里布置的古董，墙上的已略变黄的旧字画，满屋浓温的烟雾，都显示着这家主人的身份。

日上竿头，鞭炮渐稀，“咚咚”、“啪啪”，一声疏似一声。

楼上，一个小女孩在梦里被惊醒，翻身一看，第一个反应就是大哭：

“热闹已经过去了，没有我的份啦，哇——”

佣人们赶快抱她起来，女佣何干把新衣给她穿上，“小煐子不哭，快穿上新鞋出去玩”。

“穿上新鞋也赶不上了。”又是大哭，倒在床上哭，不肯起来。

童言无忌——是的，“繁华已经过去，穿上新鞋也赶不上了”。

这句话被她不幸说中了，这个名叫张煐的小女孩，就是张爱玲①。

李鸿章的曾外孙女

张爱玲出生在上海，两岁时随家搬到天津。

张爱玲三岁就会背唐诗了，坐在父亲的身旁，依旧是一炉温火，满室烟香，四壁书画，她静静地坐着，想起女佣晚上在床上教她背的唐诗来，便站在父亲膝下背给父亲听——

> 商女不知亡国恨，
> 隔江犹唱后庭花。

她不知为什么父亲默默无语，黯然神伤，两行浊泪落在腮边。多年后张爱玲历经沧桑才了解这人世的含义。

这个大家庭败落了。然而当初是何等的荣光，何等的辉煌。

张爱玲的祖父张佩纶是清朝末年的大名士。张佩纶（1848—1903），字幼樵，二十二岁即中同治辛未科进士，授编修，光绪元年（1875）朝廷大考，考得一等第一名，授翰林院侍讲，又晋升为日讲起居注官，伴随光绪皇帝左右。少年金榜题名，青云直上，这是张家从未有过的荣耀。这位张大才子在京做官，年少气盛，负一世之誉，抱有壮志雄心，与李鸿藻、

① 本章除注明出处外，主要见于张爱玲的《私语》和《童言无忌》。

张之洞、陈宝箴等京官名流正是书生意气，挥斥方遒，对曾国藩、李鸿章的定国大计颇为不满，慷慨激昂批评时政，是清流派的主力。张佩纶为官清廉，虽然做着翰林院侍讲，但仍是稀粥白饭，对那些轻裘肥马、锦衣玉食、华屋高堂、拥姬挟妾的达官贵人，不管是朝中清贵还是封疆大吏，只要一有劣迹落在他手，一本参奏就直递皇帝，笔下来得快，语言又犀利，条分缕析，耸人听闻，颇得光绪“嘉许”。因此，他愈发敢言，一个接着一个参奏，参了抚督参藩司，劾罢六部劾九卿，半年时间，不知多少个红翎顶戴被他这一枝利笔拔掉，弄得朝野人士没有一个不怕他的，连后来做了他岳父的李鸿章也差一点被劾。

张佩纶是清流派的中坚。他满腹经纶，评议朝政，对外交力主抵抗。当时法国入侵越南，把攻占越南作为入侵我南疆的基地，张佩纶连向光绪皇帝上十数次奏疏，献抗法策略，不仅赢得满朝清誉，更博得光绪皇帝的赏识，1884 年被钦差福建办海防事宜。他踌躇满志，要在这里一展雄才，可是书生大言，纸上谈兵，碰到实际却一筹莫展。一夜之间，被法军统领孤拔打个大败，身为主帅的张佩纶临阵脱逃，被朝廷革职充军，流放东北，声名扫地。行到塞外时他有一首写得很好的诗《居庸》说：

落日黄沙古堠台，清时词客几人来？
八陉列戍风雨阔，重驿通商锁钥开。
暮禽晓兽吹旅梦，长枪大戟论边才。
从今咫尺天都远，疲马当关首屡回。

仍然书生大言，狼狈相可哂。

几年以后的光绪十四年（1888），他刑满回来，已四十出头，不复是当年风流自命的倜傥才子，而是“尘满面鬓如霜”的落魄谪宦，漂沦京师，而且正是夫人已逝新赋悼亡的时候。然而一个好运等待着他，当年清流派的对头李鸿章居然不计前嫌，将他招致幕下，成为中堂大人的“西席”；更大的好事还在后头，李鸿章把幼女李菊耦慨然许配了他，张佩纶从“西席”一变而成为“东床”。曾朴的《孽海花》第十四回说：

> 有一天，威毅伯（即李鸿章）有点感冒，忽然要请仑樵（即张佩纶）进去商量一件公事。仑樵见召，就一径到上房而来，刚一脚跨进房门，忽觉眼前一亮，心头一跳，却见威毅伯床前立着个不长不短、不肥不瘦的小姑娘，眉长而略弯，目秀而不媚，鼻悬玉准，齿列贝编。仑樵来不及缩脚，早被威毅伯望见，喊道：“贤弟进来，不妨事，这是小女呀——你来见见庄世兄。”那小姑娘红了脸，含羞答答的一笑，向仑樵福了福，就转身如飞的跳进里间去了。仑樵还礼不迭。威毅伯笑道：“这痴妮子，被老夫惯坏了，真缠磨死人!”仑樵就坐在床边，一面和威毅伯谈公事，瞥目见桌上一本锦面的书，上写着《绿窗绣草》，下面题着“祖玄女史弄笔”。仑樵趁威毅伯一个眼不见，轻轻拖了过来，翻了几张，见字迹娟秀，诗意清新，知道是小姑娘的手笔，心里羡慕不已。忽见二首七律，题是《基隆》。……

诗是这样写的：

> 基隆南望泪潸潸，闻道元戎匹马还。
> 一战岂容轻大计，四边从此失天关。
> 焚车我自宽房琯，乘障谁教使狄山。
> 宵旰甘泉犹望捷，群公何以慰龙颜？

痛哭陈词动圣明，长孺长揖傲公卿。
论材宰相笼中物，杀贼书生纸上兵。
宣室不妨留贾席，越台何事请终缨！
豸冠寂寞犀渠尽，功罪千秋付史评。

这两首诗是针对张佩纶而言的，既有责备他书生气的一面，又回护他，说他虽然疆场败北，却是不可多得之才，因此：

当下仑樵看完了，不觉两股热泪，骨碌碌落了下来。威毅伯在床上看见了，就笑道："这是小女涂鸦之作，贤弟休要见笑！"仑樵直立起来正色道："女公子天授奇才，须眉愧色，金楼夫人、采薇女史不足道也！"威毅伯笑道："只是小女儿有点子小聪明，就要高着眼孔。这结亲一事，老夫倒着实为难，托贤弟替老夫留意留意。"仑樵道："相女配夫，真是天下第一件难事！何况女公子这样的才貌呢！门生倒要请教老师，要如何格式，才肯给呢？"威毅伯哈哈笑道："只要和贤弟一样，老夫就心满意足。"

张佩纶怔了怔，立刻悟出李鸿章的意思，回去之后托人求婚，李鸿章竟满口答应，一个老才子，一个俏佳人，组合成一个家。后来，就有了张爱玲的父亲张廷众（志沂），也就有了后来文坛上大红大紫炫人眼目的张爱玲。

张佩纶由清流入赘相府，但他对李鸿章并不是完全赞同，仍然带着清流党的眼光看李鸿章，可是却不便批评作为岳父的中堂大人。所以，不久告老还乡，与少夫人吟诗对句，过着悠游林下的生活，惹得一般文人名士极度艳羡，把这个佳话编得更加有声有色。

孤独的秋千院落

然而，到了张爱玲父亲张志沂（廷众）的时候[1]，却又换了一番天地。清朝灭亡了，这个大家庭的威风也黯然失色。虽然张廷众还可以靠着张佩纶李菊耦的万贯家产无所事事，摆阔少爷的威风，但光景已不同往日，他过早地成为一个遗少，带着没落贵族的陈腐味。他还年轻，托人在津浦铁路局谋了个英文秘书的职事，但浪荡公子的游手好闲、挥霍无度、讲派头、爱排场、吸大烟、逛堂子的本领，他统统都擅长。不幸的是他娶了一位受西方新思潮影响的姑娘为妻；这个姑娘当然更不幸，嫁了这样一个守旧顽劣的丈夫，所以这个看起来富丽堂皇气势俨然的家，其实非常的沉闷不和谐。

他的妻子黄逸梵是清末南京长江水师提督黄军门黄翼升的孙女，黄宗炎的女儿[2]。黄翼升是曾国藩部下，武功卓著，慈禧太后时加尚书衔，谥武靖。黄宗炎因父功袭男爵，官广西桂平梧盐法道。黄逸梵深受当时林译小说《茶花女》的影响成为新式女性。她虽出生于清朝武将家中，但家庭环境却还开明，接受了新式教育，人又聪慧，个头高挑，清秀又漂亮，洋溢着一股新时代女子蓬勃的朝气，与张廷众老气横秋的遗老气息简直格格不入。

黄逸梵是被迫与张廷众结婚的。她是李鸿章的远房外孙女，她的表姊

---

① 张爱玲父亲原名志沂。张志沂有一个异母的兄长志潜，还有一个同胞妹妹张茂渊。张爱玲从小名义上过继给伯父为女。

② 参见张子静《我的姐姐》。

妹也是张廷众的远房表姊妹，所以算来两人的婚姻是“亲上加亲”。张爱玲从小就一直听人说母亲像外国人，头发不太黑，皮肤也不白，深目高鼻，薄嘴唇，有点像拉丁民族。黄逸梵的家族是明朝时从广东搬到湖南来的，她会不会是混血儿？张爱玲对母亲的血统后来很感兴趣，看了许多人种学的书，最终也没有弄明白①。

张爱玲的母亲黄逸梵受过西式教育，又聪慧又漂亮，洋溢着一股新时代女子蓬勃的朝气。这是她与张廷众居住在北京时所摄。

黄逸梵是一个新式女性，然而她也没能逃脱包办婚姻的命运，自伤遇人不淑，整日闷闷不乐。但她已不是那种“嫁鸡随鸡、嫁狗随狗”，甘心逆来顺受的女人，她在用自己微弱的力量与不幸的命运抗争，一有可能就要离婚。她不关心家中的事，与丈夫话不投机，沉默不言，花精力学钢琴、读外语、裁衣服，好在小姑子与她一样，看不惯哥哥败家子脾气，姑

① 参见张爱玲《表姨细姨及其他》。

嫂两人意气相投，形同姐妹，暂时稳住了这个名存实亡的家。

《茉莉香片》中那个从未爱过丈夫的冯碧落也许就是黄逸梵，而且两人的婚姻都是父母包办的“亲上加亲”。

年幼的张爱玲就生活在这样的环境中。

她随父亲搬到了天津的这所旧宅，是当年她祖父娶李鸿章的小姐时新建的宅院，古典式朱门高墙围着的雕梁画栋的亭台楼阁，住宅楼内正房、偏房数十间，各种漆红的名贵家具，她依稀记得在这暖融融的卧室内，每天早上女佣把她抱到铜床上去，趴在方格子的青锦被上，被佣人逗着玩，跟着女佣一句一句不知所云地背着唐诗，下午，趴在床边，由女佣教她认字，每天认识两个字后，可以吃到两块绿豆糕。

院里有个秋千架，一个高个子的丫环，额上有个疤——被唤作“疤丫丫”——和她在院里玩。疤丫丫荡秋千荡到最高处，忽地翻了过去，很好玩。后院里养着鸡，夏天中午，小煐子上穿白底小红桃短纱衫，下穿大红裤子，坐在小板凳上，喝完满满一小碗淡绿色、涩而微甜的六一散，一边翻看一边念着谜语儿歌：

> 小小狗，走一步，咬一口。

谜底是剪刀。还有一首描写最理想的半村半郭的隐居生活，后来只记得一句“桃枝桃叶作偏房”，似乎已不大像儿童的口吻了。

天井下的一角架着个青石砧，有个稍通文墨、胸怀大志的男佣人，常用毛笔蘸了水在那上面练习大字。这个男人瘦小清秀，常常讲《三国演义》故事给煐子听，煐子很喜欢他，替他取了一个莫名其妙的名字叫“毛物”。“毛物”的一家很可爱，两个弟弟就叫“二毛物”、“三毛物”，“毛物”的妻子就成“毛物新娘子”，简称“毛娘”。“毛娘”生着红扑扑的鹅蛋脸，水汪汪的眼睛，一肚子“孟丽君女扮男装中状元”故事，引逗煐子的好奇心。后来那个疤丫丫就嫁给了“三毛物”。

煐子有个比她小一岁的弟弟，名唤子静，乳名小魁，清秀得像母亲，那样小巧的嘴巴，大眼睛与长睫毛，皮肤雪白的，长得很美。这么小巧清秀的五官生在男孩身上真是糟蹋了，要是生在姐姐脸上该有多好，可惜，张煐不像母亲。长辈们逗小弟弟：“你把眼睫毛借我好不好，明天就还你。”他总是一口回绝。有一次，别人谈起一个女人真漂亮，弟弟在旁边天真地问：“有我好看么?”别人都笑他虚荣。

男孩是宝，女孩是草，何况子静还是这么漂亮的小公子，自然是家里最受宠爱的宝贝了。姐弟两个地位的不平等，也影响到带他俩的两位女佣的不平等。领煐子的女佣名何干，领弟弟的女佣名张干。张干裹着小脚，伶俐要强，处处占先。何干因为带的是个女孩子，自觉心虚，凡事都让着张干。四岁的煐子已经意识到了平等的问题，不甘心，常常和张干争吵。张干看着这个不饶人的小姑娘，就故意气她：

“你这个脾气只好住独家村！希望你将来嫁得远远的——弟弟也不要你回来!”

张干能从手指抓筷子的位置预卜她将来的命运，骗她说：“筷子抓得近，嫁得远。”

煐子赶快将手指往上移，慌忙问道：“那抓得远呢?”

“抓得远当然嫁得远了。”气得小煐子说不出话来。

一语成谶！小时的笑话果真不幸地应验了，张爱玲后来“嫁”到了大洋的对岸，再没有回来过，直到去世，也未能再看到家与她的弟弟。人生真像是命中注定的一样。

不过，当时幼小的她，过早地意识到男女平等的问题，便要锐意图强，一定要超过弟弟。

胜过弟弟，实在太容易了。弟弟多病，东西必须扣着吃，非常馋嘴，看见别人嘴动便要哭着吃松子糖，除了一副漂亮的长相外，其他什么也不行。姐姐比他身体好，比他会说话，比他聪明。他有时嫉妒姐姐的画，趁没人的时候拿来撕掉或涂两道黑杠，算作报复。多年以后，张爱玲在她的文章里还回忆小时候与弟弟在一起的游戏：

> 一同玩的时候，总是我出主意。我们是“金家庄”上能征惯战的骁将，我叫月红，他叫杏红，我使一口宝剑，他使两只铜锤，还有许许多多虚拟的伙伴。开幕的时候永远是黄昏，金大妈在公众的厨房里咚咚切菜，大家饱餐战饭，趁着月色翻过山头去攻打蛮人。路上偶尔杀两头老虎，劫得老虎蛋，那是巴斗大的锦毛球，剖开来像白煮鸡蛋，可是蛋黄是圆的。我弟弟常常不听我的调派，因而争吵起来。他是“既不能命，又不受令”的，然而他实在是秀美可爱，有时候我也让他编个故事：一个旅行的人为老虎追赶着，赶着，赶着，泼风似地跑，后头呜呜赶着……没等他说完，我已经笑倒了，在他的腮上吻一下，把他当个小玩意。

不懂事的孩提当然只沉醉于童话世界，她还完全不懂大人的事情。她的父亲寻花问柳，别置姬妾，居然要带着她到姨太太居住的“小公馆”去玩，抱着她走到门口，小煐不肯去，拼命扳着门，手脚乱踢，父亲气得把她横过来照屁股上打了几下，终于抱去了。到了“姨奶奶”那边，像家里布置的一样，小公馆里有红木家具，云母石心子的雕花圆桌上放着高脚银碟子，“姨奶奶”很热情地敷衍她，小煐子觉得很好玩，吃了许多糖。

小煐子当然不知道所谓“姨奶奶”的含义到底是什么。而她的母亲，对这些事已经司空见惯，她知道丈夫在外的放荡生活，但是懒得计较，懒得理会，她对这个家庭、这个阔少已不抱多大希望，只是因为这两个孩子，在勉强地维系着两个人的关系。她的母亲像一切现代年轻姑娘一样爱美，家庭的不幸更使她这样，她常和小姑子张茂渊一同上街挑选布料，回来在大镜子面前比试、裁剪，若无其事的样子。

父亲总爱在旁小声嘀咕："人又不是衣裳架子。"可能因为姨太太的事，自己也心虚三分，虽然不满，但理不直、气也不壮。

照例是沉默作答。

张煐在旁边天真地看着妈妈，这个身材高挑、容颜清秀的湖南姑娘，带着湘妹子的泼辣、坚韧与漂亮，穿一件色彩鲜艳的衣服在镜子里花面相映，显得更美了。母亲站在镜子面前理理秀发，在绿短袄上别上翡翠胸针。煐子在旁边仰脸看着，羡慕万分，自己简直等不及长大。母亲弯下腰，捧着她的小脸："漂亮吗？"她兴奋得像做宣告："我也要这样，八岁我要梳爱司头，十岁我要穿高跟鞋，十六岁我可以吃粽子汤团，吃一切难于消化的东西。"母亲看着这个心高志远的女儿，差一点掉泪。

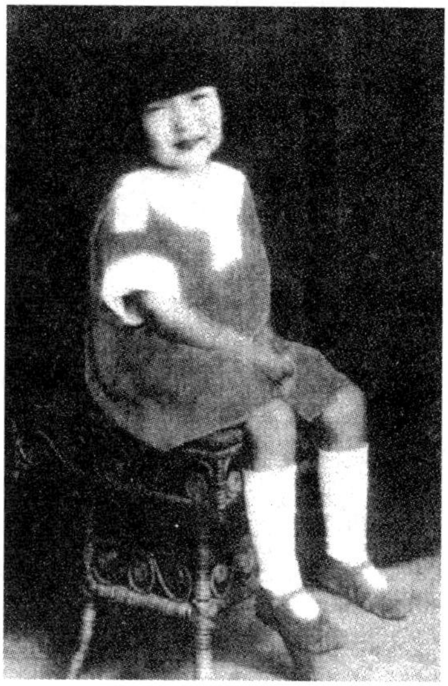

四岁的小煐子恐怕还不知道什么叫"ailing"吧！

母亲与姑姑要一同出洋，到法国去了，这一年张煐四岁。母亲临别那天上船前还伏在竹床上痛哭，绿衣裙上亮闪闪的装饰小片在她身上颤颤地发光，佣人几次来催说已经到时候了，她好像没有听见，也不回答。佣人把小煐子抱在母亲面前，教她对妈妈说：“婶婶，时候不早了[1]。”母亲只是哭，趴在那里，身上像船舱玻璃上反映出的海，绿色的小薄片，然而有海洋无穷尽的颠簸悲恸，急得小煐子手足无措，但她却没哭。

母亲走了之后，姨奶奶就干脆搬进来住了。家里很热闹，常常有宴会，很好玩。姨奶奶原是一位妓女，名唤老八，比小煐子的父亲年纪还大一点，苍白的瓜子脸，垂着长长的前刘海。这位姨奶奶倒有一点好处，不喜欢弟弟，而很抬举煐子。每天晚上到起士林舞厅去跳舞，带着小煐子去看。小煐子就坐在桌子边，桌上摆的蛋糕上的白奶油高与眉齐，她吃完后在昏黄微红的烛光里渐渐睡着了，照例到三四点钟伏在佣人的背上回家。姨奶奶高兴了，还替她做顶时髦的雪青丝绒的短袄长裙，讨好地逗她道：“看我待你多好！你妈妈替你们做衣服，总是拿旧的东拼西改，哪儿会舍得用整幅的丝绒？你喜欢我还是喜欢你妈妈？”张煐爽快地回答“喜欢你”，长大后每想起自己这句傻话，张爱玲就觉得不安，好像对不起妈妈似的。

但姨太太毕竟是姨太太，从见惯荣华热闹的地方来到这样一个沉闷无生气的家，日子久了脾气变得越来越坏，连张煐的父亲也打了，最后被族人逼迫离开了张家，佣人们都说：“这下子好了。”

破碎的家园

五岁时，家里给张煐和弟弟请了私塾先生，开始了私塾蒙学。塾师是

---

① 小煐子在名义上算是过继给伯父志潜的，虽然她一切仍在自己家里，但对父母却唤叔叔婶婶。

一个三家村学究，头脑冬烘的老夫子，每天端坐在窗前，摇头晃脑地教他们背文句深奥的四书五经，姐弟俩都不懂，也不知所云地跟着老先生摇头晃脑背书，背的是什么内容，一概不明。

这一段时间张煐常常为背不出书而苦恼，读到“大王事獯于……”更难，她灵机一动，把它改为“大王嗜熏鱼”，竟然歪打正着地记住了，小时候背的这些经文，她记得最牢的还是这一句。可怜的小姐弟俩被这位私塾先生弄得头昏脑涨，苦不堪言。张煐常常坐在讲堂里幻想，想到妈妈在法兰西，法兰西是什么样子？该是微雨的青色，像浴室里的瓷砖那样明媚，沾着生发油的香味吧。看着“英格兰”三个字，她想起蓝天下的小红房子。她的心早已飞出课堂，遨游于世界了，将来长大，一定要到各地去看看。但现在不行，还得坐在这里受苦，她盼望快快长大，再也不在这里受着老师的摆布。但越是性急，越觉得日子太长。童年的一天一天，温暖而迟慢，正像老棉鞋里的粉红绒子上晒着的阳光，春日迟迟的童年哟！

她已开始看小说了。父亲除了吃喝嫖赌外，也爱看通俗小说。清末民初的白话小说，当时流行的鸳鸯蝴蝶派或旧言情小说，像《歇浦潮》、《醒世姻缘传》、《海上花列传》等，家里堆了不少。还有一摞摞乱摊着的通俗小报。这些给了煐子一个新的天地，她发现小说里的生活比现实更诱人，让人着迷，让人沉醉，她找到了乐趣。而她弟弟，仍懵懵懂懂地跟着私塾先生作策论，姐姐已经开始读新文学名著、写小说了，弟弟仍在家被逼写《汉高祖论》呢。

到了八岁那年，张爱玲父亲由于吃喝嫖赌声名狼藉，英文秘书这个小小官差也被撤了，姨太太也走了。张廷众写信给国外的妻子，答应戒鸦片，不再纳妾，要妻子回来，为了避免以前不愉快的回忆，把家又由天津迁往上海[1]。乘船从海上走，小煐子第一次见大海，只觉得坐船经过黑水洋、绿水洋，仿佛的确是黑的漆黑，绿的碧绿，她很高兴。晚上睡在船舱里读《西游记》。到上海后，她穿着粉红底的洋纱衫裤，上面飞着蓝蝴蝶，坐在高大的马车上，四顾热闹繁华的街道，非常神气快乐。她的一家住着很小的石库门房子，红油板壁，这种色彩对于她是一种紧紧的硃红的快乐。

但是父亲打了过量的吗啡针，好像快不行了。他独自坐在阳台上，头上搭一块湿手巾，两眼呆滞地直视，张煐印象中最深的是檐前哗哗下着牛筋绳索那样粗而白的雨，父亲呆坐着，嘴里喃喃地说着听不清楚的话。看到这情景，煐子想到了死，她有些害怕。

女佣高兴地告诉她："煐子，快，妈妈要回来了。"煐子很高兴，妈妈是什么样子她都记不得了，但要见到妈妈了，她仍然是非常莫名其妙地兴奋。吵着给她穿上小红袄，这是她最俏的衣服，等着妈妈的到来。

妈妈回来了，看见煐子穿着很小很紧的小红袄，第一句话就说："怎么给她穿这么小的衣服？"不久，就为她做了漂亮的新衣服，把她打扮得更漂亮了。她的父亲见到妻子回来，痛悔前非，又想与妻子和好，被送到医院里去治疗。煐子的家又搬到一所花园洋房里住，那里有狗、有花、有童话书。家里铺着玫瑰红的地毯，椅子上套着蓝色的椅套，她与弟弟的房间都是橙红色墙壁，温暖而又亲近。

妈妈与姑姑的归来，为家里陡然添了热闹与欢笑。妈妈、姑姑还有一个胖的伯母，常在一起谈笑，她们的衣着很鲜美。煐子坐在地毯上，看妈妈和胖伯母坐在钢琴边，模仿一出电影里的恋爱表演，看着看着，大笑起来，兴奋地在狼皮褥子上滚来滚去。母亲与姑姑钢琴都

---

① 参见张子静《我的姐姐》。

弹得很好。姑姑每天都练习钢琴，伸出白嫩纤细的小手，手臂上紧匝着绒线衫的窄袖子，大红的绒丝里绞着细银丝，琴上的玻璃瓶内摆着鲜花，美丽精致的窗子，婉转轻扬的钢琴声，妈妈站在姑姑身边伴唱。多么有诗意的生活①！

张爱玲（中）与三个表姐、一个表弟合影

家里好像换了新的天地，煐子高兴得简直要手舞足蹈。她写信给天津一个玩得很好的小伙伴，描写她新的家，写了整整三张纸，还觉得意犹未尽，画了图画，画中的小人儿坐在蓝椅子上，玫瑰红的地毯，橙红的墙壁，也要让她的小朋友分享她的快乐。

就在之后的1930年，张家又起了一场风波，张爱玲的伯父、父亲、姑姑原来都住在一起，没有分家，家产都由伯父志潜代管，由于人口众多居处不便，便议分家。房地不动产好办，易于分割，但张佩纶收藏的大批古籍有数百箱，其中大批宋元善本价值连城，志潜意欲独占，引起异母的弟

① 参见张爱玲《谈音乐》。

妹不满，志沂、茂渊将志潜告上法庭，双方都请了名律师对簿公堂。张志潜用金钱打通了所有关节，并许诺给志沂一大笔金钱，张爱玲的父亲爱钱，便主动向法庭撤诉。志沂的撤诉使他妹妹张茂渊败诉，这批古籍便都归于志潜，也使得兄妹感情降至冰点①。

这时的张煐已经懂事，在她后来的小说《小团圆》中，仍可看出这场官司的影子。她已在学写小说了。但她幼小的心灵中，还抹不去父母不和的阴影，母亲走后让人窒息的家的气氛，她有点悲剧的感伤。七岁那年还在天津时，她就开始写第一篇小说，这是一个家庭伦理悲剧：一个小康之家姓云，主人娶了一个媳妇名叫月娥，有个小姑子叫凤娥，哥哥出门经商去了，于是凤娥就定计来谋害嫂嫂。故事很简单，她还有许多字不会写，遇到笔画复杂的字，要常常跑去问厨子怎么写。这篇小说还没写完她就没有兴趣了，又构思第二篇小说。这是一部历史小说，开头一句就大大气气："话说隋末唐初的时候……"，在她幼小的头脑里，这个时代仿佛是一个轰轰烈烈橙红色的英雄时代。这开头的一句话，惹来一个亲戚的称赞："喝！写起《隋唐演义》来了。"她非常得意，但起了个头就不往下写了，觉得有这样一个壮观的开头就够人回味了。她又写了一个女郎因失恋而自杀的故事，妈妈看过批评她说："如果女郎要自杀，她决不会从上海乘火车到西湖去沉水。"可是，煐子觉得西湖是一个很富有诗意的背景，坚持自己的写法，不肯把"西湖"换成"上海"。

看了《西游记》等神话小说和一些童话后，张煐又写了一篇《快乐村》。快乐村人是一个好战的高原民族，因战胜苗人有功，蒙中国皇帝特许，免征赋税，享有自治权，快乐村是与外界隔绝的大家庭，自耕自织，保留着原始部落时代活泼的文化。张煐特地把半打练习簿合订在一起，打

① 参见张子静《我的姊姊张爱玲》，又详见周慧惠《张爱玲家族的宋版书官司》。

算写一本洋洋洒洒的长篇大作，并且亲手为自己的小说画了插图，介绍快乐村里的景象：图书馆、演武厅、巧克力店、屋顶花园等等，但不久她就对这个伟大的题材失去了兴趣，只是亲手画好的插图还一直保留着①。

写小说、画画、弹钢琴，这么多好玩的东西，该把什么作为自己未来终身的职业呢？煐子很费了一番神，拿不定主意。在看过一部描写穷困潦倒的画家的影片后，她哭了一场，决定做一个钢琴家，在富丽堂皇的音乐厅里演奏②。

姑姑弹钢琴的姿势非常优雅，纤细柔白的手，扎着漂亮花绒的衣袖，钢琴上方的花瓶中点缀着鲜艳可人的花枝，母亲在琴边练唱，声音柔弱娇美，她的衣服是秋天落叶的淡赭，肩上垂着淡赭的花球，永远有飘堕的姿势。煐子被这样温暖的气氛感染，在一旁羡慕地说："我要弹得这么好就好了！"跃跃欲试，母亲与姑姑认为她是懂音乐的小孩，孩子的音乐天赋不能埋没，立即送她去学琴。母亲对她说："既然是一生一世之事，第一要知道怎么爱惜你的琴。琴键一个个雪白的，没洗过手不能碰。"妈妈每天用一块鹦哥绿绒布亲自揩去钢琴上面的灰尘，还带她到音乐厅去欣赏。

她的母亲受了西方式的教育，认为一个大家闺秀应当成为有艺术天分有教养的优雅淑女，钢琴是淑女修养中最基本必须的内容，因此，母亲决定按照自己的意愿把小煐子培养成一个淑女，有弹奏钢琴的高雅的本领。聪明的小煐子对什么都爱好，什么都一学就会，对色彩、音符、字眼极为敏感，像她写小说、绘画一样，充满了想象力：当坐下来弹奏钢琴时，她想象那八个音符像八个小朋友那样有不同的个性，穿戴了鲜艳的衣帽携手跳舞。一切都充满美丽色彩，漾溢着诗意……

---

① 参见张爱玲《存稿》。

② 参见张爱玲《天才梦》。

她后来说这是她一生中最具有淑女风度的生活，常充满少女的优裕的感伤，看到书里夹一朵花，母亲说起这花的历史，竟感伤地掉下泪来，母亲对小弟弟夸奖姐姐懂事，她“一高兴眼泪也干了”。

可是，这段充满诗情画意的生活被无情的现实粉碎，一场悲剧又降临了。

张煐父亲的病治好了，这本来应当是大可庆贺的好事，可是，父亲终究是个灾星，像《茉莉香片》中的聂介臣、《多少恨》中的虞老先生一样，使家庭蒙上抹不去的阴暗。

父亲病好以后，对自己病重时的“痛悔”又“反悔”，又开始吸大烟了。全家生活费他自己一点不出，全要由小煐子的母亲贴钱。他打着如意算盘：想把妻子的钱逼光了，到那时，她想走也走不掉了，只好乖乖地留在家中侍候他。但妻子黄逸梵是受过西式教育的人，有平等自由的观念，在财产上坚持自食其力、人格独立，她同小姑子一样，对最疼爱的女儿、儿子也是要他们自立，不主张儿女过多依赖父母，更不要说对这个好吃懒做、寄生虫般的无赖丈夫了。于是夫妻俩激烈地争吵，仆人们也吓慌了，忙把煐子和弟弟拉出来，叫他们乖一点，少管闲事。煐子和弟弟在阳台上听着，静静地骑在小三轮脚踏车上，听着里边吵，两人都不做声。

无休止地争吵，黄逸梵铁了心，延请律师逼迫丈夫协议离婚。

两个孩子归父亲，母亲搬出去住。因为姑姑向来看不惯她哥哥，也与小煐子的母亲一起搬走，到一所巷堂房子里住。虽然父母离婚没有征求过小煐子的意见，她却是赞成的，因为父亲的这个家简直没办法使母亲再待下去。母亲对于儿子的教育成长没有要求，但在离婚协议中对张爱玲的教育问题丝毫不让步，以后女儿要进什么学校读书，须先征求她的同意。同时离婚协议上写明，她与弟弟可以常去看母亲。她觉得这多少也是一种安慰了。

父母离婚后，她与弟弟跟着父亲在家中，父亲每天看管着这对孩子，也给他们讲点什么诗词小说之类的东西，但他的脾气喜怒无常，随兴之所至，高兴了教他俩学一点，不高兴就不管或打骂训斥。快十岁的小煐子还这样在家中闲着，母亲很担心荒废了她与弟弟的学业，和父亲争执，但父亲一再大闹死活不依，要留住他俩在身边。母亲内心非常苦恼，终于瞅准机会，像拐卖幼儿的人贩子一般，把小煐子拎了去，送到学校住读。在填写入学证的名字一栏时，她觉得“张煐”这个乳名嗡嗡的不甚响亮，颇费踌躇，不知道填什么好，支着头想了一会儿，说：“暂且把英文名字胡乱译两个字吧，就叫——‘爱玲’吧。”以后母亲嫌这个名字太俗，屡屡想给她改一个更好的名字，但却没有改①。谁能想到，“张爱玲”这个极“俗不可耐”的符号，后来却极不俗气地在文坛上叫响了。

“爱玲”这个字译自哪个英文词，她本人没有说，也没有人考证过。我颇疑心是“ailing”这个词的音译，直接来源于英文，如果成立，那么“爱玲”的英文意思就是：烦闷的、景况不佳的。从当时她母亲的心情处境来看，下意识地取这个名字很有可能。张爱玲的一生始终与烦恼为伴，这个名字似乎就是一个不幸的征兆②。

爱玲进入了上海黄氏小学，她已经十岁，语文程度已不错，又在家中稍稍地学习了英文，因此，进校就从四年级读起。她有时候在父亲的家中住，有时跑到妈妈与姑姑家中住，虽然父母离婚了，她倒并不觉得比以前更不幸。

但是，不久妈妈又要独自赴法国了。她是一个独立要强的女性，对不

---

① 参见张爱玲《必也正名乎》。

② 后来她的朋友炎樱一直嫌“爱玲”这名字太难听，所以只喊她“张爱”。炎樱不懂中文，无所谓俗气与否，“爱玲”与ailing发音太接近，从语意上所以不喜欢这名字，这也是一个证据。

幸婚姻勇于抗争，勇敢地寻找自己的爱情，在英国爱上一个做皮具生意的美国男子，1941年底新加坡沦陷时，这个男子死于炮火①。在上世纪三四十年代，离婚在中国一般世俗的眼中还是不能理喻的，世俗的眼光仍会给她不小的压力。

妈妈走以后，后来又回国过一次，但后来又走了，到新加坡、印度，后来又到英国，最后客死于英国。

“他母亲没有爱过他父亲——她爱过别人么？……亲友圈中恍惚有这么一个传说。”《茉莉香片》中冯碧落的婚姻由父母包办，但她结婚后仍爱着以前的恋人言子夜，言子夜劝她与他一道出国留学，可是碧落不能这样做，“她得顾全她的家声，她得顾全子夜的前途”。冯碧落是封建婚姻的牺牲品，“她是绣在屏风上的鸟——悒郁的紫色缎子屏风上，织金云朵里的一只白鸟。年深月久了，羽毛暗了，霉了，给虫蛀了，死也还死在屏风上”。而张爱玲的母亲唯一不同的，她是关在笼子里的鸟，开了笼，会飞出去的。

哪怕她在异国他乡飞来飞去无枝可依，或折了翅飞不起，即使不幸，然而她却是自由的。没有比自由与尊严再重要的了，像几十年之后的女儿一样。

莫非这是宿命？

为了摆脱这个艰难处境，黄逸梵又一次赴法国读书。她将要走时，到学校来看爱玲。爱玲的性格已有点像她母亲，那样坚强或者说无情，能抑制自己的感情不流露出来。妈妈来告别了，她很平淡地与妈妈告别，没有任何依依惜别的表示，妈妈也像是很高兴，这么一个母女分离的时刻，就这么平平淡淡光滑无迹地度过。爱玲暗中想：“妈妈一定要骂我狠心。”但

① 参见张子静《我的姊姊张爱玲》。

还是咬咬牙等妈妈出了校门。站在校园里，隔着高大的松杉漠然地远远望着那关闭了的红铁门，渐渐地，她的视线模糊了，眼泪来了，在寒风中大声地抽噎着，哭给自己看。

母亲走了，但姑姑仍住在这个家中，姑姑的家中仍然留有母亲的空气，纤灵的七巧板桌子，轻柔的颜色，还有一些她所不明白的可爱的人来来去去，家里仍是漾溢着和谐欢乐的气氛，不论是物质上还是精神上，姑姑的家中都是真的善的美的，给爱玲以满足与愉悦。一想到回父亲的家中，她立刻就感到痛苦难过。父亲家里，她什么都瞧不起，鸦片，教弟弟作《汉高祖论》的老先生，章回小说，懒洋洋灰扑扑的生活……父亲的房间里永远是下午，在那里坐久了，便有一种沉下去、沉下去的昏昏沉沉的感觉。

第二章　寻找温情

如果我能活到白发苍苍的老年，我将在炉边宁静的睡梦中，寻找早年所熟悉的穿过绿色梅林树的小径。当然，那时候，今日年轻的梅树也必已进入愉快的晚年，伸出有力的臂膊遮蔽着纵横的小径。饱经风霜的古老钟楼，仍将兀立在金色的阳光中，发出在我听来是如此熟悉的钟声。在那缓慢而庄严的钟声里，高矮不一，脸蛋儿或苍白或红润，有些身材丰满，有些体形纤小的姑娘们，焕发着青春的活力与朝气，像小溪般涌入教堂。在那里，她们将跪下祈祷，向上帝低声细诉她们的生活小事：她们的悲伤，她们的眼泪，她们的争吵，她们的喜爱，以及她们的宏愿。她们将祈求上帝帮助自己达到的目标，成为作家、音乐家、教育家或理想的妻子。我还可以听到那古老的钟楼在祈祷声中发出回响，仿佛是低声回答她们……

——《心愿》①

① 《心愿》是用英文写的，这里引用的是陈子善先生的译文。

躲进小说避风雨

张爱玲进入了这个有五十年历史的圣玛利亚女校，一个新的天地在她面前展开，一条通向事业的道路等着她前进。她充满着对未来的信心。她有一切刚刚步入人生之路少女的美好理想，又有多才多艺的才女的宏伟志愿，设想着中学毕业以后到英国去读大学。又想学画卡通片，把中国美术的风格介绍给美国，“我要比林语堂还出风头，我要穿最别致的衣服，周游世界”（张爱玲《私语》）。

她理想中自己的前途应该是十分灿烂的，但各种悲哀会来的，会来的，一个一个不约而至。

母亲去后，张爱玲又陷入一种苦恼之中。她不想回父亲的家住，但衣食还是要靠父亲供养，一个刚刚上学的小姑娘没有一分钱的收入，事事都离不开父亲。但去见父亲，又担心父亲的脾气忽好忽坏，好了对她和颜悦色地谈笑，不好的时候，又是不理不睬。她时常在徘徊、犹豫，心事重重，除了一个与她父亲不大来往的姑姑外，她没有感受到一丝家中的温暖。

爱玲说她自己是先看言情小说，然后才知道有爱的。

那时的通俗小说，是鸳鸯蝴蝶派小说最盛行的时候，张恨水、周瘦鹃、张资平的小说家喻户晓，报纸上每天连载着言情小说，社会上风靡的一些杂志如《紫罗兰》、《红玫瑰》等，也是鸳鸯蝴蝶派的阵地。这些言情小说不光少年看，成人也看，爱玲的父亲也常常一摞一摞地买来这些小说和报纸杂志堆在家中看，这是爱玲觉得父亲的家唯一使人感兴趣的地方，只有这些书报，仍然使她有一种回家的感觉。但她与父亲不同的是，父亲是一个浪荡公子，百无聊赖，借以消遣寻找刺激，而女儿是厌倦家中的沉闷，深感没有父爱母爱的孤独，才在这里寻找属于自己的天地，寻找一丝慰藉。

她看这些小说是全身心的，仿佛要把自己整个人埋在小说里，小说成了她避风的港湾。小说里少男少女的卿卿我我，恩恩怨怨，感染了她，主人公好像是她自己，她随着小说中的人物一起高兴，也随他们一起悲伤，但悲的时候多，常常看着看着，她就禁不住哭了起来。

有时，她会把自己融入到自己的幻想世界里，写悲悲凄凄的故事来为自己流泪、感伤。早在小学时，她就写了一篇完整的小说：女主角叫素贞，和她的情人在公园里玩，忽然有一只玉手在她肩头拍了一下，来的是她的表姊芳婷。素贞把芳婷介绍给自己的男朋友，但后来芳婷便与男朋友暗送秋波，眉来眼去，酿成了一出三角恋爱的悲剧，素贞痛心极了，就投水而死。爱玲是饱含感情写这个悲剧的，自己陪着女主角流了许多感伤的泪。她这篇小说也感动了班上的所有小同学。小说用铅笔写在一个笔记本上，她的同学们争相传阅，晚上睡在蚊帐里看，摩来摩去，字迹都弄模糊了，小伙伴们一起随着小说人物的爱憎而爱憎。小说中的男子叫殷梅生，一个姓殷的同学憎恨这个人，不许他跟自己同姓，便问爱玲："他怎么也姓殷，不行!"提起笔来就改成了王梅生。爱玲又改了回来，同学再改了过去，几次三番地改来改去，纸也擦破了①。

这是私下里做的，进初中后学校里要求的是新的"台阁体"，也就是准八股文，不是"说立志"，就是"谈知心"等论说文，写景也是正儿八经的陈词滥调。她记得刚上初中时，一个师范毕业的作文老师一上课就说："做文章，开头，一定要好，起头起得好，方才能抓住读者的注意力。

---

① 参见张爱玲《存稿》。

结尾一定也要好，收得好，方才有回味。”大家认真地点头表示领会。那位老师继续讲道：“中间，也一定要好——”还未说出所以然来，同学们便哄堂大笑①。不过爱玲就是在这样的作文课中，也常常能写出很优美的文章，她所保存的最早的原稿《理想中的理想村》就是这一时期写成的：

> 在小山的顶上有一所精致的跳舞厅。晚饭后，乳白色的淡烟渐渐地褪了，露了明朗的南国的蓝天。你可以听见悠扬的音乐，像一幅桃色的网，从山顶上撒下来，笼罩着全山。——这里有的是活跃的青春，有的是热的火红的心……沿路上都是蓬勃的，甜笑着的野蔷薇，风来了，它们扭一扭腰，送一个明媚的眼波，仿佛是在时装展览会里表演时装似的。清泉潺潺地从石缝里流，流，流，一直流到山下，聚成一片蓝光潋滟的池塘。在熏风吹醉了人间的时候，你可以躺在小船上，不用划，让它轻轻地，仿佛是怕惊醒了酣甜的池波，飘着飘着，在浓绿的垂柳下飘着——这是多么富于诗意的情景哟！

她那时的作文里还有一行很有名的警句，是直到后来仍然记得很清楚的：

> 那醉人的春风，把我化成了石像在你的门前②。

圣玛利亚女校（校内师生简称“圣校”），这是上海最负盛名的美国教会女子中学，由美国圣公会设立，与中西女塾同负贵族化声誉，条件要比一般国人自办的公私立学校优越得多。全部课程分为英文部与中文部，英

① 参见张爱玲《论写作》。
② 见张爱玲《存稿》。

文部包括英语、数学、物理、西洋历史地理、《圣经》等课程，采用英文课本，并且由英美教师（女子居多）担任教授。中文部包括国文、中国历史地理，担任国文教授的，初中以下是师范毕业的年龄在三十岁以上的中国小姐，初中以上多半是前清科举出身有功名的老学究。圣校与圣约翰青年中学、桃坞中学都是齐名的，也一样重英文，轻国文，学生毕业考教会大学和去外国留学的人很多。张爱玲是这个中学里以写作出名的女才子。

爱玲同班还有一个很要好的女同学，也姓张，叫张如瑾，也是一个小有名气的才女，巧的是当时文坛上最流行的两个小说家也姓张——张恨水与张资平。张爱玲虽然也爱看，有时也学张资平用两个情感洋溢的“哟”字抒情，但始终不喜欢张资平小说的轻薄、虚浮，有点做作，而一力抬举张恨水；而张如瑾正好相反，偏偏酷爱张资平，贬低张恨水，于是两个姓张的小姑娘，为了两个姓张的大才子，互相争辩，晚上睡下来还要争吵，谁也说服不了谁①。

但争归争，毕竟是同学间好玩的事，想起来还是甜蜜的，这里比家庭的沉闷空气好得多，爱玲很乐于在学校里住，很少回去。家里比以前更生疏、更可怕了，因为父亲要娶后母了。

姑姑把这个真真实实的不幸消息告诉了她之后，张爱玲伏在姑姑家的小阳台上伤心地哭了。她看过太多的关于后母的小说，知道后母意味着什么，后母往往是很残忍刻毒的角色，万万没有想到，这种人生不幸今天竟然落在自己身上。她恨父亲，刹那间更觉得父亲也是可恨的，那样的残忍而狠心。这时张爱玲只有一个迫切的感觉，无论如何，不能让这件事情发生。她恨恨地想：如果那女人就在眼前，伏在铁栏杆上，我必定要把她从

① 参见张爱玲《存稿》。

阳台上推下去，一了百了。

但不幸终于发生了，有了后母，这家里就没有了安宁，受后母的白眼，她感到寒心，家离自己好远好远。她的弟弟子静和她的年老的保姆何干很受后母的折磨，爱玲于是更少回家了。就是回到家中，也常常沉默不爱说话。父亲有时看到她的作文，很得意地拿给亲友看。她写过的七绝中有一首《夏雨》："声如羯鼓吹花发，带雨莲开第一枝"，经先生浓圈密点，父亲也很欣赏。但家庭的不幸使她高兴不起来，冷冷地客客气气地敷衍了过去。从此，她经受了感情上的沉重压抑，变得身体更消瘦，委靡不振，沉默不语，神情板滞，不爱交朋友，整日呆呆地看着一个地方想着心事。张爱玲的性格一下子发生了很大变化，她完全换了样子，她的一个年龄较大的女同学与她在月夜下的走廊里散步，安慰她："我是同你很好的，可是不知道你怎么样?"爱玲郑重地低低说道："我是……除了我母亲，就只有你了。"这个女孩当时很感动，其实爱玲的心中已经近于不相信人间的真情了，骨肉之情还这么样，其他又有何说。她这句话随便说说而已，并不当真的，但看到同学的感动，她冷漠的心竟有点恻然①。

爱玲为自己心痛，长歌当哭，写了《不幸的她》："她"与同学雍姐在十年分别后，再次相见，雍姐已经结了婚，有了一个美丽活泼的女孩子，正和她十年前那样，在海边度着快乐的日子。雍姐见了她低声叹道："你真瘦了!"

> 一星期过后，她忽然秘密地走了，留个纸条给雍姐，写着："我不忍看了你的快乐，更形成我的凄清!
>
> 别了！人生聚散，本是常事，无论怎样，我们总有藏着泪珠撒手的

① 参见张爱玲《私语》。

一日！”

她坐在船头上望着那蓝天和碧海，呆呆的出神。

波涛中映出她的破碎的身影——啊！清瘦的——她长吁了一声！“一切和十年前一样——人却是两样的！雍姐，她是依旧，我呢，怎么改得这样快？——只有我不幸！”

暮色渐浓了，新月微微的升在空中，她只是细细的在脑中寻绎她童年的欢乐，她耳边仿佛还缭绕着从前的歌声呢！

这篇文章发表在圣玛利亚女校年刊《凤藻》第十二期上，时间是1932年，她11岁，上初一。这是她在报刊上正式公开发表的最早一篇小说①。她的“处女作”就是以悲剧的故事开始。尽管她为了现实的冷酷躲进小说的世界，但现实的阴影仍然笼罩着她，她为自己营造的小说天地也始终抹不去那沉沉的阴影，哪怕在欢笑中也带着一丝丝悲哀，少女时期的阴影太浓太重，在她一生中都不能抹去。不幸使她痛苦，但不幸也成全了她，有了她的华贵的家族，有了那最深重广大的悲哀，才有了现代文学史上的张爱玲。人生的幸与不幸，往往相互倚伏。

摩登时代的冷眼闹剧

张爱玲八九岁时，在家里偶然见到一部一百二十回本的《红楼梦》，就随手拿过来看了起来，竟一口气把这部小说读完了。

---

① 这篇《不幸的她》是由陈子善发现的张爱玲的最早作品，参见《文汇读书周报》1995年10月7日。

她沉溺于“红楼”的世界，书中的人物仿佛是她自己，贾宝玉经历了繁繁荣荣的鼎盛，又眼见那“忽喇喇似大厦倾，昏惨惨似灯将尽”的衰败，享受过昔日大观园锦衣玉食的生活，又目睹树倒鸟散的结局。爱玲感到自己现在的家庭好像是当年贾府一样地衰落下去，小说引起她内心的共鸣。看到八十回以后小说忽然转变，到最后出现了“中乡魁宝玉却尘缘，沐皇恩贾家延世泽”，兰桂齐芳，贾府重振，一个个人物忽然都语言无味，面目可憎起来，甚觉蹊跷，只抱怨“怎么后来不好看了”？她还不知道这后四十回是高鹗的续貂之作，只凭感觉不喜欢，她想，按照《红楼梦》的逻辑，应当是一个发人深思的悲剧才对。

《红楼梦》给她太深的印象，走出《红楼梦》的世界，现实中自己的所经所历，所见所闻，现代没落世族的没落行为，无一不是《红楼梦》的现代版，她忽发奇想：写“现代”的《红楼梦》！就动手写了起来。她充满自信，要写出现代“大家族”贵族人家的嘴脸。她父亲这时心情还算好，知道她写，代她拟了小说回目，共六回①：

沧桑变幻宝黛住层楼，鸡犬升仙贾琏膺景命
弭讼端覆雨翻云，赛时装嗔莺叱燕
收放心浪子别闺闱，假虔诚情郎参教典
萍梗天涯有情成眷属，凄凉泉路同命作鸳鸯
音问浮沉良朋空洒泪，波光骀荡情侣共嬉春
陷阱设康衢娇娃蹈险，骊歌惊别梦游子伤怀

---

① 参见张爱玲《存稿》。她说《摩登红楼梦》“共五回”，但所列的回目却有六回，恐系笔误。

开头是秦钟与智能坐火车私奔，自由恋爱结了婚，但是由于经济困难，又生气又伤心。贾母带了宝玉与众姊妹来西湖看水上运动会，吃冰淇淋。回上海后，宝玉收到傅秋芳寄来的一张照片——

> 宝玉笑道："袭人你倒放出眼光来批评一下子，是她漂亮呢还是——还是林妹妹漂亮?"袭人向他重重地瞅了一下道："哼！我去告诉林妹妹去！拿她同外头不相干的人打比喻——别忘记了，昨天太太嘱咐过，今儿晚上老爷乘专车从南京回上海，叫你去应一应卯儿呢，可千万别忘了，又惹老爷生气。"

写贾琏得官：

> 黑压压上上下下挤满了一屋子人，连赵姨娘周姨娘也从小公馆里赶了来了，赵姨娘还拉着袖子和凤姐儿笑着嚷："二奶奶大喜呀!"……凤姐儿满脸是笑，一把拉着宝玉道："宝兄弟，去向你琏二哥道个喜吧！老爷栽培他，给了他一个铁路局长干了!"宝玉……挤了进去，又见贾母歪在杨贵妃榻上，鸳鸯蹲在小凳上就着烟灯烧鸦片，琥珀斜签倚在榻上给贾母捶腿……贾琏这时候真是心花一朵朵都开足了，这一乐直乐得把平时的洋气派洋礼节都忘得干干净净，退后一步，垂下手来，恭恭敬敬给贾政请了个安，大声道："谢二叔的栽培。"

凤姐儿在房中置酒相庆——

> 自己坐了主席，又望着平儿笑道："你今天也来快活快活，别拘礼了，坐到一块儿来乐一乐罢!"……三人传杯递盏……贾琏道："这两年

不知闹了多少饥荒，如今可好了……”凤姐瞅了他一眼道：“钱留在手里要咬手的，快去多讨两个小老婆罢！”贾琏哈哈大笑道：“奶奶放心，有了你和平儿这两个美人胎子，我还讨什么小老婆呢？”凤姐冷笑道：“二爷过奖了！你自有你的心心念念睡里梦里都不忘记的心上人放在沁园春小公馆里，还装什么假惺惺呢？大家心里都亮透的了！”贾琏忙道：“尤家的自从你去闹了一场之后，我听了你的劝告，一趟也没有去过，这是丰儿可以作证人的。”凤姐道：“除了她，你外面还不知养着几个堂子里的呢！我明儿打听明白了来和你仔仔细细算一笔总账！”平儿见他俩话又岔到斜里去了，连忙打了个岔混过去。

贾珍带信来说，尤二姐请下律师要控告贾琏诱奸遗弃，因为他“新得了个前程，官声要紧”，打算大大诈他一笔款子，贾琏无法筹款，“想来想去唯有向贾珍那里去通融通融，横竖这事起先是他也有一份儿在内的，谅他不至坚拒”。贾珍挪了尤氏的私房钱给他，怕他赖债，托辞是向朋友处转借来的。

底下接着写“主席夫人”贾元春主持的“新生活时装表演”，秦钟智能的私奔，贾府里打发出去的芳官藕官加入歌舞团，复写贾珍父子及宝玉所追求；巧姐儿被绑；宝玉闹着要和黛玉一同出洋，家庭里通不过，二人便负气出走，贾母、王夫人终于屈服。“袭人叫宝玉到宝钗处辞行，宝玉推说：‘姨妈近来老不给人好脸子看。’后来他自己心里也觉不过意，问袭人道：‘宝姐姐有什么怪我的话吗？’袭人道：‘我怎么知道你们的事呢？’宝玉……长长地叹了一口气。”临行的时候，宝玉黛玉又拌了嘴，闹决裂了，一时不及挽回，宝玉只得单身出国去了。

这是一个封建大家庭里受过刺激的小女孩眼中的漫画式的“红楼梦”，十三四岁的张爱玲已脱去少女的天真单纯的幻想，过早地具有了成人冷峻的理性。对人世间的父母与子女，男人与女人的情与爱，起了怀疑的态度，所以她能够把这些写得如此煞风景。这当然不能算作什么“续作”，只是借《红楼梦》的人事来讽刺现实的调侃式的作品，张爱玲似乎已看透了人性中的自私、伪善、空虚、本能的食色欲望，贾琏的纳姨太太很难说没有她父亲的某些影子。

《红楼梦》引起她强烈的共鸣，在这里可以重温她的梦，寻找她的影子，与人物一起悲喜歌哭。她自从第一遍看过《红楼梦》后，隔一段时间，她都要再看看这部书，可以说《红楼梦》是张爱玲一生中最喜欢的一部名著，《红楼梦》给了她大量的艺术养分，伴了她的一生，伴她走向文坛，也伴她度过寂寞的最后一段岁月。

家里的小报，鸳鸯蝴蝶派的杂志、言情小说、古典名著，都会给她渴望温情的心田一点颜色，一丝感动。不单是那感情，还有文字的韵味。就是一些过时的广告文字也会引起她的遐思，譬如，她家里有一双旧式的朱漆皮箱，在箱盖里面她发现了这几行文字，印成方形：

> 高州钟同济　铺在粤东省城城隍庙左便旧仓巷开张自造家用皮箱衣包帽盒发客贵客光顾请认招牌为记主固不误　光绪十五年

她立在凳子上，手撑箱盖看了两遍，因为喜欢的缘故，把它抄了下来。还有麻油店的横额大匾“自造小磨麻油卫生麻酱白花生酱提尖锡糖批发”。虽然是近代通俗文字，但时间久了，与我们像是隔了一层，有点神秘。

然而她更喜欢的还是申曲里的几句套语：

> 五更三点望晓星，文武百官下朝廷。东华龙门文官走，西华龙门武

将行。文官执笔安天下，武将上马定乾坤。……①

思之令人泪落。那个来不及看到的时代，沉入了没有光的历史中，她有一种幽幽的思绪，这种思绪融入了她的心中、她的作品里。

才华初露

圣玛利亚女校起初轻视国文，国文教师自知在这所外国人办的教会学校里，外语当然是高人一等，而国文只不过是敷衍应付而已，能简则简，能省则省。这种情况造成学生英语说得极流畅，而真正的母语反而一知半解，似懂非懂，后来学校当局意识到这一点，有所改观。国文部聘请了一位新主任，而正是这个新到的国文教师，成为张爱玲文学生涯的最早伯乐。

这位名叫汪宏声的先生到任后，为学校购置大量的书报杂志，改进国文教学。汪先生上作文的第一天，在黑板上写了两个题目，让学生任选做一篇文章，可以随意抒发自己的思想感情，有什么说什么，怎样想就怎样说，有感而发，文章的体裁也不受限制。一篇是《学艺叙》，就学习钢琴或唱歌的过程写感想与见闻。另一篇是《幕前人语》，写看电影戏剧的评论。这不像以前那种论立志、谈知心等准八股策论般的死板题目了，学生们感到新鲜而又惊奇，她们从来没有写过这样的作文，不知如何下手。下课铃响后，交上一本本作文，汪先生一篇篇看过，大失所望，语言不通欠顺，词不达意，有的简直是二三百字的一篇废话，突然看到一篇题作《看

① 参见张爱玲《论写作》。

云》的写景文章，是唯一一篇超出了老师命题范围的作文，汪先生不由一愣，再往下看，虽然有一些错别字，但文章卷舒自然、神情潇洒、辞藻瑰丽，是一篇极优美的写景散文。再看名字，是“张爱玲”。

刚刚上课还不到两星期，点名簿上的姓名十有八九还与本人模样对不上号，也不知道张爱玲是胖是瘦是俊是俏，等到下次发还作文时，汪先生依次叫名，学生挨个上台领卷。当叫到“张爱玲”时，只见最后一排最末一个座位上慢慢站起一个瘦削单薄的少女，穿着式样过时、色泽陈旧的宽袖衣服，头发也不像多数姑娘那样烫得飘逸，而是一副很土气的装扮，就像一个灰姑娘。她上讲台领作文时，也是无精打采的样子，表情有些呆滞，汪先生让她站在讲台边，当着全班学生的面竭力赞美她的文章，并充满感情地向全班学生朗读了一遍，一边念一边评，给同学们作为范文讲解，说：“全班只有爱玲的作文才称得上是写文章。”同学们报以欣羡的目光，然而爱玲仍是那样的神情，木然的、心不在焉，好像有重重心事似的。

汪先生由此对张爱玲有了极深的印象，张爱玲的所有作文都非常好，足以成为全校学生的模范作文。在这所学校里不仅学生，就是那些已毕业留校的青年教师，许多连一张中文便条也写不通，而爱玲早在初一时就已经发表小说散文了，因此张爱玲的文名在学校里流传很广，教师们在休息室里也常常谈到她。汪先生特别留意关于她的一切，渐渐地知道了她家庭不幸遭遇的打击，使她成为一个十分沉默、不爱说话、不交朋友、不参加活动、懒散无热情、委靡不振的姑娘。张爱玲并不因为她的文章好受到老师鼓励同学传阅而勤勉，她一如既往，懒得写，她是出名的欠交课卷的学生，老师催问，她总是无精打采地说：“哦，我忘了！”她说的时候两手一摊，一副可怜的样子，老师也拿她没办法，一个好学生，一个不幸的学生，因为不幸才成这样，就不忍责备她了。她的懒交课卷，一半是因为她的心事重重无心上课，另一半则是她过人的天资与聪明，老师讲的她都知道，完全可以不听不做。她个子高高的，总是坐在教室最后一排，不听课，但上课时手里的铅笔却不停地在纸上画着，仿佛很用心地在记笔记，实际上她是随意在纸上画图画，或为老师画速写，老师也不和她计较，也没有理由和她计较，因为她的考试总是全班最好的，在教师批阅的试卷上，她的成绩不是“A”就是“甲”，还说什么呢？这种情形，简直和比她大一轮的大才子钱钟书一样。

和钱钟书一样，她同样是自理能力很差。学校里，她的卧室是最零乱的一间。圣校的学生宿舍都有一个放鞋的柜子，学校规定，不穿的鞋子必须放进柜里，禁止随便塞在床底。她们的学监是一个青浦姑娘——皮肤黝黑的“黑里俏”，爱玲她们管她叫“阿灰”——往往来宿舍检查，发现有不放在鞋柜里的鞋子，便拿来放在卧室门前的走廊上“示众”。女孩子见了往往觉得丢人，引以为耻，而爱玲的那双早已过时没有高跟的旧皮鞋常常被放在门口“展览”，她也不在乎，至多说一声：“啊哟！我忘了放到柜里啦。”

所以张爱玲在学校里最典型的特征就是：“喔，我又忘了。”只要有人遇见圣玛利亚女校的学生问关于张爱玲在学校里的生活，别人准会脱口而出：“喔，我忘了。”

不管怎样，张爱玲是学校里一颗明星，她的作文激起了其他同学写作的热情。汪宏声先生很满意她，组织学生成立课外活动社“国光会”，并出版小型刊物《国光》，最理想的编辑应该是张爱玲，汪先生一心要她来编辑，但爱玲只答应投稿。创刊号上她写了一篇农村题材的小说《牛》和三篇书评后，就迟迟不肯动笔。有一次，她又欠交了作文，汪先生催着她要。她说：“我——”还不等她说下去，汪先生接口便道：“——忘了。”爱玲歉意地笑了笑。过了不久，她把作文交来了，题名《霸王别姬》，但

这是爱玲现存最早的一幅漫画，原载1936年12月上海圣玛利亚女校《国光》第4期。

交的只是文章的上篇，下篇她预备留着下期应付差事。汪先生不依，又催她交来了，放在《国光》的第9期上作为“压卷之作”。汪先生对这篇小说推崇得简直无以复加，上课时对学生说：“爱玲的《霸王别姬》与郭沫若的《楚霸王之死》相比较，简直可以说一声有过之而无不及，这样努力为之，将来的前途是不可限量的！”把一个中学生的作文与大文豪郭沫若的作品相提并论，这话的分量是不言而喻的。果然《霸王别姬》一发表，令全校的师生为之震惊，引起了轰动[①]。

这篇小说不单单是艺术技巧上的成熟运用，更重要的是张爱玲别有会心的见解，她表达了两千年以来，包括郭沫若《楚霸王之死》都没有说出的新意。它类似于上世纪三十年代的古装话剧，而赋予虞姬以新的性格个性。项羽是“江东叛军的领袖”，虞姬是霸王身后一个苍白的忠心的女人，她不像《史记》里那个悲悲泣泣的柔弱女子，她有清醒的头脑，有对未来冷静的看法，即使霸王果然冲出重围统一天下，成为一国之君，自己即使做了贵妃或皇后，前途也未必就大乐观。现在霸王是她的太阳，她是霸王的月亮，反射着他的光。

> 十余年来，她以他的壮志为她的壮志，她以他的胜利为她的胜利，他的痛苦为她的痛苦。然而每逢他睡了，她独自掌了蜡烛出来巡营的时候，她开始想起她个人的事来了。她怀疑她这样生存在世界上的目标究竟是什么。他活着，为了他的壮志而活着。他知道怎样运用他的佩刀，他的长矛，和他的江东子弟去获得他的皇冕。然而她呢？她仅仅是他的高吭的英雄的呼啸的一个微弱的回声，渐渐轻下去，轻下去，终于死寂了。

---

① 参见汪宏声《记张爱玲》。汪宏声说《霸王别姬》发表于《国光》第1期，误。

——啊，假如他成功了的话，她得到些什么呢？她将得到一个“贵人”的封号，她将得到一个终身监禁的处分。她将穿上宫装，整日关在昭华殿的阴沉古黯的房子里，领略窗子外面的月色、花香和窗子里面的寂寞。她要老了，于是他厌倦了她，于是其他的数不清的灿烂的流星飞进他和她享有的天宇，隔绝了她十余年来沐浴着的阳光。她不再反射他照在她身上的光辉，她成了一个被蚀的明月，阴暗、忧愁、郁结、发狂。当她结束了她这为了他而活着的生命的时候，他们会送给她一个“端淑贵妃”或“贤穆贵妃”的谥号，一只锦绣装裹的沉香木棺椁，和三四个殉葬的奴隶。这就是她生命的冠冕。

项王在一场酷烈的战斗之后，现在疲倦地睡着了，虞姬披上斗篷，手擎烛台出来巡夜，她一边走一边想，当她听到四面楚歌声时，她也不忍心把项王叫醒。

她高举着蜡烛站在项王的榻前。他睡得很熟，身体微微蜷着，手塞在枕头底下，紧紧抓着一把金缕小刀。他是那种永远年轻的人们中的一个；虽然他那纷披在额前的乱发已经有几茎灰白色的，并且光阴的利刃已在他坚凝的前额上划了几条深深的皱纹，他的睡熟的脸依旧含着一个婴孩的坦白和固执，他的粗眉毛微微皱着，鼻子带着倔强的神气，高贵的嘴唇略微下垂，仿佛是为了发命令而生的。

她想让项王在梦里永远留住他的理想，他的英雄盖世的威力，但歌声却把他惊醒了，他陷入了绝境，要做最后一次搏杀：

“虞姬，披上你的波斯软甲，你得跟随我，直到最后一分钟，我们都要死在马背上!”

虞姬怕分了项王的心，影响到整个军心与力量，她不肯：

“这是您最后一次上战场，我愿意您充分地发挥您的神威，充分地享受屠杀的快乐。我不会跟在您的背后，让您分心，顾虑我，保护我，使得江东的子弟兵讪笑您为了一个女人失去了战斗的能力。”

“噢，那你就留在后方，让汉军的士兵发现你，去把你献给刘邦吧!”

虞姬微笑。她很迅速地把小刀抽出了鞘，只一刺，就深深地刺进了她的胸膛。

项羽冲过去托住她的腰，她的手还紧紧抓着那镶金的刀柄，项羽俯下他的含泪的火一般光明的大眼睛紧紧瞅着她。她张开她的眼，然后，仿佛受不住这强烈的阳光似的，她又合上了它们。项羽把耳朵凑到她的颤动的唇边，他听见她在说一句他所不懂的话：

“我比较喜欢这样的收梢。”

“我比较喜欢这样的收梢”，是这篇小说的点睛之笔。虞姬不待项羽“虞兮虞兮奈若何”之叹而主动自刎，也一改《史记》中美人和项羽歌的悲剧气氛，走出霸王别姬故事的传统戏路。“这样的收梢”——不做项王的拖累，不做刘邦的俘虏，也不要荣华富贵之后宫中怨女的命运!

张爱玲的小说体现了她构思的新奇，思想的独到，每每以出人意料之笔，给人以耳目一新之感。她的散文与小说一样，锦心绣口，辞彩华美。一个刚步入人生的少女，写一个已进入人生暮年的美人：

灯光绿黯黯的，更显出夜半的苍凉。在暗室的一隅，发出一声声凄切凝重的磬声，和着轻轻的喃喃的模模糊糊的诵经声，“黄卷青灯，美人迟暮，千古一辙”。她心里千回百转地想，接着，一滴冷的泪珠流到冷的嘴唇上，封住了想说话又说不出的颤动着的口。

——《迟暮》

她还有以一个都市青年的眼光来描写农村人家的题材的小说《牛》，这是受新文艺影响的尝试。她还写过一些书评。这些作品多年后都被重新发掘出来。特别是写对当时刚刚流行的卡通画的评论《论卡通画之前途》，体现了她对这个新的艺术品种的热爱。她也是这所女校中出名的画卡通画的“高手”。《凤藻》上许多画都是她画的。1937 年她们临近毕业时，她为全班三十多位女生一一画了卡通画，或开时装店，或驭马，或驾机登月，或提篮荷锄，她把自己画成在看水晶球的预言者，登在《凤藻》第十七卷上①。她也用英文写了几篇散文，如《牧羊者素描》、《心愿》等。这一连串的成果，为她以后步入文坛写下最初的一页。

张爱玲虽然沉默寡言，然而在学校活泼的气氛中，也偶尔会来些小幽默，放松一下自己不快的心情。《国光》杂志向她催稿，她没写，却寄去了两首不署真实姓名的打油诗：

橙黄眼镜翠蓝袍，步步摆来步步摇；
师母裁来衣料省，领头只有一分高。

夫子善催眠，嘘嘘莫闹喧；
笼袖当堂坐，白眼望青天。

---

① 舒明《“我的同学张爱玲”——顾淑琪女士访问记》。

调侃的是两位男教师。圣校的校规是非常严肃的，汪宏声先生认为，这样严肃的空气似乎太沉闷了，用少许的幽默调剂一下，至少是无害的，就把这两首诗登了出来。全校师生一看就知道是嘲哪位教师的。第一首是嘲姜适君先生的。姜先生身体纤瘦，戴着一副厚厚的眼镜，时髦的长衫，但领头很低，这是一种为了节省材料的经济的装束，张爱玲小说中常用这样的描写，谑而不虐，无伤大雅，姜先生人也随和，一笑了之。另一首，则近于挖苦，说某先生上课犹如施催眠术，学生无人喧闹昏昏欲睡，只剩先生一人正襟危坐，白眼望青天。这位先生看过愤愤不平，向校长告状，校长把汪先生和编辑叫去训话，并且定夺了三个处理办法：其一由汪先生和杂志编辑向某先生书面道歉；其二是《国光》停办；其三是不准予张爱玲毕业。汪先生爱惜人才，又舍不得刊物停掉，为息事宁人当然乐于采取第一种办法，这位先生也自知太认真，反伤了同事和气，以“算啦，算啦!”了事。一场小风波平息了①。

张爱玲虽不爱说话，一支利笔在学校里可真是寻不出第二个。那个与她同班的张如瑾，也是一个有才气的女子，比爱玲学习更努力，写作天赋也不错，她在学校里就写了一个长篇小说《若馨》，汪先生也颇欣赏，并代她交给良友赵家璧，谋求出版。但后来因为战事而未果，张如瑾自费印了几百册，分赠友人。爱玲也得到一本赠书，惺惺惜惺惺，她为这本书写了一篇中肯的书评，说“这是一个具有轻倩美丽的风格的爱情故事”，“惟其平淡，才能够自然”，也指出书中还存在的某些不足之处，说作者假使再肯费些气力去烘托暗示，一定能深深地打入读者的心。

但是，这样一个本来很有才华与前途的姑娘，突然结了婚，连老师与

---

① 这件轶事，《语林》1945 年第 1 卷第 2 期闵绍樾更正，说闯祸的不是张爱玲这两首诗，而是其他人。

爱玲都为她感叹可惜。爱玲深知“结婚”对一个女孩子意味着什么，在毕业年刊的调查栏，关于“最恨……”一项，她非常遗憾地写道：“一个有天才的女人忽然结婚。”

顾影自怜

> 他知道她没有爱过他父亲。就为这个，他父亲恨她。她死了，就迁怒到她丢下的孩子身上。要不然，虽说有后母挑拨着，他父亲对他也不会这么刻毒。

这是张爱玲《茉莉香片》里的话。小说中的聂传庆很像她的弟弟子静，这个家，父亲、母亲、后母也都像她家的。

父亲与继母结婚后，张家又搬到了原来的旧宅，那是一所民初式样的洋房，张爱玲就是在这里出生的。这所房子里有他们家太多的回忆，像重重叠叠的照片。这里本应是母亲的家，自己的家，应有温暖的回味，但是，母亲早已被赶出，爱玲处在这样的房中感到空气有点模糊，有点凄冷，有太阳的地方使人昏昏欲睡，阴暗的地方有古墓的清凉。房屋的青黑色的心子里是清醒的，有它自己的一个怪异的世界，而在阴阳交界的边缘，看得见阳光，听得见电车的铃声与大减价布店里一遍又一遍吹打着“苏三不要哭”，在那阳光里只有昏睡。

继母成为这个家的主人，张爱玲在继母的统治下过活。她的继母孙用蕃是曾任段祺瑞政府国务总理兼外交委员长的孙宝琦的庶出女儿，孙宝琦有五个太太，二十多个子女①，照理，应当是大家闺秀了，然而却染上大

① 参见张爱玲《表姨细姨及其他》和张子静《我的姊姊张爱玲》。

烟瘾，年已三十六岁都没有嫁出去。中年失嫁，又抽大烟，心理变态，使她成为一个泼妇，悍泼异常。也许是平时要惯了大小姐的威风，来这个破落户的家里做填房，什么也看不惯，一到张家便大施淫威，整日虐待爱玲的弟弟与佣人，爱玲的父亲也有些怕她。

爱玲虽然不常在家住，但衣食零用还必须依靠家里。继母对她与弟弟从无好脸色，爱玲的衣服，永远是拣继母穿剩的旧衣服。在她的记忆中，永远不能忘记一件暗红的薄棉袍，碎牛肉的颜色，穿不完地穿着，就像浑身都生了冻疮；冬天已经过去了，还留着那冻疮的疤——是那样的憎恶与羞耻。教会学校里的女孩子们个个是打扮入时的，这些绚丽烂漫的青春少女，哪个不爱美，况且像爱玲这样进出有汽车接送的大户人家，衣食应当是不愁的，然而她却是那样的寒酸土气。父亲由于受了后母的撺掇挑拨，对她更冷酷了。以前，她衣食无忧，学费、医药费、娱乐费用不着自己操心，家里全都为她准备好了，到十六岁以前，她从来没有单独到店里去买过东西。现在，她需要用钱，向父亲要，父亲也不理睬，她成了不名一文的穷孩子①。

她永远不能忘记，为了支付学校里钢琴教师的费用，她去问父亲要钱，父亲一声不吭地抽着大烟，她立在烟铺跟前，许久许久得不到回答，只好默默地离开。她没有零花钱，饭也吃不好，营养不良，越来越瘦，更没有心思上钢琴课了。练琴时心不在焉，老弹走调，琴先生非常生气，把琴谱往地上一掼，一掌打在她的手背上，把她的手横扫在钢琴盖上，砸得骨节震痛。她对于钢琴失去了兴趣，练琴时躲起来看小说，一上钢琴课就害怕，总是浑身发抖，终于完全不学了②。

---

① 参见张爱玲《童言无忌》。

② 参见张爱玲《谈音乐》。

她像一个弃儿，虽然家里并不缺食缺钱，但伸手去要，得到的却是冷眼不理或嘲讽。在家受训挨骂的生活，在学校褴褛的衣服，想起来就恶心，使她变得孤独、沉默、呆板，过早地失去了少女的欢乐。她有时到姑姑那里，但姑姑一个人生活，除了收留安慰她外，还能说什么？她也不忍心开口对姑姑诉说，难以启齿。

她心心念念只有一个字：钱！“钱就是钱，可以买到各种我所要的东西。”（张爱玲《童言无忌》）

她画了一张漫画，投到英文大美报上，报馆给她寄了五块钱稿费，这是她生平第一次赚钱，非常高兴，立刻买了一支小号的丹琪唇膏来打扮自己。是啊，哪个青春妙龄的女孩不爱美？她喜欢穿漂亮的衣服，喜欢美丽的发型，喜欢把自己打扮得更好看，喜欢享受自己本应有的一切。后来她母亲怪她为何不把钞票留作纪念，爱玲说她可不像母亲那么富于情感，有了钱就可以随心所欲地买自己想要的各种东西[1]。成名，赚钱，自己养活自己，穿最好的衣服，过最好的生活，不再寄人篱下，靠别人的施舍，看别人的脸色过日子。张爱玲过早地看透了家的冷酷，人情的淡漠，人性的虚伪，她没有不切实际的幻想了，而是扎扎实实地奋斗——不管别人，也不靠别人，只有自己挣钱养活自己，这决定了她一生的思想。

永远不回家

后母使张爱玲的家变得更加冷酷、隔膜、生疏，父亲也不像以前那样偶尔还和颜悦色对待姐弟俩了，他对前妻的子女越来越粗暴，像仇人的儿

---

① 参见张爱玲《童言无忌》。

女似的。

爱玲不常回家，她的弟弟和佣人在家里继续受着后母百般的磨难。有一次放假回家，爱玲看见弟弟，吃了一惊，弟弟变得又高又瘦，穿一件不甚干净的蓝布罩衫，租了许多连环画书看。那时姐姐已在读穆时英的《南北极》与巴金的《灭亡》等许多新文学作品了，弟弟却还在看这些小人书。爱玲告诉弟弟要上进，读些有用的书，弟弟只晃一晃就不见了，别人告诉她，弟弟已变得逃学、忤逆、没志气，种种劣迹，反正是一点上进心都没有了。

后来在饭桌上，为了一点小事，父亲"啪"地劈头就打了弟弟一个嘴巴子。爱玲大大地一震，用饭碗挡住了脸，眼泪汪汪往下直淌。后母在一旁冷笑起来，像寒夜里猫头鹰的叫声："咦——，你哭什么？又不是说你！你瞧，他没哭，你倒哭了！"爱玲丢下碗，冲到隔壁的浴室里，闩上门，无声地掩口抽咽起来。她站在镜子面前，看着自己掣动的脸，看着眼泪滔滔流下来，眼里冒出怒火，咬着牙说："我要报仇！有一天我要报仇！"

在爱玲中学即将毕业时，母亲从法国回来了。想到妈妈，她于陌生中有一种难言的亲切感，父亲娶了后母以后，在她心目中已经很淡漠疏远了，只有母亲还留给爱玲十岁时的美好印象，这么多年未见，母亲在她心中是亲切遥远而又神秘的。

然而妈妈看到爱玲，那么瘦骨嶙峋，神情呆板，行动迟钝，衣服褴褛，走路也不协调，一下子感到很失望。而爱玲呢，在母亲走后，正当青春的她受到这么大的刺激，无处诉说。母亲在家的时候少，在国外时候多，母亲在她眼中太遥远，久别乍见，有一些难言的陌生感，相对默然，一时找不出话来。有两次妈妈领她出去，过马路的时候偶尔拉住她的手，她觉得不习惯，有一种生疏的刺激性。但母亲毕竟是母亲，虽然生疏，还是个依靠。

母亲回来的目的是为了她出国留学要和父亲谈判，但父亲却避而不见。爱玲很想像妈妈那样，到国外留学，但因为她是随父亲生活的，必须要得到父亲同意。当她期期艾艾地向父亲提出出国留学的请求时，她知道父亲是不会同意她这样奢侈的要求的，心里一紧张，言不达意，父亲疑心她是受了母亲的挑唆，说她多少年来跟着父亲，被养活、受教育，心却在母亲一边，因而大发脾气。后母当场破口大骂："你母亲离了婚还干涉你们家的事，既然放不下这里，为什么不回来？可惜迟了一步，回来只好做姨太太！"

沪战发生以后，留学的事暂且搁下。因为父亲的家邻近苏州河，爱玲夜间听见外边轰轰隆隆的炮声不能入睡，于是离开父亲，到妈妈那儿住了两个星期。回家那天，后母问她："怎么你走了也不在我跟前说一声？"爱玲说她向父亲说过了。后母说："噢，对父亲说过了？你眼睛里哪儿还有我呢？""啪"地一个嘴巴就打了过来。爱玲被打个踉跄，本能地要还手，被两个老妈子赶过来拉住了。后母一路尖叫着奔上楼去，一边撒泼地喊叫："她打我！她打我！"爱玲怔住了，在这一刹那，一切都变得非常明晰，垂着百叶窗的暗沉沉的餐室，饭已经摆上桌子，没有金鱼的金鱼缸，白瓷缸上细细描出橙红的鱼藻，如此静寂，在她的大眼孔里显出异常的静静的杀机。父亲趿着拖鞋，啪嗒啪嗒冲下楼来，揪住她，二话不说，拳足交加，吼道："你还打人！你打人我就打死你！今天非打死你不可！"爱玲木然地被打着，她觉得头偏倒在这一边，又偏倒在那一边，无数次，耳朵也被震聋了。她被打得坐在地下，躺在地下了，父亲还揪住她的头发一阵踢，终于被人拉开了。她躺着不动，但心里很清楚，被父亲揪打着，她却一直都不还手，她记着母亲对她说的话："万一他打你，不要还手，不然，说出来总是你的错。"所以一直任他打不还手，也不流泪。父亲上楼去了，她爬起来走进浴室里照镜子，看着身上的伤痕，脸上打出血色的粗红指印，预备立刻报巡捕房去。走到大门口，看门的巡警拦住她说：“门锁着呢，钥匙在老爷那里。”她试着撒泼，叫闹踢门，企图引起铁门外岗警的注意，但是不行，这时她才真知道像后母那样地撒泼在自己真是不容易的事，她被拉回到家里来，父亲又暴跳如雷，抓起一只大花瓶向她头上砸来，她稍微歪了歪头，飞了一房的碎瓷。

父亲走后，年老的女佣何干抱着她哭了，说：“煐，你怎么会弄得这样呢?”爱玲这时候才觉得满腔冤屈，气涌如山地哭起来，抱着何干哭了许久。何干心疼她，替她胆小，怕她得罪了父亲，要苦一辈子。何干在家里受女主人的不少气，恐惧和不平使她的皱巴巴的老脸变得冷而硬，爱玲突然觉得这个老妈妈才是她家里唯一的亲人。她独自一人在楼下的一间空房里哭了一整天，晚上就在红木炕床上睡着了。

第二天，姑姑张茂渊得到消息，来替爱玲说情。后母一见姑姑便冷笑：“是来捉鸦片的么?”说不上几句话，爱玲的父亲便从烟炕上跳起来劈头打去，把姑姑也打伤了，送进了医院。姑姑没有去报捕房，这种事太丢自己家的面子了。她临走前发誓说：“以后再也不踏进你家的门!”从此，姑姑与父亲永远绝交，直到张廷众去世，张茂渊也不上门看一眼。

父亲牢牢地把住家门，爱玲被监禁在空房内不可能指望出去，她的母亲和姑姑更不可能踏进这个家的门。这里是她当初呱呱坠地的地方，现在这座房屋却突然间变得生疏，她站在窗前，看着外面蓝色的月光，月光底下黑树影中现出的淡淡的粉墙，这一切都是片面的、癫狂的，静静地含着杀机。父亲扬言要用手枪打死她，她知道父亲没有这胆量狠心把她打死，只不过要把她关押几年，让她受受折磨。她被关押几星期后，已被折磨得苍老憔悴，蓬头垢面，她盼望逃出去，把手紧紧抓住阳台上的木栏杆，用尽力气，把自己的怒气发在栏杆上，仿佛要挤出木头中的水分来。仰头看天，天上飞着飞机，轰轰的声音，她希望有颗炸弹落下来，哪怕与这个家同归于尽，她也心甘情愿。

年老的何干怕爱玲逃走，常常上来看她，再三叮嘱："千万不可以走出这扇门呀，出去可就回不来了。"然而，对爱玲来说这里只是豪华的牢笼，一天都待不下去。她想了许多逃脱的计划，从小看的文学作品如《三剑客》、《基度山恩仇记》里的情节一起涌到脑子里。记得最清楚的是《九尾龟》里章秋谷的朋友有个恋人，用被单结成绳子，从窗户里缒了出来。但是自己这里没有临街的窗，唯有从花园里翻墙头出去。靠墙倒有一个鹅棚可以踏脚，但又担心夜深人静的时候惊动那两只鹅，叫起来如何是好？

爱玲静静地盯着窗外，在想自己的心事，花园里养着两只呱呱追人啄叫的大白鹅，边上有一株高大的白玉兰，她看着那满树开着的玉兰花，又大又白，只觉得像污秽的白手帕，又像废白纸，抛在树上，被人遗忘了。大白花一年开到头，从没有像现在这样邋遢丧气。

正在筹划着出逃的方案时，她生了一场重病，严重的痢疾把她折磨得奄奄一息，差一点死了。父亲不管不问，不替她请医生，也没有药，全靠她自己挨着，她站立不住了，就躺在床上，一躺半年。最后，还是何干暗中告诉父亲爱玲有生命危险，父亲才背着后母为她打了一针注射液。每天，她躺在床上看着秋冬淡青的天，对面的门楼头挑起灰石的鹿角，底下累累两排小石菩萨——也不知道现在是哪一朝哪一代……朦胧地生在这所房子里，也朦胧地死在这里么？死了就在园子里埋了?!

就在这样想着的时候，她也倾全力听着大门每一次的开关，巡警咕滋咕滋抽出锈涩的门闩，然后呛啷啷一声巨响，打开了铁门，睡里梦里也听见这声音。还有一条通天门的煤屑路，脚步下沙子吱吱地叫。她暗想，我病在床上，如果他们疏了防，我能够无声地溜出去么？

母亲不能来看她，只有女佣何干偷偷溜到母亲那里告诉她爱玲的情况和逃出的打算，母亲让何干捎话给爱玲："你仔细想一想，跟父亲自然是有钱的，跟了我，可是一个钱都没有，你要吃得这个苦，没有反悔的。"爱玲被禁锢了半年，她渴望自由，对将来的前途如何她一点都没有指望。她知道母亲没钱，自己逃出去以后生活会很艰难，但她想：在这个家里尽管每天看到的都是银钱进出，也不是我的，将来也未必轮到我，但最要紧的是最后几年的求学年龄反倒被耽搁了，因此，哪怕将来再苦再穷，也要出去。

一等到张爱玲可以扶墙摸壁地行走，她就预备逃跑。先向老女佣何干套口气，打听到了两个巡警换班的时间空当，在隆冬的晚上，她伏在窗子上用望远镜看清楚了路上没有人，挨着墙一步一步摸到铁门边，拔出门闩，开了门，把望远镜放在牛奶箱上，闪身出去。真的——她已经逃出了家的牢笼，走在了外面的人行道上了。

已快到阴历年的时候了，街上非常寒冷，幽暗的街灯下，只看见一片寒灰。久违了，生活的世界！她一边走，一边想，一秋一冬被监禁在冷酷的家中，几乎与人间隔绝了，在生命的边缘徘徊挣扎，现在终于又见到外边的天地，这是多么可亲的世界啊！她沿着长街急切地走，每一脚踏在坚实的土地上都是一个响亮的吻。走不远，她叫了辆黄包车，和车夫讲起价来，她真的高兴自己竟然没有忘记怎样还价。随时有再次被抓进去的危险，真是发了疯呀！她高兴得顾不得多想，一边擦着眼泪，一下车就直奔母亲的家里。从此，她发誓再也不回父亲的家了。何干偷偷摸摸把她小时候的一些玩具送了出来，给她作纪念。有一把白象牙骨子淡绿鸵鸟毛折扇，因为年代久远，一扇便掉毛，漫天飞着，使人鼻酸泪流。

后来得知何干因为犯了和爱玲同谋的嫌疑，受到牵累，回皖北老家了。后母把爱玲的一切东西都分给了佣人，就当她死了。爱玲也就免去了一切物质上精神上与父亲那个家的联系，永远地告别了。

不久，张爱玲把她被软禁虐待的经过写成英文，发表在《大美晚报》，题目是“What a life，what a girl's life”，她父亲每天都看报纸，看到这篇文章大发脾气，但已无法挽回了。她住在母亲与姑姑那里，夏天，她的弟弟子静也跟着来了，带了一双报纸包着的篮球鞋，说他忍受不了后母的虐待，也不回去了。母亲非常难过。像她这样一个单身妇女，还没有职业，生活很拮据，供应爱玲生活已经是紧巴巴的了，哪有能力再供养另一个孩子？母亲解释给子静听，说她的经济力量只能负担一个人的生活费，无法留他住。弟弟哭了，爱玲在旁边哭，母亲忍不住也抹眼泪。后来弟弟到底还是回去了，带着那双篮球鞋。

爱玲与母亲住到了一起，母亲毕竟是母亲，有了亲人可以依靠，她感到有了一种归依，有了家的温暖感觉。但她不善说话，有时也想和母亲唠叨唠叨，说说笑话，总也说不好。母亲那几年心情不好，心不在焉懒于搭碴儿，由着她自说自话，过于敏感的张爱玲感到深深的刺激，对自说自话有了禁忌，说话总觉十分不安，怕人家嫌烦①。生活上她显得更笨。比如，她不会削苹果，经过艰苦的努力才勉强学会补袜子，怕上理发店，怕见客，怕给裁缝试衣服，许多人尝试教她织绒线，可是没有一次成功。在一间房子里住了两年，问她电铃在哪还茫然不知，天天乘黄包车到医院打针，接连两三个月仍然不认识那条路。她是一个没有发育好的青青涩涩的女孩，个子高，骨架大，但身材单薄瘦削，很不协调，不是碰倒碗碟碎了一地，就是磕着了桌子擦破腿皮，除了能写一手好文章、画几幅漂亮的图画之外，在待人接物方面显得很愚笨。

母亲看着女儿难受的样子，自己也觉得难受，这哪是“淑女”，简直是一个废物，“我懊悔从前小心看护你的伤寒症”，母亲没好气地说：“我宁愿

① 参见张爱玲《私语》。

看着你死，不愿看着你活着使自己处处受痛苦。”（张爱玲《天才梦》）

母亲给她两年时间学习适应环境。教她学煮饭，用肥皂粉洗衣服，练习走路姿势，学会看人的脸色，点灯后记得拉帘子，照镜子研究面部神态，如果没有幽默天才，千万别说笑话，等等一系列训诫。“淑女”的培养计划是不谈了，因为钢琴已经放弃了，只要成为一个能正常生活的女人即可。她随母亲上街，看到大商场里一件件美丽摩登的衣服，她没钱，也不敢跟母亲提出要求。因为母亲和姑姑一样手头正紧，生活不如愿，脾气不好，伸手要钱自己心理上也过意不去，仍旧那一袭旧衣服穿着。她有时到舅舅家与表姐妹聊天，一次舅母对她说：等翻箱子的时候，一定要把表姐妹们的旧衣服找出来给她穿。爱玲窘红了脸，连忙说：“不！不！真的，舅母，不要！”眼泪就滚了下来。自己从何时起竟沦落成舅舅家的“穷亲戚”，沦落到被人接济的地步①？难道命里就是注定没钱？她真怀疑是命中注定的。因为她来到人间最先要拿的就是钱，周岁抓周时，父母在漆盒盘里放满各种东西让她抓，她竟然一下子抓了个钱，母亲当场就直摇头：“他们这一代……”现在看来似乎真是应验了。

张爱玲说：“一学会了‘拜金主义’这名词，我就坚持我是拜金主义者。”

“能够爱一个人爱到问他要零用钱的程度，那是严格的试验。”

这些看似幽默的话语里满含着沉痛。

就这样在这种窘境中，她为自己不断伸手向母亲要钱磨难着，为着母亲的脾气磨难着，为着自己的忘恩负义磨难着，那些琐屑的难堪，一点点地毁了她的爱。

在生活与前途面前，母亲让她选择：如果你要早早嫁人的话，那就不必读

① 参见张爱玲《我看苏青》。

书，可以用学费来装扮自己了；如果要继续读书，就没有余钱兼顾到衣装上①。

她何尝不想漂亮，但又不愿葬送自己的前途。她不愿意重走她的同学张如瑾的老路，决定报考伦敦大学，母亲在拮据的生活费中为她以每小时五美元的代价请了一个犹太裔的英国教师专门替她补习数学。母亲在国外已交了男朋友，这次回来全是为了她的学业。爱玲见过这位四十多岁的美国男子，但她在感情上还是受着折磨，就像当初父亲有了后母的折磨一样，觉得母亲距自己也遥远了②。她看得出母亲为自己牺牲了许多，而且一直在怀疑着是否值得做出这些牺牲，她自己也怀疑着。她常常在公寓屋顶的阳台上转来转去，西班牙式的白墙在蓝天上割出断然的条与块。仰脸看着当头的烈日，她觉得自己是赤裸裸地站在天底下了，像一切惶惑的未成年人一样，困于过度的自夸与自鄙，被生活裁判着。

这时候，母亲的家不复是柔和的了。

她不明白为什么生活这么复杂，有这么多烦恼包围着她，她怀疑人间是否有完全纯真的感情，为什么连最亲近的人也有难以沟通的距离？她虽然学不会实际的生活，但懂得别人不懂的人生真正的意义：

> 我懂得怎么看“七月的巧云”，听苏格兰兵吹 bagipe，享受微风中的藤椅，吃盐水花生，欣赏雨夜的霓虹灯，在双层公共汽车上伸出手摘树巅的绿叶。在没有人与人交接的场合，我充满了生命的欢悦。可是我一天也不能克服这种咬啮性的小烦恼。
>
> 生命是一袭华美的袍，爬满了虱子。
>
> ——《天才梦》

① 参见张爱玲《我看苏青》。

② 参见张子静《我的姐姐》。

第三章　乱世中的女大学生

时代的车轰轰地往前开。我们坐在车上，经过的也许不过是几条熟悉的街衢，可是在漫天的火光中也自惊心动魄。就可惜我们只顾忙着在一瞥即逝的店铺的橱窗里找寻我们自己的影子——我们只看见自己的脸，苍白，渺小；我们的自私与空虚，我们恬不知耻的愚蠢——谁都像我们一样，然而我们每一个人都是孤独的。

——《烬余录》

进入香港大学

1939年夏，英国伦敦大学在上海举行入学考试。在包括日本、菲律宾、马来西亚及香港地区等整个远东区的考生中，张爱玲以第一名的优异成绩考取伦敦大学，但因为战争的原因不能去英国，而持成绩单改入香港大学①。她虽未完全如愿，但总算走出了中学那一段不愉快的时光，走出家庭的阴影，独自到一个陌生的世界里去寻找自由生活。

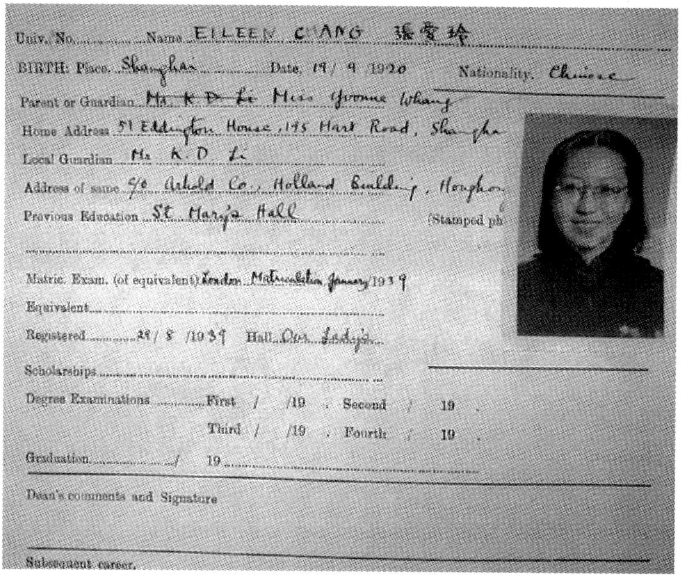

Univ. No.............. Name EILEEN CHANG 張愛玲

BIRTH: Place Shanghai Date 19/9/1920 Nationality Chinese

Parent or Guardian ~~Mr K.D. Li~~ Miss Yvonne Whang

Home Address 51 Eddington House, 145 Hart Road, Shangha

Local Guardian Mr K.D. Li

Address of same c/o Arnhold Co., Holland Building, Hongkon

Previous Education St. Maria's Hall (Stamped ph

Matric. Exam. (or equivalent) London Matriculation January 1939

Equivalent..............

Registered 29/8/1939 Hall Our Lady's

Scholarships..............

Degree Examinations ....First / /19 . Second / 19 .

Third / /19 . Fourth / 19 .

Graduation........../ 19..........

Dean's comments and Signature

Subsequent career.

张爱玲在香港大学的学籍注册

① 参见张子静《我的姐姐》。

在香港这个英国殖民地的都市里，八方杂处，有英国人、印度人、东南亚华侨，以及非欧非亚亦欧亦亚的混血儿。香港大学的学生中有来自各个国度与民族的男女生，张爱玲在这里见到了形形色色的人物，看到了不同的人，不同的想法，不同的面目，看到了许许多多可爱、可怜、可笑、可悲的故事，看到人们对社会、人生、战争的不同的态度。她在这里学会了与形形色色各种人物相处，后来这些生动的人物与故事都或多或少或隐或显地被她摄入到小说中①。

爱玲在香港大学里起初并不出众，这里是外国人和华侨子女的天下，也偶有上海人，但大多是富人家的孩子，爱玲的母亲与姑姑的一个朋友李开第先生在香港作工程师，就托他为爱玲的监护人。母亲把一笔钱交给李开第作为她的学习和生活的费用。后来李开第到重庆工作，就托她母亲的另一个朋友、港大工学院的吴锦庆作监护人。爱玲靠努力学习拿奖学金生活，尽量不去动用母亲这笔钱。她平时很节俭，甚至学校的课外活动也不参加。她所能出人头地的唯一希望就是读好英文，考出好成绩，得到校方的奖学金资助并能够到英国深造。她想：一个人假使没有什么特长，最好是做得特别，可以引人注意，与其做一个平庸的人，过一辈子清闲生活，终其身默默无闻，不如做一个特别的人，做点特别的事，大家都晓得有这么一个人，不管他的为人是好是坏，但名气总归有了。这是她常用以教育弟弟的话，也是一个盼望有所作为出人头地的青年人最朴素的想法。但张爱玲，她有她足够的出人头地的才能，那就是以优异的成绩为自己的前途开出一条道路。这里她没有了家庭的压力，没有父亲的粗暴与后母的白眼，没有中学时的自惭形秽，她过得很自在、舒心，虽然衣服仍是不入时，不引人注目，不能为她更增加一份动人外表与吸引力，但她的聪慧却

① 参见张爱玲《烬余录》。本章下文除注明出处外，皆引自该篇。

港大即景

为她增加了无尽的内在魅力。她沉默幽静，不爱讲话，但她内心却充满活泼的生机，她会在人们不经意的地方享受自己的乐趣，课余抱着书到港大后面的山上念英文，看青翠的树藤，听泠泠的泉水与鸟鸣，在山间漫步。有一次和山洞中钻出的大蛇打个照面，二尺来长的大蛇静静地看着她，吓呆了的她也静静地望着蛇，半晌方哇呀呀地叫出声来扭头便跑，跑一段停下来，回头望望，又害怕又刺激！她喜欢与几个女同学坐在香港那家“青鸟咖啡馆”，一边品咖啡，一边吃着轻清而不腻的“司空”（scone brot，一种三角形的小扁面包），一边聊天，或者独自坐在一个地方，看着远远近近来来往往的人们的举止与说话[①]。

她有时也想家，特别想收到姑姑的来信，姑姑的信真有诗意，细薄粉红的拷贝纸上写着隽秀得淑女似的蔚蓝色钢笔细字，一页一页翻起来淅沥涩啦地作响，信里有着懒洋洋无聊赖的情趣，总像暮春初夏的晴天的感觉，读起来是一种美的享受。

每次看过，她想提笔写回信，但她总要按捺住写中文信的兴趣，改用英文。“我得好好地练英文了”，她这样想，便提笔写英文信。但越写越不自信，姑姑母亲都是懂英文的，生怕自己的英文给挑出毛病，所以读姑姑的信希望长，而自己的信越来越短，就像《英文书信模范读本》里的范本一样，刚开头没两句就该落款了[②]。张爱玲一心一意地学英文，全用英文写作，为将来的前途打算。但1939年下半年，上海的《西风》杂志悬赏征文，题目是“我的……”，首奖五百元，张爱玲急需钱，就用中文写了《我的天才梦》寄了去。不久，收到杂志社获得首奖的通知，张爱玲像买

---

① 参见张爱玲《谈吃与画饼充饥》。

② 参见张爱玲《姑姑语录》。

彩票中了头奖一样高兴，同学们也传观通知书。但后来杂志社公布正式获奖名单时，可能是因为她只是大一学生，被排在末尾，成了一个“特别奖”，只得到很少的奖金。这件尴尬的事使她觉得难堪①，但《西风》杂志社把所有获奖征文结集出版时，却以《我的天才梦》为书名，说明了她的文章在编辑心目中的地位，颇堪自慰。不过，张爱玲却几年内也不打算再写小说散文了，而是一心一意地学习，完成她为自己构想的计划。

张爱玲的聪明就在于她善于揣摩每一位教授的心思，教授教什么、考什么、怎么考、怎样才能取得好成绩，她只稍稍留心，就会悟出几分。所以在香港大学前两年，她每一门功课总是能考第一名，连得了两个奖学金，挣足了自己的生活费。有一个先生说他教了十几年的书，从没有给过学生这么高的分数，这使张爱玲的名气又一次在班上大震，她是同学中最有希望毕业以后到英国继续深造的②。

张爱玲开始摆脱了以前自惭形秽的心理阴影，走向了明朗，她觉得可以稍稍放肆一下了，便做了几件漂亮的衣服，把自己打扮起来，补偿了以前被后母统治时“灰姑娘”的生活亏欠。

一生知己——炎樱

香港大学的女生很多，不同的肤色，不同的性格，不同的举止，但多是一群活泼得不识愁滋味的少女。爱玲不爱多说话，但喜欢静听别人说

---

① 参见张爱玲《忆〈西风〉》。据陈子善先生考证，张爱玲当时由于一时粗心，把征文条件中的限定“五千字”当成“五百字”了，所以只写了五百字。揭晓时，当看到首奖征文五千字，她非常诧异并愤愤不平。

② 参见张爱玲《我看苏青》。

话，有个很活泼开朗的锡兰（斯里兰卡）姑娘莫娅（Fettima Mohideen），喜欢找她玩，她两个就成为一对好朋友。莫娅父亲是一个珠宝商，母亲是天津人，她家在上海开一个珠宝店。和莫娅在一起叫人开心，莫娅不懂中文，但很喜欢中文，爱玲为她取中文译名叫莫黛，但读起来像“麻袋”，不好听，据说日本古传说中有一种吃梦的兽，叫貘，于是改名貘梦，后来又为她取了一个更好听的中文名字叫炎樱①。

炎樱个子矮，胖而且黑，但很开朗，张爱玲瘦，高而白皙，不爱讲话，两个人在一起相映成趣，炎樱的幽默直爽很讨爱玲喜欢，她和爱玲常常开玩笑，而且总是妙语横生，张爱玲越来越喜欢她，也不感到孤独了，并把她的妙语记下来，后来写成《炎樱语录》。

炎樱个子小，而且很胖，丰乳肥臂，没有线条，人们担心她乳房太丰满，有发胖的危险，但她不在意，非常乐观地说“两个抱满怀胜过不满怀”。她和爱玲到报摊儿翻阅画报，把画报统统翻遍之后却一本也不买，报贩子讥刺道：“谢谢你！”炎樱笑着说：“不必客气。”有一天炎樱在花树下很认真地告诉爱玲：“每一个蝴蝶都是从前的一朵花的鬼魂，回来寻找她自己。”把爱玲感动得想流泪。炎樱的话很富有诗意，有时简直像诗，比如她说：“月亮叫喊着，叫出生命的喜悦；一颗小星星是她的羞涩的回声。”

有时她又很大胆。中国有句话：“三个臭皮匠，凑成一个诸葛亮。”西方有一句相仿佛的谚语：“两个头总比一个好。”是说两个人的智慧胜过一个。炎樱化腐朽为神奇，将这句谚语改为：“两个头总比一个好——在枕上。”她公然把这句话写在她的作文里面，而看卷子的教授是教堂的神父。

炎樱和女同学在一起也时常语惊四座。一次，她和爱玲、还有一个女同学出去散步，默默地走着。这位女同学说：“我是这样的脾气，我喜欢

---

① 参见张爱玲《双声》。

张爱玲笔下的大学同学，好像是炎樱。

孤独。”

炎樱低声加了一句：“孤独地同一个男人在一起。”

爱玲大声笑了，那位小姐也笑了，反正大家开惯玩笑了。

炎樱形容女人的头发黑，说：“非常非常的黑。那种黑是盲人的黑。”（张爱玲《炎樱语录》）

张爱玲真心地喜欢炎樱的幽默、风趣、淘气，喜欢她富有诗意的妙语，还有炎樱的小气，与自己一样的小气，两人常常为此高兴得大笑。张爱玲与别人在一起有太多顾忌，因为担心人家嫌烦，总不爱多说话，只有与炎樱在一起，才可以想说什么就说什么，想怎样说就怎样说，话特别多而且投机。炎樱爱听也爱说，女孩子总是爱唠叨的，从不敢和别人“唠叨”的张爱玲找到了可以一起“唠叨”的人。

炎樱上学时，家由香港搬到了上海，在南京西路开了 Mohideen Bros 珠宝店，这样，张爱玲感到以后回上海可以有个伴。有一年暑假，炎樱没等她就回上海了，张爱玲原本不想家，但炎樱走后，她却倒在床上嚎陶大哭①。她从不牵愁惹恨，只记得十岁左右为一个男人曾大哭过一次，这次又忍不住哭了，没有炎樱在一起，她好像被抛弃了一样。

这年暑假，她们的宿舍楼里搬来了修道院附属小学来消夏的一群女孩子，整天叽叽喳喳地叫着，留声机一天到晚唱着清朗的少女的歌，为张爱玲周围带来了热闹，还有白制服的汗酸气与帆布鞋的湿臭。在这阴湿郁闷孤独的香港之夏，她很难寻找出一点快乐的事，她看到这些来自东南亚各国的女孩子们，也一样没有家，只觉得漠漠的哀愁，不过是在不更世事的苦恼中寻欢罢了。有次宿舍夜里来过贼，第二天早上发现了，这些女孩子们兴奋地楼上楼下跑，整个暑假也没有这么刺激快乐过，她们涌到张爱玲

① 参见胡兰成《今生今世·民国女子》。

的房门口，兴奋地问："爱玲小姐，你丢了什么吗?"充满了希望，仿佛应当看见个空房间，她很不安地抱歉道没丢什么。有一个暹罗（泰国）来的女孩子玛德莲，能歌善舞，会跳她们家乡的祭神舞，然而，家乡金红煊赫的神离这里很远了，玛德莲只得自己尽力照管自己，成为狡黠的小奴才。

这里还有张爱玲的几个同学，几个马来西亚的华侨，与张爱玲一样无家可归。淡黑脸、略有点龅牙的金桃在马来西亚家中本是富户的娇生惯养的小姐，在修道院只读过半年书，吃不了苦。她学马来西亚舞给同学们看：男女排成行，摇摆着小步小步走，或仅只是摇摆，女的捏着大手帕悠悠挥洒，唱道："沙扬啊！沙扬啊！"沙扬是爱人的意思，金桃学着这单调的歌声，美丽中透出悲凉。另一个十八九岁的姑娘，叫做月女，非常秀丽，洁白的圆圆的脸，双眼皮，身材微显丰满，每次从浴室出来，身上都带着痱子粉的喷香。她是个非常天真的女孩，她父亲经商，有钱以后被一个三十多岁而且又不漂亮的女人巫魔般迷住了，抛下了家业。她很痛苦，常说："马来人顶坏，骑脚踏车上学去了，他们就喜欢追上来撞你一撞。"她担心自己有被强奸的可能，整天整夜地想着，脸上惨白浮肿①。

张爱玲感觉自己也像她们一样，一样的空虚，那空虚像一间闲着的、出了霉虫的白粉墙小房间，而且是阴天的小旅馆——华侨在思想上是无家可归的，没有背景，没有传统。她自己虽不是华侨，但香港这个异邦人的城市，与这些华侨一样，头脑简单的青年人生活在并不简单的陌生世界里，也没有传统与背景，在思想上同样没有归依。只是有了炎樱这样的好朋友，减轻了这份无依的感觉，可以给自己一点快乐，一些欢笑。

---

① 参见张爱玲《谈跳舞》。

最初的“连环套”

炎樱回来了，张爱玲又找到了自己的影子。

炎樱的话就是好作品，不必再添枝加叶，倒有一次，她给张爱玲一个机会，使张爱玲认识了后来创作的小说《连环套》里的主人公。

有一天，炎樱对爱玲说她父亲的一个老朋友请她去看电影，她叫爱玲与她一起去。爱玲先说不去，炎樱说，“没什么的，不过是我父亲从前的一个老朋友，生意上也有来往的，打电话来说听见摩希甸的女儿来了，一定要见见。”一个男子单独请一个女孩子看电影，似乎无论中外都觉得不合适，也许父亲的老朋友是把她当作一个小孩子来看的吧，炎樱觉得与爱玲一道去更好，便邀请了爱玲。

她们俩到中环一家电影院，那时的中环还是狭小拥挤的街道，这个庞大而灰暗的旧建筑很不相称地立在街边，给人一片阴暗的感觉。电影院两旁的巨幅广告牌上画着殷红的流血场面，显得分外刺眼与不和谐，一看就知道是乱七八糟俗不可耐的血战片。爱玲反正不想看电影，就与炎樱站在这里看路上川流不息的人来车往，这时迎面走过来一个大约五十岁上下的男人，个子很高，但瘦得似乎只剩骨架了，穿着一身十多年前已过时的泛黄的白西服，整个人像毛姆小说里流落远东或南太平洋的西方人，皮肤与白头发全都是泛黄的脏白色，形象很脏，只有一双缠满了血丝的麻黄大眼睛表明他像印度人。

这个人朝着炎樱走过来，炎樱看出来他就是父亲的朋友，忙把爱玲介绍给他：“希望你不介意她陪我来。”不料他面色忽然露出非常窘的神气，从口袋中掏出两张电影票塞到炎樱手里，尴尬地咕哝一声“你们进去”，就匆匆地往外走。

“不不，我们去补票，你不要走，”炎樱连忙说：“潘那矶先生！你不要走！”爱玲莫名其妙，只见那人摆了摆手扭头就走，临走似乎又想起什么来，把手里的一只纸包往炎樱的手里一塞，走了。

炎樱有点不好意思，微笑着低声向爱玲解释：“他带的钱只够买两张票。”她打开纸包，里面是两块加糖和鸡蛋的煎面包，用花花绿绿的半透明的面包纸包着，外面的黄纸袋已沁出油渍。

她俩只好进去看电影，票是最便宜的票，在楼上最后几排，进去这个香港古老的电影院，昏黄的灯光什么也看不清楚，她们跟着领票员爬山越岭般走上很高的楼梯台级，穿过狭窄的门洞和梯级走道，终于找到了座位，往下望去，密密麻麻的楼座扇形地展开，“地陷东南”似地倾塌下去。一排排座位险陡异常，坐在座位上看那远处的银幕，使人头晕，不自觉地抓住座位上的扶手，生怕跌下去。座位远，银幕小，看不清楚，听都听不大清楚，电影讲什么内容，没弄明白，但刚才那个潘那矶先生的样子一直在张爱玲眼前晃，又脏又瘦的形象。黑暗中炎樱递过一块煎面包给她，拿在手里怕把衣裳沾上油，两人在黑暗中吃起来，味道很好，但爱玲吃着却很不是滋味。吃完了，两人又耐着性子往下看了会儿电影，实在没意思，便对看一眼，都说：“走吧，不看了。”

回来的路上，炎樱告诉爱玲，那个人是帕西人（Parsee），祖籍波斯的印度拜火教徒，从前生意做得很大。炎樱小时候住在香港，有个麦唐纳太太，这位麦唐纳太太本来是广东人家的养女，先跟了一个印度男人，第二次又跟了什么人，第三次与苏格兰男人麦唐纳同居，所以自称麦唐纳太太。麦唐纳太太有很多子女，她跟那位高大的帕西人也熟悉，常闹着要给他做媒，又硬要把自己的大女儿嫁给他。这位帕西人也是喜爱麦太太的大女儿宓妮的，但那时候，宓妮才十五岁，在学校念书，不肯答应，麦唐纳太太便骑在她身上打，硬逼女儿嫁了过去，二十二岁就离婚。他们有一个儿子，但宓妮不给潘那矶，也不让他见面。这个帕西人非常喜欢儿子，自从见不到儿子后，生意越做越倒霉，越来越蚀本。宓妮在香港一家洋行做事，儿子现在已有十九岁了，跟她像姐弟一样。炎樱小时候与宓妮在一起玩过，所以也认识，而且关系也不错。张爱玲对麦唐纳太太、宓妮还有那个帕西人的故事很有兴趣。

后来有一天，恰巧宓妮请炎樱吃饭，炎樱就满足爱玲的要求，一同去一家广东茶楼午餐。爱玲见到宓妮，她看上去二三十岁，穿着洋服，中等身材，体态轻盈，有点深目高鼻，薄嘴唇，爱玲觉得像自己母亲。后来听炎樱说，宓妮再婚，嫁的是她儿子的一个朋友汤尼，年纪比她小，三人在一起非常快乐。

港战后，张爱玲在上海炎樱的家中见到了早已搬到上海的麦唐纳太太，她好像是囤货做生意。她生得人高马大，长方脸上薄施脂粉，穿着件小花布连衫裙，腰身虽然粗些，但仍很结实，爽利得像英国女人，唯一的东方风味是乌黑的头发上梳着光溜溜的小扁髻，真看不出是六十多岁的人，嗓声微哑，有说有笑，眼睛一眯，好像还带点调情的意味。

这些人与这些故事给张爱玲很深的印象，后来她到上海后，把它写成了一个小说：《连环套》①。

生死的边缘

1941年12月，太平洋战争爆发了。18日，日本军队在香港登陆，一

① 参见张爱玲《〈张看〉自序》。

场战乱无情地降临，张爱玲和她大学同学罗曼蒂克的未来之梦还未做成，就突然被炮声惊断。

尽管他们两耳不闻窗外事，也不相信“坚清决绝的宇宙观，不论是政治上的还是哲学上的”，但是战乱还是要给他们烙上印痕，让他们在这些不相干的“生趣”里认识认识这乱世现实的悲喜，认识自己的软弱、渺小、自私与乱世中求生的本能、人生的况味。

开始听到开战消息的时候，着实给他们一种可怕而又刺激的兴奋，连平时怕被强奸的月女也跑到阳台上看排队的兵走过，还大惊小怪地叫其他女孩子也来看。宿舍里一个女同学着起急来：“怎么办呢？没有适合的衣服穿呀!”这个姑娘是个有钱的华侨，对于社交上的不同场合需要的不同行头，从水上跳舞到隆重的晚餐，都有充分的准备，有适合各种场合的衣服装束，唯独没有准备打仗时的衣服。后来，她借到了一件灰布棉袍，为的是对于头上营营飞绕的空军大约不致有太多吸引力，宿舍里的学生在战乱中也各奔前程，战后，人们发现她剪短了头发，梳成男式的菲律宾头。

有的时候，战时还偏偏需要鲜艳的衣服。另一个女孩苏雷伽——马来半岛上一个偏僻小镇里出来的“西施”，瘦小，棕色皮肤，睡沉沉的大眼睛与微微半露的白牙，像一般修道院里受过教育的女孩子一样，她曾天真地问医学课上的尸体穿衣服不穿，被人们当作笑话。但是，当一颗炸弹掉在她们宿舍的隔壁时，舍监要大家下山避难，苏雷伽却并没有忘记要把她漂亮的衣服整理起来，尽管许多人苦口婆心地劝阻，她还是在炮火下将那只沉重累赘的大皮箱设法搬运下山。衣服好像生命一样，或许比生命还重要，漂亮的衣服就是美丽人生的标志。苏雷伽在红十字会充当临时看护时，条件当然艰苦些，但是她不会忘记穿上那赤铜底绿寿字的织锦缎棉袍蹲在地上劈柴生火，虽然可惜了衣服，但还是值得的，那些男护士同她混得很好。她的一身伶俐的装束给了她充分的自信心，同那些男护士们一起吃苦，一起担风险，开玩笑，她渐渐习惯了，话也多了，人也干练了，战争对于她未尝不是一种很好的锻炼与教育。

张爱玲和其他大多数同学一样，对战争能不理睬的一概不理睬，出生入死，沉浮于最富色彩的经验中，她们还是像往常那样地生活。有时候，虽然被惊吓得有点反常，但仔细分析起来，仍和往常一样的作风。像艾芙琳，她是从中国内地来的，身经百战，据她自己说能吃苦，担惊受怕惯了。可是当邻近的一个军事要塞被轰炸的时候，艾芙琳第一个受不住了，歇斯底里起来，大哭大闹，说了许多可怖的战争，把旁边的女同学吓得一个个面无人色。悲观是悲观，但她的悲观是健康的悲观，宿舍里的存粮眼看要完了，但艾芙琳吃得比平时都多，而且劝大家努力加餐，因为不久便没有吃的了。宿舍的人未尝不想节俭，想试行分配制度，但是她百般阻挠，她整天吃饱了就在一旁啜泣，因而得了便秘症。

只有乐天派的炎樱胆子大，她们的一个同学本想去非洲看撒哈拉沙漠，直抱怨打仗破坏了计划，炎樱劝她说："不要紧，等他们仗打完了再去，撒哈拉沙漠大约是不会给炸光的。"（张爱玲《炎樱语录》）在日兵的轰炸中，炎樱敢于一个人冒死赶到城里去看五彩卡通电影画片。看完电影回来，独自一人到楼上洗澡，一颗流弹打碎了浴室里的玻璃窗，她也不在乎，仍旧在浴盆里泼着水，高声地唱歌。舍监听到歌声，大大地发怒，炎樱还是不在乎，好像是对众人恐怖的有意的嘲讽。

对大多数人而言，香港只是一个繁华的荒漠，熟悉的陌生，可爱的疏远。香港是中国的一块土地，但却是英国统治的地盘，对中国学生而言，香港的抗战是英国的抗战；对英国人而言，香港的灾难是中国的灾难。不管是中国的、英国的，还是华侨或其他什么国籍的人，港战只是一场灾难，像天灾人祸一样，至于其他什么意义，实在甚不了了。因此，对战争所抱的态度，可以打个比喻，像一个人坐在板凳上打瞌盹，虽然不舒服，而且没结没完地抱怨着，到底还是睡着了。

香港大学停了课，战争使学生们免去了年终的大考，这对学生来说是千载难逢的盛事，港大的学生乐得欢蹦乱跳。接着学校又停止了办公，异乡的学生无家可归，不参加“守城”工作，就无法解决膳宿问题。这样，张爱玲和一大批同学就到防空总部报了名，当了临时看护。刚领了证章出来，就遇着空袭，他们从电车上跳下来，向人行道奔跑，缩在门洞里不出来。门洞子里挤满了人，浓郁脑油气味的棉墩墩的冬天的人，挤满了一洞。张爱玲从人头上往外看，一辆空电车停在街心，人们早已都躲开了，电车外边，浅浅的太阳，里面也是太阳——单只这电车便有一种原始的荒凉。

她觉得非常难受——自己竟会死在这群陌生人之间么？可是，与自己家人死在一起，一家骨肉被炸得稀烂，又有什么好处呢？这样躲在门洞子里就是尽了防空团员的责任？究竟防空员的责任是什么？还未容得她多想，就有人大声发出命令：“摸地！摸地！”哪儿有空隙让人蹲下来呢？但是一个磕在一个的背上，到底是蹲下来了，天上的飞机往下扑，“砰”地一声就在头顶，她把防空员的铁帽子罩住了脸，黑了好一会儿，才知道自己并没有死，炸弹落在了对街。飞机刚过，一个大腿上受伤的小伙子被抬了进来，裤子卷上去，稍微流了点血，但他很愉快，因为他是群众注意的集中点。飞机继续掷弹，但渐渐地远了。

警报解除后，大家又不顾命地轧上电车，唯恐赶不上去，牺牲了一张电车票。

在围城的十八天里，张爱玲受到许许多多的苦，吃不饱肚子，做防御工作的人员只分到一些米与黄豆，没有油，没有燃料，各处防空机关只忙着争柴争米，设法活下去。接连两天，她什么都没吃，飘飘然上工去。在这里只有飞机忙着在天空中转来转去掷炸弹，防空人员钻在防空洞里倒没事干，她闲着无聊，好在住在冯平山图书馆里，还可以找些七零八落的小说消遣，把以前浏览过的《官场现形记》、《醒世姻缘传》再读一遍，一面担心炸弹能不能容许自己把这部书读完，字印得很小，光线又不足，她怕眼睛受不了，但是生命都朝不保夕，一个炸弹下来，还要眼睛做什么呢，“皮之不存，毛将焉附”？

生与死只是刹那间的事。

港大历史教授佛朗士一周前随志愿兵操练时，还通知爱玲他们：“下礼拜一不能同你们见面了，孩子们，我要去练武功。”想不到现在“练武功”竟然送了命。——一个好先生，一个好人，生命就在枪弹的一瞬间结束了，脆弱的生命啊！爱玲听到这个消息，非常吃惊，更吃惊的是佛朗士是被他们的英国同胞打死的。他像其他在香港的英国人一样被征入伍，那天，他在黄昏后回到军营里去，大约在思考着什么，没听见哨兵的吆喝，哨兵就放了枪。

佛朗士是一个很受人喜欢的教授，一个豁达幽默的人，彻底地中国化了，中国字也写得不错，爱喝酒，曾和中国的教授们一同游广州，到一个名声不大好的尼姑庵里去看小尼姑。他在人烟稀少处造有三幢洋房，一幢专门用来养猪。家里不装电灯和自来水管，因为他不赞成物质文明。汽车倒有一辆，破旧不堪，也不是自己坐，而是给仆役们买菜赶集用。他的脸孩子似的圆滚红润，圆下巴，磁蓝色的眼睛，头发已经显得稀疏了，颈上系着一块暗败的蓝“卐”字宁绸作为领带，他上课时不停地抽烟，鼻子一直像两个烟囱冒着烟。衔着烟讲课，他的嘴唇上永远险伶伶地吊着一支香烟，随着说话跷板似的一上一下，可从来不曾落下来。抽完的烟蒂子他顺手向窗外一甩，从一群女学生蓬松的卷发上飞过，很有着火的危险。他研究历史很有独到的见解，任何严肃的官样文章被他耍着花腔一念便显得十分滑稽。张爱玲和她的同学们在这里得到了历史的亲切感和扼要的世界观，本来可以学得更多更多，但是佛朗士已经死了，而且是最无名最无谓的死，算不上“为国捐躯”。

活那么艰难，死却如此容易，一切都可能在转眼间变样。房子可以成为废墟，钱可以成为废纸，人可以成为冤鬼，朝不保夕，生命像飘忽在半空中的一缕游丝无牵无挂，空虚的，无定。活着的人急于要抓住点什么踏实的东西，因而结婚的人非常多，香港报纸上常常满满地登着结婚广告。《倾城之恋》里的白流苏与范柳原就是在这样的背景下结婚的。爱玲见到一对男女到他们防护办公室向防空处长借汽车去领结婚证，男的是一个医生，在平时也许并不是个“善眉善眼”的人，但是现在他不时地望着他的新娘子，眼里只有近于悲哀的恋恋的神情。新娘是个看护，个子矮小，红颧骨，喜气洋洋，弄不到结婚礼服，只穿一件淡绿绸夹袍，镶着墨绿花边。他们坐在这里等人，默默地对坐，对看，熬不住满脸的微笑，为这战时的悲苦气氛增添了一丝笑意，也为自己朝不保夕的生命力注入一丝快乐的希望。假如炸弹来了，命归黄泉，也算是弥补了生命中这个缺憾。

“要做什么，立刻去做，不然都来不及了。”这是香港人，当然也包括张爱玲从港战中得到的历史教训。

十八天后，仗终于打完了，香港彻底沦陷了。人们可以暂时活下来了，这已经是喜欢得不得了。这一群女大学生，可以仰着脸欣赏天上飞的日本的飞机而不必担心炸弹落在头上了。她们又嘻嘻哈哈地满街乱跑，寻找冰淇淋和口红唇膏，她们进城去撞进每一家吃食店问可有冰淇淋卖，只有一家答应明天下午或许有。第二天，她们便步行十来里路前去践约，吃到一盘昂贵的冰淇淋，虽然里边吱咯吱咯全是冰碴子。街上摆满了摊子，卖胭脂的，卖西药的、牛羊肉罐头，卖慌乱中抢来的西装、绒线衫、蕾丝窗帘、雕花玻璃器皿、整匹的呢绒，又是一番热闹的景象。她们天天上城买东西，名为买，其实不过是看看而已，张爱玲学会了女人买东西式的消遣方法。

战后的香港，重新发现了“吃”的喜悦。到底人违反不了天生的本能，吃这项最自然最基本的功能，突然得到过分的注意，在感情的光强烈地照射下，竟变成下流的、反常的。吃成为人们最大的生活乐趣，卖吃的也就成为最时髦最有利可图的职业，学校里的教授，洋行的职员，店伙，律师，帮办全都改行作了饼师，街上每隔五步十步，便有这些看起来衣冠楚楚的人蹲在小风炉边炸小黄饼、萝卜饼、甜面包和“形迹可疑”的椰子蛋糕。一群馋嘴的女大学生便成了主顾，吃不惯学校里有浓烈肥皂味的椰子油烧菜，就来到街上找吃的，她们站在摊头吃滚油煎的萝卜饼，尽管不远的边上就躺着穷人青紫的尸首，她们仍吃得津津有味。

张爱玲的“职业”是和其他女同学们一样在“大学堂临时医院”做看护。临时医院里除了由各大医院搬来的几个普通病人，其余的大都是中流弹的苦力与被捕时受伤的趁火打劫者。她们在这里见惯了各式各样的人，活的，死的，看得多了，也就无所谓了，对死伤病员麻木得没有怜悯，没有惊慌，没有感觉。一个有钱的病人，雇另一个病人服侍他，却穿着宽大的医院制服满街逛；有的病人将一卷绷带、几把手术刀叉、三条病院制服裤子席卷而跑。病员在这里有吃有住，时间长以后倒不想出去了，跟自己的伤口也发生了感情，换药时每每用温柔的眼光注视着伤口的新肉，对之仿佛有一种创造性的爱。至于重病的人，乱七杂八地躺着或坐在临时医院的临时病房（那原是港大男生宿舍的餐室）里养病。

爱玲她们常常要值夜班，夜里没有什么事可做，便坐在屏风后看书，还有宵夜吃。有一个病人，尾骨上生了奇臭的蚀烂症。痛苦到极点，面部却反倒像是狂喜……眼睛半睁半闭，嘴拉开了仿佛痒丝丝抓挠不着地微笑着，整夜地叫唤：“姑娘啊！——姑娘啊！——”悠长地，颤抖地，有腔有调地叫着，爱玲在屏风后听着并不理睬。她听着只觉得心里发毛，那样的恶心，他在那里受磨难，还要别人也受磨难，虽然她心里也为自己这样不负责任、没良心自我谴责，但还是不理睬，终于把一房间的病人闹醒了，帮他喊“姑娘啊，姑娘啊”。爱玲走出来，阴沉地站在他床前，问道：“要什么?”这病人想一想，呻吟道：“要水。”其实他只是难受，什么也不要，只要人家给他点东西，不拘什么都行，爱玲知道，告诉他厨房里没有开水，又走开了。这病人叹一口气，静了一会儿，又叫，叫不动了，还在哼哼“姑娘啊……姑娘啊……哎，姑娘啊……”

深夜，爱玲去烧牛奶，穿过病房，多数病人都醒来了，眼睁睁地望着牛奶瓶，被她拿着走过。到厨房里，她把牛奶倒进铜锅里煮，铜锅坐在蓝色的煤气火焰中，像一尊铜佛坐在青莲花上，澄静、光丽。奶香引得隔壁病人的馋涎，那个拖长腔喊“姑娘啊！姑娘啊”的闻到牛奶香，跟踪到厨房里来了，小小的厨房里只点一支白蜡烛，爱玲不理这个病人，看守着将沸的牛奶，心里发慌、发怒，像被猎的兽。

天快亮的时候，这个病人死了。几个女大学生将病人的后事交给有经验的职业看护后，便躲到厨房里，吃用椰子油烘的一炉小面包，味道不错，颇像中国的酒酿饼。她们在这样冷漠自私的环境中，也学得冷漠、自私，若无其事地活着。只有炎樱永远那么热情，自告奋勇地为病人理发①。

整个外埠的学生都是这样，困在这里无事可做，成天就是买菜、烧饭、调情。人类的文明在战争的轰炸下，去掉了一切浮文，剩下的仿佛只有饮食、男女这两项。吃饭是为了享受这不知何时突然结束的生活；调情也不是普通的调情，是死神来临之际温和而带点感伤气息；一个女学生将

---

① 炎樱在《一封信》中说，自己在战时的香港常为病员理发。

米裹着抱出变钱，人们以为她去抛私生子；男同学上前线打仗回来大骂不值得。大家聚在一起，拿诸子百家、诗经、圣经、莎士比亚消磨时光，在污秽的玻璃窗上涂满了横七竖八的“家”。

在这乱世动荡中，香港大学三年的生活即告结束，因为香港沦陷了，无处栖身，她们不得不停下学业离开这个地方，张爱玲坐上船，再回上海。

重回上海，她有说不出的高兴，回到属于自己的世界里去，虽然上海也同样是沦陷了。

但是她的眼前不时地晃着一个个人影，变态的舍监，滑稽的教授，幽默而大胆的炎樱，健康而悲观的艾芙琳，受伤流血的年轻人，“姑娘啊姑娘啊”的病者；各种各样的人，西方人、南亚人、中国人，男的、女的，笑声、哭声、怒骂声，重重叠叠地打成一片骚乱，这就是香港。三年的生活多么熟悉，又是多么荒唐、怪诞、陌生，各色各样的人与各色各样的思想在这里交碰，说不出是什么滋味。张爱玲还没有理清思绪来构思小说，但这些小说的素材像她画的漫画一般，在眼前浮动，譬如暴躁的二房东太太，斗鸡眼突出得像两只自来水龙头；那少奶奶，整个的头与颈便是理发店的电吹风筒；像狮子又像狗模样蹲踞着的妓女，衣裳底下露出红丝袜的尽头与吊袜带……随意地涂抹着各种颜色，脑子里重重叠叠的香港印象。

即使以一生的精力为这些杂乱的人头写注解式的传记，也是值得的。

自私、空虚、渺小、苍白，然而所有的人都是可怜的。不管是上等的英国人，发迹的华侨，还是杂种混血儿，临死的病员，在乱世的威胁中，脱去了一切浮文，全是平等的，一样有人的要求，人的弱点。

一个个不相干的漫画般的人物，等待着在日后张爱玲的笔下复活，复活为一段段不和谐的故事。

第四章　怒放的罂粟花

呵，出名要趁早呀！来得太晚的话，快乐也不那么痛快……

快，快，迟了来不及了，来不及了！

个人即使等得及，时代是仓促的，已经在破坏之中，还有更大的破坏要来。有一天我们的文明，不论是升华还是浮华，都要成为过去。如果我最常用的字是“荒凉”，那是因为思想背景里有这惘惘的威胁。

——《〈传奇〉再版序》

用英文写作的“青年天才”

1942 年后半年，张爱玲又回到了阔别三载的上海。

一想起上海，就有一种回家的感觉。上海毕竟是中国人自己的城市，上海的人，上海的文化与语言都是本民族的，单这一点，就让人，尤其是这些滞留在香港的中国学生们有归属感；况且上海林立的高楼大厦，闪烁的霓虹灯，川流不息的人群，一点也不比香港差。上海比香港大，也比香港繁华，它是东方的大都市，是欧洲人眼中的东方巴黎，远非香港这个英国殖民地边城可比。

到底是上海人！

张爱玲对于久违了的上海人，第一个印象就是白与胖。在香港，广东人十有八九是黝黑瘦小的，比印度人还要黑、比马来人还要瘦。看惯了这些人，上海人显得丰润得多，个个肥白如瓠，像代乳粉上的广告。第二个印象是上海人的通达。香港的文化是杂七杂八的杂烩，半通不通的中文，夹杂着半通不通的英文，还有半通不通的各色文化，英国的、东南亚的、中国的各种文化在此杂合，碰碰撞撞，别别扭扭。香港的大众文化可以用脍炙人口的公共汽车站牌“如要停车，乃可在此”为代表，而上海就不然了，爱玲刚到上海，时常由心里惊叹：“到底是上海人！”去买肥皂，听见一个学徒向他的同伴解释：“喏，这就是‘张勋’的‘勋’，‘功勋’的‘勋’，不是‘熏风’的‘熏’。”连新闻报纸上登的一家百货公司的开幕广告，也是用骈散相间的阳湖派文章，香港是不可能有这样华美的文字的。上海的文学充满了文化气氛与灵秀之气，上海人人情练达，虽然圆滑一些，但不过火，懂得处世的艺术，能与人和谐相处。而在香港，西方与东方的伦理观念格格不入，交往总是不谐调，很难理喻，印象中的香港是阴郁闷湿犯冲，用中国人的眼光来看，简直是怪诞的、荒唐的、喜怒无常的[①]。

上海人是传统的中国人加上近代高压生活的磨炼，新旧文化各种畸形产物的交流，结果也许是不甚健康，但是这里有一种奇异的智慧。

香港自然也有它独特之处，谁都是外人，谁都可以有自己的习惯，谁都有自己的自由，可以不理会别人，别人也可以不理会你。在思想上这样，在外表上也是这样。例如女孩子们的服装打扮随心所欲，可以是纯西方式的装束，也可以是东方式的，既可以是现代的，也可以是传统的，总之，花花绿绿，异彩纷呈，单就这一点随心所欲的自由，张爱玲就觉得很开心。在这里，她发现了穿衣的喜悦，衣服就是生活的色彩，个性的流露，美的追求。她自己选料，自己设计，别出心裁，鲜明的色调，不同的搭配，亦中亦洋的式样，把生命装扮得如衣服一样绚烂。

张爱玲回来以后，有次弟弟来看她，看见姐姐穿一件非常奇特的衣服，大红颜色底子的布旗袍，上面印着一朵朵或蓝或白的大花，两边都没有纽扣，是从头上套进去穿上的，像外国女子连衣裙式样的旗袍，双臂和颈下的肌肤袒露着，胸前的领口上打着个俏皮的结子，旗袍下梢只到膝盖，露出修长的腿。这种时髦的新式衣服在整个上海也见不到，弟弟惊奇地问哪来的时髦货。姐姐淡然一笑："真是少见多怪，在香港这种衣服简直太普通了，我还嫌它不够特别呢?"弟弟自愧孤陋寡闻，也不敢往下问了。张爱玲一位朋友的哥哥结婚，她又穿了一套前清老样子绣花的袄裤前去道喜，满座的贵客为之惊奇不置，她弟弟不胜感叹："上海人全跟我一样少见多怪。"（张子静《我的姊姊张爱玲》）

---

① 参见张爱玲《到底是上海人》。

生命虽是华美的，但不如意事常常有。

张爱玲遗憾的是，在香港三年苦读功亏一篑。由于战乱的破坏，三年的成绩付诸东流。虽然她的门门课程都是优秀，是教授心目中的好学生，在班上又最有希望被送去伦敦深造，但战火烧掉了港大全部的文件记录，也毁了她的前途，连毕业文凭都没有。转入其他学校得重新考学。她去报考了教会办的圣约翰大学。以她的成绩，应当说是十拿九稳，但结果却大大出人意料，她竟落榜了，原因是她的国文不及格。她被打入补习班去了。

真是咄咄怪事！张爱玲竟然国文不及格！连她自己都觉得滑稽可笑。她的中学老师也为之愤愤不平：“如张爱玲的国文入补习班，则请问有些大人先生该编入何年级？”也许是爱玲过于敷衍，但即使如此，也绝不会低于那些文墨不通的中学生吧①。

不过，这倒使张爱玲重新操起久违了的文学的五彩笔，随心所欲地挥洒自己的思想，施展文学的才能。她起初不是写小说，更不是补什么“国文课”，而是用英文写感兴趣的服装，评看过的电影。多半是为了自己这两项最浓厚的兴趣，当然投给外国人办的刊物，能得一笔丰厚的稿酬，自己养活自己，减轻姑姑的负担，两全其美。她说：“用别人的钱，即使是父母的遗产，也不如用自己赚的钱来得自由自在，良心上非常痛快。”（《苏青张爱玲对谈录》）

在香港的三年，她练就了一手漂亮地道的英文，连她那留过洋的姑姑也说她“真本事，无论什么英文书，她能拿起来就看，即使是一本物理或化学”②。她因此用英文给上海的一家英文月刊《二十世纪》写稿。《二十

① 参见汪宏声《记张爱玲》。

② 参见张子静《我的姊姊张爱玲》。

世纪》是一个德国人在上海办的英文刊物，主编克劳斯·梅奈特（Klaus Mehnert）获柏林大学博士学位，多次访问苏联，曾在莫斯科任过驻苏记者。1941年10月自美国经日本到上海，在这里办起了这个刊物。这是一本给外国人看的刊物，以介绍东方文化和世界形势为主。

当主编看到张爱玲寄来的第一篇文章《中国人的生活与服装》，先是对她流利新颖、略带一点维多利亚末期的英文风格大加赞赏，再看这篇近万字的文章里十二幅作者亲手描绘的各种服饰插图又十分欣赏，当得知这篇洋洋万言的文章和精美图画出自一位只有二十一二岁的中国姑娘之手时，他更欣喜不禁。在该刊1943年第1期上隆重推出，赞誉“张爱玲小姐是极有前途的青年天才”。张爱玲从此成了几乎每期出现的撰稿人①。

张爱玲对服饰是很有研究心得的，她见惯了旧时官宦之家的繁华生活，深谙中国的古老传统，下笔自然有富贵气象，何况，她又是一个对服饰打扮有浓厚兴趣、研究有素的人。

看爱玲研究服装，确实是很细致，从颜色、款式、点缀品到时代与服装的变迁，她是追求一种服饰的美，美的研究与欣赏。她在《更衣记》这篇中文文章里说，中国男子的生活比女子自由得多，但衣服上恰恰相反，“单凭这一点，我就不愿做一个男子”。她很高兴自己是女人，有穿红着绿随兴打扮的权利与自由。

在清朝三百年的统治下，女子基本上是没有什么“时装”可言的。衣服有定制，着装有定规，不同的身份有不同的装束。康熙乾隆时代到清朝后期女子的时装基本上是一个不变格式，她们身着长衫长裤，有一种四平八稳的沉着气象。上身的袄领圈很低，穿在外边的宽衫是大袄，在并非正式的场合，宽了衣，露出中袄；再里面，便是窄小紧贴身的小袄，上床也

① 参见郑树森《张爱玲与〈二十世纪〉》。

不脱的，多半是娇媚的桃红或水红。削肩、细腰、平胸、薄而小的女性形体被一层层的衣服罩住，虽然那衣服是华丽无比的。袄子上有“三镶三滚”或“五镶五滚”甚至“七镶七滚”，镶滚之外，下摆和大襟上还闪烁着水晶钻的梅花、菊花，袖子上钉着名唤“阑干”的丝质花边，挖空镂出“福”“寿”字样。但女人的本身是不存在了，不过是一个衣服架子。张爱玲感叹地说：“古时候的时装设计家似乎不知道，一个女人到底不是大观园，太多的堆砌使兴趣不能集中。”

古时的女人出门时裤子外面的裙子通常是黑色的。每逢喜庆年节，太太穿红的，姨太太穿粉红的。家教好的大家闺秀，莲步姗姗，百褶裙虽不至于纹丝不动，但随着款款细步，也只是最轻微的摇颤。更为苛刻的是新娘的红裙，裙腰垂下一条条半寸来宽的飘带，带端系着铃，行动时只许有一点隐约的叮当，像远山宝塔上迎风摇摆的风铃一样。

从清末革命时代到民国初，再到二三十年代，女子的衣服不断更新。

开始时是身上的点缀品逐渐减去，接着身上的袄裤越来越窄，上身套着紧身背心。这些紧身背心的功用实在奇妙——衣服再紧些，衣服底下的肉体也还不是写实派的作风，看上去不大像女人而像一缕诗魂。长袄的直线延至膝盖为止，下面虚飘飘垂下两条窄窄的裤管，似脚非脚的三寸金莲抱歉地轻轻踏在地上，给人一种伶仃无告的感觉，像《红楼梦》里说的“怪可怜见的”。在中国诗里“可怜”是“可爱”的代名词，薄命红颜引起向有保护异性嗜好的男人“怜香惜玉”的兴趣。

民国建立之后，人们认真相信理想化的人权主义，恋爱自由、婚姻自由，时装上也显现出空前的天真、轻快、愉悦，“喇叭管袖子”飘飘欲仙，露出一大截玉腕。短袄的腰部极为紧小，上层人家的女人出门系裙，在家里只穿一条齐膝的短裤，丝袜也只到膝，裤与袜的交界处偶尔大胆地露出雪白的膝部。衣领短了，领口形状更花样翻新，有圆形的、方形的、鸡心形的、金刚钻形的，围白色围巾，穿白丝袜，交际花与摩登女人还常戴着平光眼镜作为装饰。

军阀政府走马灯似地换来换去，衣服也跟着换，但女子衣服变化用的完全是减法，衣袖废除了，衣领矮了，袍身短了，所有衣上的点缀品，不论有用没用，一概剔去，剩下的只有一件紧身背心，露出项颈、两臂与小腿。

张爱玲对颜色和款式有着最细腻大胆的悟性，每一块布料，不管是雅还是俗，她都能根据自己的悟性，设计成好的时装。她喜欢色彩对比强烈的衣服，突出明丽的形象，大俗中透出大雅的性格。她还喜欢日本的花布，一件布料就是一幅抒情的图画，每次买回家，没交裁缝前，总是几次三番拿出来鉴赏：棕榈树的叶子半掩着缅甸的小庙，雨纷纷的，在红棕色的热带；或者是初夏的池塘，水上结了一层淡淡的绿膜，飘着浮萍和断梗的紫的、白的丁香，仿佛应当填入一首“哀江南”的小令里；还有一件“雨中花”，白底色上，阴戚的紫色的大花，水滴滴的。

衣服是一种语言，叙说着一个人，一种情，一件事。

她除了对服装有浓厚的兴趣外，另一大爱好是看电影。中学时代对卡通片入迷，写过《论卡通画之前途》，那时还是在父亲与后母统治下，她不能随意尽兴地看。现在，她是一个完全自由自主的人了，她想干什么就干什么，大上海放映的电影，她几乎没有不看的，而且就她的性情，电影如服装一样，总要走在别人的前面才高兴。有一次，爱玲与弟弟还有许多人去杭州玩。刚到的第二天，爱玲突然看到报上登着上海电影院上映的新片广告——谈英的《风》，心血来潮，立即就要坐车返回上海看，不管别人怎样劝说也没用，不得已，弟弟子静只好放弃游玩，陪她回上海。一下火车，就直奔电影院，一连看了两场，仍然兴致盎然。弟弟在一旁实在没有兴趣看，不停地抱怨，她却喜滋滋地说：“幸亏今天赶回来看，要不然

我的心里不知有多么难过呢!”(张子静《我的姊姊张爱玲》)

她对电影的兴趣，实在不亚于对时装。她看过之后，把自己的感想用英文写成影评，投给《二十世纪》，而这家杂志对她的稿子唯恐求之不得，每篇必用，也增加了爱玲自觉写稿的信心。《二十世纪》1943年的十二期中，八期杂志上都有她的文章，而且有时一期两篇。如五月号上的影评《妻子·狐狸精·女人》，评的是电影《梅娘曲》和《桃李争春》。六月号上散文《还活着》，电影《万世流芳》的影评《鸦片战争》；七月号上影评《秋之歌》与《浮云掩月》；八、九月合刊号上发表《婆媳之间》，评的是《自由钟》、《两代女性》和《母亲》；十月号上评影片《万紫千红》和《回春曲》，十一月号上发表的《中国的家庭教育》，评的是影片《新生》和《渔家女》；十二月号上发表学术随笔《妖魔与神仙》，评论中国的宗教①。

她把自己比较满意的作品改写成中文投给中文报刊，又可以扩大影响，赚一份稿费。后来，收入集子里的有《洋人看京戏及其他》、《借银灯》、《银宫就学记》、《中国人的宗教》。

太平洋战争爆发后，日寇在1941年12月进入上海租界，原来“孤岛”时期的电影界被日寇控制，次年十二家电影公司合并成“中联”。由于特殊的历史原因，沦陷期间共拍的八十多部影片大都湮没无闻，成为电影史的空档，故张爱玲的影评在今天都有一定参考价值。

1942年，张爱玲看了轰动一时的两部电影《梅娘曲》和《桃李争春》。前者由严俊、王熙春主演，后者系根据美国电影《情谎记》改编，由陈云裳、白光主演，李萍倩导演。

这两部影片都涉及“妇德”问题。《梅娘曲》里丈夫寻花问柳，到

---

① 参见郑树森《张爱玲与〈二十世纪〉》。

“台基”上去玩弄人家的女人。把他的妻子梅娘一人撇在家中，一个坏蛋骗她说自己要创办一个慈善性质的小学，邀她去任校长之职，这个有点知识想做一点事业的女人信以为真。坏蛋把她引诱到不名誉的“台基”上，恰巧，她的丈夫又来玩弄“人家人”了。夫妻双方打了个照面，丈夫打了她一个嘴巴，她没有开口说话辩解的余地，就被丈夫休掉了。《桃李争春》虽然是根据美国电影改编的，可是这题材却贴近中国人的心理。丈夫在醉后色欲的诱惑之下与情人发生关系，情妇怀孕了，他的贤妻为了“传宗接代”的那点骨血，含辛茹苦地照顾丈夫情妇肚子里的孩子，极力阻止那个女人打胎。

这两部电影可以说写的都是东方女子的心理与命运，张爱玲在《借银灯》这篇评论中说：

丈夫在外面有越轨行动，他的妻是否有权利学他的榜样？摩登女子固然公开反对片面的贞操，即是旧式的中国太太们对于这问题也不是完全陌生。（《梅娘曲》写“艳窟”里的一个“人家人”便侃侃地用晚餐席上演说的作风为自己行为辩护。——引者）为了点小事吃了醋，她们就恐吓丈夫说要采取这种报复手段。可是言者谆谆，听者藐藐，总是拿它当笑话看待。

男子们说笑话的时候也许会承认，太太群的建议中未尝没有一种原始性的公平。很难使中国人板着脸作此项讨论，因为他们认为世上没有比奸淫更为滑稽可笑的事。但是如果我们能够强迫他们采取较严肃的评判态度的话，他们一定是不赞成的。纯粹逻辑化的伦理学观点看来，两个黑的并在一起并不是等于一个白的，二恶相加不能成为一善。中国人用不着逻辑的帮助也得到同样的结论。他们觉得这办法在实际上是行不通的。女太太若是认真那么做去，她自己太不上算。在理论上或许有这权利，可是有些权利还是备而不用的好。

剧作者对这么一个可以深刻挖掘的社会题材轻易地放弃了，只把它看成一个被遗弃的女人的悲剧，未免可惜。《桃李争春》的风格虽然可喜，尤其使男性观众感到满意的是妻子与外妇亲狎地、和平地相互拥抱入睡的那一幕。但是：

在今日的中国，新旧思想交流，西方个人主义的影响颇占有优势，所以在现代社会中，这样的妇女典型，如果存在的话，很需要一点解释。即在礼教森严的古代，这一类的牺牲一己的行为，里面的错综心理也有可研究之处。《桃李争春》可惜浅薄了些，全然忽略了妻子与情妇的内心过程，仿佛一切都是理所当然的。

张爱玲眼界很高，从剧中的立意到演员的演出，对这两部轰动一时的电影做了入木三分的而又中肯的批评。

《中国的家庭教育》（China：Education of the Family），张爱玲后来将之改写成中文，名为《银宫就学记》，评的是黄河、王丹凤主演的影片《新生》和周璇、顾也鲁主演的《渔家女》。

《新生》写一个男大学生拿着父母给他读书的钱挥霍到胡乱应酬与女人身上，后来，他认识了一个单纯的女大学生。这位女学生和男主角交朋友纯粹为了学习上的交流知识，当他想进一步发展时，被她拒绝了。这位女大学生毕业后到内地教书，成为一个美丽能干的教务主任。男主角受其影响回心向善，加入了开发边疆的旅行团，垦荒去了。张爱玲肯定了电影的主题“农村的纯洁为都市的罪恶玷污”的意义，也肯定主人公“自新”

的表现。但主人公“他做这件事，并没有预先考虑过，光是一时的冲动，诗意的憧憬，近于逃避主义。如果他在此地犯了罪，为什么他不能在此地赎罪呢？在我们近周的环境里，一个身强力壮，具有相当知识的年青人竟会无事可做么？一定要叫他走到‘辽远的，辽远的地方’，是很不合实际的建议”。

《新生》另提出了很值得讨论的问题：大众的初步教育，是否比少数人的高等教育更为重要，更为迫切？男主角的父亲拒绝帮助一个邻居的孩子进小学，因为他的钱要留着给自己的孩子入大学。然而他的不成器的孩子辜负了他的一片苦心，他受了刺激，便毁家兴学，造福全村的儿童。在这里剧作者隐约地对于我们的最高学府表示不满，可是他所攻击的仅限于大学四周的混杂腐败有传染性的环境。

电影《渔家女》写一个教西洋美术的画家，爱上一个没有文化的渔家姑娘，便教她学习，渔家女向美术家道歉，说她配不上他。美术家激动地说：“我不喜欢受过教育的女人”，可是，虽然他对大自然的女儿充满了卢梭式的景仰，但还是不由自主地教她识字。因此，美术家与父亲闹翻，出来谋求独立，穷困潦倒，一位阔小姐加以援手，随后这位阔小姐便诡计多端地破坏他与渔家女的感情。在最后的一刹那，那个收买灵魂的女人终于天良发现，一对恋人遂得团圆。

这是一个风格甜净的轻喜剧，张爱玲用她那又幽默又尖刻的笔调嘲讽这位美术家，也挖苦了中国历代文人：

以往的中国学者有过这样一个普遍的嗜好：教姨太太读书。其实教太太也未尝不可，如果太太生得美丽。但是这一类的风流蕴藉的勾当往往要到暮年的时候，退休以后，才有这闲心，收个“红袖添香”的女弟子以娱晚景，太太显然是不合格了。

从前的士子很少有机会教授女学生，因此袁随园为人极度艳羡，因此郑康成穷极无聊只得把自己家里的丫头权充门墙桃李。现在情形不同了，可是几千年的情操上的习惯毕竟一时很难更改，到处我们可以找到遗迹。

……“渔家女”的恋人乐意教她书，所以“渔家女”之受教育完全是为了她的先生的享受。

张爱玲对这个大团圆喜剧的结局也深为怀疑：

悲剧变为喜剧，关键全在一个阔小姐的不甚可靠的良心——“渔家女”因而成为更深一层的悲剧了。

张爱玲对中国的人情世故，对中国人的心理的剖析表现出罕见的犀利。她对中国的文化也有独到的见解。她像林语堂那样用英文写的学术随笔，也同样的轻松可喜。驾驭“中国的宗教”这样一个大问题，对一个年轻人来说不是一件容易的事，但张爱玲站在中国宗教的大门口，以一个天真少女的眼光往里“张看”，看出了许多新奇的东西。

林语堂那种用英文向洋人宣扬中国文化，用中文向国人宣传外国文化，沟通东西，享誉中外，是张爱玲这种中英文俱佳者的理想事业。张爱玲的幽默才智也不在林语堂之下，两人还有相似的地方，对宗教有共同的兴趣，对学术不是做考据式的研究，而是凭悟性做宏观的鸟瞰，不是写艰深的论文，而是漫谈性的学术随笔，张爱玲这篇《中国人的宗教》可以说是带有林语堂风格的作品。

《中国人的宗教》开头说："这篇东西是写给外国人看的，所以非常粗浅。但是我想，有时候也应当像初级教科书一样的头脑简单一下，把事情弄明白些。"严格地说它不是一篇学术论文，而是对中国宗教的随想漫谈，张爱玲也不能算作像钱钟书那样深入中国文化堂奥的学问家，也没有林语堂博学，而是在中国文化之外"隔着适当距离"审视，不过以一个智慧女性的心理娓娓道来，常常有一些发人深省的妙悟。

她说中国人与西方不同的地方是：这"虚空的空虚，一切都是虚空"的感觉在中国总像个新发现，并且停留在这阶段。一个一个中国人看见花落水流，于是临风洒泪，对月长吁，感到生命之短暂，但是他们就到这里为止，不再往前想了。灭亡是不可避免的，然而他们并不因此就灰心、绝望、放浪、贪嘴、荒淫——对于欧洲人，似乎是合乎逻辑的反应。像文艺复兴时代的欧洲人，一旦不相信死后的永生了，便大大地作乐而且作恶，闹得天翻地覆。

她说中国人的地狱：

中国人有一个道教的天堂与一个佛教的地狱。死后一切灵魂都到地狱里去受审判，所以不像基督教的地底火山，单只恶人在里面受罪的，我们的地府是比较空气流通的地方。

"阴间"理该永远是黄昏，但有时也像个极其正常的都市，游客兴趣的集中点是那十八层地窖的监牢。生魂出窍，漂流到地狱里去，遇见过世的亲戚朋友，领他们到处观光，是常有的事。

鬼的形态，有许多不同的传说，比较学院派的理论，说鬼不过是一口气不散，是气体；以此为根据，就判定看上去是个灰或黑色的剪影，禁不起风吹，随着时间的进展渐渐消磨掉，所以"新鬼大，旧鬼小"。但是群众的理想总偏于照相式，因此一般的鬼现形起来总与死者一模一样。

她看到中国人出于孝心对父母的棺材非常重视，做得非常考究，但在棺材头上却刻着生动美丽的《吕布戏貂蝉》，出殡哭丧时却吹打着音乐《苏三不要哭》，不和谐得有点滑稽。

中国人自己的宗教——道教的天堂，“实行极端的分工制，有文人的神，武人的神，财神，寿星。地上每一个城有城隍，每一个村有土地，每一家有两个门神，一个灶神，每一个湖与河有个龙王。此外还有无职业的散仙。”虽然天上的仙人们“较可羡慕，他们过的是名士派的生活，林语堂所提倡的各项小愉快，应有尽有”，但这些比起地狱来，却显得苍白无光。“中国人的天堂其实是多余的。对于大多数人，地狱是够好的了。”

中国人对道教、佛教或是基督教，什么教都可以接受，都不排斥，只不过“读书人有点相信而不大肯承认，愚民承认而不大相信”，对无原则的中国人来说，什么教都相信一点总不会有什么坏处。张爱玲在最后说：

> 然而，中国的宗教究竟是不是宗教？是宗教，就该是一种虔诚的信仰。下层阶级认为信教比较安全，因为如果以后发现完全是谎话，也无伤，而无神论者可就冒了不必要的下地狱的危险。这解释了中国对于外教的传统的宽容态度。无端触犯了基督教徒，将来万一落到基督教的地狱里，举目无亲，那就要吃亏了。

在张爱玲看来，中国人说来说去，没有坚定的信仰，坚实的生活，有的只是人生的空虚感与怀疑感，因此中国的文学里弥漫着大的悲哀，一切对于人生的观察都笼统地指向虚无。

中国人不信教，但相信行为，对生命的来龙去脉不感兴趣，也不敢朝这方面想，只注重眼前的热闹。一个相同的故事，由京戏，到昆曲，到绍兴戏、话剧，一个调子重复又重复，平心静气地咀嚼，一遍又一遍。

张爱玲对中国文化虽然有浓厚的兴趣，但根本上是悲观的，她也没能摆脱中国人的空虚与怀疑。正像她说：

> 多数的年青人爱中国，而不知道他们所爱的究竟是一些什么东西，无条件的爱是可钦佩的——唯一的危险就是：迟早理想要撞着了现实，每每使他们倒抽一口凉气，把心渐渐冷了。
>
> ——《洋人看京戏及其他》

抽象的爱是不存在的，她愿意像“一个华侨，可以一辈子安全地隔着适当的距离崇拜着神圣的祖国”，这样才有靠得住的爱。

香港梦回

张爱玲与姑姑住在静安寺旁赫德路（今常德路）口的爱丁堡公寓。她没有自己的家，父亲的家她是永远不可能再回去了，母亲也随着她的美国男人去了新加坡。她与姑姑住在一起，姑侄二人相依为命。

乱世的人，得过且过，没有真的家。然而她对于姑姑的家却有一种天长地久的感觉。姑姑张茂渊是一个幽默风趣的女人，很有文学上的天赋。与姑姑在一起，确实给了她不少的抚慰与温馨。姑姑洗头发，头发太脏，水都显得有些黑了，张爱玲在一旁看着笑，姑姑说：“好像头发掉色似的。”以前姑姑在无线电台当播音员，报告新闻，播送社论，每天念半个小时，工资颇高。她感慨地说：“我每天说半个钟头没意思的话，可以拿好几万元的薪水；我一天到晚说着有意思的话，却拿不到一个钱。”张爱玲有一次把上海“爱德华七世路”弄错了，说成“爱德华八世路”，姑姑说："爱德华八世还没有来得及成马路呢。"

张爱玲对姑姑说："姑姑说话有点像周作人他们的。"姑姑照例说她不懂这些，她不喜欢文人，对"周作人他们的"也不感兴趣，所以要处处撇清。但姑姑说起话来实在很有情趣，像炎樱一样。有一次说到子静站在她面前，"一双大眼睛吧达吧达望着我"，张爱玲觉得"吧达吧达"形容得真好，姑姑也颇自负，说自己是文武双全，"文能写信，武能纳鞋底"①。

与姑姑在一起，就像是自己的家，比自己的家里更有情趣。姑姑脾气与她相近，两人像一对朋友（就像与炎樱）一样地相与笑乐。张爱玲说，姑姑"对于我们张家的人没有好感——对我比较好些，但也是因为我自动地粘附上来，拿我无可奈何的缘故。就这样她常常抱怨：'和你在一起，使人变得非常唠叨（因为需要嘀嘀咕咕）而且自大（因为对方太低能）。'"张爱玲说：

> 她的家对于我一直是一个精致完全的体系，无论如何不能让它稍有毁损。前天我打碎了桌面上一块玻璃，照样赔一块要六百元，而我这两天刚巧破产，但还是急急地把木匠找了来。……近来不知为什么特别有打破东西的倾向。(杯盘碗匙向来不算数，偶尔我姑姑砸了个把茶杯，我总是很高兴地说："轮到姑姑砸了！")上次急于到阳台上收衣裳，推玻璃门不开，把膝盖在门上一抵，豁朗一声，一块玻璃粉碎了，膝盖上只擦破一点皮，可是流下血来，直溅到脚面上，搽上红药水，红药水循着血痕一路流下去，仿佛吃了大刀王五一刀似的。给我姑姑看，她弯下腰去，匆匆一瞥，知道不致命，就关切地问起玻璃，我又去配了一块。
>
> ——《公寓生活记趣》

① 参见张爱玲《姑姑语录》。

爱玲与姑姑、炎樱或后来的苏青，不管是再近的亲戚，再好的朋友，在钱财上照样是分明的，这是她做人的原则。因为她已自食其力，赚了钱，再不像从前那样寄生于父母家中了。她感到钱的重要，从不讳言她喜欢钱。姑姑说她是个“财迷”，常常说她：“不知道你从哪来的一身俗骨？”张爱玲总是笑嘻嘻地承认自己是个俗人，她怀疑这俗是天生的。

在这所大伙杂居的公寓里，左邻右舍，楼上楼下发出各种嘈杂声，有的讲外语，有的弹钢琴，有的说闲话聊天，还有人在楼顶溜冰。开电梯送报送豆浆的老头也知书达理，有涵养。她每一听到楼下卖臭豆腐干的过来了，便抓起一只碗，蹬蹬奔下六层楼梯，在远远的街边臭豆腐干担子旁买了，再乘电梯上楼。虽然似乎总有些可笑，这里却是最世俗又合乎理想的隐居地。

每当晚上姑姑早早钻进被窝“视睡如归”了（这是她姑姑的名言），爱玲躺在枕上，听邻近电车进厂的声音。“电车回家”了，一辆衔接一辆，像排了队的小孩，嘈杂，叫嚣，愉快地打着哑嗓子的铃，“克林、克赖、克赖、克赖”……她是非要听见电车声才睡得着觉的。“城里人的思想、背景是条纹布的幔子，淡淡的白条子便是行驰着的电车——平行的，匀净的，声响的河流，汩汩流入下意识里去。”（张爱玲《公寓生活记趣》）在这嘈杂世俗的中国，享受这世俗的安稳。

但不知为什么常常梦回香港，她常常回想起在香港的那一段时光，在香港所见的各色人、所历所闻的各种事，纷纭、刺眼、犯冲，回来的两年时间，她都不能抹去脑海中香港的印象，甚至自来水管訇訇的响声也使她每每魂飞魄散，疑心是港战时飞机掷的炸弹。她常常做梦，有次梦见又回香港了，船到的时候是深夜，而且下着大雨。她狼狈地拎着箱子上山，管理宿舍的天主教僧尼，她又不敢惊醒他们，只得在漆黑的门洞子里过夜（她也不知道为什么自己会是这么可怜，当初他们也不曾对她这样的苛待)。风向一变，冷雨大点大点地扫进来，她把一双脚直缩直缩，还是没处躲。忽然听见汽车喇叭响，来了阔客，一个施主太太带了女儿，才考进大学，送女儿来住读的。汽车夫砰砰拍门，宿舍里顿时灯火辉煌，她趁乱向里一钻，看见了舍监，就像见了晚娘一样，嘻嘻地赔笑上前叫了一声“Sister”。舍监淡淡地点了点头，说：“你也来了。”她也没多寒暄，径自上楼，去寻找自己的房间……梦到这里她醒来了。她把自己的冷梦告诉姑姑，一面说，渐渐地涨红了脸，满含眼泪，后来在电话上告诉了朋友，又哭了。在一封信里提到这样的梦，写着信忍不住还要落泪，长大后她已经很少流泪了，不知为什么还会这样①。香港的回忆在她的思想感情里酝酿发酵，使她不能自已，一吐为快。

在这样一种感情驱使下，她写了一系列的“香港传奇”，包括《沉香屑：第一炉香》、《沉香屑：第二炉香》、《茉莉香片》、《心经》、《琉璃瓦》、《封锁》、《倾城之恋》七篇小说，她写的是感情上属于上海的人在香港的经历，试着用上海人的眼光感受香港。因此，她的小说只是写给上海人看的，也只有上海人能够懂得它们②。

于是，她告别了《二十世纪》，告别了她的英文读者，为那些对中国文化、中国人一知半解的刊物与读者写文章，只能是粗浅的评介，目的是卖文；而真正抒写真性情、真感受，还是写给自己的上海同胞看的纯文学作品。

吹向文坛的“两炉沉香”

从1943年春天开始，在熏风沉醉的上海滩，在沦陷区死气沉沉的文坛

---

① 参见张爱玲《我看苏青》。

② 参见张爱玲《到底是上海人》。

上，张爱玲的一系列小说散文姹紫嫣红，热烈地绽开，每一朵花都是一个新鲜美丽的故事，诉说着一个二十二岁少女的所思所感。

这年初春，一个春寒料峭的下午，张爱玲来到一所雅静别致的花园洋房前，叩开了紫罗兰庵主人的门。

这时，紫罗兰庵主人——鸳鸯蝴蝶派老作家周瘦鹃，正懒洋洋地斜靠在书房的沙发里，望着案头古色古香的宣德炉中一缕紫罗兰香袅袅的青烟，想着自己的心事。

他的小女儿瑛匆匆上来，拿着一封信给他，说："楼下有位姓张的女子来访。"

他拆开信，原来是他的一位园艺朋友黄岳渊老人的亲笔信，介绍女作家张爱玲来访，要和他谈谈小说的事。周瘦鹃忙下楼来，看到客厅里站着一位穿着鹅黄缎半臂旗袍亭亭玉立的小姐，知道这就是张爱玲。张爱玲见到周瘦鹃，毕恭毕敬地鞠了一躬，瘦鹃答过礼，招呼坐下叙谈。瘦鹃老人才知道张爱玲从小在天津北平长大，后来搬到上海，上了三年香港大学，因战事发生，又辗转回到上海，现在与姑姑住在一起，为西人办的《二十世纪》写英文文章。爱玲不善言谈，只简单地介绍了自己的情况。周瘦鹃问起她写作情况，她说，中文作品除了前几年给《西风》杂志写过一篇《天才梦》外，没有动过笔。最近写了两篇小说，写的是发生在香港的故事，爱玲说着打开手中的纸包，拿出两篇稿子，请周瘦鹃看看行不行。周瘦鹃忙捧过来，他看了看标题《沉香屑》，题下标着《第一炉香》、《第二炉香》，感到这名字很别致有味，当即就请爱玲把稿子留下，容他细细拜读，一周后再细谈。周瘦鹃又与她谈起复活《紫罗兰》的事。张恨水、周瘦鹃都是鸳鸯蝴蝶派的重要作家，是二三十年代在青年男女中风靡一时的言情小说大家。他们的作品就连许多成年人也特别爱看，张爱玲与她的父母姑姑都是其忠实的读者。鸳鸯蝴蝶派办了多种期刊，这派文人有一句很明确的办刊宗旨：“宁可不讨小老婆，不可不看礼拜六”（“礼拜六”是鸳鸯蝴蝶派的最主要刊物，也是这一派的别称。1925 年又创办了《紫罗兰》杂志，1930 年停刊。），即可看出文艺趣味和受欢迎的程度。张爱玲向周瘦鹃谈起，她的妈妈和姑姑在十多年前就是周瘦鹃编的《半月》、《紫罗兰》和《紫兰花片》的热心读者，那时，她的妈妈刚从法国留学归来，读周瘦鹃的“哀情小说”，伤心地流过不少眼泪，曾写信给周瘦鹃，劝他不要再写下去了。周瘦鹃听了很感兴趣，虽然他已记不得这件事了。他们谈了一个多小时，爱玲方起身作别。

当夜，周瘦鹃在灯下读起张爱玲的小说，谁知他一看便被深深吸引住了，一边看，一边击节叹赏，竟然一口气读完才放手。他所看的、写的言情小说多了，大抵是男男女女、恩恩怨怨，缠绵悱恻的哀情故事，虽然这些小说可以使少男少女为之洒泪，但这样的爱情故事基本上为他和他的朋友徐枕亚、包天笑、张恨水、张资平写得差不多了，写到了绝路，如果不另辟蹊径，纵然才华横溢也是枉然，他本人就是一例。周瘦鹃本是一位多愁善感的风流才子，年轻时爱上一个西名唤作“紫罗兰”（Violet）的姑娘周吟萍，两心相许，心有灵犀，但紫罗兰家是富户，瞧不上周瘦鹃，把她许配他人，双方失之交臂，抱恨终生。伊人秋水，相见无期，这种感情一直折磨着他，从此恋紫罗兰成瘾，供紫罗兰花，用紫罗兰墨水，办的刊物也叫“紫罗兰”，他写出多少哀怨缠绵的作品，可谓深于情者了。然而这种作品由于局限在个人狭小的恩怨感情之内，在三十年代已被多数新文学家批评。他现在想重新振兴《紫罗兰》，非要有使人耳目一新的名篇佳作不可，这两篇小说正是不可多得的作品，虽是言情之作，但是它的内容却不是那套平庸烂熟的故事，而写出了香港这个殖民地畸形社会人的畸形的情爱，写出了这个繁华都市的荒凉之悲。周瘦鹃凭着直觉觉得张爱玲作品的风格很像英国作家毛姆的作品，而又受了一些《红楼梦》的影响，不禁深深地喜欢这两篇小说。

一星期后，张爱玲来问他读后的意见，周瘦鹃把自己的看法告诉了爱玲，爱玲表示心悦诚服，因为她正是毛姆作品的爱好者，而《红楼梦》又是她最喜欢的作品。周瘦鹃问她愿不愿把作品发表在《紫罗兰》上，爱玲当然一口应允，这样，周瘦鹃便约定在《紫罗兰》创刊号出版之后，再拿样本去看她。张爱玲再谢而去。

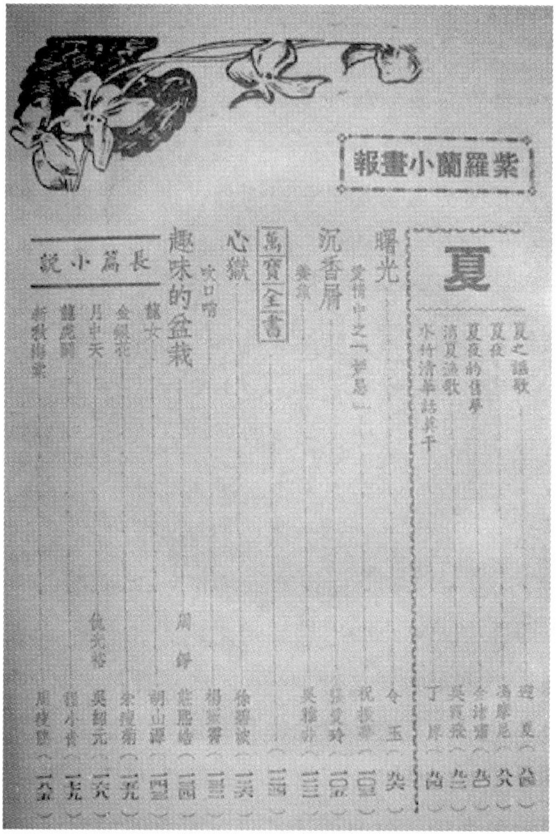
紫羅蘭小畫報

夏

曙光

沉香屑

萬寶全書

心獄

趣味的盆栽

長篇小說

月中天

发表在《紫罗兰》上的《沉香屑》

新版的《紫罗兰》如期出版了，《沉香屑》被安排在最重要的位置。周瘦鹃在杂志编者话里高兴地向读者宣布："如今，我郑重地发表了这篇《沉香屑》，请读者共同来欣赏张女士一种特殊情调的作品，而对于当年香港所谓高等华人的那种骄奢淫逸的生活，也可得到一个深刻的印象。"

张爱玲与姑姑举行了一个小小茶会，邀请周瘦鹃夫妇到自己家中做客。瘦鹃夫人胡凤君因家中有事，不能分身，瘦鹃便独自捧着新雅别致、墨香袭人的《紫罗兰》杂志，如约到爱玲家去。

爱玲与姑姑早已在恭候这位久慕才名的大作家的光临，周瘦鹃进来，看见她家客厅虽然不大，但异常的别致精美与整洁，爱玲身旁这位个子高挑、头发微烫、戴一副秀琅眼镜的中年女子自然是她的姑姑了。爱玲的姑姑是一个非常秀气斯文而又落落大方的女人，读过不少书，受过西方教育，人又和蔼健谈，相比之下，爱玲却沉默寡言，只是在一旁微笑着听姑姑与周瘦鹃谈话。姑姑很大方，向周瘦鹃说起以前和嫂嫂是如何的爱读他的言情小说，如何边读边落泪，使周瘦鹃为这两位素昧平生的红粉知己大为感动。姑姑指着客厅墙上挂着的照片，那个丰容盛鬓西洋女郎似的女人就是嫂嫂——爱玲的妈妈，可是她早已到新加坡去了，最近又到了印度。

姑侄两人为周瘦鹃特意准备一个西式的答谢茶会，茶是奶酪红茶，摆着甜咸俱备的西式点心，还有一瓶鲜花非常精美，雅致的客厅，雅致的家具，连茶杯与碗碟也是雅致的。周瘦鹃看出爱玲与姑姑过的是西方式的生活，很有情调，与一般的中国人并不一样。主客三人坐在一起，一边品茗，一边聊文艺，谈花卉，爱玲虽不健谈，但偶尔插上几句，也很有见地。临去时，爱玲拿出她在《二十世纪》上发表的英文《中国人的生活与服装》送给周瘦鹃，瘦鹃很感兴趣地翻看着，尤其使他感兴趣的是张爱玲亲手绘的插图，他非常吃惊，张爱玲除中文外，英文水平也相当高，不但文章佳，画笔更生动，不由不深深地佩服爱玲的天才①。

就这样，张爱玲以她的《沉香屑》两篇小说走向了上海的文坛。而周瘦鹃则是慧眼识才的伯乐，虽然，这两篇别具魅力的佳作发表在《紫罗兰》这种品味不太高的刊物上不免有点委屈。

张爱玲像一朵罂粟花，在二十世纪四十年代这个特殊的大气候与上海这个特殊的土壤中，迅速怒放，开得美丽恣肆而略带些苍凉。

上海本是欧美在中国的最后盘踞地，云集着东西方不同肤色的人，构成中国繁华的殖民都市。1937 年"八一三"事变后，日军入侵上海，上海成为四周被日寇包围的孤岛，只有租界的主权仍在英美手中。大量在战争中无处可躲的中国同胞，纷纷逃到上海租界来，有大批的前清的旧遗老、大官僚、地主、买办商人、留学生，还有世界各地的资本家、流氓商人，一部分逃难而来的苦力劳力与小商人，这些人，虽然出身不同，文化背景不同，新旧观念不同，但都接受了大都市的生活，构成了上海这个东方大都市畸形的繁荣与混乱，形成了特殊的文化。

太平洋战争爆发后，1941 年 12 月上海沦陷，这种畸形繁荣更加剧了，日寇扶植了一个汉奸傀儡——汪精卫伪政府，作为爪牙，唬吓中国人民，为日军铁蹄下的沦陷区粉饰太平。不屑于做亡国奴的中国人，或逃到了重庆、延安，来不及逃的人在这里韬光养晦保持民族节操。剩下的那些遗老遗少、达官贵人、买办商人、汉奸政客，在汪伪这些"文人集团"的歌舞升平中莳花弄鸟，吟诗作赋，捧优赌博，仍然留恋着旧时的残梦。文学上的鸳鸯蝴蝶派小说、黑幕小说、名流艳秘、色情武打，像流行着瘟疫的熏风，熏染着上海的文化空气，虽然像春日迟迟的景象，却又死靡靡的，有气无力，死一般的空气。

---

① 参见周瘦鹃《写在〈紫罗兰〉前头》。

张爱玲这朵罂粟花就开在这样的环境中。

在“第一炉香”里，葛薇龙这个来自上海的女中学生，因香港战乱无处可投，便去拜访与父亲死不往来的姑姑。她的姑姑是香港数一数二的大阔佬梁季腾的遗孀，丈夫死后，留下一大笔遗产供她挥霍享用。葛薇龙的姑姑在香港有很多情人，外头有很多风流传说，名声不大好，可是薇龙为着能继续在香港求学，才背着父亲来拜访姑姑：

> 薇龙放胆上前，叫了一声姑妈。她姑妈梁太太把下巴颏儿一抬，眯着眼望了她一望。薇龙自己报名道：“姑妈，我是葛豫琨的女儿。”梁太太劈头便问道：“葛豫琨死了么？”薇龙道：“我爸爸托福还在。”梁太太道：“他知道你来找我么？”薇龙一时答不出话来，梁太太道：“你快请罢，给他知道了，有一场大闹呢！我这里不是你走动的地方，倒玷辱了你好名好姓的！”薇龙赔笑道：“不怪姑妈生气，我们到了香港这多时，也没有来给姑妈请安，实在是该死！”梁太太道：“哟！原来你今天是专程来请安的！我太多心了，我只当你们无事不登三宝殿，想必有用得着我的地方。我当初说过这话：有一天葛豫琨寿终正寝，我乖乖地拿出钱来替他买棺材。他活一天，别想我借一个钱！”被她单刀直入这么一说，薇龙到底年轻脸嫩，再也敷衍不下去了。原是浓浓的堆上一脸笑，这时候那笑便冻在嘴唇上。

但姑妈还是让她留下来，答应负责她一切生活费学费，每天用汽车接送她上学。似乎她的姑妈良心发现了，其实不然。她的姑妈看着自己纵然家财万贯，但红颜将去，青春不再，未免要绞尽脑汁。她想要“一手挽住了时代的巨轮，在她自己的小天地里，留住了满清末年的淫逸空气，关起门来做小型慈禧太后”。但是那些来她这里鬼混的男人，只是被她的钱财吸引，没有一个是真心爱她的，哪怕是爱她的容颜。她是一个彻底的牺牲品，既可怜，又可憎，她很苦恼，那么薇龙这个正是青春美貌的女中学生，就成为她勾住那些对她不再感兴趣的男人的色饵。

于是姑妈要薇龙弹钢琴，说："倒也不必怎么高明，拣几只流行歌曲练习练习，人人爱唱的，能够伴奏就行。"叫她打网球，教她"上流"社会交际场中的打扮与应酬。

薇龙走进姑妈的家，就像《聊斋》里书生走入豪华而又鬼气森森的世界，但她还是想："只要我行得正，立得正，不怕她不以礼相待。外头人说闲话，尽他们说去，我念我的书。将来遇到真正喜欢我的人，自然会明白的，决不会相信那些无聊的流言。"

她的姑妈为她置备了各式各样交际场上穿的衣服，家常的织锦袍子，纱的、绸的、软缎的，短外套，长外套，海滩上用的披风，睡衣，浴衣，夜礼服，喝鸡尾酒的下午服，在家见客穿的半正式的晚餐服，各色俱全。姑姑玩弄着巧妙的手腕，拿她当个幌子与诱饵来吸引一般的年轻人。当这些年轻人追求这个美貌的姑娘，姑姑又恐"雏凤清于老凤声"，奇货可居，轻易不容许他们接近薇龙，也不许薇龙出去交际，把这些年轻人引到家中，姑姑"便在横截里杀将出来，大施交际手腕，把那人收罗了去。那人和梁太太攀交情，原是醉翁之意不在酒，末了总是弄假成真，坠入情网"。

薇龙在学校的唱诗班认识了一个男同学卢兆麟，但这个貌美的男青年很快成为姑妈的目标。姑妈让她把唱诗班里的"小朋友"邀来家举行晚会，很快俘虏了他，两人眉来眼去。姑妈的这个举动也是要报复旁边她所爱而不爱她的另一个"杂种儿"乔琪乔的，薇龙为了打破这个尴尬场面，与乔琪乔敷衍，谁知这个玩过姑妈的侍女的浪荡公子，又很快缠住了更年轻漂亮的薇龙，薇龙想摆脱、拒绝，但还是被乔琪乔缠着盯住，每有薇龙到的地方，一定有他在。薇龙无力抵抗，终于成为乔琪乔情网中的猎物。

乔琪乔趁深夜入梁家约会的时候，还顺手牵羊地吊上了丫环睇睇。薇龙知道了，姑妈也知道了，薇龙无处容身，想回到上海，但她此时已身不由己地被同化，恋上了这个声色世界。她知道乔琪乔一天不爱她，她一天在他的势力之下，她也知道乔琪乔不过是一个极普通的浪子，没有什么可怕，可怕的是他引起她不可理喻的蛮暴的热情。

她嫁给了乔琪乔，梁太太把乔琪乔招赘在梁家，稳住了她命中这个“克星”。“薇龙这个人就等于卖给了梁太太与乔琪乔，整天忙着，不是替梁太太弄钱，就是替梁太太弄人。”

她与乔琪乔出去，看着街头成群的卖笑卖身的妓女，还忍不住地说：“她们是不得已，我是自愿的。”她非常清醒地自甘堕落了。她成了另一个“梁太太”，梁太太的淫逸恶毒、可怜可悲可憎的一切，不久将会在她身上重现。

张爱玲的“第一炉香”在文坛上燃起，但不是脂粉俗香，没有温馨气息，没有柔情蜜意，全是苍凉冷峻。她笔下的人没有一个“完人”，甚至没有一个好人，全带有病态、变态，即使是正常的人，在这病态变态的家庭和社会的泥淖中也被腐蚀掉了，葛薇龙不正是这样的么？

往下，你会看到张爱玲笔下的所有人物，都是这样虚伪、势利、好色、贪财、扭曲、残缺的变态和病态的人，所有的家庭也是这样，社会也是这样。在繁华的大都市，在华贵的大家庭，在美丽的外表下，所掩盖着的永远是这样的阴暗。张爱玲刻画人性的深度在现代小说家中是最深刻犀利的，尤其在司空见惯这种都市生活都市人生的上海人读她的作品，更能引起强烈的震撼与共鸣。所以一般的上海读者能够读懂她，欢迎她。

接着，《沉香屑：第二炉香》在1943年6月又与读者见面。

这是张爱玲在香港大学读书时她的一个女同学克荔门婷告诉她的故

事，而这个故事里的男主人公，正是她们大学里的一位英国教授。张爱玲把这个短的真事写成一个发人深思、令人毛骨悚然的小说。

一个脏的故事，可是人总是脏的，沾着人就沾着脏。

故事的男主人公罗杰安白登，一个平庸的大学教授，他教的化学课用的还是十五年前采用的教科书，还用二十年前的课堂笔记作补充材料，十五年来年年一丝不变地讲他的化学，连课堂上偶尔插的几句笑话，也是十五年来不变，他是香港许多平庸又完全正常的人中的一个。

他准备结婚了，他要娶的妻子愫细是一个"纯洁"的女孩，天真得使人不能相信。愫细与姐姐靡丽笙从小跟着守寡多年的母亲生活，生长在一个没有男人的家庭，家庭教育又严，连她们所看的报纸也要母亲检查过后才给她们看，姐姐靡丽笙在天津刚结婚就离婚了，据她说她丈夫的行为像禽兽。

现在罗杰要与愫细结婚了，他完全知道自己是一个正常的人，体贴愫细，能让她过上幸福的生活，不会像她姐姐那样。然而，新婚的当晚入睡时，愫细一点都不知道夫妻间还有性爱这种事，她发疯似地向外跑，躲到了附近的学生宿舍。这些男大学生认出是他们教授舍监的新婚太太，想送她回去，她呜呜咽咽地哭了起来："我求求你们……你们答应我不去找他，我不愿见他，他是个畜生！"第二天一早，她要学生护送她回去，罗杰出去找她还未回家，他们又找校长，找教务主任"保护"她。教务主任素与罗杰不睦，打电话让愫细家里来接她回了家去。

罗杰这才悟出："原来靡丽笙的丈夫是一个顶普通的人，和他一模一样的一个普通的人！"而不正常的是她的这个家，变态的家庭使得姐妹俩成为变态的不正常的。他到了妻子家中，妻子竟又什么也没发生似地好了起来，跟随他回去。但当他们走过姐姐靡丽笙跟前时，虽是初夏的晚上，温度突然下降，“母亲抱住靡丽笙，直把她往墙上推”，仿佛怕她有什么举动似的。罗杰可以感到靡丽笙呼吸间有一阵阵的白气，喷在他的颈项。他眼中的靡丽笙：

> 薄薄的嘴唇向上一掀，露出一排小小的牙齿来，在灯光下，白得发蓝，小蓝牙齿……

罗杰打了个寒噤。

于是罗杰在他周围人们的眼中，变成了一个“变态的”、“有色情狂”的人了。

先是校长找他，委婉地解除他的教职；接着，教务主任宴请他，使他当众难堪；学生们说：“越是道貌岸然的人，私生活越是不检点，我早就觉得安白登这个人太规矩了，恐怕要发生变态心理。”“这种人也配做我们的教授，也配做我们的舍监？”

“女秘书，女打字员，女学生，教职员的太太们，一个个睁着牛一般的愚笨而温柔的大眼睛望着他，把脸吓得一红一白，怕他的不健康的下意识突然发作，使他做出不该做的事来。她们鄙视他，憎恶他。但是同时她们畏畏缩缩地喜欢一切犯罪的人，残暴的、野蛮的、原始的男性。”教务主任的太太哆玲妲借宴会的空隙，私下里挑逗他，她“胸口的衣服里仿佛养着两只小松鼠，在罗杰的膝盖上沉重地摩擦着”，还轻轻地说：“不要把你自己压制得太厉害了呀”，“亲爱的，别苦了你自己！”……

一个荒诞变态的社会与人群，罗杰发现自己有口难辩，连对他亲信的人也没法解释那误会，在香港中等以上的英国社会里对那些人，有什么可说呢？

那些人，男的像一只一只白铁小闹钟，按着时候吃饭，喝茶，坐马桶，坐公事房，脑筋里除了钟摆的嘀嗒之外什么都没有；也许因为东方炎热的气候影响，钟不大准了，可是一架钟还是一架钟。女的，成天地结绒线，茸茸的毛脸也像拉毛的绒线衫……他能够对这些人解释愫细的家庭教育的缺陷么？

哆玲妲告诉他一个消息：靡丽笙的丈夫自杀了。

他的命运将会是什么？他想起那一排小蓝牙齿，想起靡丽笙的丈夫，感到死的煎迫。

水沸了，他把水壶移过一边去。煤气的火光，像一朵硕大的黑心的蓝菊花，细长的花瓣向里拳曲着。他把火渐渐关小了，花瓣子渐渐的短了，短了，快没有了，只剩下一圈齐整的小蓝牙齿，牙齿也渐渐地隐去了，但是在完全消失之前，突然向外一扑，伸为一两寸长的尖利的獠牙，只一刹那，就“拍”地一炸，化为乌有。他把煤气关了，又关上门，上了闩，然后重新开了煤气，但是这一次他没有擦火柴点火，煤气所特有的幽幽的甜味，逐渐加浓……

这就是香港！在这不可理喻变态的环境里，一个正常的人反而变态了，走上了绝路。

张爱玲的“两炉香”给《紫罗兰》带来了生机，也使她跃上文坛。但是这样的妙文，委身于《紫罗兰》这样的脂粉气的刊物，档次与品味可能太低了一些。在一般文艺界看来，这种消遣性的杂志不能列入纯文艺的行列，张爱玲后来再没有在这个刊物上发表过文章，求善价而沽的心理使她把眼光瞄向在文坛上影响更大、读者更多的刊物。

向柯灵投稿

张爱玲真是才华横溢，从 1942 年到 1943 年这一年左右时间内，她不仅写了不少英文文章，同时又一气写了七个小说，除了前边的两篇外，《茉莉香片》、《心经》、《琉璃瓦》、《封锁》、《倾城之恋》都已写好，只是“玉在椟中求善价，钗于奁内待时飞”。像她这样二十出头的姑娘，生活阅历又不算丰富，却能如此神速地写出篇篇精美的作品，这在现代文学史上真是奇迹，只有归因于她的才华了。

1943 年夏天，张爱玲这么多作品一时还未找到发表的出路，除了寄出《琉璃瓦》和《茉莉香片》到编辑桌上碰运气之外，其他篇恐怕还捏在手中，踌躇着。

就在这时，作家柯灵应聘接编商业性杂志《万象》月刊。《万象》原由陈蝶衣主编，旨趣同鸳鸯蝴蝶派近似，柯灵任编辑后，想要提高刊物的文艺水准，正准备物色一批作家为他写稿，一时还找不到人选。他偶尔翻阅起《紫罗兰》杂志，在这本他不大瞧得起的刊物中，却惊奇地发现了《沉香屑：第一炉香》这篇文章，他眼睛一亮：张爱玲是谁？如何能联系上她写稿呢？周瘦鹃他是认识的，但请周瘦鹃作介向张爱玲索稿，总感觉有些不妥，他踌躇再三，找不出好的办法。

正在柯灵无计可施时，张爱玲奇迹般地出现在他的面前。那天，张爱玲穿着丝质碎花旗袍，色泽淡雅，虽然是普通上海小姐的装束，不像她平时那样打扮得花枝招展光彩照人，但也令柯灵大为惊奇：原来这位才华出众的作家竟是一个如此年轻漂亮的小姐，相比之下，柯灵自己这间上海屋檐下的编辑室显得很寒酸。出版《万象》杂志的是平襟亚开的中央书店，在福州路昼锦里附近的小弄堂里，一座双开间石库门住宅，楼下是书店店堂，《万象》编辑室设在楼上的厢房里，隔着一道门就是平襟亚夫妇的卧室。就在这间家庭式狭小的厢房内，柯灵有幸会晤了这位初露锋芒的女作家。张爱玲腰间夹着一个报纸包，说有一篇稿子要请柯灵看看，柯灵喜出望外地接过来，题目是《心经》，文章中还有张爱玲手绘的插图，柯灵很愉快地满口答应，而且还恳切地希望她能经常为《万象》写稿。张爱玲自然高兴，虽然她不善谈，见面时间不长，却谈得很愉快，那时候的心情，四十年后柯灵仍然清清楚楚地记得，倍感亲切①。

张爱玲的小说《心经》1943 年 8 月在《万象》月刊第 2、3 两期发表，接着《琉璃瓦》在第 5 期上发表。《连环套》1944 年从第 7 期连载至第 12 期止。这三部作品，除了《连环套》是一个相对失败的作品之外，其他两篇小说都颇有艺术匠心。

《心经》是一出家庭伦理悲剧，是一篇弗洛伊德精神分析恋父情结式的作品。许小寒从小到大，一直依恋着爸爸，随着年龄的增长，原先朦朦胧胧的依恋变成了热烈的爱慕。

小寒的爸爸妈妈久已是没有一点爱可言了，只不过为了这个完整的家，勉强凑合在一起而已。爸爸还是魅力依旧的成熟男性，而母亲的红颜早已不存在，为了维持这个家，只得一切听凭丈夫的自由。但父母亲谁也没想到，从小看到大的女儿竟然悄悄地爱上自己的爸爸。

小寒过二十岁生日那天，她的同学段绫卿、邝彩珠等一群女孩子，一起为她祝福，嘻嘻哈哈地谈着吃的、喝的、电影戏剧与男朋友。正谈着笑着的时候，小寒的爸爸许峰仪回来了，小寒把她的同学段绫卿、邝彩珠、波兰、米兰、芬兰，一一向爸爸介绍，又挽着爸爸的胳膊说："这是我爸

---

① 参见柯灵《遥寄张爱玲》。

爸。我要你们把他认清楚了，免得……”她咯咯一笑接下去道：“免得下次你们看见我跟他在一起，又要发生误会。”

米兰不懂，道：“什么误会?”

小寒道：“上次有个同学，巴巴地来问我，跟你去国泰看电影的那个高高的男人，是你的男朋友么？我笑了几天——一提起来就好笑！这真是……哪儿想起来的事!”

这是小寒潜意识的流露。但她潜意识的恋父情结已经随着感情波动横溢出来。她为了爸爸，把一直爱着自己的男同学龚海立推给段绫卿。她要她爸爸知道，这一切都是为了他。她扑簌簌地落两行眼泪，将脸埋在爸爸的肩膀上，牵着爸爸的衣袖子，试着把手伸进袖口里去，幽幽地道：“我是一生一世不打算离开你的。有一天我老了，人家都要说：她为什么不结婚？她根本没有过结婚的机会！没有人爱过她！谁都这样想——也许连你也会这样想。我不能不防到这一天，所以我要你记得这一切。”

《心经》里的许小寒与段绫卿

她的爸爸是爱她的，他把自己的爱寄托在女儿身上，这原本是出于天伦的父爱，有了这种爱，给予他精神上的安慰，他才觉得这个家不寂寞。他的感情很复杂，在潜意识的深处，也有些许的不易察觉的对女儿情爱成分，因为他对自己的妻子虽没感情可言，倒也没有怨言与别恋，对女儿的感情把他拴在家里，但是看着女儿一天一天长大，已经出落成楚楚可爱、亭亭玉立的大姑娘了，他越来越觉得事态的严重：

> 隔着玻璃，峰仪将手按在小寒的胳膊上——象牙黄的圆圆的手臂，袍子是幻丽的花洋纱，朱漆似的红底子，上面印着青头白脸的孩子，无数的孩子在他的指头缝里蠕动。小寒——那可爱的大孩子，有着丰泽的、象牙黄的肉体的大孩子……峰仪猛力掣回他的手，仿佛给火烫了一下，脸色都变了，掉过身去，不看她。

他得想办法遏制自己的感情发展，他想把她送到她舅母那儿去，或自己离开家到莫干山去过夏天，但这些都不能摆脱小寒对他、他对小寒幻想的爱，最后他选择了一条令女儿完全死心的路，爱上小寒的同学段绫卿。段绫卿和小寒的家庭不一样，她父亲死得早，只有她和寡母寡嫂在一起生活，过早地失去了家庭的幸福，但同小寒一样的是，都渴望一个父亲般的男人的爱，所以绫卿也不爱同班品学兼优的同学龚海立，而选择了小寒的父亲；许峰仪也从绫卿身上找到女儿的影子。小寒哭，闹，劝说，阻止，都没有用。她悔恨母亲在她情窦初开的时候没有及时严格地管住她。可怜的母亲成全了父亲的爱，送走了小寒离家到天津去……小寒伸出手臂，攀住母亲的脖子，哭了。

许太太断断续续地道："你放心……我……自己会保重的……等你回来的时候……"

小寒和她的母亲许太太

这个看来浅显的故事，主题却是很晦涩的。许峰仪的“心经”是隐含最深的，却容易被读者忽视。

小寒这种畸形的感情某种程度上是张爱玲的折射，不过，绫卿那种在没有父爱的环境中的畸形的感情倒更近于张爱玲。她在《造人》一文中劈头就说：“我一向是对于年纪大一点的人感到亲切，对于和自己差不多岁数的人稍微有点看不起，对于小孩则是尊重与恐惧，完全敬而远之。”

小寒对她父亲说：“男人对于女人的怜悯，也许是近于爱。一个女人决不会爱上一个她认为楚楚可怜的男人。女人对于男人的爱，总得带点崇拜性。”这话也印证了张爱玲的话：“女人要崇拜才快乐，男人要被崇拜才快乐。”（《苏青张爱玲对谈记》）

为着这样“崇拜”的感情，张爱玲后来选择了比她大十四五岁而且有家有室的胡兰成，为了爱而盲目崇拜这个汉奸浪子——一个头脑最冷静的人，在恋爱时却会糊涂地成为牺牲品！

《琉璃瓦》写的是她舅舅的一家。坐吃山空的舅舅财产将尽之际，在几个女儿身上打主意，想把她们都嫁给有钱人。小说开头说：

> 姚先生有一位多产的太太，生的又都是女儿。亲友们根据着“弄瓦，弄璋”的话，和姚先生打趣，唤他太太为“瓦窑”。姚先生并不以为忤，只微微一笑道：“我们的瓦，是美丽的瓦，不能和寻常的瓦一概而论。我们的是琉璃瓦。”

姚先生有七个如花似玉的“琉璃瓦”，应当说是很有福气的。

他把大女儿琤琤许配给他所供职的印刷所大股东熊致章的独生儿子，而且顾不得心疼自己微薄工资积攒的三万元赔给女儿作嫁妆。但大女婿疑心岳父想借女儿巴结股东，琤琤便铁了心与娘家疏远以表清白，公公几番要替亲家公谋一个较优的位置，都被她三言两语拦住了。姚先生探清其中情形，暴跳如雷，赌气便辞了职。

姚先生经过这番失望，把心灰透了，决定不管女儿们的婚事。次女曲曲更不比大女儿容易控制，姚先生知道绝对管束不了曲曲，决定因势利导，使二女儿自动走上正途。他把女儿推荐到某大机关做女秘书，想曲曲眼界虽高，在这样的人才济济中，也不难挑出一个乘龙快婿。但曲曲偏偏挑中了一个地位又低又穷的无赖王俊业，把王俊业引到家中调情。姚先生夫妇气得半死，曲曲笑道：“急什么！我又不打算嫁给姓王的，一时高兴，开开玩笑是有的。”姚先生不准姓王的上家门，曲曲接下去说：“横竖我们在外面，也是一样地玩，丢丑便丢在外面，也不干我事。”

姚先生喝道："你敢出去！"

曲曲从他身后走过，用鲜红的指尖在他的耳朵根子上轻轻一刮，笑道："爸爸，你就少管我的事罢！别让人家议论你用女儿巴结人，又落一个话柄子。"噎得姚先生说不出话来。

果然，曲曲在外边"玩"得出了名，声名藉藉，到这地步，她即使不愿嫁给姓王的，为了她五个妹妹的未来声誉，也不能不强迫她嫁给王俊业。姚先生为这个穷光蛋和自己女儿找房子，买家具，备衣服，赶快打发了他们，免得教坏了其他的孩子们。

看来对女儿的婚事不管不问也不行，两个女儿一个嫁得不甚得意，另一个又太得意了，都于娘家面子有损。姚先生一心只想在三女儿心心身上争一口气，勉强打起精神，义不容辞地替女儿留心一下。他挑来挑去，找到一个甚满意的人家，杭州富室嫡派单传的青年陈良栋，姚先生担心女儿不擅应酬，下颔尖了点，有点单薄相，不如正面美，因而宴会时特意把女儿安排在陈良栋的对面。这样既可以少说话，也显得更漂亮些。

《琉璃瓦》插图

谁知女儿回来挺高兴，羞答答地对妈妈说："他也喜欢看电影，他也不喜欢跳舞，他不赞成太新式的女性。"姚先生夫妇高兴得不知道说什么好。三丫头这么鬼灵精，隔着座位，眉毛眼睛就会传情。心心又说："妈，只是有一层，他不久就要回去北京了，我……我……我怪舍不得您的！”

姚先生的天灵盖上像打个霹雳，喝道：“你见了鬼罢？胡说八道些什么？陈良栋是杭州人，一辈子不在杭州就在上海，他到北京去做什么？”原来心心误把坐在身边姓程的男孩当作姓陈的了。姚先生下死劲啐她一口：“那是程惠荪。给你介绍的是陈良栋，耳东陈！好不要脸的东西，一厢情愿，居然到北京去定了，舍不得妈起来！我都替你害臊！”姚先生气得七窍生烟，死活挡住不让程惠荪上门。心心成天病奄奄的，不想姚先生却抢先病倒了。

病中，那个抛弃了娘家的大女儿，现在反被婆家抛弃了，回来求爸爸做主，心心还是与程惠荪好了起来。他还有好几个女儿，而且他太太的肚子又大了起来。

但他想他活不长了。

这就是家的伦理，姚先生一心想借女儿攀高枝，但女儿攀上了高枝不认了父母，不攀高枝就自轻自贱败坏他门风。他处处想利用女儿，却又被女儿利用拖累。还是他的二女儿的话好：

> 玩玩不打紧，我不该挑错了玩伴，若是我陪上司玩，那又是一说了。
>
> 我若是发达了，你们做皇亲国戚；我若是把事情弄糟了，那是我自趋下流，败坏了你的清白家风。你骂我，比谁都骂在头里！你道我摸不清楚你弯弯扭扭的心肠！

人间一切都没有真的爱，包括父母与女儿，这是曲曲的话，也是张爱玲的心里话。

苏青与张爱玲

1943年10月，上海另一位走红的女作家冯和仪创办《天地》月刊。冯和仪，浙江宁波人，比张爱玲大几岁，大学未毕业即由父母包办结婚，与丈夫及婆家感情不好，开始试着写作，创作小说《结婚十年》。后以苏青为笔名。她人长得出众，又大胆泼辣，与丈夫离婚后带着孩子，靠卖文为生，生活相当艰难，为了谋生，她顾不得政治不政治，在这些刊物上写些女性与家庭题材的小说，颇得汪伪文人的赏识。苏青与汪伪高级人员周佛海、陈公博都熟悉，常常和他们有来往，甚至有人谣传她是陈公博的情妇。有了这些人的撑腰，她的刊物办得很红火，周佛海夫妇、女儿、陈公博等常有文章发表在《天地》上，周作人也是经常撰稿的作家之一。

苏青因为办刊，需要物色一批作家，尤其是女作家。她写信给张爱玲索稿，一来就用"叨在同性"的话套近乎，要张爱玲写稿，张爱玲很喜欢苏青豪爽大方、直率泼辣的性格。苏青也许是中国现代女作家中最大胆泼辣的一位了，心中想什么，就说什么，没有一丝一毫的做作，她把孟子"饮食男女，人之大欲存焉"，改为"饮食男，女人之大欲存焉"，成为她的"名言"。她以自己真实的经历写成了一部自传体小说《结婚十年》，连同她的《浣锦集》在上海十分轰动，其受欢迎情形不在张爱玲之下。她的经历比张爱玲还要曲折艰辛，但她要强坚韧，女人的弱点她也有，也容易哭，也常常不讲理，但她就是不俗。张爱玲很喜欢。

1943年11月，张爱玲的小说《封锁》在《天地》第2期上发表，苏青称之为"近年来最佳之短篇小说"（苏青《天地编者的话》）。

封锁了，人们被栅栏拦起来静静地等着，整个城市静了下来，这庞大的城市在阳光里盹着了，重重地把头搁在人们的肩上，口涎顺着人们的衣服缓缓流下去，不能想象的巨大重量压住了每一个人。上海似乎从来没有这样静过。一个乞丐趁着鸦雀无声的时候，提高喉咙唱将起来："阿有老爷太太先生小姐做做好事救我可怜人哇？阿有老爷太太……"然而他不久就停了下来，被这不经见的沉寂吓噤住了。一个山东乞丐浑圆嘹亮地叫"可怜啊可怜！一个人啊没钱，可怜啊可怜，一个人啊没钱"，悠久的歌从一个世纪唱到下一个世纪。

电车上的人们有的下去外面等，有的静静地等待着，或找点事情做，填补这可怕的空虚，不然他们的脑子也许会活动起来，思想是一件可怕的事。一个中年男人踱到边上，与旁边一位教会派少奶奶般女子搭讪起来。这个女人吴翠远是一位英文助教，还没有结婚，在家里她是一个好女儿，在学校里是一位好学生，毕业后留校做助教，她没有什么特长，平平凡凡，不美也不难看，生活也不错，但她没有快乐。她想期待一点浪漫的刺激。她旁边的那位会计师吕宗桢注意到她，她脸上虽然没有笑意，但内心也似乎觉得自己是可爱的了。吕宗桢和她继续搭讪，谈自己的太太是父母包办的，如何不理解他，不同情他，两人越谈越投机，吴翠远本能地脸红，微微背过，但内心也实在愉快，照例默默听他讲。话题越来越近，几乎谈到终身大事了。翠远第一次发现了自己这样一个普普通通的女人身上竟然还有这么可爱迷人的地方。吕宗桢没有想到自己能使一个女人脸红，使她微笑，使她背过脸去，又掉过头来，他仍是一个单纯的男子，他要她的电话号码，她不乐意但迟疑一下还是告诉了他。

封锁开放了。"叮玲玲玲玲玲"摇着铃，每一个"玲"字是冷冷的一点，一点一点连成一条虚线，切断时间与空间。

男人消失在人丛中，回到原来的座位上。虽然还在电车上，但看不见，对于她，他等于死了。女人明白了他的意思："封锁期间的一切，等于没有发生。整个的上海打了个盹，做了个不近情理的梦。”

一个普普通通没有任何色彩的男人与女人，一个很偶然的戏剧化一幕，在像乌壳虫一样爬来爬去很少有思想的生活里，发现一些真实的兴奋与色彩，又爬回窠里去了。“生命像圣经，从希伯来文译成希腊文，从希腊文译成拉丁文，从拉丁文译成英文，从英文译成国语，……那未免有点隔膜。”

这篇《封锁》在《天地》上发表以后，又引出一个“乌壳虫”爬了出来，上海“封锁”期间张爱玲也“做了一个不近情理的梦”。

除《封锁》外，张爱玲的许多散文，如《公寓生活记趣》、《道路以目》、《烬余录》、《谈女人》、《童言无忌》、《私语》、《造人》、《打人》、《谈跳舞》、《我看苏青》等等，都发表在苏青主编的《天地》月刊上。《天地》是以女作家为主的“天地”，也几乎成了张爱玲的“天地”，有时一期上有两篇张爱玲的作品。她不仅为《天地》写文章，也画插图，她还为苏青《救救孩子》画了一个可怜无告的孩童像。从1944年8月第11期起，《天地》封面图即为张爱玲所绘①。

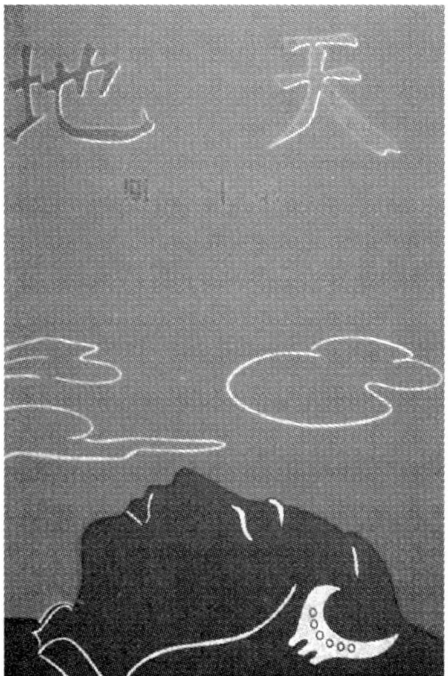

苏青主编的《天地》杂志，爱玲从1944年8月第11期起为其设计封面。

苏青把张爱玲看作自己的台柱，张爱玲也把《天地》看作自家人办的刊

① 参见柯灵《遥寄张爱玲》。

物，相互支持。张爱玲说过，所有的女人都是同行，但这两位上海文坛的女作家，却没有一丝同行相妒、文人相轻的习气。比起关露、潘柳黛的小心眼来，张爱玲与苏青的友谊是非常真挚的。张爱玲尽管后来名声高出苏青许多，但苏青对张爱玲的作品仍是不断地宣传赞誉，为她的散文叫好，也替她的话剧《倾城之恋》写宣传稿。张爱玲更引苏青为知音，在上海女作家座谈会上，当记者问到苏青最喜爱的近代女作家时，苏青说："女作家的作品我从来不大看，只看张爱玲的文章。"问张爱玲时，她毫不犹豫地说："近代的最喜欢苏青，苏青以前，冰心的清婉往往流于做作，丁玲的初期作品是好的，后来略有点力不从心。踏实地把握住生活的情趣的，苏青是第一个。她的特点是'伟大的单纯'。经过她那俊洁的表现方法，最普通的话成为最动人的，因为人类的共同性，她比谁都懂得。"（《女作家聚谈会》）

在《我看苏青》这篇文章的开头，张爱玲更是对苏青推崇备至："把我同冰心、白薇她们来比较，我实在不能引以为荣，只有和苏青相提并论我是心甘情愿的。"

1945 年 2 月 17 日，由记者邀请，苏青与张爱玲就妇女、家庭婚姻问题进行对话。这两位上海文坛上最负盛誉的女作家，谈她们最有体会的女人的事，很有独到的见解。

苏青因为离婚后成为职业妇女，还拖带着小孩，对职业妇女的感触更多。她说：职业妇女"工作辛苦是一端，精神上也很痛苦。职业妇女除天天出去办公外，还得兼做抱小孩、洗尿巾、生煤球炉子等家庭工作，不像男人般出去工作了，家里事务都可以交给妻子，因此，职业妇女太辛苦了。再者，社会人士对于职业妇女又决不会因为她是女人而加以原谅"。所以苏青主张职业妇女的家庭工作应当设法减少，譬如可组织托儿所、洗衣店之类。同样烧饭也不一定要自己动手，吃饭到公共食堂。偶尔高兴，自己可以烧一点。职业妇女有许多时间浪费在菜场和电车上，还有商店，假使商店都是划一价钱，女人就不必跑来跑去买东西。

张爱玲道："我觉得现在，妇女职业不是应该不应该的问题了。生活程度涨得这样高，多数的男人都不能赚到足够的钱养家，妇女要完全回到厨房里去，事实上是不可能的。多少就需要一点副业，贴补家用。"

苏青又接着说："男人总不大喜欢职业妇女，而偏喜欢会打扮的女人，职业妇女辛辛苦苦，结果倒往往丈夫会给专门在打扮上用功夫的女人夺去，这岂不冤枉哉了？"

记者问她："职业妇女也可以讲究打扮的呀！"

"她们是'专家'，普通的职业妇女恐怕竞争不过她们。"苏青感叹。

张爱玲也不平地说："家庭妇女有些只知道打扮的，跟妓女其实也没有什么不同。"

"做妓女真是最取巧的职业，犹如用武力来抢取别人用劳力获得的财富。"苏青附和。

记者问有什么办法来消灭这不合理现象，她俩都感叹"这是很困难的"。

她们又谈家庭，小家庭孤零零的，大家庭又有婆媳矛盾。

苏青有一个很新鲜的想法："依我说顶好是跟岳父母同住。岳母与女婿一定相处得很好；而婆婆与媳妇，因为婆婆感到做母亲的太凄凉，所以会嫉妒媳妇的。"

张爱玲惊喜："这方法真好。我从没有想到，可是听了实在感到好。"

对同居问题，苏青说："夫妻有同居的义务这一条，我认为不妨自由些，想起这样长时期地同居下去，实在也是很可怕的。或同居或不同居，一方感到需要时只可向对方提出要求，初不必因为法律规定是义务而要求强制执行。……最好还是像朋友那样，大家往返，不至于每个人在婚后便没有一刻的私生活可过。"她又对记者说："再有，社会的舆论不要对男女

张爱玲为《热心公益》画的插图

问题太感兴趣，夫妻是否日日同居或夜夜同床尽可由他们自己去决定，分居并不碍着众人什么事，同居亦不见得肯分惠些什么给众人。”

苏青快嘴俐牙，侃侃而谈，她是过来人，自有过来人的看法，张爱玲插不上嘴。

谈到丈夫问题，因为张爱玲此时正与胡兰成热恋，话就多起来了。记者问她俩：“从一个女性来看，是用自己赚来的钱快活呢，还是用别人的钱快活？”

苏青说：“那要我说，还是用别人的钱快活。……用丈夫的钱，便似乎觉得是应该的。”

张爱玲为之补充：“用别人的钱，即使是父母的遗产，也不如用自己赚来的钱自由自在，良心上非常痛快。可是用丈夫的钱，如果爱他的话，那却是一种快乐，愿意想自己是吃他的饭，穿他的衣服。那是女人传统的权利，即使女人现在有了职业，还是舍不得放弃的。”

“谁是标准丈夫？”

苏青列了五条：“第一，本性忠厚。第二，学识财产不在女的之下，能高一筹更好。第三，体格强壮，有男性的气魄，面目不要可憎，也不要像小旦。第四，有生活情趣，不要言语无味。第五，年龄应比女方大五岁至十岁。”

张爱玲想起她爱着的胡兰成来，说：“像苏青提的条件，当然全是在情理之中，任何女人都得听进去的。不过我一直想，男人的年龄应当大十岁或是十岁以上，我总觉得女人应当天真一点，男人应当有经验一点。”——胡兰成比她大了十四五岁，“经验”相当丰富。

男女经济地位平等，将会危及男人的虚荣心，一般男人总怕女人地位提高了会看不起自己。张爱玲说不会的，女人伏低作小惯了，她的本质是谦抑的，“女人要崇拜才快乐，男人要被崇拜才快乐”。

然而社会上毕竟存在着女人失嫁的问题，苏青无奈地笑着说：“说出来恐怕要挨骂。我以为还是找个把情人来补救吧，总较做人家的正式的姨太太好。丈夫是宁缺毋滥，得到无价值的一个（整个），不如有价值的半个甚至仅三分之一。不过这样一来，社会对私生子应当承认他的地位。”

为了减少“失嫁”，张爱玲说：“有些女人，没有什么长处，年纪再大些也不会增加她的才能见识，而且也并不美，不过年青的时候倒有她的一种新鲜可爱，那样的女人还是赶早嫁了好。”

最辉煌的顶峰

张爱玲一边不停地在《万象》、《天地》上发表着小说和散文，一边又像天女散花似地把自己一篇篇作品抛出去，抛出去，五光十色花团锦簇地抛向各种有影响的杂志上，抛向无数读者中。她的才思潮涌般滚滚而来，她的速度太神奇了，读者们迷惑于她创造的一个个奇丽纷纭、光怪陆离的世界，目不暇接，她成为一个传奇。她很高兴，她在创造一个奇迹，心里还是在赶着自己：“出名要趁早呀！来得太晚的话，快乐也不那么痛快。”“快，快，迟了来不及了，来不及了！”（《〈传奇〉再版序》）

张爱玲本身就是一个“传奇”，她的一系列的“传奇”作品更使她染上传奇的色彩。

另一家更有影响的刊物《杂志》也同时盯上了她，成为她更尽兴挥洒花瓣丝雨的天地。1943 年 7 月，她在《杂志》第 11 卷第 4 期上发表了《茉莉香片》，《杂志》月刊社便盛情相邀，一意地拉拢她的稿子，她照样很高兴地纷纷寄去她的作品。她的更多作品如《到底是上海人》、《倾城之恋》、《洋人看京戏及其他》、《金锁记》、《花凋》、《红玫瑰与白玫瑰》、

《等》，都发在这个刊物上。《杂志》月刊是一帮汪伪汉奸文人操纵的刊物，张爱玲是没有政治头脑的，只对写小说散文有兴趣，至于政治不政治她不管，她单纯地认为只要她的作品不涉及政治，只要她立得正、行得直，那她就是清白的。

她的小说确实没有一篇涉及政治，她不理那一套烦琐复杂难懂的政治问题，避开政治，述说着一个个家庭与人生的悲剧。

《茉莉香片》中的男孩聂传庆，是由张爱玲的弟弟变化来的，聂传庆的家庭，他的父亲、生母、后母都是自己家庭的幻化，她借着弟弟的影子写出这样一个悲哀的故事，向她的旧家庭、她的狠心的父亲、恶毒的后母做了最强烈的批判与报复。

聂传庆的生母在他四岁时就死了，他的父亲又娶了后母，父亲与后母都抽大烟，对他粗暴，他的耳朵就是父亲给打聋的。他怕见他们，他性格孤僻、懦弱、沉默，不爱说话，畏畏缩缩，在学校里他没有任何一个朋友。

但是，有一个女同学言丹朱却喜欢他，找机会同他说话，把男生写给她的信告诉聂传庆。她喜欢传庆，是把传庆当作一个女孩子看待，能为她保守秘密（因为传庆没有一个朋友）。言丹朱是他们的教授的女儿，家庭很幸福。聂传庆虽然上着言教授的课，但还不知道教授的大名。

言丹朱告诉他爸爸的名字："言子夜"。

聂传庆突然想起，他生母珍藏的《早潮》杂志上有过"碧落女史清玩　言子夜赠"的题字，那是送给他母亲冯碧落的。

他想起来影影绰绰听到的关于母亲以前的事。她母亲冯碧落十七岁时曾经爱过教表妹的一个远房亲戚，就是这个言子夜，但是冯家认为常熟言家是个生意人，配不上自家书香门第的大小姐，逼着碧落与贵家子弟聂介臣（传庆的父亲）订婚。但言子夜与冯碧落在私下里仍约会见面。言子夜

《茉莉香片》里的聂传庆和言丹朱

告诉碧落，他准备出国留学，她可以采取断然行动逃婚。碧落因过多的顾虑没去成，子夜从国外回来的时候，碧落已出嫁，并有了小孩。

聂传庆知道，母亲从没有爱过父亲，就为这个，父亲恨透了母亲，母亲死了，就迁怒于她丢下的孩子身上，要不然，虽说有后母在挑拨着，他父亲也不会对他这么刻毒。小时候，他本是一个十分正常有理想的男孩，十二三岁起就雄心勃勃练着在废支票上签名，左一个右一个“聂传庆、聂传庆、聂传庆”，英俊的、雄赳赳的“聂传庆、聂传庆”，准备克绍家业的，但他父亲重重打了他一个嘴巴，劈手将支票夺过来，搓成团，向他脸上砸去，他触动了他父亲暗藏着的恐惧。从此，父亲与后母尖刻无情地虐待他。

聂传庆把这些印象拼凑起来，他方才知道：二十多年前，他还没有出生的时候，他有逃脱的希望。她母亲有嫁给言子夜的可能。差一点，他就是言子夜的孩子，说不定他就是言子夜的骨肉，也许他就是言丹朱，有了他，就没有了她。

他上言子夜的课，心却不在这里，他想着他的血管里，或许流着这个人的血。如果当初他母亲与言子夜诀别时，略微任性一点、自私一点，在情感的支配下与言子夜发生了关系，如果他是子夜与碧落的孩子，他比起现在的丹朱来，一定较为深沉、有思想——积极、进取、勇敢，丹朱的优点他想必都有，丹朱没有的他也有。他瞧不起丹朱。

他就这样地胡思乱想，考试成绩当然很差，言教授的文学史课更惨。言教授提问他，他嗫嚅地说不出来，教室里学生静静地看着他，传庆觉得丹朱一定也在看他，看他丢聂家的人，“不，丢母亲的人，言子夜夫人的孩子，看着冯碧落的孩子出丑”。那个也许是他的生父的言教授让他出了丑，他伏在台子上哭了起来，言教授厉声喝道：“你也不怕难为情！中国的青年都像了你，中国早该亡了！”

这句话使他痛心疾首，死也不能忘记，因为这话出于言子夜之口。

他更懦弱了，然而言丹朱仍然缠着他，夜里从学校回来，要他陪她送她回家，问："你为什么近来这么失常，你知道我爸爸是个热心人。我相信他一定会尽他的能力来帮助你。你告诉我，让我来告诉他行不行？"

告诉丹朱？告诉言子夜？他还记得冯碧落么？记也许记得，可是他是见多识广的男子，一生的恋爱并不止这一次，而冯碧落只爱过他一个人……从前的女人……传庆只觉得胸头充塞了吐不出的冤郁。

他讨厌丹朱，又想得到她的爱，他要给她以精神上的虐待，报复命运的不公。但，他一个懦弱无助的、没有亲人的男孩子，需要一点爱，最广大的父爱母爱："不单是一个爱人，你是一个创造者，一个父亲母亲，一个新的环境、新的天地，你是过去与未来，你是神。"可是丹朱能给他什么呢？他恨她，要摆脱她，狠命地踢她，但是"他还得在学校里见到她，他跑不了"，跑不了爱的折磨！

这是震颤人心的悲剧，聂传庆的结局将是什么呢？张爱玲在后母与父亲统治下的冤抑生活，借着这篇小说宣泄出来，她的小说，父亲在杂志上大都看到过，他不为自己的专制忏悔，反而暴跳如雷，但已无可奈何，女儿已经挣脱了家的牢笼，而且成为名作家了。

这是一个男孩子的命运。《花凋》写的是一个少女郑川嫦的悲剧。据张子静《我的姐姐》说，川嫦的原型来自于张爱玲的表姐，即爱玲舅舅的三女儿黄家漪，爱玲小时常到舅舅家去找这位"三表姐"聊天，她俩年龄一样大，兴趣爱好、性情也相近，可惜她过早地因肺病死去了。张爱玲把她写进了小说中。川嫦的父亲"郑先生"也是爱玲舅舅的化身，据说他看过这篇小说后大发脾气，尤其是说他"有钱时在外边生孩子，没钱时在家里生孩子"的事实。

川嫦二十一岁便因肺病死去了，她的墓碑上写着，她"是一个稀有的美丽的女孩子……爱音乐，爱静，爱父母……无限的爱，无限的依依，无限的惋惜，……回忆上的一朵花，永生的玫瑰……安息罢，在爱你的人的心底下。知道你的人没有一个不爱你的”。她是美丽的，她喜欢静，她是生肺病死的，大家都为她惋惜——可是事实却全不是那回事。

她本是一个美丽白皙的女孩，可是她生在一个旧的家庭中。她的父亲是一个遗少，一个破落的贵族。她的家，说不上是穷还是阔，家里呼奴使婢，但没有什么家具，只有两张床，连小姐晚上睡觉也要打地铺；全家可以坐汽车去看电影，但客厅里灯坏了却不修换，孩子蛀了牙齿没钱补，在学堂里买不起钢笔头。佣人因东家欠工资太多，不得不做下去。然而他们家又阔到下人在厨房里开一桌饭，全弄堂的下人来分享。

川嫦的母亲也学会积攒一点私房钱，但不知父亲怎么一卷就把母亲的那点积蓄卷得荡然无余。明知这钱留不住，但母亲还是在混乱如麻的家事中乘乱地捞点钱。

川嫦有三个姊姊，人们赞叹她们一个个是温柔知礼、勾肩搭背的好姊妹，却不知背地里剧烈的生活竞争使她们个个都成为能干的人，只有川嫦最老实，因此常常受姊姊的哄骗，她们把最漂亮的衣服穿走，留给她过时的旧衣服，却异口同声地断定：“小妹穿衣服越素净越好。”

好容易熬到三个姊姊出嫁了，川嫦才像脱了孝一般突然漂亮起来。她痴心地想进大学读书，但这得等父亲有钱……非得有很多的钱，多得满了出来，才肯花在女儿的学费上，女儿的大学文凭在他看来是最狂妄的奢侈品。

父亲希望她嫁人，但又不忙着替她定亲，说：实在经不起这样年年嫁女儿，再嫁出一个我们老两口只好跟过去做陪房了。

但她母亲热心。郑夫人对选择女婿很感兴趣，那是她死灰的生命中的一星微红的炭火……她缺乏罗曼蒂克的爱，不像丈夫那样“有钱的时候在

《花凋》里的郑先生和郑夫人

外边生孩子，没钱的时候在家生孩子”。她是一个好夫人，既没有这胆子，又没有机会在其他方面满足。于是她一样找男人，不同的只是找来做女婿，她知道这美丽而忧伤的岳母在女婿们的感情上是占点地位的。

家里给川嫦介绍了医生章云藩。川嫦没有别的第二个男人可比较，虽然第一次觉他不够“这个”不够“那个”，几次见面后，还是为同样的理由爱上他了。章云藩看着川嫦家里那样乱七八糟，姊妹间的明争暗斗，岳母的啰嗦，并不在意，仍爱着她。她感到幸福，预期着以后的恩爱。

但她却患上了肺病，住进了医院，她无望了，“以后预期着还有十年的美，十年的风头，二十年的荣华富贵，难道就此完了么?”她还没有品味到爱的甜蜜，就临近着死的威胁，更想不到面临着人间的冷酷。

章云藩看她没有指望了，又找了女朋友，他的女朋友陪同他来为川嫦看病，折磨着她的心。

她的父亲觉得这样花钱看病不值得，花得太冤，不肯出药费，要她母亲出。她母亲忖度，若是自己拿出钱，那是证明自己有私房钱存着，不行，唯有好言劝慰川嫦。

川嫦受不了这病的痛苦与感情的痛苦，她想早一点结束自己的生命。然而，她身上的五十块钱还不够买安眠药，她坐在车上要重新看看这个世界，看看大上海。她从前坐车出去的时候，因为太美丽总是被别人看，没有机会看身外。现在，她走在街上，到处有人用骇异的眼光看她，仿佛她是个怪物。

她唯一的要求是死得有诗意的动人的死，现在她对着镜子，不相信自己竟然病得这么难看。

家人安慰她，她还在幻想着病的好转，试穿一双新皮鞋，说：“总可以穿两三年。”但她却死在三个星期后。

川嫦与所有的青春少女一样，渴望着爱与被爱，但是对她来说真正的爱是并不存在的。川嫦死得过早，还没有享受到人生的欢乐，便过早地离开了世界。但是，退一步说，即使她活了下来，就一定能得到爱与欢快么？

未必！只要看一看《年青的时候》，就会知道爱与欢乐真是不确定的，很不确定的。

潘汝良一直爱在书本上画来画去，他画的女人总是一个美丽的外国女人的侧影。有一天他真地遇见了自己画的那个女人：沁西亚，与自己画中一模一样脸庞的一个俄国姑娘，而且这位姑娘约他去她那儿玩，教他德语。汝良从来不相信缘分这些话，可是这事的确有点怪。他把沁西亚与一切美的东西连结在一起，爱上了她。

因为年青，不懂得自由也不懂得爱，当他懂了之后，梦就做不成了。他下了决心不向沁西亚求婚，向她解释清楚。但还未容得他说出口，沁西亚就告诉，她要结婚了，要求汝良恭喜她。

沁西亚把婚礼上的自己打扮得很漂亮，一生一世难得的漂亮。然后，她的生命就灰暗下来，永远的灰暗。

汝良自己已经够傻的了，为恋爱而恋爱，而他所爱的女人做下了更不可挽回的事——为结婚而结婚。

> 只有年青人是自由的。年纪大了，便一寸一寸陷入习惯的泥淖里，不结婚，不生孩子，避免固定的生活，也不中用。孤独的人有他们自己的泥淖。
>
> 只有年青人是自由的。知识一开，初发现他们的自由是件稀罕的东西，便守不住它了。就因为自由是可珍贵的，它仿佛烫手似的——自由的人到处磕头礼拜求人家收下他的自由。

汝良与沁西亚应当是天假之缘的，使他们这么巧合地相遇，但人毕竟不是画，尽管与画中的一样美，真正的沟通却很难。恋爱的交流就像汝良的初级德语教科书中“明天会晴吗？——也许会晴的”、“马比牛贵吗？羊比狗有用”等等这一类苍白的对话。这当然不是语言隔阂的问题，而是理解，但理解一个人之后往往又并不一定觉得可爱。

相爱的结果永远是婚姻，但婚姻的结果未必是相爱，真正的爱也许是不存在的，至少很难。

《倾城之恋》里的白流苏，离婚以后一直住在娘家，住了七八年，她的娘家是个破落的“贵族”，全家人把她带回来的钱盘来盘去用光之后，冷言冷语地逼她走，借着那个已离婚七八年的丈夫死去的机会，逼她回婆家守孝。她的几个同胞兄长、嫂嫂上上下下都恨不得把她逼出家门，她母亲也不能为她做主，她绝望地凄凉地小声说：“这屋子可住不得了……住不得。”

在镜子中她看到自己近三十岁的容颜，娇小的身躯，纤细的腰，半透明的轻玉般的脸和一双娇滴滴的清水眼。她猛然找回了在无情的厮杀家庭中竞争的优势与勇气。在七妹、两个侄女儿都虎视眈眈地想获得那个留学生范柳原的爱时，白流苏凭着她的容貌和舞姿，骄傲地战胜了这些竞争者。她不是不知道这个世故精刮的男人是靠不住的，但她要给那些冷言恶语的哥哥嫂嫂们一个无情打击。她出走了，用她三十岁最后一抹娇弱的风采做赌注：“如果她输了，她声名扫地，没有资格做五个孩子的后母。如果赌赢了，她可以得到众人虎视眈眈的目的物范柳原，出净她胸中这一口恶气。”

范柳原不过是一个自私、狡猾的男人，他潇洒、机智、伶俐，如果真心谈恋爱，会给女人“美妙的刺激”。但是他没有恋爱的真心，也没有结婚的热诚，他喜欢流苏，但他需要的只是情妇，而不想结婚。流苏这样一个离过婚的女人，她的目的是要真正的爱，一个归宿。她不愿做没有名分

白流苏

的情妇，既舍不得柳原，又得与他周旋。柳原和其他女人亲狎来激她，使她吃醋，有意当着众人面与她造成“范太太”的声名，但她始终与他敷衍不肯轻易委身于他。

在范柳原正盘算怎么把她弄到手的时候，白流苏赌气回了上海。她知道柳原没有得到她，这时，她不能迁就他，“如果迁就他，不但前功尽弃，以后更是万劫不复了。她偏不！就算她枉担了虚名，他不过口头上占了她一个便宜。归根究底，他还是没有得到她。既然他没有得到她，或许他有一天还会回到她这里来，带着较优的议和条件”。在上海她“熬”了一秋天，范柳原来电报催她再去，她竟委屈地哭了，她感觉自己失败得为柳原所摆布。她是一个可怜的女人，已没有多少对爱情的奢望，只是想有个归宿，尤其是在家庭冷眼的压迫之下。

到了香港之后，一个晚上，柳原吻了她。第二天，柳原告诉她一个礼拜后要到英国去，但又不能带着她走。流苏被留在香港，他给她租了一所大房子，一切是那么空洞不切实，但她有了一点安稳了。她搬进了新房子，“客室里的门窗上的绿漆还没干，她用食指摸着试了一试，然后把那黏黏的指尖贴在墙上，一贴一个绿迹子。为什么不？这又不犯法！这是她的家！她笑了，索性在那蒲公英黄的粉墙上打了一个鲜明的绿手印。”她要哄骗自己，证实给自己看这个“家”的存在。

战争来了，阻断了范柳原去英国的路，这个倾城战争，让两个人在一起逃难，那炸弹“轰天震地一声响，整个的世界黑了下来，像一只硕大无朋的箱子，啪地关上了盖。数不清的罗愁绮恨，全关在里面了”。战争撕掉范柳原的自私与虚情假意，刹那间人性中的善发现了。白流苏也觉得“在这动荡的世界里，钱财，地产，天长地久的一切，全不可靠了。靠得住的只有她腔子里的这口气，还有睡在她身边的这个人。她突然爬到柳原身边，隔着他的棉被，拥抱着他。他从被窝里伸出手来握住她的手。他们把彼此看得透明透亮，仅仅是一刹那的彻底的谅解，然而这一刹那够他们在一起和谐地活个十年八年”。

他们结婚了，她成了他名正言顺的妻。

白流苏有了婚姻的保障，是香港的陷落成全了她。她知道“取悦于柳原是太吃力的事”，但她还是笑吟吟地，暂时把生命告一段落。

她于“笑吟吟”中还是有点惆怅，十年八年后呢？难道她不会像一朵“白玫瑰”，久而久之成了“衣服上沾的一粒饭粘子么”？“胡琴咿咿哑哑拉着，在万盏灯火的夜晚，拉过来又拉过去，说不尽的苍凉的故事——不问也罢！”

你看，《红玫瑰与白玫瑰》中佟振保，他有一朵白玫瑰——他圣洁的妻子，还有一朵红玫瑰——他热烈的情妇，他真心过么？

《红玫瑰与白玫瑰》初版

> 也许每一个男子全都有过这样的两个女人，至少两个。娶了红玫瑰，久而之久，红的变了墙上的一抹蚊子血，白的还是“床前明月光”；娶了白玫瑰，白的便是衣服上沾的一粒饭粘子，红的却是心口上一颗朱砂痣。

振保在他的情妇与妻子之前还有两个女人，留在记忆中，像一种精致的仿古信笺，白纸上印着淡淡的微凹的粉紫古装美人影。

从英国回来以后，他爱上了住在同一公寓套间的一个热烈的英国女人，朋友的太太王娇蕊。她的丈夫出国了，她成为振保的情妇，他的一朵红玫瑰。他们热烈地相爱了，他抵抗不住“红玫瑰”天真单纯和极有魅力的肉体的诱惑。每天一下班，就坐在车上朝他的快乐驰去，他既觉得这是无耻的快乐，又要在内心为他的这种欲望寻找正当理由，他拿犯罪性来刺激自己爱得更凶些，因为是偷情，所以更快乐，又不必负任何责任。

当他占有了这个女人之后，他才清醒与后悔，过后又复如是。王娇蕊为了他的“爱”写信给丈夫，要丈夫给自己自由，振保听了一惊，“在喉咙里‘噁’地叫了一声，立即往外跑，跑到街上，回头看那崔巍的公寓，灰赭色流线型大屋，像大得不可想象的火车，正冲着他轰隆轰隆开过来”。他意识到事情已经发展到不可救的地步，疑心是自己做了傻瓜进入她的圈套。他找出种种的理由，推卸了责任。他觉得他应当找一个中国式的贤惠的妻子了。

后来他娶了一个贤妻良母型的孟烟鹂，不像王娇蕊那样媚态、丰满，是典型的瘦削的中国女子，也是传统中国女人的性格，相当柔顺。但久而久之佟振保又觉得乏味了，他瞒着妻子，在外宿娼，借故不回来，回来以后又发脾气，打妻子，摔东西。当他把这个家破坏得要毁掉时，似乎良心又发现了。结尾说：

“第二天起床，振保改过自新，又变了个好人。”

他真能够爱他的妻子么？恐怕未必！

张爱玲揭示了所谓的“爱”的虚伪、人性的虚伪：“男子憧憬着一个女人的身体的时候，就关心到她的灵魂，自己骗自己说是爱上了她的灵魂。唯有占领了她的身体之后，他才能够忘记她的灵魂。也许这是唯一解脱的方法。”

振保在家里是母亲的孝子，在单位是一个勤勤恳恳工作的好职员，在弟弟妹妹面前是个好兄长，在朋友中他是个“坐怀不乱的柳下惠”，一个

振保和娇蕊出门，巧遇艾许母女，结伴而行。

“堂堂正正”的人，“堂堂正正”的外表下的一个伪君子。其他则又何说?

张爱玲总是把笔触伸到人的灵魂深处，把隐含在内心的欲望赤裸裸地挖出来。她的笔锋像钱钟书那样犀利、尖刻，鲁迅那样冷峻，她很佩服鲁迅，觉得他最能暴露中国人性格中的阴暗面和劣根性[①]。和他们不同的是，她是从女人的眼光与心理出发善意地嘲讽，更多了一些细腻和温柔的特色。“因为懂得，所以慈悲”，以最广大的慈悲胸怀对待人性中的善与恶，虽犀利冷峻，但不剑拔弩张。

张爱玲刻画的女人更成功。她善于从女性的细腻心理去把握作品中的女人，把隐藏在女人华美衣服下的人性的阴暗面，通过悲天悯人的嘲讽暴露出来，像《沉香屑：第一炉香》中葛薇龙的姑妈的淫荡，《茉莉香片》中聂传庆的后母的阴鸷刻毒，《沉香屑：第二炉香》里蜜秋儿太太的变态，都使人看到在那些旧家庭中的女人变态的人格。

而比起《金锁记》中的曹七巧来，她们都不算什么，只是小巫见大巫罢了。

《金锁记》是张爱玲小说中成就最高的一部。傅雷虽然严厉地批评过张爱玲的小说，但对《金锁记》却是高度地无保留地赞美。夏志清的评价就更高得吓人，他说：“据我看来，这是中国从古以来最伟大的中篇小说。”（夏志清《中国现代小说史·张爱玲》，夏济安译）在夏志清著名的《中国现代小说史》中给张爱玲的篇幅最多，对张爱玲的论述中给《金锁记》的篇幅又最多。《金锁记》可以说是近乎经典性的名作了。

小说开始于曹七巧结婚后五年。

曹七巧原是乡下开肉店的小户人家的女儿，她的哥嫂贪图荣华富贵想攀高枝，把她嫁到上海富室姜家，做了姜家的二奶奶。她的丈夫是个患骨

---

① 参见水晶《蝉——夜访张爱玲》。

痨病的残废的人，这桩婚事断送了她一生的幸福。虽然起初她还生了一儿一女，但是她丈夫完全瘫在床上病入膏肓，她没有正常人的生活，守着活寡，为了满足金钱的欲望，她忍受下来，戴上了黄金的枷锁。正常的情欲得不到发泄，她变态了。

她恨透了丈夫，恨透了姜家，恨透了自己势利的哥嫂，恨透了一切生活幸福的人。她撺掇婆婆赶快嫁出小姑子，等丈夫死后好分一笔财产。她正年轻，也需要肉体的爱，她的欲望得不到满足，靠着对小叔子的幻想生活。千方百计靠近刚刚娶妻的小叔子姜季泽——一个不务正业寻花问柳的阔少，勾引季泽，作者对这个人物的心理刻画得很细腻：

七巧颤声对季泽道："一个人，身子第一要紧。你瞧你二哥弄的那样儿，还成人吗，还能拿他当个人看？"她在季泽身边坐下，伸手贴着季泽的腿："天哪，你没挨着他的肉，你不知道没病的身子是多好的……多好的……"季泽虽然也和她轻佻地开玩笑，也常走马章台征声逐色，但不敢沾惹自家的兄嫂，也犯不着这样，尤其是像曹七巧这样口没遮拦、脾气怪躁的女人，便立刻起身走开了。

到了小姑子嫁了，婆婆与丈夫死了，姜家开始分家。财产，这是她嫁给姜家戴上金锁，用一辈子的幸福换来的唯一东西，唯一的希望。然而她这个"孤儿寡妇"还是被欺负了，虽然她也分到了一笔不小的财产。

她搬了家，自立门户，可是后来，季泽突然来到嫂嫂家，向曹七巧诉说起对她的"感情"，七巧陷入了沉思：

> 七巧低着头，沐浴在光辉里，细细的音乐，细细的喜悦……这些年了，她跟他捉迷藏似的，只是近不得身，原来还有今天！可不是，这半辈子已经完了——花一般的年纪已经过去了。人生就是这样的错综复杂，不讲理。当初她为什么嫁到姜家来？为了钱么？不是的，为了要遇见季

泽，为了命中注定她要和季泽相爱。她微微抬起脸来，季泽立在她跟前，两手合在她扇子上，面颊贴在她扇子上。他也老了十年了，然而人究竟还是那个人呵！他难道是哄她么？他想她的钱——她卖掉她的一生换来的几个钱？仅仅这一转念便使她暴怒起来。就算她错怪了他，他为她吃的苦抵得过她为他吃的苦么？好容易她死了心了，他又来撩拨她。她恨他。他还在看她。他的眼睛——虽然隔了十年，人还是那个人呵！就算他是骗她的，迟一点儿发现不好么？即使明知是骗人的，他太会演戏了，也跟真的差不多罢？

七巧虽然感情难以自持，但又怕季泽来此是要骗她的钱，这些钱可是她生命的斤两，内心的黄金欲使她拿出审慎的机智试探着，果然季泽是想来哄走她的那几个钱的，曹七巧大怒，破口大骂，把手中的扇子向季泽头上掷去，打翻了桌上一杯酸梅汤。

季泽走了，“酸梅汤沿着桌子一滴一滴朝下滴，像迟迟的夜漏——一滴，一滴……一更，二更……一年，一百年。真长，这寂寂的一刹那。”这些意象无穷的词语非常美妙传神地显示出曹七巧此时的心情。她刹那间悔悟过来，急忙提着裙子到楼上，从窗户里再看季泽一眼：

无论如何，她从前爱过他。她的爱给了她无穷的痛苦。单只这一点，就使他值得留恋。多少回了，为了要按捺她自己，她迸得全身的筋骨与牙根都酸楚了。今天完全是她的错。他不是个好人，她又不是不知道。她要他，就得装糊涂，就得容忍他的坏。她为什么要戳穿他？人生在世，还不就是那么一回事？归根究底，什么是真的，什么是假的？

她到了窗前，揭开那边上缀有小绒球的墨绿洋式窗帘，季泽正在弄堂里往外走，长衫搭在臂上，晴天的风像一群白鸽子钻进他的纺绸裤褂

姜季泽

里去，哪儿都钻到了，飘飘拍着翅子。

她的一生被贪图富贵的家里人狠毒地葬送了，这唯一一次情欲绽放的机会也为黄金欲破坏，再也不会有了。她成为一个牺牲品。她也看不得自己儿子、女儿的幸福，她破坏儿女的幸福，让儿女为她殉葬。

儿子长白新娶了妻子，她偏当面羞辱儿媳，阻碍儿子与媳妇的同床，让儿子彻夜地在烟钵前为她烧烟装烟，让儿子把毯子铺在烟榻旁过夜：

她眯缝着眼望着他，这些年来她的生命里只有这一个男人。只有他，她不怕他想她的钱——横竖钱都是他的。可是，因为他是她的儿子，他这一个人还抵不了半个……现在，就连这半个人她也保留不住——他娶了亲。

七巧把一只脚搁在他肩膀上，不住地轻轻踢着他的脖子，低声道："我把你这不孝的奴才！打几时起变得这么不孝了？"

……"你若还是我从前的白哥儿，你今儿替我烧一夜的烟。"

曹七巧为女儿长安裹了脚，又到学校里骂，弄得女儿没脸面进学堂，没脸面见同学。教女儿抽大烟，不要女儿见"坏男人"，女儿到了近三十岁还没有嫁人。当长安有了男朋友，戒了大烟，开始有一丝微笑时，曹七巧便冷言冷语道："这些年来，多多怠慢了姑娘，不怪姑娘难得开个笑脸。这下子跳出姜家的门，趁了心愿了，再快活些，可也别这么摆在脸上呀——叫人寒心！"她变态的心中容不得女儿幸福，当面羞辱女儿，骂女儿不要脸。当女儿的男朋友童世舫到她家时，她几句话就把女儿一生一世的前途毁了。当着童世舫面，七巧道："她再抽两筒就下来了。"世舫一惊，睁眼望着她，七巧用一个疯人的审慎与机智解释道："这孩子就苦在

长白新娶的妻子芝寿

先天不足，下地就得给她喷烟。后来也是为了病，抽上了这东西。小姐家，够多不方便呢！也不是没戒过，身子又娇，又由着性儿惯了，说丢哪儿就丢得掉呀？戒戒抽抽，这也有十年了。”

她儿子的妻子死了，姨太太生吞鸦片自杀了，女儿也给她毁了，“一级一级走向没有光的所在”。她不幸福，也要毁了儿女的幸福，也要儿女为她殉葬。曹七巧变态地以这种手段来报复命运对自己的不公，但这样，在她阴惨的胜利之后，又能得到什么呢？

“三十年来她带着黄金的枷。她用那沉重的枷角劈杀了几个人，没死的也送了半条命。她知道她儿子女儿恨毒了她，她婆家的人恨她，娘家的人恨她。”夜深人静睡下的时候，她把翠玉镯“顺着骨瘦如柴的手膊往上推，一直推到腋下”，她想起年轻时丰满的她，那些喜欢她的小伙子，肉店里的朝禄，她哥哥的结拜兄弟丁玉根、张少泉，还有沈裁缝的儿子，如果……一滴眼泪挂腮边，她懒得揩拭，由它在腮上，渐渐自己干了。

这篇小说取材于李鸿章次子李经述一家，李经述的三儿子李国熊天生残废（软骨症），从乡下找了一位姑娘，张爱玲应唤她“三妈妈”，“三妈妈”即曹七巧的原型。曹七巧的出身、长相、性格，说话的声口，在姜家的地位都与爱玲这位“三妈妈”逼肖，甚至她的一儿一女也实有其人①。有了这么多生活素材，又经过作者艺术上的加工丰富，使这篇小说的人物、心理、语言、意象都完美到了炉火纯青，这是张爱玲小说的顶峰，再也不可逾越的顶峰。

张爱玲是会制造“传奇”的，在小说散文轰动的同时，又把《倾城之恋》改编为四幕话剧，经柯灵的修改与推荐，1944 年 12 月由上海大中剧艺公司在新光大戏园隆重上演。一个多月连演八十场，而且场场爆满，被

---

① 参见张子静《我的姐姐》。

报上推为“众望所归，红极献演，舆论一致推颂”，“当今剧坛第一份，轰动整个上海”。有一首署名“紫凤”所填的《鹊踏枝》词[①]说：

> 叠了蛮签拈翠管，寡鹄孤飞，细写流苏怨；萍岛穿花逢海燕，温馨消受倾城恋。　　翡翠兰苕香梦暖，梦里烽烟，梦醒沧桑变！付与舞台分幕演，定知满座啼珠泫。

这出话剧由上海当时与费穆、黄佐临、吴仞之并称“四大导演”的名导朱端钧执导。演流苏的是著名女影星罗兰，范柳原由舒适扮演，都是上海红极一时的影剧明星。张爱玲为自己第一部剧本的上演几乎天天到场“指导”，她的新奇刺激的装束、她的剧本文字的优美都给人们极深的印象。《倾城之恋》的演出，为她以后影剧创作打了响亮的一炮。

这些小说在当时上海沉闷的文坛上引起了一阵阵轰动，而且篇篇精采，各有各的佳妙处，即使偶尔有点隐晦如《心经》、《年青的时候》或轻薄如《琉璃瓦》的意味，也是那么新艳可喜、流光四射。从 1943 年至 1945 年，张爱玲可以说是上海文坛最耀眼的人物。各种杂志报纸上常常有关于她的记载和评论。编辑，记者，她的老师、弟弟、朋友，认识或不认识她的读者，都乐于谈谈张爱玲，仿佛成为时髦。

还有一些人写信对她的作品表示崇拜，有人对她作品提出建议，有人鼓励她前进，她都很有兴致地一一剪下收存，但是，她不理睬，不听从，也不回信。她的姑姑、炎樱或胡兰成总要问她对这些文章和信件的看法，她很坦率地说：“但凡人家说我好的，说得不对我也高兴。”但是别人批评她或责难她，有时或许也生一点气，但她更多地是表现出诧异，不置一

① 转引自陈子善《在茫茫报海中搜寻——张爱玲佚文钩沉记》。

辞，言下之意是太不聪明了，不懂得她①。

是的，像她这样极聪明，又独来独往、孤芳自赏的人，别人是很难理解的。她走的是一条与别人迥异的路，她生在官宦之家、簪缨之族，但那是往事，她又不是贵族；她从旧家庭中逃了出来，但不是觉慧不是娜拉，不是叛逆者；她心中对以前的传统有着难舍难分的情结，但那个时代又无情地离她远去。家庭的冷落、无情，使她失去了温暖的庇护，赤裸裸站在天地间，像一个家系很长又不名一文的爱尔兰姑娘；她又受英国式的西方影响，有着个人主义的一切欲望。因此，她既不是一个守旧的遗少，又不是一个进步的青年，既不甘心于做一个少奶奶，又不能成为一个革命家，她很有才华，但说不上伟大，她只是一个自食其力的女人，一个个人主义者，希望靠着写作赚钱谋生，拥有财富，拥有爱，拥有美丽，安安稳稳、实实在在地生活。她是一个不受任何外界左右的独行者，尽量使自己的每一寸生命都充满光辉，更有意义，如此而已。唐寅的一首诗：

> 不耕地来不种田，不炼金丹不羡仙。
> 闲来写幅青山卖，不使人间造孽钱。

如果把“青山”改为“文章”形容张爱玲，那是最恰如其分的。

像曹雪芹一样，张爱玲看惯了繁华，也经历了苍凉。她懂得《红楼梦》的美，《红楼梦》的意味，对繁华有着无限的留恋，对苍凉更有切肤的体味。钟鸣鼎食，酒绿灯红，却掩不住满目的苍凉。在新旧时代的交合处，她的出现像一个苍凉的手势，更有一种美。

她看惯了末世的人们，她的父亲、母亲、后母、亲戚都是她理性解剖

---

① 参见胡兰成《今生今世·民国女子》。

的标本，悟到人性的深处。因此，她的作品都是刻画这一个阶层的人性的，空虚、伪善、无情、无奈，有善有恶，有真有伪，尤其是人的情欲，黄金的肉体的占有欲，她总把它们入骨三分地写进小说。那不是渲染与赞扬，也不是“剥出血淋淋的人性”，而是用参差对照的手法来写，虚伪之中有真实，浮华之中有素朴。她的小说作为言情小说觉得不舒服，作为正统文学看嫌它不严肃，鸳鸯蝴蝶派文人看它们不够才子佳人式的多情，新式文人又嫌它们不够健康，缺乏主题的明朗性①。

可是，她的小说却有一种说不出的韵味与魅力，而且那么悠长。

“流言”及其他

张爱玲在文艺上是多才多艺的，除小说而外，她还能写更漂亮的散文，她“流言”体的散文。

她的小说是一道道绮丽的回廊，但总是“一级一级走向没有光的所在”，永远不了的茫然结局，而她的散文却是“写在水上的文字”，流动自然，平淡之中见绚烂，绚烂之极归于平淡。小说是周围世界的幻化扭曲，散文却是灵气的流露与挥洒。有人说，读她的散文比小说更有味，随笔比散文更有味。也有人说，她的小说是一种新尝试，可是她散文的文体在中国文学的演进史上是占有她一定的地位的。

她这一时期的散文，基本上收进她的散文集《流言》里。“流言”的意思便是 Written on water（写在水上的文字），但不是马上消逝，而像谣言那么快地传开。

---

① 参见张爱玲《自己的文章》。

在作者与读者“文字沟通上，小说是两点之间最短的距离”，但在对作家性格的了解上，应当说散文是两点之间最真切的交流。

她宣称自己是一个俗人，一个拜金主义者，一个小市民。她说：“我母亲是个清高的人，有钱的时候固然绝口不提钱，即至后来为钱逼迫得很厉害的时候也还把钱看得很轻。这种一尘不染的态度很引起我的反感，激我走到对立面去。因此，一学会了‘拜金主义’这名词，我就坚持我是拜金主义者。”（张爱玲《童言无忌》）

张爱玲对钱的热爱从来是公开宣布的，不像别人那样假清高。她只知道钱的好处，觉得应当拥有钱，应当享用它们。看到一件漂亮的衣服，眠思梦想买来打扮一下自己，但到临买的时候还得再三考虑，那考虑的过程有痛苦也有喜悦，她说：“我这种拘拘束束的苦乐是属于小资产阶级的。每一次看到‘小市民’的字样我就局促地想到自己，仿佛胸前佩着这样的红绸字条。”（张爱玲《童言无忌》）

她热爱这样世俗的踏实的生活，常和炎樱、苏青逛商店、买布料、试衣服。也要去菜场买菜，开始大约带着落难公子的浪漫态度，但是最近，“一个卖菜的老头称了菜装进我的网袋的时候，把网袋的绊子衔在嘴里衔了一会儿。我拎着那湿濡的绊子，并没有什么异样的感觉”（张爱玲《童言无忌》）。她发现了自己比以前有进步，有一点说不出却踏实的进步。要在以前的时候，她一定会觉得恶心。她以前学钢琴时，教钢琴的俄国女人高兴时抱着她的头吻她，她虽然客气地微笑着，但记着那老师吻在她什么地方，隔一会儿才偷偷用手绢子去擦擦①。比起从前，现在她确实有点进步了。她发现在中国这块土地上，在“脏与乱与忧伤之中，到处都会发现珍贵的东西，使人高兴一上午，一天，一生一世”（张爱玲《诗与胡说》）。

---

① 参见张爱玲《谈音乐》。

她说，小时候嘴刁，稍微不洁的口味都能吃得出来，但是，又有一种特别的嗜好：

别人不喜欢的有许多气味我都喜欢，雾的轻微的霉气，雨打湿的灰尘，葱，蒜，廉价的香水。像汽油，有人闻见了要头昏，我却特意要坐在汽车夫旁边，或是走到汽车后面，等它开动的时候“布布布”放气。每年用汽油擦洗衣服，满房都是那清刚明亮的气息；我母亲从来不要我帮忙，因为我故意地把手脚放慢了，尽着汽油大量蒸发。

牛奶烧糊了，火柴烧黑了，那焦香我闻见了就觉得饿。油漆的气味，因为簇崭新，所以是积极奋发的，仿佛在新房子里过新年，清冷，干净，兴旺。火腿咸肉花生油搁得日子久，变了味，有一种“油哈”气，那个我也喜欢，使油更油得厉害，烂熟，丰盈，如同古时候的“米烂陈仓”。香港打仗的时候。我们吃的菜都是椰子油烧的，有强烈的肥皂味，起初吃不惯要呕，后来发现肥皂也有一种寒香。

——《谈音乐》

她写自己的“美食”，也与别人不同，是俗得不能再俗，在《童言无忌》里她说，她是一个最安分的“肉食者”：

上海所谓“牛肉庄”是可爱的地方，雪白干净，瓷砖墙上丁字式贴着“汤肉××元，腓利××元”的深桃红纸条。屋顶上，球形的大白灯上罩着防空的黑布套，衬着大红里子，明朗得很。白外套的伙计们个个都是红润肥胖，笑嘻嘻的，一只脚踏着板凳，立着看小报。他们的茄子特别大，他们的洋葱特别香，他们的猪特别的该杀。门口停着塌车，运了两口猪进来，齐齐整整，尚未开剥，嘴尖有些血渍，肚腹掀开一线，露出大红里子。不知道为什么，看了绝无丝毫不愉快的感觉，一切都是再应当也没有，再合法，再合式也没有。我很愿意在牛肉庄上找个事，坐在计算机前面专管收钱，那里是空气清新的精神疗养院。

她不喜周作人散文里一味“冲淡”的风格，说那是“假撇清”，周作人爱写谈吃的文章，但“他写来写去都是他故乡绍兴几样最节俭清淡的菜，除了当地出笋，似乎也没有什么特色”。周作人“这样炒冷饭的次数多了，未免使人感到厌倦”（张爱玲《谈吃与画饼充饥》）。

她不要清高。要俗，她俗得吃零食、逛商场、买衣服，对钱斤斤计较，甚至与姑姑、炎樱也要钱款两清；要雅，她会透过世俗，洞彻人性，一手华美的文章，一笔优雅的图画，充满灵秀之气。俗是真俗，雅是大雅。她的散文也是这样雅俗共赏，平平凡凡的人，平平凡凡的事，精心写出来，成为很好的文章。

因为能够随俗，所以她能以上海人这群世俗的都市人感受着世界、感受着安稳的生活，能够表现一般的上海人的思想，而引起共鸣，这就是雅。像周作人那样的冲淡闲适，林语堂那样的性灵趣味，固然高雅，但那是“文人”的清高，仿佛高人逸士，带点不食人间烟火的仙风道骨。文如其人，张爱玲的散文，既能入俗又能脱俗，既有平淡又有华美，这就是人们常说的“流言体”。

她说，有段时间对上海已经过时的蹦蹦戏一直想去看一次，只是找不到适当的人一同去。蹦蹦戏是稍有文化的人都不愿去看，她觉得自己对这种低级趣味的东西如此感兴趣，都不好意思向人开口。后来发现一位老太太有同好，于是张爱玲就陪她一道去了。“拉胡琴的一开始调弦子，听着就有一种奇异的惨伤，风急天高的调子，夹着嘶嘶的嘎声。天地玄黄，宇宙洪荒，塞上的风，尖叫着为虚空所追赶，无处可停留。”演出的锣鼓震耳欲聋，“震得头昏眼花，脑子里许多东西渐渐地都给砸了出来，剩下的只有最原始的”（《〈传奇〉再版序》）。她不是为看蹦蹦戏的本身，而是要亲身感受一下那人生的气氛，热闹与苍凉的气氛。她在《谈音乐》里说：“我最怕的是凡哑林，水一般地流着，将人生紧紧把握贴恋着的一切东西都流了去了。胡琴就好得多，虽然也苍凉，到临了总像是北方人的‘话又说回来了’，远兜远转，依然回到人间。”这种艺术的悟性，谁能说她不雅呢？

张爱玲始终对生命对繁华怀着极珍惜之情，在《我看苏青》这篇文章中她说：“到了晚上，我坐在火盆边，就要去睡觉了，把炭基子戳戳碎，可以有非常温暖的一刹那；炭屑发出很大的热气，星星红火，散布在高高下下的灰堆里，像山城的元夜放的烟火，不由得使人想起唐宋的灯市的记载。可是我真可笑，用铁钳夹住火杨梅似的红炭基，只是舍不得弄碎它。碎了之后，灿烂地大烧一下子就没有了。”

“生命也是这样的罢——它有它的图案，我们惟有临摹。”

生命就是这样红红火火的一瞬间，使人不忍心看它毁灭，那么留下这生命的影子吧。张爱玲还很喜欢照相，与炎樱一起照，她的许多照片都是炎樱指导拍摄的。炎樱又从这些玉照中选出几幅自己满意的照片，做了一些加工，附在《流言》一书中。照片固然好，更有趣的还在于照相的过程。

炎樱与张爱玲是一对理想的滑稽搭档。张爱玲高个子，一脸冷漠，而炎樱，正像诗人路易士形容的“圆脸、微黑，中等身材，会说话”，样子听上去似乎是一个低级动物（譬如猫）①，但炎樱的话简直句句是诗或警句，有趣得很。她虽不大懂中文，但对认识的三五个汉字却非常有兴趣。

① 参见炎樱《一封信》。

过去的中国字是从右向左读的，现在有时候从右向左有时候又从左向右，每当她吃力地从左向右一个个念时，偏偏又碰着从右向左。她拉着张爱玲问“咖啡”的“咖”是什么意思。炎樱买东西，付账的时候总要抹去一些零头，甚至于在虹口犹太人的商店，她也这样做，说剩下的钱还要去吃茶，犹太老板也被她这孩子气感动了，笑着告诉她附近哪一家茶室的蛋糕最好[①]。

炎樱的俏皮话是一流的，俏皮话之外还有令人吃惊的思想，只是她不会中文。张爱玲乐于为她效劳，把她的英文妙语翻译出来登在报刊上。她们话最投机的是都爱钱，每次出去吃东西，要先商定好由谁付钱再去，或各自买自己的一份，还要互相劝对方：“不再加一点么？”炎樱还异想天开地准备把两张崭新的一千元钞票用蝴蝶结扎在头发上，付账的时候也可叫侍者在头上现摘。

炎樱很会画图，善于用色，虽然有时张爱玲并不喜欢她的手笔，但她还是自告奋勇地“指导”摄影师为张爱玲拍照片，并代为加工修改。

有一张较大的照片是由炎樱指导摄影师拍的，炎樱在旁边导演：“现在要一张有维多利亚时代的空气的，头发当中挑，蓬蓬地披下来，露出肩膀，但还是很守旧的，不要张嘴笑，要笑的笑在眼睛里。”炎樱又同摄影师商酌：“似乎太多的骨头？”张爱玲在一旁打趣：“不要紧，至少是我的。”但拍出来后，与炎樱所计划的很有距离，因为张爱玲不会做媚眼，照出眼睛里不妩媚，倒有点自负，负气的样子。过后炎樱冒着酷热，骑自行车从照相馆取出放大的照片来送给爱玲，说：“吻我，快，还不谢谢我！……哪，现在你可以整天整夜吻着你自己了。——没有见过爱玲这样自私的人。”两人咯咯都笑了。

---

① 参见张爱玲《炎樱语录》。

炎樱还请了摄影师为她拍了好几张，有一张摄影师最觉满意，柔和的光线，朦胧的面庞，沉重的丝绒衣着，有古典画像的感觉。张爱玲并不大喜欢，倒是喜欢另一张。炎樱也说："这一张像个修道院的女孩子。驯良可是没脑子，而且才十岁。放大了更觉得，那谦虚是空虚，看久了使人吃力。"又说："让我在上面涂点颜色罢，虽然那摄影家要生气，也顾不上这些了。"她一边说着，不待征求照片主人的意见就动起手来，用大笔浓浓地涂上正黄色背景。因为照片不吸墨，结果像一重重的金沙披了下来。头发与衣服又用暗青色涂没了，单剩下一张脸还是照片的本色，保持原样没有改动，斜里望过去，脸是发光的，像浮在纸面上，很像西方的写实画。炎樱把这幅照片放到墙上的壁龛里，下角兜了一幅黄里泛着竹青的绸子，两边两盏电灯，因为防空的缘故，花蕊形的玻璃罩上抹了密密麻麻的黑条子，一开灯，就像办丧事，当中是遗像，爱玲一看，立刻想趴下磕头。看来还不行，又找来小时候用的已掉毛的象牙折扇，湖色的羽毛上现出两小枝粉红的花，不多的几片绿叶，把扇子倒挂在照片上端，才像样①。

张爱玲的许多随笔如《洋人看京戏及其他》、《谈女人》、《论写作》、《忘不了的画》、《谈跳舞》、《谈画》，大都是表现她对艺术的见解，读来更有意味。她的随笔能够将知识与性灵融为一体，比林语堂轻灵，比钱钟书敦厚，比梁实秋更加风趣，有女性细腻风趣的特点。如《谈跳舞》：

> 中国是没有跳舞的国家。从前大概有过，在古装话剧电影里看到，是把雍容揖让的两只大袖子徐徐伸出去，向左比一比，向右比一比；古时的舞女也带着古圣贤风度，虽然单调一点，而且根据唐诗，"舞低杨柳楼心月"（此处有误，这句是宋人晏几道词里的名句。——引者），似乎

---

① 参见张爱玲《"卷首玉照"及其他》。

是较泼辣的姿态，把月亮都扫下来了，可是实在年代久远，“大垂手”、“小垂手”究竟是怎样的步骤，无法考察了，凭空也揣拟不出来。明朝清朝虽然还是笼统地歌舞并称，舞已经只剩下戏剧里的身段手势。就连在从前有舞的时候，大家也不过看看表演而已，并不参加。所以这些年来，中国虽有无数的人辛苦做事，为动作而动作，于肢体的流动里感到飞扬的喜悦，却是没有的。（除非在背人的地方，所以春宫画特别多。）浩浩荡荡的国土，而没有山水欢呼拍手的气象，千年万代的静止，想起来是有点可怕的。中国女人的腰与屁股所以生得特别低，背影望过去，站着也像坐着。

张爱玲是爱调侃的，本来稀松平常的东西经她一说就变得非常有趣，她由中国的跳舞，说到西班亚的“探戈”，美国的“惊蛰”，到印度“癫狂的舞”。美国的“惊蛰”舞，“大家排队开步走，像在幼稚园的操场上，走几步，擎起一只手，大叫一声‘哦咦！’叫着，叫着，兴奋起来，拼命踢跳，跳到筋疲力尽为止。倦怠的交际花，商人，主妇，都在这里得到解放，返老还童了。可是头脑简单并不一定是稚气，孩子的跳舞并不是这样的”。印度的舞，“舞者剧烈地抖动着，屈着膝盖，身子矮了一截，两腿不知怎样绞来绞去，身子底下烧了个火炉似的，坐立不安。那音乐也是痒得难堪，高而尖的，抓爬得聒噪。歌者嘴里就像含了热汤，喉咙颤抖不定”。

张爱玲虽不跳舞，但颇有美术的天赋，对色彩与线条极为敏感，因此，谈看画写得更拿手。但是，她似乎不喜欢中国的传统文人画，而更多地偏爱西洋的美术作品，如《蒙娜丽莎》，尤其是赛尚、梵高、果庚及毕加索的油画作品。对中国画家，她只喜欢林风眠、胡金人的画，她的谈画的文章，要比画本身更有诗意。如她读胡金人画的《白玉兰》。这幅画，我们也可能在现代美术作品选本里看到过，但对于一般人来说，只是一幅写生图，画还是画，而张爱玲却把它看作生命，赋予了更动人的生命。她说："土瓶里插着银白的花，长圆的瓣子，半透明，然而又肉嘟嘟，这样那样伸展出去，非那么长着不可的样子；贪欢的花，要什么，就要定了，然而，那贪欲之中有嘻笑，所以能够被原谅，如同青春。玉兰丛里夹着一枝迎春藤，放烟火似地一路爆出小金花。连那棕色茶几也画得有感情，温顺的小长方，承受着上面热闹的一切。"

张爱玲没有周作人、林语堂、钱钟书那样的渊深学问，广征博引，也就没有他们那种书卷气，而多一份灵秀与生活气息。要的就是这样灵秀与生趣，更带一分华美。

她有些小短文写得实在好，三两句话可以写成一篇妙文。如她说冬天穿上皮袄，"手插在大襟里，摸着里面柔滑的皮，自己觉得像只狗。偶尔碰到鼻间，也是冰凉的，像狗"。

她的话俏皮也好，蕴藉也好，华美也好，但不写周作人、林语堂那种"冲淡"得近于无物的小品。不过她戏拟"周作人体"写过一篇《说胡萝卜》幽默一下：

> 有一天，我们饭桌上有一样萝卜煨肉汤。我问姑姑："洋花萝卜跟胡萝卜都是古时候从外国传进来的罢？"她说："别问我这些事。我不知道。"她想了一想，接下说道：
>
> "我第一次同胡萝卜接触，是小时候养'叫油子'，就喂它胡萝卜。还记得那时候奶奶（指我的祖母）总是把胡萝卜一切两半，再对半一切，塞在笼子里，大约那样算切得小了。——要不然我们吃的菜里是向来没有胡萝卜这样东西的。——为什么给'叫油子'吃这个，我也不懂。"
>
> 我把这一席话暗暗记下，一字不移地写下来，看看忍不住要笑，因为只消加上"说胡萝卜"的标题，就是一篇时髦的散文，虽说不上冲淡隽永，至少放在报章杂志里也可以充充数。而且妙在短——才起头，已经完了，更使人低徊不已。

第五章　临水照花

我一个人在黄昏的阳台上，骤然看到远处的一个高楼，边缘上附着一大块胭脂红，还当是玻璃窗上落日的反光，再一看，却是元宵的月亮，红红地升起来了。我想着：“这是乱世。”晚烟里，上海的边疆微微起伏，虽没有山也像是层峦叠峰。我想到许多人的命运，连我在内的；有一种郁郁苍苍的身世之感。

——《我看苏青》

清流浊水

张爱玲的小说与散文，给沦陷区上海的文艺界增添了姹紫嫣红的绚烂色彩，给人耳目一新的感觉。

自从沦陷以来，上海这个大都市就像她的《封锁》中所写的，虽不是绝对的寂静，但人声逐渐渺茫，就像睡梦中听到的芦花枕头里的綷縩。这个庞大的城市在阳光里盹着了，重重地把头搁在人们的肩上，不能想象的巨大重量压住了每个人。处在这个高压下的人们，要想苟活，就没有思想的自由，更没有行动的自由，只能在日本与汪伪的统治下像乌壳虫般地爬来爬去。

大批不甘心在沦陷区做汉奸的正直而有骨气的文人纷纷逃离了这里，未能走得成的文化人，隐姓埋名，韬光养晦。他们躲进书斋，研习学问，不在敌伪刊物上发文章，不为汪伪政府粉饰太平，幽居养志，保全中国文人的清节，只剩下卖身投敌的汉奸文人，在为日本侵略者鼓噪呐喊。汪精卫汉奸政府本是“文人雅集”的集团，他们一方面做了日本人的爪牙，替日本人统治着自己的同胞，一方面又要做出清高文人的模样，办刊物、写文章、吟诗作赋、著书立说，以读书文人自居。

奴才汉奸们又嫌这死气沉沉的上海文化界太寂寞了，一点没有他们日本主子所要求的“大东亚文学”的声势，便要打着“繁荣文艺”的旗号，在社会上办刊物。汪精卫政府的人，上至达官贵人，下至清客帮闲，纷纷地办起刊物来，《杂志》、《新中国周报》、《古今》、《苦竹》、《平报》这些刊物，都是有日本和汪伪汉奸作后台的。像《苦竹》是由汪精卫的宣传部次长胡兰成办的，《古今》是交通部政务次长朱朴办的，《平报》、《海报》

是由法治委员会副主任金雄白办的，汪伪集团的大汉奸汪精卫、周佛海、陈公博、梁鸿志这些人在操血淋淋的屠刀杀人之际，也常常操着这不见血的软刀子，在刊物上大谈文艺，写散文、诗词、评论、回忆录，想借文学来为自己的失节与投敌作掩护。他们在刊物上不谈国事，不谈政治，只想为日本治下的中国沦陷区粉饰太平。表面看来，这些刊物似是没有什么政治色彩的文艺刊物，其实这不过是迷惑国人的烟幕弹，他们声嘶力竭地为日本主子统治下的中国造成一片“热闹”与“繁荣”的文艺景象，麻痹中国人的反抗意识，消弭民族仇恨。然而进步的文人都纷纷奔向内地，上海的文坛是一片文学的荒园，当然，乱七八糟的杂草毒草是有的，像黑色的武打凶杀黑幕小说、黄色的淫秽色情作品、低格调的言情小说、苍白灰暗的怀旧杂感山水游记等等不一而足。总之，“五四”以来的新文学在这里断了流，这些汪伪文人不得已自己大办刊物，提倡纯文艺。沦陷区的文人们只要不公开反对日本与汪伪政权，有点像样的文学艺术粉饰太平，他们求之不得，至于给他们什么，当然是毫不计较的，很难得出现一两个使人耳目一新的作家。在这样一种气氛与土壤中，张爱玲出现了。

张爱玲与苏青，以及那时许多以文字生活的人一样，既不能像政府机关的人那样搬迁到武汉、重庆，也不会像进步的青年文艺家那样奔到延安，他们没有后方的熟人朋友可依靠，只好滞留在上海，不会种地，不会经商，没有职业，只能卖文为生，没有选择。他们单纯地认为，只要他们的作品不涉及政治，于国于民无害，也就问心无愧了。

张爱玲这一枝热烈的罂粟，才真给这文坛带来了生气，人们惊喜地发现这是何等的鲜艳的文艺之花，整个上海文化界的人都给予了热切的关注。但不同的人，对她有不同的态度。出于商业家的眼光的文化商人看中了她，拉她稿子，以招徕读者，扩大影响；从政治目的出发的汪伪要人为她捧场喝彩，藉以泯灭民族矛盾，粉饰太平；真正的进步文人欣赏她的才华，给予她热情的赞扬、善意的批评和真诚的关心。在这复杂的现实面前，张爱玲这样一位初出茅庐、思想单纯、阅历不深的女作家，被迎面而来的纷纭的现实搞得眼花缭乱，看不透这些赞誉与批评的背后，哪些是真心的，哪些是恶意的，哪些是关心，哪些是利用，她只能凭着主观上的直觉、感情的好恶来对待这一切。

她的文友柯灵看着她很快登上灿烂的创作顶峰，红遍上海文坛，自然感到欣喜，同时又有深切的不安，为她担忧，觉得上海环境特殊，清浊难分，很犯不着在这“万牲园”里跳交际舞，尤其是《杂志》、《新中国周报》、《古今》、《苦竹》这些杂志和一些汉奸文人对她的拉拢渲染吹捧，更令人担心。这表面上铺满鲜花的文坛，处处都是陷阱，一不小心就有可能栽到政治的旋涡中，如果民族大节有亏，这个罪名可是万世难以洗刷清的。

许多隐居上海的文学界前辈也欣喜地看到张爱玲这一颗耀眼的新星，都在暗地里关心她，为她担心，为她着急。郑振铎那时正隐姓埋名，典衣节食，两耳不闻窗外事，肆力购求祖国文化典籍，挽救“史流他邦，文归海外”的大劫。他对素昧平生的张爱玲很关心，就要柯灵出面劝说张爱玲，不要到处发表作品，并具体建议：张爱玲写了文章，可以交开明书店保存，由开明书店照付稿酬，等河清海晏时再印行。那时开明书店编辑方面的负责人叶圣陶已举家西迁重庆，夏丏尊和章锡琛老板留守在上海。开明书店里还有一批未走的文化界名宿王统照、王伯祥、周予同、徐调孚、周振甫等，名为编辑，实际上是在这里韬光养晦、躲避风雨。他们对张爱玲都有相同的关心之情，但不熟悉，想请柯灵出面劝说，但柯灵觉得交浅言深，恐过于冒昧。

可是事有凑巧，不久柯灵接到张爱玲的来信，说中央书店的老板平襟亚有意要给她出一本小说集，她特地向柯灵征求意见。平襟亚是一个文化商人，他虽也写小说、办书店、出杂志书籍，但他同时又是一个书商，以赢利为目的，因此，他专门翻印古籍和通俗小说之类，纸质低劣，品味不太高，采取“一折八扣”的方法倾销，靠低价取胜。柯灵顺水推舟，给张爱玲寄了一封店里的出版书目，供她参阅，并委婉地说明他的意思：如果是我，宁愿婉谢垂青，他恳切劝说张爱玲，以她的才华，不愁不见知于世，希望她静等时机，不要急于求成。

张爱玲回信很坦率地说她想“趁热打铁”。但她没有把小说集交平襟亚出版，而把版权交给了汪伪刊物《杂志》月刊社，不久她的小说集《传奇》就在《杂志》社出版了。柯灵见到此书，暗自跌脚痛悔，早知如此，倒不如当初成全了中央书店。中央书店虽然是以赢利为目的，印刷质量粗糙，但平襟亚毕竟只是文化商人，而《杂志》社的背后全是汉奸政客，真是弄巧反拙了①。

《杂志》社不遗余力地为张爱玲的作品大加宣传，举行各种宣传会、座谈会，一些重要的场合，总要拉上张爱玲。张爱玲自然十分高兴。由于各方的誉扬宣传，张爱玲的作品铺天盖地，席卷上海文坛，那时上海几家最有影响的大刊物都同时发表她的小说、散文，有几家刊物像《杂志》几乎是每期必有，甚至两篇以上。张爱玲也不忘柯灵这个文学朋友，也在《万象》上写稿。而且，她把她的第一个长篇小说《连环套》也交给《万象》连载。《连环套》是根据她在香港时听炎樱所讲的故事、又在上海认识麦唐纳太太所了解的麦唐纳太太的经历而写的。小说的主人公霓喜就是麦唐纳太太的化身。从 1944 年 1 月开始，一边写一边载②，当张爱玲正在酣畅淋漓地发表着她的作品的时候，一个惯于讲真话的学者傅雷化名“迅

---

① 参见柯灵《遥寄张爱玲》。

② 参见张爱玲《〈张看〉自序》。

雨”写了一篇《论张爱玲的小说》，对张爱玲提出诚恳而严肃的批评。

傅雷是一个正直不阿的学者、著名的法国文学翻译家，此时正埋首书斋翻译巴尔扎克、罗曼·罗兰的名著。他虽然闭门译著，但对文艺界非常关心，看了张爱玲发表的全部小说，郑重地提出他的意见。在日本和汪伪政府的政治环境下，为了避免敌伪的注意和不必要的麻烦，他署名“迅雨”交给柯灵在《万象》上发表。

从不轻易赞许人的傅雷，在这篇文章中却对张爱玲做了很高的肯定。他肯定了张爱玲的小说为“五四”以来的文学开辟了一方新的天地，克服了一般左翼作家抽象教条图解政治的毛病，她所写的旧家庭的伦理、人性和私欲虚伪，都深入到人物的内心世界深处，很生动深刻。傅雷说：

> 我们的作家一向对技巧抱着鄙夷的态度。“五四”以后，消耗了无数笔墨的是关于主义的论战，仿佛一有准确的意识就能立地成佛似的，区区艺术更是不成问题。其实，几条抽象的原则只能给大中学生应付会考。哪一种主义也好，倘没有深刻的人生观，真实的生活体验，迅速而犀利的观察，熟练的文字技能，活泼丰富的想象，决不能产生一样像样的作品。
>
> 譬如，斗争是我们最感兴趣的题材，对。人生一切都是斗争。但第一是斗争的范围，过去并没包括全部的人生，作家的对象，多半是外界的敌人：宗法社会，旧礼教，资本主义……可是人类最大的悲剧往往是内在的外来的苦难，至少有客观的原因可以诅咒，反抗，攻击；且还有赓取时情的机会。至于个人在情欲主宰下所招致的祸害，非但失去了泄忿的目标，且更遭到“自作自受”的谴责。第二是斗争的表现，人的活动脱不了情欲的因素；斗争是活动的尖端，更是情欲的舞台。去掉了情

欲，斗争便失去了活力。情欲而无深刻的勾勒，便失掉了它的活力，同时把作品变成了空的僵壳。

傅雷在这个文学的大背景下肯定张爱玲与一般进步作家的不同，尽管张爱玲没有直接写社会，写革命，写阶级斗争，但同样揭露旧的社会与家庭的罪恶堕落，而且从人的情欲出发来刻画，更深刻。

傅雷对《金锁记》给予极高的评价。他认为曹七巧这个人物，就是张爱玲通过具体的家庭生活，刻画人物内心对黄金的情欲，而使人物活起来的，对这一形象做了详细的分析。小说的心理刻画、色彩的运用、语言的风格都很独到。他说：

毫无疑问，《金锁记》是张女士截至目前为止的最完满之作，颇有《狂人日记》中某些故事的风味。至少也该列为我们文坛最美的收获之一。没有《金锁记》，本文作者决不在下文把《连环套》批评得那么严厉，而且根本也不会写出这篇文字。

傅雷出于对张爱玲这位年轻作家的关怀，爱之深，责之切，才不得不一吐为快。

下边傅雷对《倾城之恋》、《封锁》等一些中短篇都做了分析与批评。恋爱与婚姻是张爱玲所有小说的中心题材，但都没有《金锁记》处理得好，虽是一个悲剧，但缺少悲剧的严肃、崇高与宿命性。《倾城之恋》里文字技巧成熟，颇有风趣，但内容空洞，占二分之一以上篇幅是调情，尽是些玩世不恭的享乐主义的精神游戏。人物的勾画也过于苍白。她的小说的环境老是潮腻、阴暗、肮脏腐烂的气息，时时掺入轻松的笔调、俏皮的口吻，有时使小说的悲喜剧变成了趣剧，破坏了《封锁》、《年青的时候》

的细腻娇嫩的格调，有的沾染了轻薄味，如《琉璃瓦》。

傅雷对张爱玲正连载着的《连环套》的批评尤为尖锐。说这篇小说最主要的弊病是内容的贫乏，人物心理进展也看不出来，越往后越看重情节，一环套一环的戏法，不知不觉走到纯粹趣味性的路上。人物缺乏真实性，全都弥漫着恶俗的漫画气息。语言也是把《金瓶梅》与《红楼梦》的用语生搬硬套地嵌进西方人与广东人嘴里，节奏、品味与风格全都不讲了。总之，这是张爱玲所发表的作品里最失败的小说。

傅雷劝张爱玲不要过于追求技巧，变成文字游戏；不要过于搬用旧小说语言；把题材放宽一些，改换视线与角度才能写得更好。“少一些光芒，多一些深度，少一些词藻，多一些实质，作品会有更完满的收获。多写，少发表，尤其是服侍艺术最忠实的态度。”他在文章的末尾说：

> 一位旅华数十年的外侨和我闲谈时说起：“奇迹在中国不算稀奇，可是都没有好收场。”但愿这两句话永远扯不到张爱玲女士身上！

傅雷的这篇文章确实是苦口良言，批评是严厉的，但又非常中肯。他是一个相当耿直的人，一个从不说违心话的人，和当时社会上各种赞美恭维相比，有些话确实相当刺耳，年轻气盛、心高气傲的张爱玲当然听不进去。

柯灵看过这篇文章，也有同感。本来在这篇文章的开头，傅雷拿张爱玲小说与一般新文学作品相比较时，还牵涉到巴金的作品。但柯灵认为把巴金归为“对技巧抱着鄙夷的态度”的作家中，未必公允恰当，未经傅雷同意把原稿这段文字删去，据说因此惹恼了傅雷，还引起一场小风波，傅雷耿直认真的态度由此可见①。

---

① 参见柯灵《遥寄张爱玲》。

但张爱玲对署名迅雨的文章极不快，当然她也不知道“迅雨”是谁，隔了一段时间便写了一篇随笔作为辩驳。以前文人常常有一句玩笑话：“老婆人家的好，文章自己的好”，她把这话掐头去尾，命之为《自己的文章》遥遥作答。

开头就说：“我虽然在写小说和散文，可是不大注意到理论。近来忽然觉得有些话要说，就写在下面。”这些话就是针对傅雷的批评而来的，虽然没有明指，但用意是显然的：“理论并非高高坐在上头，手执鞭子的御者”，而是与作品或前或后相互推进，有如马之两骖。

她说：“弄文学的人向来是注重人生飞扬的一面，而忽视人生安稳的一面。其实后者正是前者的底子。”“强调人生飞扬的一面，多少有点超人的气质。超人是生在一个时代里的，而人生安稳的一面则有永恒的意味。”因此，她说她的作品写的只是“安稳的一面”，这是由个人的气质决定的。

张爱玲说：“我喜欢悲壮，更喜欢苍凉。……苍凉之所以有更深长的意味，就因为它像葱绿配桃红，是一种参差的对照。”她写的人物都是普通人，除了曹七巧之外，他们既不是极端病态的人，又不是很觉悟的人，他们都是生活在现实中的最一般的人，“他们不是英雄，他们可是这时代的广大的负荷者，这些凡人比英雄更能代表这个时代的总量”。因为“他们虽然不彻底，但究竟是认真的，他们没有悲壮，只有苍凉，悲壮是一种完成，而苍凉则是一种启示”。像《倾城之恋》里的范柳原与白流苏，他们因战乱结婚了，但战乱并未把他们洗礼感悟成为革命者，结婚并未使他们变成圣人，完全放弃往日的生活习惯与作风。他们仍旧是庸俗的。针对迅雨要她转换视角、开阔题材的话，她说：

一般所说的“时代的纪念碑”那样的作品，我是写不出来的，也不

> 打算尝试，因为现在似乎还没有这样集中的客观题材。我甚至只写男女间的小事情，我的作品里没有战争，也没有革命。我以为人在恋爱的时候，是比在战争或革命的时候更朴素，也更放恣的。……和恋爱的放恣相比，战争是被驱使的，而革命则有时候多少带点强迫自己。

她只专注于写人性，写有些小奸小坏、但最普通最真实的人，没有把握也不愿意写革命与战争的题材。

在她眼中《连环套》也是喜欢的了。她说她不喜欢采取善与恶、灵与肉的斩钉截铁的冲突那种古典的写法，擅长的倒是参差的对照手法，因为现代人大都是虚伪之中有真实，浮华之中有素朴，并不是那么善恶划然的，因此有时候，作品的主题不免欠分明。《连环套》就是这样子写下来的，现在也还在继续写下去。她也承认作品欠缺主题，但希望这故事本身有人喜欢。《连环套》里的霓喜的一生，是与三个中等或中等以下的人姘居度过的。姘居不像夫妻关系那样郑重，但比高等调情更负责任，比嫖妓又是更人性。姘居的男人都是勤勤俭俭过日子的中下等的人，他们不敢太放肆，却也不那么拘谨得无聊，他们需要活泼的着实的男女关系。姘居的女人多是些有活泼生命力的，她们对男人具有一种魅力，但那是健康的女人的魅力。霓喜对于物质生活有单纯的爱，她也需要男性的爱，同时也要安全，可是不能兼顾，每致人财两空。结果她总是没有得到完全的爱，只不过是摭食人家的残羹冷炙，然而她仍健康顽强地活着。

张爱玲在这里远兜远转，灰蛇穿线，无一不是针对“迅雨”的批评为自己辩解，就连作品袭用旧小说的词句，她也拉上赛珍珠小说的语言风格来为自己辩护。她有她的看法，认定了的事别人是说服不了的。

她不知道这位“迅雨”是何许人，但为了面子还得意气相争，八年以后她到香港，才从朋友口中得知，迅雨原来是大翻译家傅雷。她吃一惊，当年似乎有点唐突①。

事实上经过傅雷这么深入的批驳，她的内心对这篇《连环套》已经多少有点灰心、失望、兴趣索然了，只不过是为了挽回自己的面子，她还忍不住地为自己的文章辩白。但这篇《连环套》一期一期往下套，她也一期一期赶着写，由于缺少推敲的时间，写来太逼促，越来越应了傅雷的批评，她干脆搁笔不往下写了。这个长篇小说便夭折了。

《连环套》的中断，首先使《万象》杂志受了一点损失，许多人纷纷来信询问底细。《万象》发行人平襟亚本来因张爱玲的《传奇》未交他出版而给了《杂志》月刊社就心怀不满，这次《连环套》的"腰斩"更使他恼怒。这位惯于舞文弄墨的老出版家便在一家小报《海报》上以"秋翁"为名发了一篇《"一千元灰钿"的经过》文章，仅凭自己的记忆，造谣说张爱玲多拿了一期稿酬而不按约写稿。这篇文章起了很恶劣的影响，许多人信以为真，平襟亚还鼓动别人写文章责骂张爱玲，公开账目。张爱玲也不示弱，也在《海报》上登文声明自己从未多拿了一分钱稿费，并说："这件事我认为有辩白的必要，因为有关我的职业道德。我不愿我与读者之间有任何误会，所以不得不把不愉快的故事重述一遍。"打了一场笔墨官司。原来张爱玲并未多拿稿酬。当初平襟亚为了拉她稿，商定《连环套》在《万象》上连载，每月一篇，付稿酬千元，第一期平襟亚付了两千元，张爱玲不愿"寅吃卯粮"，退回了二千元的支票，更换为一千元支票，但杂志的账目上却没有改过来②。张爱玲平白无故受了平襟亚的信口雌黄的诬蔑。

但平襟亚还不忘宿怨，有一次某刊物组稿，约请十名文人写一篇集锦

---

① 参见林以亮《私语张爱玲》。

② 参见《海报》平襟亚（署名秋翁）文。此处转引自《语林》第1卷第2期，1945年1月25日出版。

小说，篇名《红叶》，平襟亚借题发挥继续攻击张爱玲。他写了一对少年夫妇，打算赴友人宴会，时候尚早，便在家园中看新栽和旧栽的花树。那女子忽发奇想，问老园丁："这里有没有狐仙?"老园丁回答："这里是没有的，而某家园中，每逢月夜，时常出现一妖狐，对月儿焚香拜祷，香焚了一炉，又焚一炉，一炉一炉地焚着。直到最后，竟修炼成功，幻为婵娟美女，出来迷人……"借小说泄私愤，文友郑逸梅觉得这样不好，接下来一笔荡开，写到了别处①。

人花相映

1944 年 8 月，张爱玲的小说集《传奇》出版了。这本集子收入《金锁记》、《倾城之恋》、《茉莉香片》、《沉香屑：第一炉香》、《沉香屑：第二炉香》、《琉璃瓦》、《心经》、《年青的时候》、《花凋》、《封锁》等十篇小说。这是一本从内容到外表都很精致的书，美丽的蓝色封面，黑色隶体字的书名和作者名，很合张爱玲的理想。

> 以前我一直这样想：等我的书出版了，我要走到每一个报摊上去看看，我要我最喜欢的蓝绿的封面给报摊子上开一扇夜蓝的小窗户，人们可以在窗口看月亮，看热闹。我要问报贩，装出不相干的样子："销路还好吗？——太贵了，这么贵，真还有人买吗?"

她的兴奋之情是溢于言表的，这毕竟是她的第一本书。

---

① 参见郑逸梅《文苑花絮》。

这扇夜蓝的小窗户吸引了人们的视线，这里可以看到张爱玲创造的整个世界，看到那一个个活在这本书里的人物，他们的悲欢笑颦。虽然在沦陷区内，物价飞涨，钱越来越不算钱，“洛阳纸贵”已经不仅仅是典故而越来越写实化了，但《传奇》的销路仍旧出奇的好，四天时间数千册书便一销而光，不到一月即又再版。

书再版的时候，换了炎樱画的封面，像古绸缎上盘了深色云头，又像黑压压涌起了一个潮头，轻轻落下许多嘈切嘁嚓的浪花。细看却是小的玉连环，有的三三两两勾搭住了，解不开；有的单独像月亮，自归自圆了；有的两个在一起，只淡淡地挨着一点，却已经事过境迁——用来代表书中人相互间的关系，也没有什么不可以。

——《〈传奇〉再版序》

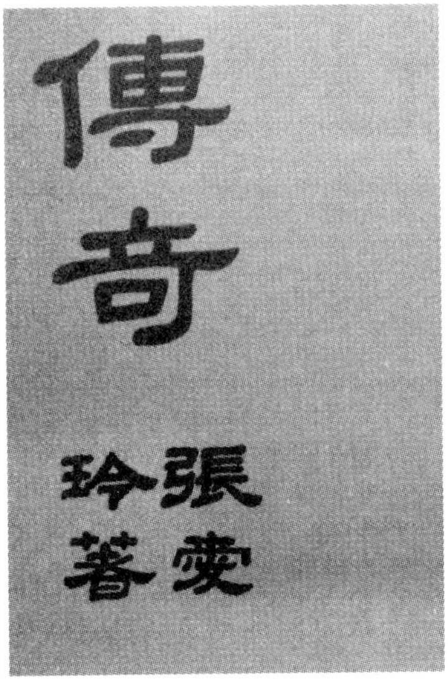

1944年8月上海杂志社《传奇》初版本封面

1944年9月上海杂志社《传奇》再版本封面

这年年底，她的散文集《流言》也付印了。《流言》共收入张爱玲在两年间所写的散文二十九篇。她为印行这本集子花了更大的精力。本来像她这样的红作家，出一本散文集，完全可以由出版社一手承办，不需她亲自动手的，但张爱玲却宁可自己动手张罗。沦陷区纸币贬值，物资紧缺，人人都囤点常用的货。张爱玲把钱除囤了一些美丽的衣料外，也囤了一大堆白纸，留着备出书用。纸张是写文章的人的必需品，正像布料是生活的必需品一样，一大堆白纸占据她屋子中的大半间，看着油光洁白的纸，她不必担心涨价、紧缺了。连晚上也睡在这些纸上，有一种踏踏实实的安稳。《流言》初版二千册，正是用这些纸印的①。

她选择自己满意的几幅“玉照”印入书内，还为文章配了许多自己一手绘制的图画，寥寥几笔画出的各式各样的人物，插在书中，与自己的文章相互映衬，图文并茂，相得益彰。她担心印刷厂的工人印得不好，天天跑印刷厂，看照片、看插图、校对文字。对工人师傅一边赔笑恭维，一边挑刺改正，她非要把这本书印得绝对精美不可。她说：“纸面上和我很熟悉的一些读者大约愿意看看我是什么样子，即使单行本里的文章都在杂志里读到了，也许还是要买一本回去，那么我的书可以多销两本。

1945 年 1 月中国科学公司《流言》初版本封面（炎樱设计）

① 参见水晶《蝉——夜访张爱玲》及张爱玲《气短情长及其他》诸篇。

我赚一点钱，可以彻底地休息几个月，写得少一点，好一点；这样当心我自己，我想我是对的。”她到印刷厂去看样稿，工人们全都停下来看她，看她这个在整个上海引起轰动的女作家，那么年轻，尤其是她那一身美丽夺目的外表。工人们讨好她说：“哪！都印着你的书，替你赶着呢！”张爱玲笑了起来：“是的吗？真开心！”工厂时常停电，许多材料都缺货，可是工人都是很认真负责地脚踏着印机，一个职员跟她说：“印这样一张图你知道要踏多少踏？”张爱玲不知，以为特别麻烦，就问：“多少？”他说：“十二次。”其实就是几百次她也不以为奇的，但还是做出惊讶的表情说：“真的？”感谢又惊叹了一番。看着机器上一卷一卷大幅的纸都印着她的文章，不由觉得温暖亲切，仿佛在自己家里一般[①]。

1945 年 1 月，新颖精致的《流言》出版了。这散发墨香的书与书内的文章、照片一样地沁人心脾，张爱玲由衷地喜悦，感觉着生命的欢乐，成功的辉煌。

生命也是这样的罢——它有它的图案，我们惟有临摹。

张爱玲并不以此为满足，她仍在奋力地写她的小说散文。这时候她的喜悦，除了《传奇》与《流言》的相继出版外，她有了自己的家，胡兰成给了她暂时的“家”的温暖，她很满意了。虽然两人躲在爱巢镇日耳鬓厮磨，谈艺论文，张爱玲并没有“等闲妨了绣工夫”，在热恋中仍腾出手来写她的传奇。《殷宝滟送花楼会》、《等》、《留情》、《创世纪》相继在《杂志》月刊上发表，在胡兰成主编的《苦竹》第 2 期上又发表了《桂花蒸：阿小悲秋》。发表的散文有在《杂志》上刊载的《吉刊》、《姑姑语录》，

---

① 参见张爱玲《“卷首玉照”及其他》。

在《天地》上刊载的《“卷首玉照”及其他》、《双声》、《我看苏青》等。

张爱玲凭着自己的才华崛起于上海文坛，顷刻间变得大红大紫，这一方面是因为她才华的出众，另一方面，一些刊物也乐于为她大力宣传，尤其是吴江枫编的《杂志》真可谓对张爱玲宣扬得不遗余力。《杂志》把张爱玲当作自己刊物的头号作家和台柱，期期能见到她的名字。每逢重要的场合，《杂志》总要隆重地邀请她出场。张爱玲不喜说话，不善应酬，但碍于长期合作的朋友情面，也不好推辞，总得敷衍一下。

1944年3月《杂志》社社长与主编邀请张爱玲与苏青、汪丽玲、潘柳黛、吴婴之、关露、蓝业珍等上海女作家以及研究女性文学出名的谭正璧举行聚谈。张爱玲显然是这些作家中最引人注目的人物，正如吴江枫说的：“张爱玲女士是半年为上海女作家中作品产量最丰富的一位。”（《女作家座谈会》）

1945年2月，《杂志》社又专门邀请苏青与张爱玲举行对谈，地点在张爱玲的寓所。吴江枫在对谈前说：

> 当前上海文坛上最负盛誉的女作家，无疑是张爱玲和苏青。她们都以自己周围的题材来从事写作，也就是说，她们所写的事都是她们自己的事。由女人来写女人，自然最适当，尤其可贵的，似乎她们两位的文章里，都代表了当前中国知识妇女的一种看法，一种人生观。

显然是把苏青与张爱玲作为知识妇女的代表而推出的，她们的话也最能反映知识妇女的普遍看法。这篇“对谈记”次月在《杂志》上发表①。

① 即《苏青张爱玲对谈记》，见1945年《杂志》第14卷第6期。

同年4月，朝鲜最著名的女舞蹈家崔承喜二次来上海演出，这位曾获得过“日本现代舞后”的舞蹈家周游各国，享有世界声誉，来到上海后，曾与京剧大师梅兰芳谈舞蹈艺术。《新中国周报》报社及所属《杂志》月刊为欢迎崔承喜的到来，特地安排她与上海女作家聚谈，邀请张爱玲出场。对这样一位她所喜爱的舞蹈家，张爱玲自然是喜欢的。张爱玲穿着桃花色的软缎旗袍，外罩古铜色背心，缎子绣花鞋，长发披肩。会上，她戴着眼镜，全神贯注地看着崔承喜的一举一动、说话与表情，别人说话她好像什么也没有听见，仿佛要从崔承喜脸上找出艺术的趣味来。之后她还拉着胡兰成去看崔承喜的舞蹈①。

早在1944年8月《传奇》刚出版时，《杂志》月刊社就在上海康乐酒家举行隆重的茶会，讨论她的《传奇》，张爱玲照例应邀参加。这天下午，她穿着橙色的上装，蓝色裙子，披着刚刚烫过的长发，戴一副淡黄色玳瑁边眼镜，与炎樱、苏青一道赴会。

这个座谈会由《杂志》月刊社鲁风和编辑吴江枫主持，邀来的捧场的人有谭正璧、谭惟翰、袁昌、尧洛川、陶亢德、哲非、南容、周班公、谷正槐。当吴江枫把与会的张爱玲介绍给在座诸位时，张爱玲脸上浮着笑，很谦虚地低声说：“我今天是纯粹来听讲的，欢迎批评，请不客气地赐教。”

苏青把她的话写在名片纸上：

> 我读张爱玲的作品，觉得自有一种魅力，非急切地吞读下去不可。读下去像听凄幽的音乐，即使是片断也会感动起来。她的比喻是聪明而巧妙的，有的虽不懂，也觉得它是可爱的。它的鲜明色彩，又如一幅图

① 参见《崔承喜与上海女作家聚谈》。

画，对于颜色的渲染，就连最好的图画也赶不上，也许人间本无此颜色，而张女士真可以说是一个“仙才”了，我最钦佩她，并不是瞎捧。

袁昌以前曾是云南大学教授，他在上海养病，阅读小说，最初引起他注意的是苏青，因为苏青是南京中央大学肄业，和他先后有点同学关系。他后来读张爱玲的小说，就觉得小说的技巧非常成熟，有点像《红与黑》描写西洋上层社会细腻的趣味。他说：张爱玲小说中对女性心理的微妙细腻的刻画很成功。他希望张爱玲能写长篇小说。

谭正璧是研究女性文学的，却提出相反的看法。他说：

张女士的作风，不适宜写长篇，如《金锁记》的故事原是长篇缩短的。她小说的长处是心理描写，这和她的生活经验有关，希望能多写短篇。她在《万象》中发表的长篇比短篇差一点，她作品的长处在利用旧的字句，用得非常好，不过多用易成滥调，这是别人的批评（即傅雷文章中所批评的——引者），这缺点在长篇里更容易显示出来。

谭惟翰归纳出张爱玲小说的三种特色，一是用词新鲜，二是色彩浓厚，三是比喻巧妙，他特意举出《金锁记》开头的一段话：“年青的人想着三十年前的月亮该是铜钱大的一个红黄的湿晕，像朵云轩信笺上落了一滴泪珠，陈旧而迷糊。”人们似乎都对这些隽永的话感兴趣，陶亢德却说：“这种说法我个人是并不喜欢的，这是一种玩弄文字，譬如说荣宝斋的信笺又有何不可以呢？”吴江枫说：这有两种可能，一种是作者在生活经验中确曾见过信笺上滴了一滴泪珠（事实上也许不过是溅着一点水渍或茶渍），陈旧而迷糊，而那信笺刚巧是朵云轩的，因此写的时候便用上了。一种是所谓玩弄文字，因为“朵云”两个字比较雅，说到月而想到朵云，还可以使读者发生联想作用。

吴江枫说：张爱玲的作品制造气氛的手腕很高，“凉”字用得特别多，如“苍凉的手势”之类。

尧洛川说张爱玲的小说，开始结束极妙，突然而来，又突然而止，很怪。写得全篇不如一节，《倾城之恋》的对白写得很特别，有西洋作风，而用中国固有的文法写出，特别有引人的力量。

对于这些评论，张爱玲只是坐在一旁洗耳恭听，一句话也不插。炎樱坐在一旁，却忍不住以张爱玲的代表身份作答，对于有人说张爱玲的作品一篇不如一节、一节不如一句，炎樱用她惯用的俏皮话说：张小姐的作品“像一条流水，是无可分的，应该从整个来看，不过读的人是一勺一勺吸收而已。她写作前总要想二三天，写一篇有时候要三个星期才能完成”。

这种作品讨论会，只是扩大作品的影响而已，不可能做出像傅雷那样深刻而有助于提高作品水平的积极批评，有些是更明显地吹捧，像实斋评张爱玲的作品：依我个人看来，是“妙极”，可以一句话包括我的感想：“横看成岭侧成峰”。看她的小说，通篇看固可，一句句看亦可，所以“横看成岭”好，“侧成峰”更好。（《传奇集评茶会》，1944 年 9 月《杂志》第 13 卷第 6 期）简直是胡兰成式的吹捧口吻。

张爱玲出了名，在众人心目中，她像电影明星一样被崇拜着，在实际生活中，她的魅力也像电影明星一样，或许还要突出些，尤其是她不同寻常的着装打扮。

作为一个作家，张爱玲无疑是美的，一支笔千娇百媚，说不尽的华美与绚烂，使千千万万的人为之倾倒。作为一个女人，她确实不能算很美，大脸庞，大嘴巴，个子虽高挑，但又很瘦削，面庞虽白皙，但她脸上的表情要么是一副冷淡的傲气，要么一笑就大笑不止，因为咧嘴笑得不好看，她就常常冷着脸不笑。小的时候她母亲曾经“沉痛”警告她要“照镜子研究面部神态，如果没有幽默天才，千万别说笑话”。可父母给了她这样的面孔，虽有幽默天才，但她没有改变的本领。如果说她有倾城之才，那绝无疑义，但如果说她有倾城之貌，一定没人赞同。加上她那份天生而来的孤高无情的秉性，使她不可爱也不美丽。

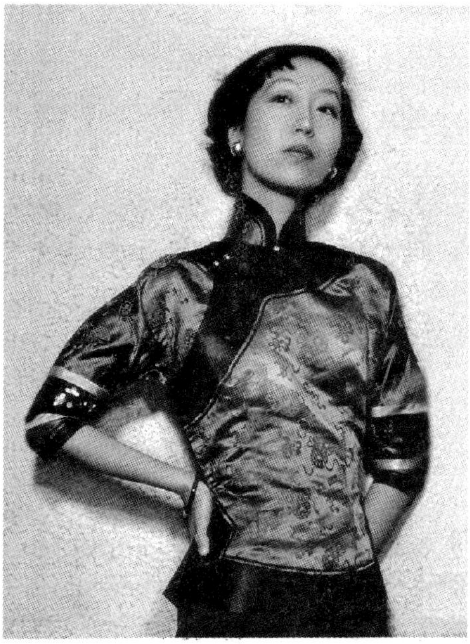

张爱玲的一支笔千娇百媚，说不尽的华美与绚烂，令千千万万的人倾倒。

可是她爱美，追求美的人生。她小的时候就盼望“八岁梳爱司头，十岁穿高跟鞋”。中学时衣服陈旧，形象土气，长大后每想起来这段“自惭形秽”的学校生活，内心总是不愉快。爱美是人的天性，尤其是女人，尤其是不很漂亮的女人。对于她们来说，先天的容貌既是无可选择的，那么只能用后天的美化来弥补了。张爱玲的文章已经足使她在人们心目中变得美丽可爱了，但她不满足于文学。她是一个生活型的文学家，她的人生并不是为了文学，而文学却是为了人生。她期盼能把这短暂的青春过得安安稳稳、实实在在，人生应有的东西她也应当有，哪怕俗一点也不在乎。譬如衣饰化妆，她也要漂亮、俏丽、领先潮流，为什么不呢？只要她喜欢。如果一个人以穿衣打扮为唯一职业，像一个衣服架子人云亦云地赶时髦，那是一般女人的俗。但如果有思想有事业的女人，对服饰对美容有兴趣有研究又有创新，美化自己，美化生活，像巴黎的时装设计，那就是艺术，又不俗了。

张爱玲的衣服都是她自己设计的。她的衣服既有传统式的因素，像明清时代的仕女；又有西方式的特点，像大胆开放的西方女郎，通过奇特的构思，变成中西合璧。今天我们看张爱玲的各种“玉照”上的服装，也还是感到大胆新颖别致，能够融为一体，在绚丽的色彩中见出和谐的匠心。这是她的审美观，像她的文章一样，既有传统的风格，又有西洋的味道，而且非常和谐地交融在一起。

苏青已经是个够开放大胆的女人了，敢于把自己结婚离婚的私生活写成小说，但是在对服装的态度上，与张爱玲、炎樱的大胆比起来，她却是望尘莫及的。

苏青定做一件黑呢子大衣，试样子的时候，要炎樱与张爱玲同去看。她们三人一同到时装店帮苏青试。炎樱说：“苏青的身材最适宜穿线条简单的衣服”，张爱玲点点头附和。炎樱主张把大衣领子去掉，装饰性的折裥也去掉，方形的大口袋也去掉，连肩头过高的垫肩也不要。最后，前面一排大纽扣也不要了，苏青渐渐不以为然了，用商量的口吻说道：“我想……纽扣总要的罢？人家都有的！没有，好像有点滑稽。”张爱玲在旁边笑了起来。苏青对衣服是讲究考究、实用。张爱玲与炎樱对衣服，纯粹是从美的角度考虑的，是图新奇好玩[1]。

张爱玲与炎樱有极相投的趣味，对服装、画图、色彩与艺术有同好。她俩异想天开地合办了“炎樱时装设计”店，在报上公开登出广告，对外营业。至于她们这个服装店到底生意如何？开了多久？我们却不得而知。

张爱玲穿着她设计的“三镶三滚”大袖翩翩的衣服走在华灯初上的霞飞路上，总是很招人们的注意。她到苏青的寓所去，使整条斜桥弄轰动，她走在前面，后面就追满了看热闹的小孩子，一面追，一面叫。她与炎樱出去，也常碰到知道她名字的女孩子的围观，欢快地喊“张爱玲，张爱玲”，仿佛遇到电影明星似的。

有一次苏青、潘柳黛与张爱玲约好到她的住所去看她。当苏青与潘柳黛到她家中时，见张爱玲穿着一件柠檬黄袒胸露背的晚礼服，满头珠翠，香气袭人，戴着手镯项链，正在盛装打扮。

苏青与潘柳黛为之一怔，问她是不是要上街去？张爱玲说：“不是上街，是等朋友到家里吃茶——”当时苏青、潘柳黛的衣服都很随便，当下觉得很窘，怕她有什么重要客人要来，两人穿着又不怎么好，夹在这里恐怕不大方便，便交换一下眼色，说：“既然你有朋友要来，我们就走了，改日再来也是一样的。”张爱玲这才不慌不忙地嬉笑说：“我的朋友已经来了，就是你们两人呀!”这时苏青与潘柳黛才明白张爱玲的盛装打扮正是等着她们两个的[2]。

1944 年 12 月，她自编的话剧《倾城之恋》在上海公演时，上海明星影片公司三巨头之一的周剑云，才第一次见到张爱玲这个传奇人物。张爱

---

① 参见张爱玲《我看苏青》。

② 参见潘柳黛《记张爱玲》。

玲穿一袭齐膝的旗袍，旗袍外套了一件短外套，是仿古的，水红色绸子，衣袖很宽，袖边用黑缎镶边，右襟下绣一朵好似卷舒的白云或许是如意，衣服非常奇特而又艳丽。周剑云是交际场上的老手，见多识广，但还未见过这么特别的衣服，可能是震于张爱玲的文名，也可能是因为张爱玲的装束，那天他倒显得突然拘谨起来①。

张爱玲出去，总有一些崇拜者尾随。有次她与炎樱在路上走，一边说着笑话，突然身后有人跟上来，手里拿着一本杂志，慌慌张张地低声要与她们打招呼。她们转头一看是一个穿西装的外国人，炎樱以为是一个上等乞丐，正准备说身上没有带零钱，忽然听清楚了那人的话："呜，哟，哪，张，小，姐，喂，呀，啊。"原来是一个不大会说中国话的外国人正紧张地与张爱玲打招呼呢②。

张爱玲每次出去，常会碰到一些打招呼的陌生人。

浮世的悲欢

当人们惊羡张爱玲的文采、惊羡她不同一般的装束衣着时，她的另一个"传奇"又出现了，那就是她的不凡的身世，她身上的"贵族血液"。起初人们只知道张爱玲是一个有才华的女作家，不大知道她源远流长的家世，四十年代初，有关曾朴《孽海花》的考据文章一时多了起来，《古今》杂志就登过对《孽海花》本事的考据索隐，带出了张佩纶当年娶李鸿章幼女的佳话。有一天，人们惊讶地发现，张爱玲就是晚清名臣张佩纶的后

---

① 参见柯灵《遥寄张爱玲》。

② 参见炎樱《一封信》。

代，《古今》杂志编辑周黎庵曾当面向张爱玲问起这事，张爱玲私下里向他谈起自己的家世以及祖母的那两首诗的真伪，周黎庵就写了文章宣扬出去。胡兰成也热衷于这样吹捧，张爱玲的家世也就公开化了。人们这才发现这个大才女不是一般的小家碧玉，是张佩纶的后裔，身上还流着李鸿章中堂大人的血液，难怪呢！

张爱玲真的成为“传奇”了！

文人武人，政界要员，就连他们的日本主子军政人物都想一睹张爱玲的风采，以见张爱玲为荣耀，拜访招邀的人不胜其多。张爱玲是不懂政治的，她只是一个天生的小说家，不过问政治，但汪伪政府的一些政客与文人也要捧出她来做招牌。1945 年 7 月，日本电影明星李香兰来中国，汪伪政府里的文化官员金雄白、陈彬龢一方邀请了日本的军人政客松本、川喜多，一边又邀请了张爱玲来参加这个“纳凉会谈”。

张爱玲本不愿参加这样的会谈，因为是与她合作很好的吴江枫出面邀请的，为了这个情面，她只好来了。她拉了姑姑与炎樱陪她一起来。

会上陈彬龢说，“今天是一流的中国女作家和一流的东亚女明星集会在一起”。张爱玲对这位所谓的东亚女明星李香兰并不感兴趣，她唱的那首《夜来香》很风靡，然而对张爱玲来说只觉得她把喉咙逼得尖而扁，细声细气的声音，听起来腻腻搭搭，有点轻佻，她演的中国女人恋爱着日本男子的那一类角色，张爱玲更反感。张爱玲从内心里不愿意参加这样的场面，但李香兰和她坐在一起，交头接耳很高兴地和她谈话，拿一把擅香扇遮住两人，张爱玲只好勉强地去敷衍。女人真是奇怪，两个心根本不合的女人，当着众人也会做出亲密的样子来。

张爱玲不发言，老是静静地坐着。陈彬龢提问：“假定要请张小姐以你自己一年来大部分的生活经验，编一个电影剧本，而以李小姐为主角，那么这主角该是怎么样的一个人物？”

张爱玲沉默了一下，炎樱怕她说不出冷场，忙为她填补沉默的空白："可以听得见她的脑筋在轧轧转动。"张爱玲停一下说："这样的剧本，恐怕李小姐不是顶合适。我听她的唱歌，总好像她不是一个人，倒是一个仙女……就像歌里面说到的东方小鸟，人的许多复杂问题与麻烦，她都不会有的。"最后又说："替李小姐着想，现在暂时还是开歌唱会的好。"张爱玲用看似恭维的语言表现她的冷淡。

张爱玲讲过这番话，一直不说话，只有陈彬龢、金雄白、川喜多与李香兰闲谈。金雄白看着有点冷场，就换了个话题，谈起"大报与小报"。

张爱玲说："我从小一直就是小报的忠实读者。它有非常浓厚的生活情趣，可以代表我们这里的都市文明。还有一个特点：不论它写什么，写出来的都是一样的，因为写的是它自己。总可以很清楚地看见作者的面目，而小报的作者绝对不是一些孤僻的、做梦的人，却是最普通的上海市民。"对大报，张爱玲直言道，以前只看大报上户口米、户口糖之类，现在不大有了。大报与生活隔得远一些，她不喜欢大报灰灰的没有色彩的语言。这位"大报"《申报》的主编陈彬龢对张爱玲这种态度不理解，说大报也能找到一点民众真正的呼声。张爱玲说："我知道。读报纸的文字是要在两行之间另外读出一行来的。"

东一句西一句地扯淡总不太协调。陈彬龢知道一些张爱玲和胡兰成恋爱的事，凑趣地问道："时常在小报上看到关于张小姐恋爱的消息，所以想问问张小姐的恋爱观怎样？"

张爱玲淡淡地又一本正经地说："即使我有什么意见，也舍不得这样轻易地告诉你的罢？我是个职业文人，而且向来是惜墨如金的，随便说掉了岂不是损失太大了么？"

对这场"隆重"的"国际"式的纳凉讨论会，张爱玲充满着倦意，无精打采地应付过去，然而《杂志》上却是隆隆重重地登了出来①。

成名的喜悦、兴奋刺激过后，接着是恐惧，悲从中来，这浮世的悲欢如此虚幻，像梦。

张爱玲生活在一个梦魇时代的上海。

这时代的上海，旧的东西在崩塌，新的在滋长中。突然之间，时代变迁停滞了，停在历史的1941—1945年之间。人茫茫然地生活于这个时代里，可是时代却在影子似地沉下去，人觉得是被抛弃了。对周围的世界发生一个奇异的感觉，疑心这是荒唐的古代的世界，阴暗而明亮。为了证实自己的存在，得抓住一点真实的、最基本的东西。

张爱玲就是这个特殊时代的一个特殊的作家。乱世的社会，末世的人生，他们的灵与肉、歌与哭、泪与笑，构成了张爱玲的世界。她是封建末世贵族最后一个见证人，那些人在这回忆与现实之间生活的没落尴尬、骚动、苦闷与小奸小坏的嘴脸，都借着张爱玲的彩笔，留下最后一抹回光返照。华丽中带着凄艳，热闹中透出荒凉，唤出人们的一丝留恋、一丝惊叹、一丝感伤。但张爱玲清楚地知道，她所营造的这个世界是注定要毁灭的，这不过是毁灭前刹那的光亮。

她的文章在上海的文坛上噼噼啪啪地开出一路热烈的鲜花，那么的苍凉而又哀感顽艳，人们惊喜的喝彩声越来越高时，张爱玲没有狂喜，她早已清楚地感觉到这个时代毁灭前的惘惘的威胁了，只不过现在还是清如水、明如镜的秋天，所以她发疯似地催着自己："快，快，迟了来不及了，来不及了！"

《倾城之恋》中有一段话：

---

① 《纳凉会记》，1945年8月《杂志》第15卷第5期。

> 香港的陷落成全了她。但是在这不可理喻的世界里，谁知道什么是因，什么是果？谁知道呢，也许就因为要成全她，一个大都市倾覆了。成千上万的人死去，成千上万的人痛苦着，跟着是惊天动地的大改革……流苏并不觉得她在历史上的地位有什么微妙之点。

柯灵说，如果不嫌拟于不伦，只要把其中的“香港”改为“上海”，“流苏”改为“张爱玲”，简直是天造地设。是的，上海的陷落成全了张爱玲。“五四”的反帝反封建的文学传统中没有她，三十年代的革命文学的传统中也没有她；抗战文学的传统中还没有她。在新文学史上她入不了任何一个流派，也归不了任何一个队伍，偌大的文坛哪个阶段都安放不下一个张爱玲，只有上海的陷落，才给她机会。假如不是历史的阴差阳错，就不可能有“张爱玲”的出现。

《倾城之恋》封面

她是个独行者，如此乱世成全了她，江山不幸才人幸，究竟是幸运，还是悲哀，真是难说！

第六章　倾城之恋

梦里的时间总觉是长的，其实不过一刹那，却以为天长地久，彼此已经认识多少年了。原来都不算数的。

——《多少恨》

这是一个热情故事，我想表达出爱情的万转千回，完全幻灭了之后也还有点什么东西在。

——《小团圆》

想要有个家

爱是热，被爱是光。

在《创世纪》中，潆珠被一个男子追求，原来这个男子是有家有室玩弄女性的荡子。“断了的好，可是，世上能有几个亲人呢?”

虽然有姑姑的关心，有炎樱的良伴，但张爱玲的感情世界里总缺少点什么。她没有归依。

从小失去父母的爱，她没有家，姑姑的家毕竟是姑姑的家，在感情上她是无家可归的流浪儿。她多么向往有一个家，有一个父亲般爱她呵护她的人，可依托终身的人。

在她对父爱的渴望中，胡兰成出现了。

> 于千万人之中遇见你所要遇见的人，于千万年之中，时间的无涯的荒野里，没有早一步，也没有晚一步，刚巧赶上了，那也没有别的话可说，唯有轻轻地问一声：“噢，你也在这里吗?”
>
> ——《爱》

“你”到底在何处呢?终于，这个不速之客出现了——风流倜傥的才子胡兰成闯入张爱玲的感情世界，在她那荒漠已久的沃土里，滋润出一片绿荫，筑起了爱巢，而后又无情地把这一切粉碎了。那个缠绵的故事，不过是一场游戏一场梦。

在胡兰成还不认识她时，张爱玲已从苏青那里闻得他的大名。这位才子原是浙江嵊县一个贫寒人家弟子，毕业后任中学教员。但他有满腹聪明学问，一手漂亮文章，自负雄才，常在报上发表对时局的评论，引起社会的注意，后来很受汪精卫的赏识，当上了汪精卫的机要秘书。在汪精卫的《中华日报》社论委员会任总主笔，报纸上发表的社论文章皆出自其手。但不知最近因为什么得罪了汪精卫，被关押起来。苏青向张爱玲讲了这么一番话，张爱玲不禁动了怜才之情。苏青便拉她一道到周佛海家，为胡兰成说情①。

原来胡兰成背后还有日本军政要人的撑腰，凭着这个更大靠山他又重新出来，在南京闲居养病。一天，他躺在藤椅上，翻看苏青寄来的《天地》月刊，随意浏览，忽然看到一篇小说《封锁》，刚读个开头，不觉一震，立刻坐直身体，一口气仔细读完，还不满足，从头到尾又读了一遍。“张爱玲”三个字在他脑中留下太深的印象。“张爱玲是谁?”胡兰成很有兴趣地写信向苏青询问，苏青回信说是一个女子。胡兰成更高兴，便留心张爱玲的作品及一切消息，他被张爱玲的文采深深地吸引了，直觉得世上但凡有一句话、一件事是关于张爱玲的，他都喜欢。等到《天地》另一期寄来，他赶忙翻开寻找有没有张爱玲的文章，又看到一篇散文，而且还有一张她的照片。胡兰成是一个多情才子，看到这样年轻的小姐竟然能写出如此漂亮的文章，格外欣喜，不禁动了绮思。

因此1944年年初，他刚获释回到上海，一下火车不回自己家，而是径直去找苏青。苏青很高兴地招待他，他又问起了张爱玲，想去拜访。苏青说张爱玲是不见人的，但他还是要苏青告诉他张爱玲的地址。苏青迟疑了一下，就写给了他。

---

① 参见胡兰成《今生今世》“民国女子”、“天涯道路”、“永嘉佳日”等章节，本章下文除注明出处外，均见该书。张爱玲的恋爱过程，她当时避而不谈，这些事都出自后来胡兰成的这本回忆录。但胡氏花言巧语，惯于说谎，处处炫耀、标榜自己，他的话未必可信。张爱玲在后来的自传体小说《小团圆》中，才比较客观而隐晦地记载了这段“胡张之恋”。

张爱玲和姑姑上世纪三四十年代居住的爱丁堡公寓，现叫常德公寓。

次日一早，胡兰成就按照苏青写的地址，到静安寺路赫德路 192 号爱丁堡公寓楼去拜访张爱玲。张爱玲虽然知道是胡兰成，也许是她没有准备或是别的缘故，果然托故不见，胡兰成只得从门洞里递进一张纸条，写明自己地址、号码，怏怏而返。

隔了一日，午饭后，张爱玲打来电话，说来看他，胡兰成很高兴。胡兰成是一个桃花运很好的才子，有一副潇洒的外表，又有健谈的口才，随便什么话题都能侃侃而谈，谈吐中能显露出满腹的才学与过人的聪明，他又有落拓不羁的名士风度，因此总是得到女人的欢心，虽然他早有妻室，但艳遇仍然不少。

在大西路美丽园胡氏家中，他见到了张爱玲，全不像他想象的那样，张爱玲并不算美，她人太大，个子又高，坐在客厅显出一副幼稚可怜的样子，虽然穿着漂亮的紧身服装，但胡兰成看来，她只像一个十七八岁正在成长中的少女，身体与衣服彼此叛逆，张爱玲若有所思的神情，像一个小女孩放学回家，路上一人独行，在想什么心事似的，一脸稚气的正经模样。在胡兰成所遇见过的女人中，张爱玲确实不能算多么漂亮，但毫无疑问是最有才华的，这么年轻聪慧的姑娘，能写这样华美的文章，这本身就足有一种奇异的吸引力，胡兰成顿有一种“惊艳”的感觉。胡兰成很懂得女人的心理，正像张爱玲说的“女人要崇拜才快乐，男人要被崇拜才快乐”，在她这样一个才华横溢的女人面前，他要施展自己的才学，折服对方。张爱玲是惯于沉默的，她久闻胡兰成大名，似乎早就有点崇拜他，于是她只是静静地坐着，听胡兰成口若悬河地谈话。胡兰成批评当今流行的作品，又谈起对张爱玲文章的感受，还讲了自己的故事，在南京的事情，关心地问她的生活、写作以及稿费等，张爱玲也不介意这些问题。两人就这样一个说一个听，一坐五个小时没有倦意。

“无休无歇的话，可是她并不嫌烦。恋爱着的男子向来是喜欢说，恋爱着的女人向来是喜欢听。”（张爱玲《封锁》）他们似乎不自觉地已在恋爱着了。

天晚了，胡兰成送她到弄堂，两人肩并肩走着，胡兰成向她看了一眼，说：“你的身材这样高，这怎么可以。”这一句话把两人拉得很近，张爱玲有点诧异，脸上似乎要起反感了，但她心里很感动，也显得温柔。

第二天，胡兰成又到张爱玲家回访。张爱玲穿着宝蓝色的绸衣，戴了嫩黄边框的眼镜，脸像月光那样柔和。她的房间里家具摆设虽然简单，但很整洁，一种新鲜明亮几乎是带刺激性的色彩，非常华贵，竟然使这位见惯豪华场面的汪伪政府官员惊诧而感到不安了。

张爱玲仍是温存地坐着，静静倾听胡兰成的话，她喜欢就这样坐着，无言也好。胡兰成说起她的祖父张佩纶和李鸿章的小姐那段佳话，张爱玲很高兴，把她祖母那两首诗抄给胡兰成看，却说她的祖母并不怎样会写诗，这两首诗都是祖父改作的，胡兰成听后很惊讶。她又说起以前和苏青为胡兰成到周佛海家去的事，胡兰成听后觉得女人们到底幼稚可笑，但很感动，感动之余还以当年相府小姐慧眼识张佩纶似地比拟着。胡兰成感到自己已与张爱玲坠入情网了。

胡兰成回家后，当晚抑制不住激动的感情，诗兴大发，写了一首新诗和一封信给爱玲，赞美她，爱玲回信说他“因为懂得，所以慈悲”。两人的感情一步步靠近。

桐花万里路　连朝语不息

从此，胡兰成每隔一天一定要去看她。去了三四回，张爱玲有一次忽然显得很烦恼很委屈而且凄凉的样子，给胡兰成送去一张字条，叫胡兰成不要再去看她。胡兰成的丰富的经验直觉地告诉自己：张爱玲爱上了他。他知道一个女子一旦爱上人，往往会有这样的委屈与烦恼的。所以他当天又来到爱玲家中。

一见了他来，张爱玲又很高兴，分明是舍不得的样子。胡兰成以后索性抛下自己的家室，魂不守舍天天要去看她了。胡兰成请求张爱玲送给他一张照片，她就取出一张最满意的照片送给他。在照片的背后写着：

> 见了他，她变得很低很低，低到尘埃里，但她心里是欢喜的，从尘埃里开出花来。

分明已经爱上了胡兰成。胡兰成见过的女人多了，看得轻松平常，而张爱玲的爱，却是要把一颗心、把自己的终生给了他。

后来胡兰成再度到南京任职，临走时，张爱玲已有点舍不得，这个不轻易动情的人动了感情。

胡兰成人在南京，张爱玲常常寄信来，他接到手里的信像一块沉甸甸的石头，他知道张爱玲的信里所包含的分量，那是一个无依的女性的全部希望，在这里面寄托着张爱玲的一切。虽然她的信写得很平淡、轻松，好像并没有离愁，她只对胡兰成说："你说你没有离愁，我想我也是的，可是上回你回南京，我几乎要感伤了。"但胡兰成感受到的并非是责任，也不怎么相思，而是名士艳遇的快乐，他变得爱啸歌，借长啸以抒发内心的满足与快乐，在人面前常常提起张爱玲，仿佛是自己的骄傲。这时，他心里只有了张爱玲，他的妻子在他心中已无什么分量，只是一个羁绊。因为他的妻室在上海，所以每月总要回上海一次，住上八九天，但是每回上海他不先回家里，而只在爱玲的闺房中谈笑作乐。也偶尔到苏青家里去玩，恰巧有一次，张爱玲闲着无事去苏青家，不料胡兰成也在，三人在一起稍显有点尴尬，但她并不在意，因苏青是她也是胡兰成的好朋友。她喜欢当着众人面看胡兰成，胡兰成有点不自在，直觉到张爱玲有些嫉妒，也有一丝委屈，但那是女人爱一个男人的真正的感情，即使在好朋友面前没有任何不快的表示，内心也会有一丝丝酸意的。

胡兰成每天晨出夜归总要陪伴着张爱玲，两人相伴在房里，渐渐地张爱玲也开朗了，话也说得多了，两人在一起有说不完的话。男的废了耕，女的废了织，连一道出去游玩也未曾想到。在张爱玲面前，胡兰成是一个无拘无束、海阔天空的人物，他知道张爱玲的才学聪明并不在自己之下，但她崇拜他，因此，他的什么话都不会忤着张爱玲。胡兰成说在爱玲的才华面前自己的言谈像是生手拉胡琴，辛苦吃力仍道不着正字眼，丝竹之音也变成为金石之声般刺耳，但爱玲喜欢这样，她喜欢刺激。听他说话像听西山梆子把脑髓都要砸出来，而且听胡兰成说话，实实在在的人在自己身边，不管说什么，爱玲都爱听，像“攀条折香花，言是欢气息”。六朝民歌中常用“欢”代指女子心中的情郎，用这来比胡兰成最贴切。胡兰成对张爱玲来说不是丈夫，也更不是“爱人”，只是贪欢的男人，和他在一起爱玲感到从未有过的喜悦，“欢郎”也自是“贪欢”而已。

爱玲在他面前，真是成了个小女孩，小女孩一样的任性。她喜欢打扮，衣服总是很新，很整洁，爱吃零食，把自己调养得像一只红嘴绿鹦哥，买衣料胭脂与香粉。

爱玲把自己的一切本色给胡兰成看。胡兰成说她的房间很整洁、和谐。她说这是她母亲出国前布置的，若是她来布置，她爱刺激的颜色，像赵匡胤形容初升旭日的“欲出不出光辣达，千山万山如火发”那样火红刺激的色彩。

说起父母，说起童年，胡兰成是很怀恋自己的父母与童年的，他认为这是应当的感情。但张爱玲却直截了当地说，她不喜欢自己的父母，不喜欢父母家，她只喜欢姑姑。她一个人住在姑姑这里，连偶尔来看她的弟弟也不喜欢。胡兰成甚觉惊异，问她的学校生活，对人们常怀念的学生时代，她也没有什么留恋之情。

在胡兰成的眼中，张爱玲是一个小女孩，她做什么事都很专心、沉思的样子，连走路，拈一枚针或开一瓶罐头，她都一本正经，显得十分吃力，又不肯有一点迁就。胡兰成想不到这样稚气的女孩子居然接洽写稿的事而两不吃亏，连用钱也预算得好好的。她处理事情有她自己的条理，也有她的果断。张爱玲说一次路遇瘪三抢她的手提包，争夺了好一会儿没有被夺去。又一次瘪三抢她手里的小馒头，一半被抢落地，一半她仍紧攥着。

张爱玲对胡兰成说她爱财，在钱财上总是分明的，即使同姑姑在一起，也要各用各的钱，从不欠账，她很开心地笑着说：“我姑姑说我是财迷。”她同炎樱上街去咖啡店吃点心，也要先决定好由谁来付账。胡兰成笑她的吝啬，说："有的父母给子女学费，诉苦说我的钱是个个有血的，又或者说是血汗。"爱玲听了很无奈，笑道："我的钱血倒是没有，是汗，有血的钱只使人心里难受，也就没有这么可喜了。"这些钱没有一个是父母给的，都是她自己写稿的收入，她很高兴。

胡兰成看她对《红楼梦》、《金瓶梅》、《海上花列传》这么熟悉，甚至连《金瓶梅》里宋蕙莲穿的衣裙都清楚地记得，问她对小说里秽亵的描写是否觉得刺激，张爱玲竟然一点也没有感觉。她看小报，许多恶浊装腔的句子，她一边笑骂，一边还是爱看，再转述给胡兰成听。胡兰成真觉得她是小孩子，但她却一点都不喜欢小孩，小猫小狗也不爱，就连小天使她也没有好感。

因为胡兰成喜欢看她的东西，她把自己小时喜欢的小玩意拿给他看，如她母亲从埃及带给她的玻璃大珠子，一串蓝色，一串紫红色，很新鲜可爱。在她的稚气天真面前，三十八岁的胡兰成仿佛也觉得自己年轻了，他说他是"男孩子"，不看这种女孩子玩的东西。张爱玲又把自己小时候写的小说、作文给他，捧出她一直保存着的小说《摩登红楼梦》给胡兰成，那是她精心抄写好的，装订成上、下两册。胡兰成初看吃一惊：她可以这样煞风景写来，还真具有理性的清洁。爱玲把自己的绘画等给他看，问他喜欢吗？胡兰成说喜欢，她很高兴，还告诉了姑姑。

张爱玲在胡兰成面前变得很低很低，很小很小，但她还是她自己的本色，还是她一贯的性格，一个真正的张爱玲。胡兰成很高兴自己能交上这样一个女孩子，连张爱玲对父母的无情，在他戴着色镜的眼中也是一个"莲花身"。

胡兰成虽然这样"多情"，但他是一个热衷于政治的人，有着很大的政治野心，他的才能很受日本侵略者的赏识，靠着这一层过硬的后台支撑，他能凭着一支笔杆在汪精卫政府里占据重要地位，连汪精卫也常称他为“兰成先生”，常常向他垂询政事。张爱玲不是不知道这一点，但她已被胡兰成这个才华横溢潇洒自如的才子外表迷住了，她崇拜他，想得到他一份父爱般的温暖，胡兰成又是这样地喜欢她，她感到了满足，不能挣扎也不想挣扎了。她是天生的没有政治意识的人，相信这超越政治的爱情，糊里糊涂地陷进了情网。

这样，胡兰成每回上海一次，几天的时间总与爱玲待在一起，有说有笑，谈诗论文，相得甚欢。胡兰成心里很高兴，他的名士风流的习气随处可以表现出来。一次他黄昏过后从爱玲家出来，一时高兴，又奔到他的朋友税警团长熊剑东处，熊剑东夫妇与周佛海太太正围着打牌，他在旁边坐着看，一边仍掩饰不住内心的喜悦，忍不住自得地啸歌。他高兴得有点飘飘然，这位才高气盛即使“陌上游春赏花，亦不落情缘”的张爱玲爱上他，为他的名士生活平添了一段不平凡的“佳话”。

以前，胡兰成曾问过张爱玲对婚姻的想法，张爱玲淡然地说，她没有怎么想过这个问题。她以前好像确实没有想到过恋爱婚姻，她的冷漠也使别人望而生畏，好像也并未有人追求过她或向她求爱，即使有，恐怕她也不会喜欢。总之，现在尚早，等到要结婚时就结婚，她也不挑三拣四。

但她想不到会遇见胡兰成，更想不到会爱上胡兰成。她知道胡兰成有妻室，可并不在意。她也知道胡兰成这个人很招女人喜欢，她也不吃醋。这倒证明她所爱的胡兰成是有魅力的，她已舍不得他了。

有时，她也会想到与胡兰成结婚这个念头，但想想又有烦恼，她舍不下他，但又怕拴不住他，他毕竟有家，又有那么多女人，她不敢再往下想了。有一次她写信给胡兰成，说：“我想过，你将来就是在我这里来来去去亦可以。”表面上似乎看得开，其实却是无奈的表白。

欲仙欲死

然而，胡兰成每次回来，她总是惊喜异常。两人坐在房间里，男女相悦守在一起，觉得时间过得特别快，像牵牛织女鹊桥相会，喁喁私语未完忽又天晓的感觉。《子夜歌》里有："一夜就郎宿，通晓语不息。黄蘖万里路，道苦真无极。"欢娱恨短，张爱玲会只顾孜孜地看着胡兰成，有时会欣喜地说道："你怎么这样聪明，上海话是敲敲头顶，脚板底也会响。"有时，她又好像在梦中，温柔又感伤地问胡兰成："你的人是真的么？你和我这样在一起是真的么？"还一定要他回答，倒弄得胡兰成答不上来。

张爱玲爱上这样一个不回家的人，而胡兰成更索性不再回家了，两人守在一起耳鬓厮磨，或上街买东西，甚至公开化了。胡兰成还在报上写评论张爱玲的文章，俨然以张爱玲的一个"知音"或"保护人"的姿态出现在世人面前。

1944 年 6 月，张爱玲的好友柯灵被日本沪南宪兵逮捕，关在贝当路宪兵队里，张爱玲是素不问政治的，也不关心胡兰成政治上的事。听到这个消息后，为朋友担心，就要胡兰成陪她到柯灵家存问，并要胡兰成想办法营救。胡兰成向日本宪兵说过后，柯灵便被释放了①。

平心而论，胡兰成对张爱玲在文学上也有一些促进作用，张爱玲和他在一起，感受到了愉快轻松，灵感迸发，这一年中也写了不少散文发表，这段时间正是她写作的高产期。而胡兰成，出于对她的喜欢和对她才华的钦佩，时时予以呵护。南京汪伪政府有一位教育部长对胡兰成说："张小

---

① 参见柯灵《遥寄张爱玲》。

評張愛玲

胡蘭成

胡兰成《评张爱玲》，载于1944年6月《杂志》月刊第13卷第2期。

姐西洋文学有这么深的修养，年纪轻轻可真是难得。但是她想做‘主席夫人’，可真是不好说了。”关于“主席夫人”的话原是她文章中说在大马路外滩，看见警察打一个男孩，心里想做了主席夫人，就可以拔刀相助，给那个警察两个耳刮子的事①。胡兰成对之又气又笑，告诉那位“部长”事情的原委。但更多时候，他是为张爱玲捧场、吹嘘、献殷勤。因为他喜欢

① 参见张爱玲《打人》。

张爱玲的作品，觉得张爱玲的读者们对她的热情还不够，所以他也抽空写有关张爱玲的评论文章，对张爱玲赞美有加，还刻意突出张爱玲的高贵的身世，渲染他与张爱玲的不同寻常的关系，显然都是无聊的捧场和自我炫耀。尽管他对张爱玲作品的分析不乏深刻动人之处，但明显地他把张爱玲捧得过高了，说什么“鲁迅之后有她。她是个伟大的寻求者。和鲁迅不同的地方是，鲁迅经过几十年来的几次革命和反动，他的寻求是战场上受伤的卫士的凄厉的呼唤。张爱玲则是一枝新生的苗，寻求着阳光与空气，看起来似乎是稚弱的，但因为没受过摧残，所以没有一点病态，在长长的严冬之后，春天的消息在萌动，这新鲜的苗带给了人间以健康与明朗的、不可摧毁的生命力”（胡兰成《评张爱玲》）。这种不伦不类的吹捧只有他这种人说得出口。

傅雷《论张爱玲的小说》发表后，张爱玲写文章为自己辩护，胡兰成也不肯放弃这个献媚的机会，写了《张爱玲与左派》一文，劈头就说：“有人说张爱玲的文章不革命，张爱玲的文章本来也没有他们所知道的革命”云云，答非所问地为张爱玲辩护。

胡兰成有时候又扮演一个保护人的角色，其实他是以“奇货可居”、“不轻易出示”的心态来对张爱玲的。1944 年 7 月，日本侵略军头子宇垣大将来中国，胡兰成和他说起张爱玲，宇垣想见一见，胡兰成忙答道不可招致，去拜访也要先问过她。熊剑东几次要拜访宴请张爱玲，且要胡兰成陪他去，也给胡兰成婉拒了。他知道张爱玲向来不喜欢见生人，去了也是碰壁，她也不喜欢与政客来往。她论人一条标准是聪明，如果不聪明，她不会理睬。胡兰成只介绍了与他最亲近为他撑腰杆的日本人池田笃纪与张爱玲见面。每次见面，胡兰成都如承大事，生怕惹得张爱玲不高兴。

张爱玲虽从不问时事，对日本也没有任何好感。她说听日本的流行歌曲非常悲哀，这便是说日本将亡，胡兰成很震惊，不敢告诉池田，怕他若知道应当大惊痛哭。

胡兰成这样抛下家室不顾，与张爱玲在一起公开抛头露面，已经成为尽人皆知的事。他的妻子英娣忍受不了，闹着和他离异。胡兰成有了新欢，实际上对他的妻子已没有任何感情可言，然而他还是“含泪”离开妻子，来到张爱玲处。张爱玲对他们夫妻的离异什么也没说，也没有表同情。她觉得胡兰成这个人应该是她的，应该与她在一起。

1944 年 8 月间，张爱玲与胡兰成结婚了。胡兰成已经看到中国的抗日力量越来越壮大，日本的投降是注定了，他担心时局的变动会连累到张爱玲，因此没有举行结婚仪式，只是写了婚书为证：

> 胡兰成与张爱玲签订终身，结为夫妇。
> 愿使岁月静好，现世安稳。

上两句是张爱玲写的，后两句话由胡兰成写，炎樱在下面签名为媒证。

这一年，胡兰成是三十八岁，而张爱玲只有二十四岁。

结婚之后两人还像以前那样，待在房间里，“照花前后镜，花面交相映”，同住同修，同缘同相，同见同知。胡兰成说：

> 爱玲极艳，她却又壮阔，寻常都有石破天惊。她完全是理性的，理性得如同数学，她就只是这样，不着理论逻辑，她的横绝四海，便像数学的理直，而她的艳又像数学的无限。我却不准确的地方是夸张，准确的地方又贫薄不足，所以每要从她校正。前人说夫妇如调琴瑟，我是从爱玲才得到调弦正柱。

他们两人谈音乐、戏剧、美术，更多的还是文学。因为爱玲懂西洋文学，常常给他谈些萧伯纳、赫克斯莱、桑茂忒芒以及劳伦斯的作品，讲完之后，她总是有点小心抱歉地说："可是他们的好处到底有限"，好像亵渎了他的倾听似的。她对西方古典主义作品没兴趣，像莎士比亚、歌德、雨果甚至托尔斯泰也不是太喜欢，因为打动不了她的感情。

两个人彼此依顺，但仍各保持自己的性格与主见。胡兰成时发一阵故意不同的议论，张爱玲"虽然不依还是爱听"。

胡兰成是属于她的人了，有这么温暖的家，有了踏踏实实的爱她的人，她高兴得"欲仙欲死"。从少年起，她就几乎没有得到过任何温情的关怀，总是灰姑娘一般受到冷酷的威胁，再强的女人感情上也是柔弱的，现在她生命中第一次拥有这样的爱与温暖，有了一个父爱般地可依靠的男人，她能不这样激动吗？

她与胡兰成在一起是很温馨的。两人并坐在一起读书谈论，看到《诗经》有"既见君子"，又有"邂逅相见"，她很高兴地看着胡兰成问："怎么这么容易就见着了？"念到一句"倬彼云汉，昭回于天"，爱玲一惊："真真的是大旱年岁啊。"

读汉乐府诗，有一位流荡他县的人，逆旅主妇为他补洗衣裳，这时"夫婿从门来，斜倚西北眄"，两人念到这儿，爱玲就笑起来道："眄，上海话就是眼睛描发描发。"再往下念"语卿且无眄"，爱玲诧异："啊！这样困窘还能滑稽，怎么能够呢？"读下去"语卿且无眄，水落石自见。石见何磊磊，远行不如归。"这末一句竟是困苦中也能生气撒娇。念《古诗十九首》"燕赵有佳人，美者颜如玉。被服罗裳衣，当户理清曲"，她诧异道："真是贞洁，那是妓女呀！"又念南朝《子夜歌》"欢从何处来，端然有忧色"，爱玲叹息说："这'端然'真好，而她亦真是爱他！"

张爱玲的反应很敏捷，一眼扫过即可领悟，一个新鲜的妙句妙词，会突然从书中跳入她的眼中，那书里的字句像街上的行人只和她打招呼，连这个向来以才学著称的胡大才子也觉得自愧不如。可惜她那时候没有念念“上山采靡芜，下山逢故夫”或“氓之蚩蚩，抱布贸丝”的句子，早对自己未来的结局有点心理准备。

张爱玲心绪一好，她的文思也来得快，说话也更流畅，人也比以前更漂亮了。胡兰成陪爱玲到马路上散步，爱玲穿一件桃红单旗袍，他夸好看，爱玲喜滋滋地说：“桃红的颜色里闻得见香气。”爱玲穿那双绣花鞋子，鞋头鞋帮绣着双凤，穿着色彩线条显得非常柔和，因此，胡兰成只要从南京回来，她总穿这双绣花鞋。

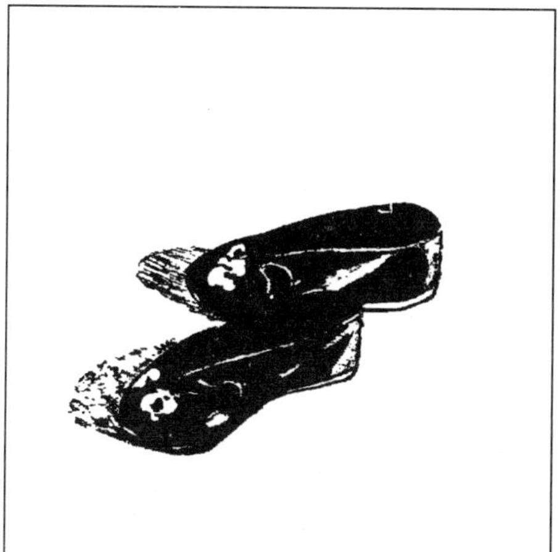

爱玲对鞋很讲究，这是她为笔下的人物——白玫瑰画的“烟鹂的鞋”。

晚上两个人在灯下玩，脸对脸看着，挨得很近，胡兰成看着她那像一朵满开的莲花、又像中秋一轮圆月的脸庞，眼睛里充满笑意爱意，心里喜欢，轻抚着她的脸，说：“你的脸好大，像平原缅邈，山河浩荡。”她笑起来：“像平原是大而平坦，这样的脸好不怕人。”爱玲就问他记不记得《水浒》里宋江见玄女的话，胡兰成自信对《水浒》读过多遍，但偏偏记不起来，张爱玲说“天然妙目，正大仙容”，胡兰成方悟出，说：“你就是正大仙容！”

他们就这样日复一日陶醉在两个人的小天地，对于张爱玲这个两耳不闻窗外事的人，她很喜欢这样的情调氛围。然而胡兰成清楚地意识到，自己未来的命运是很难说的，这种安逸的生活只是暂时的。夏天的一个傍晚，他与张爱玲站在阳台上，眺望着红尘霭霭的上海，西边天上落日的余晖将尽，有一道云隙处清森遥远，他的心情比这还要黯淡。他对张爱玲说时局不好，来日大难，伤感地长叹：

> 来日大难，口燥唇干。
> 今日相乐，皆当喜欢。

张爱玲听了这首乐府诗，非常震惊。对胡兰成说：“这‘口燥唇干’好像是你对他们说了又说，他们总还不懂，叫我真心疼你。”又道：“你这个人嗄，我恨不得把你包包起，像个香袋儿，密密地针线缝缝好，放在衣箱里藏藏好。”怜惜之情油然而生，因此，格外珍惜“今日相乐”的生活。她进门去给胡兰成倒茶，拿出茶杯走到房间边，胡兰成迎上前去接茶，她腰身一侧，喜气洋洋地看着胡兰成的脸，眼睛里满含着笑意。胡兰成说：“啊，你这一下姿势真是艳！”爱玲说：“你呀，是人家有好处容易得到你的感激，但是难得到你的满足。”她很高兴胡兰成能这样夸她。还有一次，胡兰成要形容她行步走路的姿势，总是找不到适当的形容词，口齿艰涩。张爱玲便代他说道：“《金瓶梅》里写孟玉楼，行走时香风细细，坐下时淹然百媚。”胡兰成觉得“淹然”两个字真好，要她解释来听听。张爱玲道：

"有人虽遇见怎样的东西，亦是水滴不入，有人却像丝棉蘸着了胭脂，即刻渗开得一塌糊涂。"她说起苏青的脸生得美："苏青的美是一个俊字，有人说她世俗，其实她俊俏，她的世俗也好，她的脸好像喜事人家新蒸的雪白馒头，上面有点胭脂。"胡兰成又问："那么我与你在一起像什么呢?"她道："你像一只小鹿在溪里吃水。"

她有时也陪胡兰成出去，到美丽园胡氏旧宅看看，或到周佛海家、邵洵美家应酬应酬，或到胡兰成参加的时事座谈会上坐坐。她没有什么目的，也从不讲什么话，只是想陪着他，多看看他，看看他在众人面前的潇洒谈吐和表情。有时，胡兰成一个人坐在房中看书或写文章，张爱玲会在门外悄悄地看着他，"他一人坐在沙发上，房里有金粉金沙深埋的宁静，外面风雨琳琅，漫山遍野都是今天"。她的感觉是如此美妙。

因为她爱胡兰成，这种爱使她也变得缠绵起来，把古代执著于爱情的女子也当作自己的化身。对《步非烟传》里与情人"生及相亲，死得无恨"的姑娘、《会真记》里的崔莺莺、《长恨歌》中的杨玉环、《飞燕外传》里的赵飞燕，都一洒同情之泪。和胡兰成坐在一起，张爱玲只是一刻也不停地缠绵地看着他，用手指抚着胡兰成的脸，说："你的眉毛。"抚到眼，说："啊，你的眼睛。"抚到嘴，说："你的嘴，你嘴里这里的涡我喜欢。"轻声叫着："兰成，兰成。"胡兰成从不当她面喊"爱玲"，只说张爱玲，张爱玲偏要他当面亲切地叫她的名字，胡兰成无奈，只得唤一声"爱玲"，她又惊又喜地答应："啊?!"

张爱玲说起"崔莺莺"姓崔好，《红楼梦》里的"黄金莺"名字更好。又说夫君的"胡"字也好。胡兰成说："胡姓来自陇西，称安定胡，我的上代也许是羌。"张爱玲道："羌好。'羌'字像只小山羊走路，头上有两只角。"总之，胡兰成在她眼里什么都是好的。

胡兰成给她一点零花钱，她非常高兴，马上去做了一件长身的皮袄，外表是很鲜丽的色彩，系一个红披肩，穿给他看。爱玲并不缺少钱，她的稿费很高，但她还是很高兴，因为她爱他，女人“用丈夫的钱是一种快乐”，她还是舍不得放弃女人这个天生的权利。又到了落叶满天的晚秋，他们两人一道去看崔承喜的舞蹈，回来时下着雨，叫了辆黄包车，把雨篷放下，爱玲撒娇地坐在胡兰成身上，要他抱着她，即使外边是飘飘潇潇的凄风苦雨，她也不管，只感到一个实实在在的安稳。

但乱世姻缘，何曾能有一片自己安稳的天地？

胡兰成谈起时局，预感到大难将至，夫妻这对同林鸟，大难来时也要各自飞了。他说：“我一定能够逃脱过灾难，只是头两年里改换姓名，将来与你即使隔了银河，也能相见。”张爱玲仍是铁了心地爱他，郑重地对他说：“那时你变姓名，可叫张牵，或叫张招，天涯海角有我在牵你招你。”

天真的张爱玲，你果真能牵住招住胡兰成么？

水月镜花

> 弃掷今何道，当时且自亲。
> 还将旧来意，怜取眼前人。

这是《会真记》崔莺莺写给张生的诗，张爱玲对莺莺的爱情寄予多少同情，但她做梦也没有想到，莺莺的命运也在悄悄地等着她。“千红一哭，万艳同悲”，《红楼梦》里这两句真是风月警言，这是在以后她才体味出来的。1944 年 11 月，胡兰成丢下张爱玲到了武汉。他的政治野心很大，他知道汪精卫伪政府已是靠不住的冰山，他要谋求更可靠的根据地。他的日本主子池田为他活动，让他到武汉去主持《大楚报》事，实际上让他在这块日本人控制的地盘上掌握实权，梦想着在日本军事武力翼护下创立“大楚国”。他的政治野心并没有冲淡好色之情，终究是地道的逢场作戏的轻薄之徒。在汉阳医院，他很快地又迷上了一个颇有几分姿色的护士周训德小姐。这是个只有十七岁的少女，论才华论地位，都不可能与张爱玲相比，但是却比张爱玲年轻漂亮。色欲早已令他把妻子张爱玲丢在脑后，与周小姐厮混在一起，像当初与爱玲在一起时那样。胡兰成教周小姐读唐诗、汉乐府，要周小姐送他照片，又花言巧语勾引住了周小姐，要周小姐嫁给他，陶醉于另一个温柔乡中。他也偶尔想过有些对不起张爱玲，“憬然思省”，但他还要千方百计地为自己的行为找借口。在他的诱惑之下，周小姐委身于他，满足了他的欲望。

1945 年 3 月，胡兰成回到上海与张爱玲住了一个多月，把这件事告诉了张爱玲。张爱玲很伤心，但又很平静。她内心是嫉妒的，但她仍相信胡兰成以前对她的感情、对她许下的诺言是真的，她希望丈夫能在自己与周小姐之间做出选择。但胡兰成回到武汉后，仍然又同以往一样，与周小姐住在一起，一点也不想张爱玲了。

1945 年 8 月 15 日，日本天皇宣布无条件投降，中国光复了。胡兰成铤而走险，策划所谓的“武汉独立”，十三天后即告失败，落荒而逃，他成为国民政府通缉的要犯。

胡兰成逃回上海在张爱玲处住了一宿，即又仓皇逃避于杭州，化名张嘉仪，与一个斯姓大户人家的姨太太范秀美以夫妻名义逃到温州同居，躲过别人的注意。身在上海的张爱玲仍然对他一往情深，虽然她对胡兰成与周小姐的事心里不满，但胡兰成毕竟是她的丈夫，现在落难他方，生死未知，她自然心中焦急。从胡兰成一个密友那里了解到他的去向后，张爱玲单身一人，在1946年2月从上海到温州寻找他。

胡兰成没有想到张爱玲会来，更没想到能找到他。当张爱玲突然出现在他与范秀美面前时，胡兰成一惊，对张爱玲千里迢迢来看他，没有感激，没有温存，而是气急败坏地骂道："你来做什么？还不快回去！"张爱玲不言，胡兰成把她安排在公园旁一家旅馆住下，白天抽时间敷衍她，也陪她上街逛逛。张爱玲对胡兰成说："我从诸暨、丽水来，路上想着这里是你走过的。及在船上望得见温州城了，想你就住在那里，这温州城就像含有宝珠在放光。"胡兰成也不答应，心不在焉地与她说话。有时胡兰成也携着与他姘居的范秀美一同来看她，还问张爱玲范秀美怎么样，这时张爱玲根本想不到胡兰成又移情别恋再筑香巢与范秀美姘居的关系，说这个女人生得很美。张爱玲冷冷清清地在这个旅馆里度过了一个萧条的春节。胡兰成与范秀美来看她几次，她渐渐看出了他与范秀美的关系，但张爱玲的心里还只是想着让胡兰成在她与小周间做出选择，胡兰成支吾道："我待你，天上地下，无有得比较，若选择，不但与你是委屈，亦对不起小周。人世迢迢如岁月，但是无嫌猜，按不上取舍的话。"但张爱玲一定要他做出选择，他却不肯。张爱玲哽咽地反问："你与我结婚时，婚帖上写现世安稳，你不给我安稳？"胡兰成还是巧辩支吾。张爱玲伤心已极，叹息："你是到底不肯，我想过，我倘使不得不离开你，亦不致寻短见，亦不能再爱别人，我将只是萎谢了。"她要回了她写给他的全部书信。

她回到上海后，还给胡兰成写了一封凄切哀楚的信，信中说："那天船将开时，你回岸上去了，我一人雨中撑着伞在船舷边，对着滔滔黄浪，伫立泣涕久之。"她又从自己的稿费中拿出钱来寄给胡兰成，希望他能生活得好一点。

但是张爱玲一往情深的关心体贴并不能打动胡兰成。胡兰成回到上海在她这里住过一晚，不但对与周小姐的事不道歉，而且还把写他在武汉生活的《武汉记》给张爱玲看，又把与范秀美姘居的事厚颜无耻地说给张爱玲。张爱玲不忍心看下去，胡兰成打了她手臂一下，张爱玲又委屈又愤怒。（这么大的变故在胡兰成笔下的《今生今世》里只是轻描淡写一笔带过，而事实绝不会这样平淡。——笔者）她觉得两人情分已尽，不再理会他，与他分床独宿。她辗转反侧，恍恍惚惚，那个曾经是那么热烈地爱着她的胡兰成，再也没有了，以前一切信誓旦旦的言笑原是一场梦，再也没有了，一切的爱再也没有了。第二天一早，她还在半梦半醒间，胡兰成来向她吻别，她泪流满面，伸手抱住胡兰成的脖子，叫了一声"兰成"，再也没有别的话了，原来那个深爱着的胡兰成在她心中远去了，永远地不存在了。

胡兰成还有书信来，但她已不认识他了。1947 年 6 月 9 日，上海是电闪雷鸣狂风暴雨的天气，当张爱玲得知胡兰成已脱离了被通缉的危险，次日即寄去三十万元钱，那是她的《不了情》、《太太万岁》的全部编剧稿酬，并附一封信，信上说：

> 我已经不喜欢你了。你是早已不喜欢我了的。这次的决心，我是经过一年半的长时间考虑的。
>
> 彼时惟以小吉故，不欲增加你的困难。你不要来寻我，即或写信来，我亦是不看了的。

这是她与胡氏的绝交书，如此亮烈难犯的决绝！

从此，张爱玲与胡兰成断绝了来往。她是一个说得出做得出的人，虽然以前多次的难堪她都忍受了，那只是因为胡兰成尚在通缉中，她不忍心那样做。现在她可以问心无愧地了结他们的关系了，因为她了解了这个人。

胡兰成在评《倾城之恋》时说范柳原这个人：

> 他和她好，但不打算和她结婚。这样的人往往是机智的，伶俐的，可是没有热情。他的机智与伶俐使他成为透明，放射着某种光辉，却更见得他生命之火已经熄灭了。结婚是需要虔诚，他没有这虔诚，他需要娼妓，也需要女友，而不要妻。

说的是范柳原，但更像他自己，只不过柳原没有做过汉奸。

缘已尽，情已了，胡兰成犹有不舍，还想继续做着左拥右抱偎红倚翠的美梦。他继续给张爱玲写信，张爱玲不回信。他又给炎樱写信，花言巧语道：

> 爱玲是美貌佳人红灯坐，而你如映在她窗纸的梅花，我今惟托梅花以陈辞。佛经里有阿修罗，采四天下花，于海酿酒不成，我有时亦如此惊怅自失。又《聊斋》里香玉泫然曰：妾昔花之神，故凝，今是花之魂，故虚，君日以一杯水溉其根株，妾当得活，明年此时报君恩。年来我变得不像往常，亦惟冀爱玲日以一杯溉其根株耳，然又如何可言耶？

任是再花哨的文字也掩盖不了他那卑劣的面目了，炎樱当然不会回信的。

后来，胡兰成再一次去找她，张爱玲和姑姑已经搬走，人去楼空，恍然如梦。

对张爱玲来说更是一梦，那个人那种温馨与诗意原来都是梦中的，转眼间便烟消云散了，剩下的只有她自己和冰冷的泪水，冰冷的感情。

生在这个世上，哪一样感情不是千疮百孔的？

第七章　余韵茫然

我在阳台上篦头，也像落叶似地掉头发，一阵阵掉下来，在手臂上披披拂拂，如同夜雨。远远近近有许多汽车喇叭仓皇地叫着；逐渐暗下来的天，四面展开如同烟霞万顷的湖面。对过一幢房子最下层有一个窗洞里冒出一缕淡白的炊烟，非常犹疑地上升，仿佛不大知道天在何方。

——《〈太太万岁〉题记》

有“汉奸”嫌疑吗

张爱玲孤芳自赏，本来朋友就不多，知心更少，与胡兰成恋爱后，她更沉湎于两个人的狭小天地，除了与炎樱、苏青来往外，其他人多不相通问。

胡兰成为讨好她，在报刊上招摇、吹嘘，对张爱玲的身世与两人的关系大加渲染，对傅雷等人的善意批评横加指责，反唇相讥，信口开河，颇令时人侧目。连爱玲的舅舅也对她与汉奸混在一起大为不满。张爱玲的一位朋友女作家潘柳黛看不惯，写了一篇文章，把胡兰成与张爱玲挖苦了一番。

潘柳黛原来与苏青、张爱玲关系都不错，接触一段时间后她对张爱玲与别人格格不入的孤僻有点看不惯。潘柳黛说，张爱玲在待人处世的方法上虽不合于中国人习惯，但是却颇合乎外国人脾气。比方与人约会，如果她和你约定的是下午三点钟到她家里来，不巧你若时间没有把握准确，两点三刻就到了的话，那么即使她来为你应门，还是照样会把脸一板，对你说：“张爱玲小姐现在不会客。”然后把门嘭地一声关上，就请你暂时尝尝闭门羹的滋味。万一你迟到了，三点一刻才去呢，那她更会振振有词地告诉你：“张爱玲小姐已经出去了。”她的时间观念比飞机开航还要准确，不能早一点，也不能晚一点，早晚都不会被她通融。潘柳黛和苏青上次去拜访张爱玲，张爱玲的盛装打扮就弄得她们俩很尴尬。苏青倒没什么意见，但潘柳黛心里很不高兴，从此就不常去了。

潘柳黛看到了胡兰成写的《论张爱玲》，文中除把张爱玲的作品形容为“横看成岭侧成峰”之外，更对张爱玲的身世与“贵族血液”极尽能事地吹嘘一番。潘柳黛对胡兰成这神魂颠倒的文章感到肉麻，一时心血来潮，就以戏谑的口吻，发表了一篇《论胡兰成论张爱玲》，出于“幽他一默”的态度，把胡兰成与张爱玲大大调侃一顿。这篇文章，先“肉麻地”把稳坐“政论家第一把交椅”的胡兰成捧场几句，接着故意断章取义地问胡兰成对张爱玲的赞美“横看成岭侧成峰”，是什么时候横看的？什么时候侧看的？这还不算，最后把张爱玲的“贵族血液”挖苦得更厉害了。潘柳黛举了一个例子，胡兰成说张爱玲有“贵族血液”，因为她的父亲讨的老婆是李鸿章的远房外孙女，她是李鸿章的重外孙女——其实这点关系就好像太平洋里淹死一只鸡，上海人吃黄浦江的自来水，便自说自话是“喝鸡汤”的距离一样，八竿子打不着的一点亲戚关系。如果以之来证明身世，根本没有什么道理，但如果以之当生意眼，便不妨标榜一番。以上海人脑筋之灵，行见不久的将来，“贵族”二字必可不胫而走，连餐馆里也不免会有“贵族豆腐”、“贵族排骨面”之类出现。最后并以“正是：请看论人者，人亦论其人”作结。

这篇玩笑文章发表不久，作家陈蝶衣主持的大中华咖啡馆改组卖上海点心，果然便以“潘柳黛女士”笔下的“贵族排骨面”上市。胡兰成与张爱玲便对潘柳黛敬而远之，断绝了往来。

1945 年 8 月 10 日，日本投降前几天，张爱玲与日本女明星李香兰、日本军人松本、川喜多以及汪伪政府的陈彬龢、金雄白的“纳凉晚会”，在《杂志》第 15 卷第 5 期登了出来。在此前后，日本控制的报纸上“大东亚文学者大会”的作家名单中，赫然列着“张爱玲”的名字。张爱玲心头一惊，赶忙写信辞去，然而白纸黑字再也没办法灭掉。

几天之后，日本宣布无条件投降，汪精卫汉奸政府随之覆灭。国民政府回到南京后，对这些汪伪汉奸严行通缉正法，陈公博、梁鸿志等先后被处决。他们手下的一些大小喽啰，有的被枪毙，有的被判刑，有的像胡兰成隐姓埋名逃走。“纳凉晚会”上的金雄白、陈彬龢这些“文化汉奸”，忙忙如漏网之鱼，急急如丧家之犬，早已逃之夭夭。

张爱玲对政治从来都是漠不关心的，以前她发表文章的阵地《杂志》、《古今》、《苦竹》这些文化汉奸办的刊物纷纷停刊，苏青主编的《天地》也被停掉了。张爱玲自信自己与政治没有关系，便泰然地保持沉默。

但是背后的各种议论纷纷而来。张爱玲在沦陷区汉奸办的刊物上发表文章，文化汉奸捧她，大出风头。她与汉奸胡兰成的恋爱，成为人们议论的话柄。还有人拿出报纸，“大东亚文学者大会”上列有她的名字。因此，她被人暗中列入有“文化汉奸”嫌疑的名单。

她的朋友苏青更受到指责，有人说“敌人投降了，苏青大哭三天三夜”，还有人说苏青的文章是“性的诱惑”等等谩骂丑诋。苏青向来泼辣，她说：

> 是的，我在上海沦陷期间卖过文，但那是我“适逢其时”，亦“不得已”耳，不是故意选定的这个黄道吉期才动笔的。我没有高喊打倒什么帝国主义，那是我怕进宪兵队受苦刑，而且即使无甚危险，我也向来不大高兴喊口号的。我以为我的问题不在卖文不卖文，而在于所卖的文是否危害民国的。否则正如米商也卖过米，黄包车夫也拉过任何客人一般，假如国家不否认我们在沦陷区的人民也尚有苟延残喘的权利的话，我就是如此苟延残喘下来了，心中并无愧怍。

她又说：

> 在这里我还要郑重声明：当时我是绝对没有想到内地去过，因为我在内地也是一个可靠的亲友都没有的。假如我赶时髦地进去了，结果仍

旧卖文，而且我所能写的文章还是关于社会人生家庭妇女这么一套的，抗战意识也参加不进去，正如我在上海投稿也始终未歌颂过什么大东亚一般。

苏青这种亮烈难犯的脾气使她能继续写稿谋生。大报答应请她编副刊，条件是更换个笔名，她还不干。小报倒乐意她用真名，也肯出高稿酬，虽然把她的文章放在“木匠强奸幼女”之类的新闻下面，未免心痛，但为了在米珠薪桂的社会中谋生，她也顾不得这些了①。

张爱玲没有苏青的豁达与泼辣，但她比苏青世故一些，她谢绝大报小报的“盛意”，沉默了一年多。从1945年8月至1946年全年，她没有发表一篇作品，但仍不能免除人们的各种议论。到1947年，她出版《传奇》增订本时，仿照苏青的先例，在书前写了一篇《有几句话要同读者说》：

我自己从来没想到需要辩白，但最近一年来常常被人议论到，似乎被列为文化汉奸之一，自己也弄得莫名其妙。我所写的文章从来没有涉及政治，也没有拿过任何津贴。想想看我唯一的嫌疑要末就是所谓“大东亚文学者大会”第三届曾叫我参加，报上登出的名单内有我；虽然我写了辞函去，（那封信我还记得，因为很短，仅只是：“承聘为第三届大东亚文学者大会代表，谨辞。张爱玲谨上。”）报上仍旧没有把名字去掉。

至于还有许多无稽的谩骂，甚而涉及我的私生活，可以辩驳之点本来非常多。而且即使有这种事实，也还牵涉不到我是否有汉奸嫌疑的问题；何况私人的事本来用不着向大众剖白，除了对自己的家长之外仿佛

① 参见苏青《续结婚十年》“关于我 —— 代序”。

我没有解释的义务。所以一直缄默着。

她是一个职业文人，没有工作，只能靠稿费来养活自己，没有地方发表文章，生计便要发生问题，她只好重新振作起来，整理整理思绪，适应这个变化了的社会，再写些东西。

“华丽”不再有缘

这时的张爱玲，正一步步地远离源远流长的贵族身系，从她华丽世族的感情世界走入现实，看看这吵杂、脏乱、纷纭而又实实在在的生活。

张爱玲拎着网袋，在菜场上转来转去买些豆腐、甜面酱、黄芽菜，张看着这陌生的世界：穿着艳丽而又肮脏衣服的小孩子，青翠醒目补丁连缀的长袍的男人，咧着大嘴扯着高嗓吆喝的小贩，沿街磕头化缘的黑布袍道士，肉店铺里生着麻黄眼睛用上海话骂小姑劣迹的女人，穿着破羊皮袄戴戒指染指甲口镶金牙的老娼妓，夜幕将沉店家无线电里咿咿呀呀的申曲……她处在这样的环境下，想着古戏唱本里“谯楼初鼓定天下”，看着由汉唐一路传下来的中国，万家灯火，在更鼓声中渐渐静了下来，很是感触，她把她的感情写成诗：

我的路
走在我自己的国土。
乱纷纷都是自己人，
补了又补，连了又连的，
补丁的彩云的人民。

我的人民，
我的青春，
我真高兴晒着太阳去买回来
沉重累赘的一日三餐。

谯楼初鼓定天下，
安民心，
嘈嘈的烦冤的人声下沉。
沉到底。……
中国，到底。

——《中国的日夜》

这就是张爱玲眼中的中国。纷纷扰扰的人们为着生命的一日三餐奔波，在这毫无色彩的尘世中寻求生趣，中国人的本色与理想全是这样。

她就生活在这样下沉的中国的日夜里。

1946年初，张爱玲以前的一个作家朋友龚之方，筹办了一个山河图书公司，出版通俗性文艺刊物《大家》。龚之方虽与张爱玲接触不多，但一直很喜欢她的文章，对她的孤芳自赏落落寡合也很同情。办刊之初，没有一批写稿的人，便想到要拉张爱玲的作品，张爱玲此时正愁着自己的文章无处发表，旧时的刊物纷纷关闭，新的刊物人又不熟悉，况且有时还要忌讳她的名声，像苏青遭遇那样想要换笔名也未可知，她也是不愿这样，这时她也就乐于为《大家》写文章。《华丽缘》就是发表在《大家》上的。

《华丽缘》是一篇散文，她在题目下说："这个题目译成白话是'一个行头考究的爱情故事'。"写她一次在浙江乡下看的一出绍兴戏的戏里戏外。这个江南的农村是中国社会的一个缩影。这里的人不像是花得起娱乐费的，然而一年到头难得的一次娱乐，也要做出满不在乎的样子，演起绍兴戏。而且还要表现出眼界很高的样子，年轻人学着城里流行的时髦的打扮，评价着："今年这班子行头是好的！——班子呢是普通的班子。"

戏子也是乡下式的戏子，但戏台上都是色彩华丽的装扮，乡气而世俗的华丽。戏是中国传统式的故事，秀才小生一边读书赶考，一边表兄妹偷情，被老夫人发现，把小生送回读书，路上庙里遇惊艳，又是一番缠绵，卖身投靠女家……下面大概是以后金榜题名，奉旨完婚，自会一路取过来的。

她听不懂内容，只是看看红红黄黄的颜色，听着慢悠悠的腔调，那种腔调对心慌意乱的现代人是一粒定心丸。然而，张爱玲却注意到"那绣着'乐怡剧团'横额的三幅大红幔子后，露出祠堂里原有的陈设，里面黑洞洞的，却供着孙中山遗像，两边挂着'革命尚未成功，同志仍须努力'的对联。那两句话在这意想不到的地方看到，分外眼明。我从来没知道是这样伟大的话。隔着台前的黄龙似地扭着的两个人，我望着那幅对联，虽然我是连感慨的资格都没有的，还是一阵心酸，眼泪都要掉下来了"。

生命是一袭华美的袍（摄于上世纪40年代）

他们是漠然的、没有什么理想的。他们的生活是很朴素的，男人几乎一律穿着旧蓝布罩袍，老太太灰格子布料里隐隐夹着一点点红线，便会觉刺眼，骂道："把我当小孩子呀?”但是他们也会背地里有偷情，也有离异的事件。他们生活没有色彩，但内心却向往，所以，“如此鲜明简单的‘淫戏’，而他们坐在那里像个教会学校的恳亲会”。在看戏里寄托着“华丽”人生的奢望。

戏里的行头是华丽的，但戏外的行头却是灰暗无色彩的，灰暗的人、灰暗的生活。

> 每个人都是几何学上的一个“点”——只有地位，没有长度、宽度与厚度。整个的集会全是一点一点，虚线构成的图画；而我，虽然也和别人一样地在厚棉袍外面罩着蓝布长衫，却是没有地位，只有长度、阔度与厚度的一大块，所以我非常窘，一路跌跌冲冲，踉踉跄跄地走了出去。

张爱玲依然是张爱玲，她在这个社会上要保持她的个性与自我，有自己的“长度宽度与厚度”的棱角，但却没有地位，她不愿这样，不愿这种无色彩无光芒地生活，入乡却随不了俗，虽出了戏院，但现实仍是如此，她还得耐下性子看生活中的戏。

张爱玲把她的视线逐渐转向下层，不仅是写的内容，戏路也在变，为了迎合《大家》这个通俗性刊物，因为这家杂志的两个主要人物龚之方与唐大郎（云旌）都是鸳鸯蝴蝶派式的文人，这个刊物也主要是给一般读者看的言情性文学刊物。

虽然文章还依旧文采斐然，但这时的张爱玲，心里已经落寞颓唐多了，没有以前《传奇》、《流言》时代的欢乐了。她已感到自己与这个时代之间的距离越来越大，感受着时代的压迫，一种恐怖不安感袭上心头。

1946年11月《传奇》增订本由龚之方、唐大郎那个空挂招牌的上海山河图书公司出版，增收《留情》、《鸿鸾禧》、《红玫瑰与白玫瑰》、《等》、《桂花蒸：阿小悲秋》等共十六篇小说。这是山河图书公司出版的唯一的一本小说。张爱玲请龚之方与桑弧拜访上海金石名家邓散木，请粪翁（邓散木号）老人书写“张爱玲传奇增订本”，为书增色不少①。又换了一个封面，已经没有《传奇》初版、再版时的亮丽的颜色，换成另一种表现她这时候心境的图画：

> 封面是请炎樱设计的。借用了晚清的一张时装仕女图，画着个女人幽幽地在那里弄骨牌，旁边坐着奶妈，抱着孩子，仿佛是晚饭后家常的一幕。可是栏杆外，很突兀地，有个比例不对的人形，像鬼魂出现似的，那是现代人，非常好奇地孜孜往里窥视。如果这画面有使人感到不安的地方，那也正是我希望造成的气氛。
>
> ——《〈传奇〉增订本序》

1946年11月上海山河图书公司《传奇》增订本封面

突兀、不安、尴尬的画面是她的内心的真实感觉。面对着这个陌生的社会与时代，她有点不安，担心自己适应不了现代的一切。然更恐惧的是，就连现在这样的环境恐怕也不会长久，“还有更大的破坏要来”。

---

① 参见张子静《我的姊姊张爱玲》。

电影编剧

面对这样的生活，她徒唤奈何。

既然大雅的纯文艺来不成，她就大俗，俗也俗得彻底，俗要俗得雅致，做到雅俗共赏，通俗而不庸俗，这是张爱玲的追求。张爱玲操起她另一个拿手好戏，为上海文华影片公司编写电影剧本。

上海文华影片公司创办于1946年9月，是由民族资本家吴性栽独资办的。吴性栽也是一个老电影家，从事电影事业数十年，但影片上从不署名，他不爱名，只专注于他的事业。著名的电影导演桑弧（李培林）、后来的黄佐临都是文华公司的台柱。龚之方也加入该公司。龚之方与桑弧知道张爱玲以前曾自编话剧剧本《倾城之恋》很轰动，他们经柯灵介绍到她的住处迈克公寓拜访，恳请张爱玲为他们编电影剧本。张爱玲起初有些犹豫，自己从没写过电影剧本，经他两人的怂恿，立即决定说："好，我写。"然后几天时间，她翻看了杂志上的一些剧本，琢磨一下，就动笔写了起来，很快地完成了她第一个电影剧本《不了情》，交到了文华公司①。

她写惯了贵族式情调的小说，那是给有文化知识的人看的小说，她的标着"传奇"名字的小说并没有多少传奇故事，而是刻意对环境与情调，人物的心理、性格的细腻地刻画，尽管这些大都是写爱情的，但那是"高等的调情"，没有鸳鸯蝴蝶派式的曲折离奇扣人心弦的情节。她清楚地知道沦陷区里有闲阶级文人办的纯文艺刊物时代已告结束，现在面对的是一般的百姓，生活在生命线边缘为衣食忙碌的下里巴人，这正是她作品的买

① 参见龚之方《离沪之前》，载《永远的张爱玲》，季季、关鸿编，学林出版社1996年版。

主，她的作品应该适合他们的需要。

然而张爱玲却没有这种生活阅历，她的生活环境限制了她创作的领域。于是，她走电影剧本的创作路子。这样还是她熟悉的环境与人物，通过电影的方式“卖”给普通大众这个“最可爱的雇主”。

但电影毕竟不同于小说。因为小说可以有少数人看，电影这东西可不是能给二三知已相互传观的。因此，她得研究一般观众的心理。她说，她对观众的心理没有一点把握，因为中国的观众最难应付的一点并不是低级趣味或理解力差，而是他们太习惯于传奇故事，如果没有曲折离奇可歌可泣的故事情节，不能打动读者的同情心或满足他们对传奇戏的欲愿，那么这“可爱的雇主”也未必肯买账的。她不得不稍稍迁就读者（观众）的口味，根据好莱坞电影的一般手法，有限度地布置一个起伏波动的情节，有悬念，有巧合，有噱头，吸引读者的注意力和兴趣。张爱玲为上海文华影片公司写了两个剧本，《不了情》和《太太万岁》，一度还把自己的小说《金锁记》改编成为电影剧本①。

《不了情》是一个爱情悲剧。写的是一位躲避家庭阴影到上海谋生的少女虞家茵与她所做家教的男主人夏宗豫之间悲欢离合的爱情故事。巧合促成了两人的相遇相识相爱，但这爱却是一个没有结局的“不了情”。1947 年 4 月中旬，文华公司这部处女作被搬上银幕，由桑弧导演，陈燕燕、刘琼等主演。剧本与演员都是高水平的，因此，一公演便产生轰动效应，获得一致好评，被称为“胜利以后国产电影最适合观众理想之巨片”(1947 年 4 月 6 日上海《申报》评语)。

然而电影替代不了小说，小说中的语言的韵味、意象的安排、心理的暗示，在电影中不能充分发挥，张爱玲又把它改写成小说《多少恨》发表

① 参见郑树森《张爱玲的〈太太万岁〉》。

张爱玲为《戏剧》画的插图

在《大家》上，作为她的小说向通俗文学过渡的标志。

她在这篇小说开头的短序中说：

> 我对于通俗小说一直有一种难言的爱好；那些不用多加解释的人物，他们的悲欢离合。如果说是太浅薄，不够深入，那么，浮雕也一样是艺术呀。但我觉得实在很难写，这一篇恐怕是我能力所及的最接近通俗小说的了，因此我是这样的恋恋于这故事——

这篇小说的女主人公虞家茵——

> 她独自一人的时候，小而秀的眼睛里便露出一种执著的悲苦的神气，为什么眼睛里有这样多悲哀呢？她能够经过多少事呢？可是悲哀会来的，会来的。

她在电影院门口退掉多余的一张票，被一个中年男人要走了，这个男人“年轻的时候不知是不是有点横眉竖目像舞台的文天祥，经过社会的折磨，蒙上了一重风尘之色，反倒看上去顺眼得多”。虞家茵后来做了一家的家庭教师，为那家的小孩买生日礼物时，恰巧又碰上了在电影院遇到过的这个男人，他也在买礼物，更巧的是他也到了她要去的那家，这个中年男子便是她做家教的男主人夏宗豫，一个公司的经理。

夏宗豫的家布置得很精致，但是冷冷清清，好像没有人住。他的太太是一个没有知识的乡下人，年轻时由父母包办成婚，婚后生一女儿，夫妻不和，太太一人长期住在乡下。见到了虞家茵，他从荒漠的感情里萌生了爱意，他的女儿小蛮，把两个人拉到了一起。他到虞家茵的住处去，看她的房间虽然狭小，又摆着书架橱子，火炉锅里还烧着饭，觉得“她这地方才像是有人诚心诚意地过日子的，不像他的家，等于小孩子玩的红绿积木搭成的房子，一点人气也没有”。他们之间产生了一丝温暖的感情，但当他与虞家茵坐在一起玩牌，看看前途如何，翻开牌，是“下下”，书上面写着“莫欢喜，总成空，喜乐喜乐，暗中摸索，水月镜花，空中楼阁”，两人都受了震动，沉默了。一个不祥的征兆。

这个不祥的征兆应验了。虞家茵的父亲来到了上海。虞老先生自小就是一个挥霍钱财的浪荡阔少，一辈子吃喝嫖赌，没有正经职业的无赖。他娶了家茵母亲，生下家茵后，与妻子离婚，又娶了一个妓女，现在又抛下了这个女人一人来上海，骗走家茵手中一点点积攒下来的钱，转眼之间他挥霍一空之后又来了。他还缠着女儿不放，看到女儿在夏家做家教，他便摸了去，仿佛女儿已是夏家的人了似的，向佣人招摇撞骗。看见客厅没有人，“他马上手忙脚乱起来，开了香烟筒子就捞了把香烟塞到衣袋里”。他让夏宗豫在公司里为自己谋个职。可是不久把自己薪水挥霍完后，又将公款也装进自己的衣袋。

虞老先生自从到了公司，便以未来的丈人“老长辈”自居，不断厚着老脸再来夏家要钱。这次，夏太太得到佣人告诉的消息后从乡下回来了。他不为自己女儿的处境担忧，反而极力要女儿做夏家的姨太太。他对夏宗豫道：

> 我的女儿她跟你的感情这么好，她还争什么名分呢？你夏先生这样的身份，来个三妻四妾又算什么呢？夏宗豫转过身来瞪眼看着他，一时都不能相信自己的耳朵。虞老先生又道：“你不必跟你太太闹，就叫我的女儿过门去好了！大家和和气气，你的心也安了。……”

夏宗豫冷冷地喝住了他的胡言乱语后，第二天，他又到夏太太处，对夏太太说："夏太太，我今天来就是这个意思。我知道您大贤大德，不是那种不能容人的。您是明白人，气量大，你们夏先生要是娶个妾，您要是身子有点儿不舒服，不正好有个人伺候您——哪儿能说什么离婚的话？真是你让我的小女进来，她还能争什么名分么？"

这就是虞老先生的嘴脸，为了自己要骗钱，竟能狠心到出卖女儿，他的做人哲学是"顶要紧的是抓住几个钱"。他幽灵般地出现在虞家茵周围，一个可怖的阴影，遮挡了女儿对爱的美好憧憬，虞家茵忍受不了了，她不忍心与宗豫的感情沾上这重永远抹不去的阴影，不忍心使宗豫的女儿恨爸爸，像她恨自己的爸爸一样，她选择了"走"这条路，违背自己的感情，离开了上海。

"水月镜花，空中楼阁"……又是一个"美丽而苍凉的手势"，没有结局的结局。

虽然是张爱玲最通俗的小说，也还要表现她的一贯的风格。

《不了情》轰动以后，桑弧请张爱玲接着再写一部，他构思了一个喜剧腹稿讲给张爱玲参考，张爱玲因为有了第一次的经验，手也熟了，又一气呵成写了《太太万岁》交给桑弧。

《太太万岁》是一部爱情喜剧。女主角陈思珍（蒋天流饰）是一个上海普通人家的太太。她一结婚便由少女一跃而为"中年人"，跳掉了"少妇"这

《太太万岁》海报

一人生幸福阶段。她是一个尽职的太太，一个好媳妇、好妻子、好嫂子、好当家。在一个半大不小的家庭中周旋。家里上有老，下有小，还有一个终日感到“怀才不遇”郁郁寡欢的丈夫唐志远。陈思珍在家里忙忙碌碌，既要哄住婆婆不为儿子操心，又借娘家的钱支持丈夫的事业，还要拿出自己的私房钱来安抚家中的佣人，她在家中是能干的女人，安于朴素的生活，一家老小都夸她能干；出了门又会穿上“雨衣肩胛”的春大衣，手挽玻璃皮包，打扮得粉白脂红。她面面周到，替丈夫吹嘘，替婆家争气，替娘家撑场面，替考试不及格的儿子遮羞。可是在她资助下丈夫时来运转，为自己的才华鼓舞，桃花运也随之而来，移情别恋，爱上了一个交际花。陈思珍在婆婆、娘家面前撒得圆圆的谎，一个个露出破绽，谁都不领情，谁都说她不好，丈夫知道自己的发财机会原来是太太一手造成的，“大丈夫”的自尊心受到伤害，也向她大发脾气。她被弄得里外不是人。但这个家被丈夫弄垮之际，又是她这个能干的太太，挺身出来收拾残局，吓退了交际花施咪咪（上官云珠饰）的敲诈勒索，保全了这个家，使丈夫回心转意。她也就又恢复了自己原来的生活与地位。

这个喜剧充满了误会与巧合，添了一些噱头和笑话，这是张爱玲为了照顾电影的特点而做的妥协。但是，这只是在这本来平淡无奇的大情节中添入的小情节，添出戏来，虽然弄得几个演员忙得团团转，但这个故事还基本上保持她平时的作风。她的目的是“冀图用技巧来代替传奇，逐渐冲淡观众对于传奇戏的无厌的欲望”（张爱玲《〈太太万岁〉题记》）。

环境是上海的小弄堂七十二家房客式的环境，气息是当时最熟悉的生活气息，人也是普普通通的小市民太太。她的生活情形里有一种不幸的趋势，使人变得狭窄、小气、庸俗，以至于社会上的人一提起“太太”两个字，往往都带有点嘲笑的意味。中国人对太太们似乎没有过多的期望，除贞操外也很少要求。而有许多不“称职”的太太也就安然度过了一生。而那些尽职的太太，如同这出戏里的陈思珍，在一个半大不小的家庭里周旋着，处处委屈自己，顾全大局，虽然也煞费苦心，但和旧时代的节妇烈女贤妻良母那种残酷的牺牲精神比较起来，就成小巫见大巫了。陈思珍毕竟不是《列女传》上的人物，她比她们少些圣贤气、英雄气，因此看上去要平易近人得多。然而她却实在是更不近人情的。没有环境的压力，凭什么她要这样克己呢？这种心理很费解。如果说她有任何伟大之处，这伟大倒在于她是自动的，我们不能把她算作一个旧制度下的牺牲者。

然而，这就是陈思珍这种人更可悲之处。一个少女一结婚立刻变成了中年人，应该有幸福的“少妇”阶段的生活她没有享受到，就进入了中年，具有中年人的气质了。她的悲哀也不是完全没有安慰的，她有一个快乐的“结局”，但她最后重新获得的“快乐”结局并不是什么快乐，只不过重回到以前那种没有自我人格的生活中罢了。所谓的“哀乐中年”，大概那意思就是她们的欢乐里永远夹杂着一丝辛酸。这就是所谓的“浮世的悲欢”。这就是她们所能得到的安慰。

女人的可悲不是时代，不是制度，造成她们的悲剧是她们自己，是她们自己的心甘情愿。陈思珍用她那圆滑的处世技巧、费神的心机，使周围人们的生活圆滑化，使自己的生命悄无声息地逝去。

女性自我的主体意识哪去了？

如果说《金锁记》中的曹七巧、《花凋》里的郑太太、《心经》里的许太太、《桂花蒸：阿小悲秋》中的阿小的生活是“浮世的悲哀”，那么，陈思珍的生活就是“浮世的悲欢”。“浮世的悲欢”更可悲，因而有一种“苍茫变幻”的感觉。

这没有传奇色彩的琐碎平凡的生活照样能感动人。本来，如果从追求传奇效果上讲，张爱玲可以给女主人公一个“死亡”的结局：“死亡使一切都平等。”“但是为什么要等到死呢？生命本身不也使一切人都平等么？”

看来，还是坚持自己的原则的。

这部影片同《不了情》一样，由桑弧导演，选的演员像蒋天流、上官云珠、石挥、程之等都是一流的，整个影片充满笑料，笑声不断，但笑过之后又引起人们的沉思，所以该片比起《不了情》更为成功，轰动一时。

山雨欲来

《太太万岁》从1947年12月14日起在上海的皇后、金城、金都、国际四大影院同时放映，引起很大的轰动。整整两周，各影院场场爆满，上海各报竞相报道演出盛况，称之为“巨片降临”、“万众瞻目”、“精彩绝伦，回味无穷”，甚至被推为“本年度银坛压卷之作”。观众们对这部电影予以一浪高一浪的喝彩①。张爱玲又很红了，好几个导演上门找她写剧本，她只为桑弧写，演员也争着找上门来演她剧中的角色，如张瑞芳为演《金锁记》里的曹七巧，多次上门请求②。

张爱玲《〈太太万岁〉题记》12月3日在洪深主编的《大公报·戏剧与电影》周刊上发表时，洪深在“编后记”中就说：

> 好久没有读到像《〈太太万岁〉题记》那样的小品了。我等不及地想看这个“注定要被遗忘的泪与笑”的Idyll（田园诗——引者）如何搬上银幕。张女士也是《不了情》影剧的编者；她还写有厚厚的一册小说集，即名《传奇》！但是我在忧虑，她将成为我们这个时代最优秀的High

① 这一节引文主要转引自陈子善《围绕张爱玲〈太大万岁〉的一场争论》。

② 参见水晶《访宋淇谈流行歌曲及其他》。

Comedy（高级喜剧）作家中的一人。

张爱玲果然不负 High Comedy 的称誉，《太太万岁》成为当时最卖座的电影。这种都市浪漫喜剧是一个尝试，有点好莱坞神经喜剧（Screwball Comedy）的影响，在中国确是首次出现。

然而就在观众如痴如狂地喝彩的时候，评论界一场极“左”的批判浪潮无情地向张爱玲袭来。甚至影片还没放映，有的左派批评家就开始着手对影片的抨击了。《太太万岁》上演前两天，一位署名胡珂的《抒愤》已在《时代日报·新生》上骂起张爱玲与洪深：

> ……寂寞的文坛上，我们突然听到歇斯底里的绝叫，原来有人在敌伪时期的行尸走肉上闻到 High Comedy 的芳香！跟这样的神奇的嗅觉比起来，那爱吃臭野鸡的西洋食客，那爱闻臭小脚的东亚病夫，又算得什么呢？

把张爱玲比作“敌伪时期的行尸走肉”，并指责洪深：“难道我们有光荣历史的艺园竟荒芜到如此地步，只有这样的 High Comedy 才是值得剧坛前辈疯狂喝彩的奇花吗?”不是就剧作批评，而只是恶毒的人身攻击。这篇文章把本来属于文艺争论的内容变成了政治攻击，为张爱玲蒙上一层可怖的阴影。

另一位王戎是在看过电影后骂的，他说：“在中国这块被凌辱了千百年的土地上，到处都是脓疱，到处都是疖疤，一个艺术工作者，是不是就玩弄、欣赏、描写、反映这些脓疱和疖疤呢？这是不应该的。而张爱玲却是如此的写出了《太太万岁》。”“鼓励观众继续沉溺在小市民的愚昧麻木无知的可怜生活里。”鲁迅的《阿 Q 正传》、《孔乙己》不也是这样以喜剧的方式描写社会的“脓疱和疖疤”的吗？写出这些可笑可怜可憎的丑陋的东西，正是发人深思，让人认识人性的劣根性的，可是这篇文章的作者却没想到，而指责张爱玲不该这样写。

还有一位名叫沙易的人，“钦佩”张爱玲的天才，“像《太太万岁》这样没有‘故事性’的故事，而居然能编成一个电影剧本，诚令人感到惊奇”，但笔锋一转，又说“电影最要紧的是主题，如果作者仅凭着聪明的技巧，赚取小市民的眼泪，它的最终的目的——艺术价值，是一定非常低下的”。

一时间，上海的《大公报》、《新民晚报》、《“中央日报”》连篇累牍地攻击起这部电影剧本。从比较客观的立场评论的不是没有，但在这强大的攻势面前，却被淹没了。

这是一场很有政治背景的批评，张爱玲在沦陷期间的身份使她受到执政当局的注意，她的作品被当做毒素对待。柯灵为她的《传奇》增订本问世在自己主编的《文汇报》副刊上登一条短讯都受到警告，可见政治上对张爱玲施加的压力或警告。洪深为发表《〈太太万岁〉题记》可能同样受到政治的压力，要不然，为什么这样一位著名的戏剧大家，也很快在报上登文检讨呢？1948 年 1 月 7 日，在《大公报·戏剧与电影》上登了两篇文章。一篇是署名“辛薤”的《我们不乞求，也不施舍廉价的怜悯——一个太太看〈太太万岁〉》，提出更为明显的政治性攻击：“时代是在‘方生未死之间’，反动的火焰正图烧灭新生的种子，袖手旁观的人儿是麻木无情呢还是别有用心?”另一篇是洪深自己写的《恕我不愿领受这番盛情——一个丈夫对于〈太太万岁〉的回答》，对发表张爱玲的《题记》公开认错，好像自己是受了张爱玲“蒙骗”似的，对《太太万岁》全面批判，与他一个月前的观点截然相反。可见这场争论不是一般的文艺争论。

张爱玲被这突如其来的政治风暴打得晕头转向。她为文华影片公司筹拍编写的《金锁记》剧本已编成，导演与主演已内定，也被迫停止了。

《大家》杂志只出了三期就停刊，写电影剧本也不可能了。时代的压力太大，张爱玲放下手中的笔，再次沉默下来。

第八章　美丽苍凉的手势

那是浩浩荡荡五四运动一般地冲了来，把每一个人的声音都变成了它的声音，前后左右呼啸嘁嚓都是自己的声音，人一开口就震惊于自己的声音的深宏远大；又像是初睡醒的时候听见人向你说话，不大知道是自己说的还是人家说的，感到模糊的恐怖。

——《谈音乐》

火红的一九四九

从 1948 年以后，中国共产党以排山倒海之势，风卷残云般地从东北到中原向国民党发起全面的进攻。辽沈战役、淮海战役连连告捷，1949 年 1 月又和平解放了北平，这样大半个中国的领土已经被共产党解放。4 月，毛泽东发出“将革命进行到底”的命令，中国人民解放军要“打过长江去，解放全中国”，挥师南下，强渡长江，直抵国民党统治的中心南京，宣告了国民党政府的覆灭。5 月 27 日，全国最大的城市上海解放了。这是一个翻天覆地的时代，蒋介石苦心经营的这座“大厦”倾塌了，他们仓皇不知终日，纷纷逃走，国统区未能逃掉的人们也感到一种前所未有的震动。他们有点茫茫然、惶惶然的恐惧，不知道自己的命运将会发生什么样的变化，张爱玲的心理与一般上海小市民的心理一样，是一种茫然。1949 年，她就是在这样的心态下等到了全国的解放。

刚刚解放，新旧时代的急剧变化，照例是有点人心不安的。但这样的时间不长，很快便出现了新的气象，共和国百废待兴，在这个有百年历史的中国最大都市中，人们的生活得到安定，旧社会生活在底层的百姓也参加了建设新中国的热潮，翻了身的人民空前兴奋，到处是标语红旗，是敲锣打鼓扭秧歌的欢庆场面。

张爱玲的生活，几乎没有发生很大的变化。她还是一个靠写作为生的作家，没有什么社会职业，仍与姑姑住一起。姑姑张茂渊当时在上海一家电影公司任职，写作之余，她也与姑姑这位不爱交往的人一起到电影院里去看电影，每次试片她都与姑姑去看，见了熟人只是点头笑笑，也不多应酬。有时姑侄二人或者到书店淘淘旧书，回家翻阅。她们曾淘到一本《大卫·科伯菲尔》的英文原版书，在几个朋友中相互传阅。虽然没有什么社会职业，生活也还算过得去。

她凭着自己的触觉，感到自己还是可以继续写小说的。但是写什么？怎样写？她却没有多少把握。

张爱玲对政治不感兴趣，也天生没有政治头脑。她向来是一个冷静的人，不喜欢热闹，不喜欢狂热，尤其是政治上的。翻身的人庆解放，自己是什么呢？自己以前也不是最底层的百姓，现在也无所谓翻身，自己也不值得这么的狂喜与激动。在这个“人人劳动一切公平合理”的社会中，她感到有点失落，在现实面前保持了自己过于理智的冷静。

她静下心来，回顾自己几年来走过的路，设想以后的写作打算。她的阅历并不算丰富，她生在一个贵族之家，经历了这个大家庭由繁华到衰败的剧变，她见到的人，知道的事，自己的悲喜感情无不随之波动，她太熟悉这个环境了，下笔不能自休，在两三年时间写了那么多的小说，她笔下的所有小说内容都是这一方面的。这样的灰暗的题材内容还能不能写下去？换个题材，自己又能写什么？除了旧家庭之外，对工厂、农村都不熟悉，怎么写？

她又最讨厌政治，不想与政治沾边。她对三四十年代左翼文学就很看不惯，本能地反感，从内心感到一种无形的压力。那时候左翼进步作家写的作品都是代人民群众讲话，为百姓诉苦诉冤，是人民大众的文艺，这自然能引起普遍的同情，受一般百姓的欢迎。但是张爱玲觉得社会舆论又有一点常表不满，那就是左派文学“诊脉不开方”，找不到根治人民群众不幸的药方，如果非要这些作家开方，就不外乎阶级斗争的大屠杀，“现在的知识分子谈意识形态，如同某一时期士大夫谈禅一般，不一定懂，可是人人会说，说得多而且精彩”（张爱玲《论写作》）。她说这是男人的习惯，也可以叫“男人病”，自己是一个女人，不爱犯这毛病，所以她能不受左翼文学的影响，在那个革命文学的时代里，在沦陷区一隅写她自己独具一格的家庭伦理悲剧小说。

那个沦陷区特殊的氛围成全了她的声誉，在沦陷区这个国共都管不到的空档内，她可以谈性论食写那些灰暗的小市民生活。现在，全国都解放了，人民当家做主了，人们的精神空前地高涨，再写以前那种家庭悲剧显然是不合时宜的，或许还会招来别人的批评指责，前几年已经有过这样的教训了。

但是除了自己最熟悉的环境，最擅长的题材，自己还能写什么呢？在以前有朋友曾问她："无产阶级的故事你会写么？"她想了一会儿，说："不会。要末只有阿妈她们的事，我稍微知道一点。"后来从旁人那里打听到，这些旧家庭的老妈子们并不算是无产阶级，她也就不打算写"无产阶级"的事了①。她的头脑里是没有"无产阶级"这一类政治概念的，即使有一点糊涂的理解，那大概就是指身无分文的穷光蛋，所谓无产阶级的革命，便是这些"穷光蛋""革"有产阶级的"命"之类的理解。而且这一点可怜的知识，还是胡兰成教给她的。胡兰成写的《张爱玲与左派》说："革命要使无产阶级归于人的生活，小资产阶级与农民归于人的生活，资产阶级归于人的生活，不是要归于无产阶级。是人类审判无产阶级，而不是无产阶级审判人类。"

张爱玲仍然是茫然，尽管社会上喜气洋洋的气氛感染着她，她也似乎看到了一个新的社会与新的希望，感觉到解放并不是她原来想象的那么可怖，但她仍走不出内心的困惑，那种心情是很复杂的，似乎是一种"又可怕又兴奋的刺激"。

她是"天生写小说"的职业作家，对写小说有一种难言的嗜好，而且出于生计考虑，这是她唯一的谋生手段，所以经过了一年的沉寂后，她又

① 参见张爱玲《写什么》。

重新提起了笔。她开始看了赵树理的小说《李有才板话》、《小二黑结婚》，电影《白毛女》、《新儿女英雄传》，尝试适应这个时代。

文华公司老板吴性栽为了庆祝《不了情》与《太太万岁》的成功，邀请桑弧、唐大郎、龚之方、张爱玲等到无锡，在太湖里设"船宴"，一边吃饭一边游湖，大家非常开心。巧的是，洪深也来太湖游玩，船从对面驶过来，吴性栽听到洪深的声音，把洪深叫到船上一起吃船菜。洪深与张爱玲第一次相见，两个人谈起文艺，话很投机，张爱玲理解洪深那篇文章的压力，也释了前嫌①。那时她的文学朋友龚之方、唐大郎、桑弧都是共产党的文艺领导者夏衍所赏识的人才，他们都对新生活充满了信心，桑弧还兴致勃勃地与她切磋，自编自导了《哀乐中年》，搬上了银幕。《哀乐中年》不是张爱玲写的，但她给桑弧提了很好的建议。全国解放后，桑弧又以更大的热情投身到新中国的文艺事业，拍了鲁迅的《祝福》等片。1949年5月，上海解放，夏衍随陈毅进驻上海，接管上海市文化工作，组织办起多种报纸。7月，与她两度亲密合作的出版人龚之方与唐大郎，又兴兴头头地办了一张通俗性的小报《亦报》。《亦报》还是《大家》的旧人，与张爱玲有着旧交情，这时又来催她写稿，张爱玲被这些朋友的热情感动，答应重新合作。

《十八春》

张爱玲在她熟悉的生活范围内构思了一部名为《十八春》的长篇小说，写了沈世钧、顾曼桢十八年中悲欢离合的爱情故事。虽然小说中曼桢

---

① 参见张子静、季季《我的姊姊张爱玲》。

的家庭还是旧家庭，她的命运还是悲惨的，但已露出新的曙光，他们由旧家庭跨入了新的时代，改变了原本的命运。看来张爱玲一半迫于政治形势，一半还是真心地要了解现实，改变自己的风格了。

《十八春》

在她还没有完全构思好的时候，报社的朋友便登门催稿，等着她赶快拿出来发表。她写稿写得很慢，但报纸却是逐日地赶着连载，只好先送一部分，然后再往下赶写。这次，她破例放弃原名，改用了“梁京”这个笔名，不知是不是为了避嫌，她在上海沦陷时太出风头了，提起“张爱玲”，人们难免把她与汉奸文化人挂钩，这是当时社会最忌讳的政治问题，她很敏感地意识到这一点。以前沦陷区出过风头的人大多为了不必要的麻烦，发表作品时都改了笔名，像苏青这样泼辣大胆的人也改了笔名，何况她这个敏感小心的人呢？

她取“梁京”为笔名，并没有什么深刻的含义，只是把“张爱玲”的“张”和“玲”的声母韵母互换反切而已。用“玲”的声母和“张”的韵母反切为“梁”，再用“张”的声母（古音）与“玲”的韵母反切为“京”，与政治并无牵连①。

但“梁京”的出现显得很神秘，在《十八春》发表的前一天，桑弧也仿照这种“反切法”化了个“叔红”的名字，在《亦报》上神秘地渲染

① 参见张爱玲《余韵》“代序”。

“一向喜欢梁京的小说和散文，但最近几年却没有看见他写的东西”，又说：“梁京不但具有卓越的才华，他的写作态度的一丝不苟也是不可多得的。”以前人们从未见过“梁京”这个名字，原来竟是写小说散文的高手，这肯定是个笔名，但到底是谁呢？一时把人弄得如坠五里雾中，很想知道这位小说写得这么好的人到底是谁。这时《亦报》的文人们不失时机地出来卖关子，化名“传奇”的写了一篇《梁京何人》，说他和他的“内人”猜来猜去，“觉得《十八春》这个题目有点怪，只有两个小说家想得出，一个是徐讦，一个是张爱玲。”这篇文章半掩半露，简直呼之欲出，但始终犹抱琵琶半遮面。最后说“管他还是她，《亦报》有十山（周作人的化名——引者）之文，子恺（丰子恺）之画，梁京之小说，可拿到任何文评画展大会去矣。”张爱玲不愿出头露面，但她的文章却引起了轰动，周作人天天都读这个连载，他在《亦报》写的文章中两篇都谈到了《十八春》①。

小说中的曼桢是一个心地善良的姑娘，她爱着沈世钧。姐姐曼璐是舞女出身，年长色衰，嫁给流氓无赖祝鸿才。祝鸿才本来就对曼桢存心不良，到处刁难曼璐，用离婚来威胁。曼璐为了笼络住祝鸿才，两人设一个又一个圈套，使曼桢的朋友误解，再骗曼桢来，被祝鸿才奸污，还把她关在屋里，她的母亲被蒙在鼓里，经曼璐的花言巧语，母亲想着家丑不可外扬，就顺着曼璐这个恶人的意思，要曼桢与祝鸿才结婚，这样曼璐笼络祝鸿才的目的就达到了。于是曼桢这个善良的女孩子，陷入了更深的苦海……

小说在《亦报》上连载，曼桢的悲剧牵动着读者的感情，揪住了读者的同情心。当连载到曼桢被祝鸿才奸污，一位胖太太忍不住，把报纸愤然摔在桌上，大叫“气死我了，气死我了”，声称要找梁京，“恨不得两个耳

① 参见陈子善《〈亦报〉载评张爱玲文章辑录小引》及《〈亦报〉载有关张爱玲文章补遗》。

刮子打到梁京脸上!”当着别人的面，这位胖太太愤慨道：梁京不应该把这样悲惨、残酷、丑恶的事体来博得读者的感动。她说她不知道曼桢以后将怎样活下去，说着说着，呜呜地大哭起来。

有的读者上门去找张爱玲。一个女青年从报社打听到化名梁京的张爱玲的地址，找到她住的长江公寓，倚在她门前痛哭，说她就是张爱玲小说里的曼桢，想来见见她。张爱玲吓得不知如何是好，只得由她姑姑出来劝说。《亦报》报社也接到无数读者的来信，为曼桢共洒同情之泪，有的呼吁张爱玲，非要把祝鸿才与顾曼璐这对狗男女枪毙不可，也请求作者对曼桢行行好，“笔下超生”①。

张爱玲没想到读者对她笔下的女主人公的遭遇竟会这样关心，这使她高兴，也使她惶恐，她担心人们会误以为她故意狠心把曼桢陷入这绝望的境遇中，用廉价的手法来博取好心肠的读者的眼泪。

在《亦报》社的同仁与广大读者的热烈反应下，张爱玲也似乎觉得文学与政治有关系了，这些好心的读者对曼桢的遭遇的同情，曼桢在旧社会旧家庭所受到的坑害，说明还是有社会根源的。她在与叔红（桑弧）谈起她的感想时说，如果读者读到曼桢被辱的一章有一种突兀或不近人情的感觉，那是她写作技术上的失败。但是，曼璐这一典型，并不是她凭空虚构的鬼怪。与其说曼璐居心可诛，毋宁说她也是旧社会的一个牺牲者。曼璐自己不懂得劳动，在风尘中拣上了祝鸿才而企图托以终身，一旦色衰爱弛，求生的本能逼使这个女人不择手段地牺牲了曼桢，希望借此拴住鸿才的心。当然，曼璐为了慕瑾，对曼桢也有一些误会和负气的成分，但曼璐陷害曼桢，最主要的理由还应该从社会上或经济上的根源去探索。这并不是说曼璐的行径是可以宽恕的，但旧社会既然蕴藏着产生曼璐这样人物的

---

①　参见陈子善《〈亦报〉载评张爱玲文章辑录小引》。

条件，因此，最应该诅咒的还是那个不合理的社会制度①。

张爱玲这一番话是桑弧和她谈话后所记录的，十有八九是张爱玲的原话，说明张爱玲还是在心理上试图从社会根源上来解释文学。她并且告诉桑弧，曼桢的结局并不是很悲惨的。

曼桢后来与祝鸿才离了婚，她和张慕谨、沈世钧及妻子石翠芝来到东北参加祖国建设，成了“革命大家庭”里的一员，她会有好的前途的。

最后这光明的尾巴，曲终奏雅，张爱玲借慕瑾的话，抒发了慕瑾的感想：

> 我从前那个想法是不对的。我对政治从来不感兴趣，我总想着政治这样东西范围太大了，也太渺茫了，理想不一定能实行，实行起来也不见得能会理想。我宁可就我本人力量所及，眼睛看到的地方，做一点自己认为有益的事，做到一点是一点。
>
> 所以还是那句话：“政治决定一切。你不管政治，政治要找上你。”

不管是慕瑾也好，张爱玲也好，这话至少有一半是真话，虽然对作品或对作家来说都稍显得有点空洞。

1950年7月，《十八春》正在报纸上连载的时候，张爱玲意想不到地接到邀请她出席上海市第一届文学艺术界代表大会的请帖，她有点不知所措，是谁出面要邀请自己呢？

她不知道，邀请她的正是上海文艺界的领导人夏衍。作家夏衍在抗战胜利后由重庆回到上海，就听说沦陷期间文坛出了个张爱玲，他找来张爱玲的许多作品读了，很欣赏张爱玲的文采，又看到报上连载的《十八春》，

① 参见陈子善《〈亦报〉载评张爱玲文章辑录小引》。

1950 年的照片

夏衍很好奇，问龚之方“梁京”是什么人，龚之方告诉他是张爱玲，夏衍很高兴，说这是个值得重视的人才。又看了张爱玲编剧的《不了情》、《太太万岁》等影剧，觉得张爱玲不可多得，就力破众议，亲自点名邀请她来出席会议①。

张爱玲首次参加了共产党组织的大会。大会在上海一家大电影院举行，她穿着紧身旗袍，旗袍外面罩一件网眼的白绒线衬衫，这对她自己来说是极平淡朴素的装扮，与她自己从前的绚烂的衣着相比，真可以说是脱尽铅华了。但是在这黑压压一片灰蓝的会场上，她的这身装扮还是显得很醒目很突出。那时流行的是男女一律的中山装，而且不管男女，上装与下装颜色一概是蓝色或灰色，这种装束代表了政治的倾向，似乎这才是劳动人民的本色。张爱玲坐在最后一排，她只是听听而已，并没有发言。但是她不难感受到大会上前所未有的高昂的政治激情。所有到会的文学艺术家们，不管是来自解放区的，还是国统区的，都信心百倍地表示要改造自己的思想，清除头脑中剥削阶级小资产阶级的意识，以马克思主义毛泽东思想的文艺路线来严格要求自己，洗心革面，讴歌社会主义革命和建设，做新时代的文学艺术家。

张爱玲虽然没有这样高涨的政治激情，但即使她个人对政治不感兴

① 参见柯灵《遥寄张爱玲》。

趣，也确实在努力使自己的感情与时代精神不背道而驰。她很想参加些实际工作，可以在实践中增长阅历，对自己的小说创作也有好处。再则上海刚解放不久，动荡时期的通货膨胀还没有抑制，她除了给《亦报》写文章连载外，没有其他经济来源，手头也很拮据。文代会后，夏衍让她随上海文艺代表团下乡，到苏北农村参加土地改革工作两个多月，她很乐意地参加了①。她对这些政治的东西陌生，但这些活动也确实使她了解了旧社会农民的生活状况，了解了农民被剥削与压迫的生活现实，对农村有了感性的认识，所以这段时间不长的实践，使她的小说中带上了一点新的时代气氛，比如后来写的《小艾》就有这样一些新的内容。

在这种时代精神的影响下，她写出了与以前风格很不同的时代氛围，《十八春》的后半部表现了一些明显的政治倾向。世钧新婚的妻子翠芝也改变了少奶奶的脾气，换上"列宁服"，与世钧一道到东北参加建设。世钧与她同是在"旧社会里糊里糊涂做了半辈子的人，掼不下的包袱不知有多少，这回到东北去要是去得成，对于他正是一个严重的考验"。世钧与慕瑾虽然在过去里有点个人的小恩小怨，但现在同到东北，"同是革命的大家庭里的一员，所以也觉得十分亲切"。

一个旧时代的悲剧，跨过解放的门槛，忽然柳暗花明。张爱玲为了安慰那些关心她小说主人公命运的"梁迷"们，违背了小说本身的艺术逻辑，这对于小说虽然是不幸的，但满足了人们善良的愿望与同情心。

张爱玲为此赢得读者的热烈欢迎。《十八春》刚刚连载结束，就有读者给《亦报》编辑去信，问"梁京先生"有没有新作继续在《亦报》上

---

① 据殷允芃《访张爱玲女士》，张爱玲说曾在乡下住过三四个月。另萧关鸿《寻找张爱玲》（《南方周末》1995 年 11 月 10 日）采访记，张爱玲姑丈李开第也说："夏衍爱才，很看重张爱玲，点名让她参加上海第一届文代会，还让她下乡参加过土改。"

刊载？其实，报社编辑比读者还要着急，早在一个月前就再次催促张爱玲写新的作品了。唐大郎对张爱玲说："你写这么好的小说，别说读者们不放松你不写下去，就是《亦报》同人，也不放松你不发这个稿子呀！"张爱玲不能拂别人的好意，说："写还是要写的，就是写得太慢，要等《十八春》杀青后，再构思下一篇小说的内容。"

《十八春》登完的第二天，唐大郎又去看张爱玲，等着她的稿子。这时张爱玲正在补《十八春》里的漏洞。因为这篇小说一边在报上登载，一边写，写到后来，明明发现前面有个漏洞，却无法修改，她心里老是有个疙瘩，花了一段时间来弥补小说的缺陷，准备再写新作时，非要全部写完再拿出来不可①。

《小艾》

《十八春》修改完后，交给《亦报》报社出版了单行本。同时她又在构思另一部小说《小艾》。

张爱玲对这篇小说的主人公小艾生活的旧家庭的环境已经是太熟悉了，但作品里还牵涉到印刷工人的生活，她却不太了解，怕写不好。因此，她与姑姑说，想找一个印刷工厂去了解一下工人的生活。姑姑所在的电影公司一位从事文字编辑的同事，编《亚洲影讯》常常要跑印刷厂，人比较熟，于是就介绍了张爱玲去那家印刷厂体验生活②。

---

① 参见陈子善《〈亦报〉载评张爱玲文章辑录小引》。

② 参见朱曼华《张爱玲和她的姑姑》，载《张爱玲研究资料》，于青编，海峡文艺出版社1994年12月版。

张爱玲开始进一步向普通人贴近，有次在领什么证件时拍了张派司照。她穿着最普通的配给布做的喇叭袖唐装衫等着登记，一位穿黄制服的老八路模样的干部在逐个登记发证。轮到她，那人抬起头，见她像个农村妇女，就问："识字吗?"她笑着咕哝了一下："认识。"心里惊喜交集：不像个知识分子①!

半年之后，《小艾》完成了，1951 年 11 月开始在《亦报》上连载。

女主人公小艾从小就被卖给上海一个大户人家做婢女，那时候还很小，她不知道自己姓什么，家在哪里，也没有名字，因为被卖到席家时，正是快要过端午节了，端午节以艾草避邪，所以席五太太便给她取了个名字叫"小艾"。小艾就成为侍候席五太太的丫环。

自从跌进席家这个火坑，她就没有过一天的好日子。席五老爷景藩是一个冷酷、自私、专横而又挥霍无度的人，除了五太太这个续弦外，还有姨太太。因为有了姨太太，五太太失了宠，所以五太太身份虽然是太太，但在席家她却是一味做小伏低惯了，见了席老爷自然是大气也不敢出一声，对宠擅专房的三姨太太也不敢得罪，就连对自己房里做饭的陶妈她也得赔着笑脸，五太太是这个大家庭里的最无足轻重的牺牲品，她有气无处出，于是小艾就成了她的出气筒。

小艾也是席家一家人的出气筒，不管谁，高兴起来都可以打骂教训她。她除了服侍五太太外，还要服侍陶妈刘妈，烧洗脸水一时未好，便被陶妈劈脸打个耳刮子。五太太只要连叫她一两声没有立刻来到，就要动手打她了，用鸡毛帚掸抽她，或罚她跪在地下。家里什么东西打碎了，总是她的错。小艾在这样的环境中变得沉默、呆滞，面无表情。

后来小艾随五太太到南京，除了受五太太、三姨太的欺负外，还要受

---

① 参见张爱玲《对照记》。

席景藩的暴虐毒打。席景藩在一天晚上奸污了她，小艾怀了身孕。五太太听了气得话都说不出来，不由小艾分辩便迎面没头没脑地打过来，她只恨两个胳膊气得酸软，打得不够重，拿起红皮底的鞋子往小艾脸上抽。三姨太担心小艾如果生了儿子危及自己的地位，也找到五太太这里，照着小艾肚子上猛踢。席景藩本来是存心玩弄小艾，由众人打去，他也不理。终于小艾被打得小产了，她病倒了，谁也不理她，也不给她看病。她恨透了这个家，恨透了席景藩五太太三姨太以及这家所有的人："根本在这个世界上谁也不拿她当个人看待。她的冤仇有海样深，简直不知道要怎样才算报了仇！"

她又随这一家回到上海后，常常想着："总有一天我要给他们看看，我不见得在他们家待一辈子，我不见得穷一辈子。"

后来，她认识了邻家阳台上每天坐着看书的男子。他叫冯金槐，是一个排字工人，也是个"苦出身"，现在工厂做工。他给她讲自己家乡种田人怎样被地主剥削，年成好的时候都吃不饱，遇到年成不好，交不出租，就要受高利贷盘剥，卖儿卖女。两个苦出身的人在一起很能谈得来，渐渐产生了感情。陶妈家的儿子有根，来上海后看上小艾，追求她，小艾也看不起这个势利人家的人，心里只有冯金槐，陶妈也怕自己儿子娶小艾，便撺掇说要小艾出嫁。

小艾自从嫁出以后，另是一番天地，她仿佛新发现了这个世界似的，一切事物都觉得非常有兴味，虽然生活还是很苦，没钱看病，她被医生判定不能生孩子，还要切除子宫，她领养了一个女儿度日，"那是蒋匪帮在上海的最后一个春天"。

解放了，医院治好了她患的不治之症，小艾又生了一个儿子，她与金槐在一起很幸福，也感觉到现在"物价平稳，生活安定"，"医院真的是为人民服务了"。冯金槐也非常热心地学习，常常把政治书上的新民主主义、社会发展史讲给她听。小艾想着自己的孩子“将来长大以后，不知道是怎样的一个世界，要是听见他母亲从前悲惨的遭遇，简直不大能想象了吧?”

小艾在现实中实有其人，现在已经做了祖母。

《小艾》从1951年11月4日起，在《亦报》上连载，直至次年1月24日结束。

这篇小说，虽然也受到读者的好评，但没有能产生像《十八春》那么大的影响。小艾这个人物没有什么鲜明的性格，她的出身，她在席家遭受的种种虐待，她的性格与心理很有可挖掘之处，但她却没有多少心理的活动，就连她同冯金槐认识结婚后，她的性格也没有明显的变化。所以尽管解放后翻了身，过上了幸福生活，却难以引起人们悲喜不同的强烈共鸣。张爱玲背离了她一贯用的参差对照的手法，把善与恶斩钉截铁地对立起来，席家是万恶不赦的剥削阶级的缩影。这篇小说倒有点近于左翼的文学作品了。这篇作品比起《十八春》来说不能算成功。与小艾相比，次要人物五太太反而过于突出，给人较深刻的印象。五太太既是一个牺牲者，又是一个食人者，她把自己的怨气撒到小艾身上，在众人面前五太太是个老好人，但在小艾面前，她却比谁都凶残。五太太因为是包办婚姻的受害者，所以最赞成自由恋爱，不但赞成而且鼓励，对下一代的青年希望他们是“有情人终成眷属”，这本是善良的愿望，“但是在她的心目中，总仿佛谈恋爱是少爷小姐们的事情，像那些仆役、大姐，那还是安分一点凭媒说合，要是也谈起恋爱来，那就近于轧姘头”。她受这个等级森严的家庭毒害太深，自己不满，但也带着同样可怕的等级观念，她有一点像《金锁记》里的曹七巧，比曹七巧更凶残，但心理还没有变态到曹七巧的那种地步。

张爱玲对这部近于图解政治概念的小说是不满的，她后来自称“非常不喜欢这部小说”。她原来的构思并不是这样的。

> 原来的故事是另一个婢女（宠妾的）被奸污怀孕，被妾发现后毒打囚禁，生下孩子抚为己出，将她卖到妓院，不知所终。妾失宠后，儿子归五太太带大，但是他憎恨她，因为她对妾不记仇，还对她很好。五太太的婢女小艾比他小七八岁，同是苦闷郁结的青年，她一度向他挑逗，但是两人也止于绕室追逐。她婚后很像美国畅销书中的新移民一样努力想发财，共产党来后她怅然笑着说：“现在没指望了。”
>
> ——《余韵》“代序”

张爱玲原来所构思的结局在当时的政治形势下是根本不可能出现的，她是个聪明人，为了现实的需要她改变了自己的写作计划，把这篇小说写成了现在这个样子。同《十八春》一样留一条光明的尾巴，安慰读者，也给自己留一条退路，以防止被揪辫子。

张爱玲是彻底的悲观主义者。她是以一个悲观主义者的眼光来看人生的，她所受的环境教育，她的性情决定了她的艺术情趣，像《金锁记》那样“一级一级走向没有光的所在”，这种没有结局的结局，使故事可以向更深远的空间延伸，有一种摄人心魂的力量，像《沉香屑：第一炉香》里葛薇龙与乔琪乔，《红玫瑰与白玫瑰》里的佟振保与他的红白玫瑰，《茉莉香片》里聂传庆与言丹朱，《封锁》里的吕宗桢与吴翠远，《年青的时候》里的潘汝良与沁西亚，《多少恨》里的虞家茵与夏宗豫，都是这样没有结局的结局，戛然而止，一点也不拖泥带水，但却像一杵苍然的老钟，悠悠地在读者心头回响，回响于永远的时间与空间。

《十八春》与《小艾》显然没有这种震撼人心的效果，结尾的光明尾巴成全了主人公的命运，却破坏了整个悲剧的气氛。

去意徊徨

到1951年底时，政治气氛似乎更浓了，11月30日，中共中央发出《关于在学校中进行思想改造和组织清理工作的指示》，要求在学校教职员和高中以上的学生中普遍开展学习运动，号召运用批评和自我批评的方法，进行自我教育和自我改造。之后，这个思想改造的学习运动迅速从教育界扩大到整个知识界和文艺界，所有的知识分子都毫不例外要进行思想改造，像张爱玲这样从沦陷区、国统区过来的旧知识分子当然更得“改造”了。更严重的是，她没有职业，也没有组织，她等于是一个被社会遗弃的人，没有一点安全感，政治的风声又紧，这将影响到她靠写稿为生的生活，像她这样的政治上有问题，又不积极要求“进步”的人，还有谁敢请她写稿呢？她真感到“惘惘的威胁”了。

她预感到的首先是政治上的威胁。她说她怕交响乐，因为交响乐像政治，“浩浩荡荡五四运动一般地冲了来，把每个人的声音都变成它的声音，前后左右呼啸嘁嚓的都是自己的声音，人一开口就震惊于自己的声音的深宏远大；又像是初睡醒的时候听见人向你说话，不大知道是自己说的还是人家说的，感到模糊的恐怖”。而且政治也像交响乐那样，其攻势慢慢而来，各种声音都埋伏起来，此起彼伏，像有计划的阴谋一样。她感到自己一个无助的女人在这政治形势面前没有安全感，一阵恐惧袭上心头。

她从乡下土改回来后很想找一份工作，但是又没有着落，没有单位敢接受她。在郊区中学教书的弟弟知道她这时候不能写作又没有工作，心情很坏，便劝说她到学校教书，但她摇头，说：“绝对不去教书。”（萧关鸿《寻找张爱玲》）她知道学校里思想改造的政治运动更紧，以后或许更危险。在无奈之中，她心中涌出一个念头：出走。

香港大学复校的消息传来，张爱玲就写了一封信到香港大学，去询问能否继续因战争而中断的学业，很快香港大学校方就答应了她。

在她考虑出走香港的时候，她不知道夏衍正在为她的事着急。夏衍一直很关心她，想为她找一个工作，使她继续写小说和电影剧本。那时上海电影剧本创作所刚刚成立，身为上海市委常委、宣传部长和文化局长的夏衍兼任所长，副所长由柯灵担任。夏衍对柯灵说，张爱玲是个很不错的文艺人才，想请她来所里当专业编剧，但是眼前又有人反对，原因当然是张爱玲的政治问题了，只好稍等一时。

但柯灵还未来得及把这个消息告诉张爱玲，就听说她已经离开大陆去了香港。夏衍听了，一片惋惜之情，却又不置一辞①。是啊，这样一个难得的人才，走了真是莫大损失，但欲留又如何能留得住呢？即使留下来，以后能否继续写她的小说都很难说，但夏衍还在考虑怎样为国家挽回这个损失。

她当初走的时候，内心是很凄惶的。文华影片公司的老板吴性栽与唐大郎、龚之方想为桑弧和她撮合亲事。他们二人几度合作，非常投契，桑弧又未婚，人也忠厚，更难得的是他与张爱玲文艺观念非常接近，张爱玲的剧本情调把握得准，她的剧本只有桑弧能导好。但当龚之方对她提起此事，张爱玲默默无言良久，只是摇头、再摇头、三摇头，意思是叫他不要再说下去。她无心久留，要去远方了②。

她担心夜长梦多，因此，她对谁也不说，只有和她朝夕相处的姑姑知道。临走前，她与姑姑相约，为避免以后的麻烦连累姑姑，一走就隔绝往

---

① 参见龚之方《离沪之前》。

② 参见张爱玲《对照记》。

大陆最后一张照片

来，不打电话，也不通信。姑姑把自己珍藏的家族照相簿交给爱玲保存，这些东西在日后恐怕也是麻烦，不如带走的好。这样，相依为命的姑侄二人就从此诀别，永远没有了相见的一天。

洒泪告别姑姑后，她一人由上海到广州，再由广州乘车到深圳，通过罗浮桥，对面就是香港了。

通过海关检查时，她内心忐忑不安，她的通行证上用着化名，海关检查人员大概是她的《传奇》和《流言》的忠实读者，记得她照片的模样，仔细地看了看她，问："你就是写小说的张爱玲?"张爱玲一惊，不知该怎么回答，只是战战兢兢含含糊糊地咕哝一声"是"，她紧张到了极点，生怕被扣下来。谁知那人竟非常和蔼地笑了笑，不再检查就放她过去了。

香港照例还是陌生的，阴湿、郁热的异邦人的天下，举目无亲地生活在这繁华的荒漠中。

她是人生的独行者。生活上是这样，文学上也是这样，独来独往，无所归依。她没有了家，也没有了国，自由而孤独地飘向海外，这是她个人的悲剧性格的悲剧，也是时代的悲剧。

既然命中注定要孤独地漂泊，她也就得沿着这条陌生的歧路，走下去，走下去。

第九章　漂泊天涯

我姑姑说那里比什么地方都好，气候偏于凉，天是蓝的，草碧绿，到处是红顶的黄白洋房，干净得像水洗过的，个个都附有花园。如果可以选择的话，她愿意一辈子住在那里。要是我就舍不得中国——还没有离开家就想家了。

——《诗与胡说》

香港，依然陌生

1952年9月，张爱玲又进入香港大学，但只待了三个月，就离开了。

这时的港大，文学院院长是以前曾教过他的贝查先生。原来的教授许地山先生已经去世，马鉴战后升为教授不久退休，陈君葆亦离开港大，唯一教过张爱玲的就是这位贝查院长。

她母亲的老朋友、曾为张爱玲监护人的吴锦庆先生还在港大工学院任讲师，李开第1940年后到重庆工作后，就托吴锦庆作她的监护人。吴锦庆还帮助致函当时的文学院院长贝查，为张爱玲申请助学金，张爱玲随后于8月20日正式在港大注册，重新成为港大的学生。在她的注册表内，有贝查院长的函件，指出：张爱玲已是难民，生活困难；她于一九四一年曾获何福奖学金，证明她是当年最优秀的学生；那笔奖学金还在港大，她申请重读，应作为助学金发给她。后来，港大同意给张爱玲一千元的助学金。贝查先生为她力争，好不容易争了下来，才发现张爱玲人已经不在学校了，他大为生气。

按常理，好不容易争取到这个机会，应当好好珍惜，完成学业，拿到港大的文凭，但张爱玲不知道贝查院长背后在给她争取助学金。小说家头脑又一次发热。她的好朋友炎樱此时在日本东京，准备不久就去纽约，张爱玲想到东京找工作，或谋求移民美国，于是于11月第一学期结束前赶赴东京，并书面通知港大注册处退学。可惜到了东京后，并不如意，只好在1953年2月重回香港。张爱玲的这一冒失举动，让贝查院长大为恼火。等她回来，知道了情况，登门向贝查院长道歉，并送了她家祖传的珐琅银器为礼物。贝查院长虽然收下，但仍然余怒未消。港大仍在讨论她的退学事件，不仅前面的助学金取消了，注册主任还来信追讨这一学期的学费，她只好补交了学费，并声言，若港大不补发以前应得的奖学金，她不会重返港大。这样，她再次离开港大，只得重觅出路。

张爱玲几经艰苦，通过报纸广告，觅得英国东南亚专员公署翻译员一职，可是当雇主赴港大她所居住的何东女子宿舍调查时，她被人指称“可能是共产党特务”，不但失去了这个机会，还三度被警方传讯[①]。

当时美国驻港总领事馆新闻处（简称“美新处”）处长理查德·麦卡锡（Richard M. McCarthy）知道张爱玲的名字，他1947—1950年曾经派驻中国，经历过北京的解放，1950年起派驻香港。美新处要向中国进行“文化宣传”，正好需要从事翻译的人才，把美国的文化翻译为中文，向新中国进行文化渗透，包括梭罗、爱默生、福克纳、海明威等经典作品，因此，张爱玲就进入美新处从事翻译工作。

张爱玲第二次来到香港，但这一次和上次的心情却大不一样。

香港照例是陌生的，她不怕，已习惯这陌生的世界，陌生中又有自由，“楼下公鸡啼，我便睡”（林以亮辑《张爱玲语录》），像《日出》中陈白露那样日晏高卧，更重要的是她可以卸掉一切的政治顾虑，尽情地写自己的东西，想怎样写就怎样写，没有人干涉。她为自己获得的这种自由而庆幸，把在大陆上的见闻和牢骚不满通过小说的形式表现出来。

为了生计，能进入“美新处”工作，她非常乐意。美国新闻处请她把台湾作家陈纪滢的反共小说《荻村传》译为英文。她还替美新处用中文译过海明威的《老人与海》、玛乔丽·劳林斯的《小鹿》（后改名为《鹿苑

---

① 参见黄康显《张爱玲的香港大学因缘》；又见张爱玲1966年5月7日致夏志清信，载《永远的“流言”——张爱玲致夏志清遗札特辑》。

长春》)，根据马克·范·道伦编辑的《爱默森文集》编译的《爱默森文选》，华盛顿·欧文的《无头骑士》等。张爱玲对这些翻译的兴趣并不高，她说：“我逼着自己译爱默森，实在没办法。即使是关于牙医的书，我也照样会硬着头皮去做。”又说：“译华盛顿·欧文的小说，好像同自己不喜欢的人说话，无可奈何地，逃又逃不掉。”话虽如此，她的译笔却非常好，特别是海明威小说《老人与海》特别对她的胃口，译本一出，就被当作最好的中译本，现在已经成为经典译作。而且值得庆幸的是，在这里认识了一位也是做翻译工作的女同事——邝文美。

张爱玲译作《老人与海》

张爱玲译作《爱默森文选》

邝文美是学者宋淇的夫人，宋淇（笔名林以亮）与夫人四十年代在上海时就是张爱玲的忠实读者，那时和上海的许多知识界人士一样，迷上了张爱玲的《金锁记》、《倾城之恋》、《沉香屑：第一炉香》等，很想见见张爱玲，但听说张爱玲脾气很怪，不喜欢与人往来，也就无缘相识。他听夫人说现在张爱玲就与他的夫人在一个机构工作，志趣相投，关系还不错，大喜过望，便由夫人作介，认识了张爱玲。这样的萍水相逢，张爱玲与宋淇夫妇从此成为最好的朋友，终生的知音，这恐怕也是缘分①。

张爱玲所供职的美国新闻处是美国新闻署设在香港的窗口。上世纪五十年代初，由于美国出兵朝鲜，中国开始了抗美援朝的战争，中美两国在朝鲜问题上针锋相对，关系恶化。美国新闻舆论反华气势甚嚣尘上，张爱玲在这里工作，不可能不受这种政治舆论的影响。更何况她逃离大陆时本来就对共产党的统治心怀不满，她的思想与感情在她所写的作品中流露出来，带上了一定的政治色彩。

《秧歌》与《赤地之恋》

张爱玲在翻译之外，开始了用英语写小说，她首次用英文写了长篇小说《秧歌》。

这部小说描写的是大陆土地改革之后的农村生活。土改之后，月香由在上海做帮佣而回乡生产。她本来是满怀着希望回去的，但是回家后发现，尽管分到了土地，她的丈夫金根还是村里的劳动模范，但家里却非常贫穷，全村都受穷受苦吃不饱。她在上海积攒的一点钱，亲戚邻舍还要来借。金根的妹妹金花出嫁了，丈夫家里更穷，他们兄妹两人从小是孤儿，相依为命，感情一直很好，金花来借钱，金根想借给妹妹点钱，但月香不肯，甚至也不给金花做一顿干饭。夫妻两人为此事生气。

---

① 本节除注明出处外，均引自林以亮《私语张爱玲》。

《秧歌》

但是他们的一点钱还是留不下来。快过年了，村里干部要求每家拿出四十斤年糕、半只猪去慰问军属，没养猪的要出钱。村干部王同志来做工作，说因为金根是劳模积极分子，动员他带头出钱，但金根说家里没有钱，两人吵闹起来，月香怕闹大了，赶忙拿出钱来息事宁人。

然而金根还是很积极地做年糕交上去了。金根交去的年糕过秤时，王同志刁难他，说不够斤两，他与王同志又大闹一场。在旁边观看的人为交年糕的事不平，群情激愤，借机起哄，吵着要政府借钱过年。一群人拥到民兵镇守的仓库要抢粮，眼看乱得不可收拾，民兵们开枪威胁，向人群中扫射，枪声一响人群向四处奔散，在混乱中，金根受了重伤，女儿阿招被人踩踏而死。

当月香拉着丈夫到金花家去躲避时，金花对嫂嫂心怀不满，又怕连累到自己家，不肯收留他们，甚至不去看她哥哥。月香只好拉金根到别处藏身。金根因为自己闯了大祸，难以逃脱，又怕连累了月香，就投水自杀了。月香万念俱灰，死去了女儿，又死了丈夫，她失去理智，纵火烧了粮仓。大火被扑灭了，而月香本人已被烧死。

风波过后，新年到了，人们照样地扭着秧歌、抬着礼品挨家挨户去慰问军烈属。

这篇小说是张爱玲以《人民文学》一篇文章梗概为轮廓，拼凑些道听途说的“根据”，或从报纸正面宣传中看出反面的材料，加上虚假的想象力而完成的，因此它违背时代的真实感。其实质是歪曲历史事实，攻击中国共产党的土改政策。

这时，曾获得普利策小说奖的美国作家马宽德（John P. Marguand）访港，麦卡锡负责接待，他宴请马宽德，也邀请张爱玲参加。张爱玲奇特的装扮让马宽德很好奇，偷偷问她：为何你的脚趾头上涂着绿彩？张爱玲一窘，回答是“外用药膏”。麦卡锡把张爱玲英文《秧歌》的前两章送给马宽德，请他评鉴。马宽德漫不经心地收下，说应酬多，怕没有时间看。当天晚上下大雨，马宽德在宾馆有点空，一口气读完。第二天一早打电话给麦卡锡：“我肯定这是一流作品。”他把这两章带到美国，大力推介，使《秧歌》在美国出版①。

张爱玲起初住在女青年会，独居一室闭门写作，她的名声渐渐大了起来，有人知道她就是四十年代上海文坛上大红大紫的才女张爱玲，便登门拜访。张爱玲最怕打扰，托宋淇夫妇在他们家附近租了一间房子，换个别人不知的处所。这个斗室陈设异常简陋，屋里连书桌都没有，更没有书橱，也没有书。张爱玲每晚坐在床上，就着床边的小台几写稿。她是一个来去无牵挂的人，“我故意不要家里太舒齐，否则可能：(一）立刻又得搬家。(二）就此永远住下去。两者皆非所愿。”这样没有负担，专心写作。那时她正在写另一部中文长篇《赤地之恋》。

《赤地之恋》完全是美新处授意她写的，由于美国的反华立场，想要她写这么一本反对共产党的作品。大纲已代她拟定好了，她没有自我发挥的余地，比起《秧歌》来，她更没有实际的生活经验和素材，写起来十分不顺手，尽管她很认真对待，但仍没有把握，她又为《赤地之恋》求得一签，占得的结果是：

---

① 参见高全之《张爱玲与香港美国新闻处——访问麦卡锡先生》。

勋华之后　降为舆台
安分守己　仅能免灾

这自然是不好的征兆，但她还是硬着头皮把书写了出来，先用中文出版，再翻译成英文。美国的出版商果然对此书没有兴趣，她在香港《今日世界》社分别出版了中文、英文本，中文本尚有销路，英文版则很少有人问津。

在美新处授意下写的《赤地之恋》

《赤地之恋》的历史背景跨越了土改、三反、抗美援朝等历史阶段，以刘荃与黄绢的恋爱为主线索。主人公刘荃在大学时代本是有政治理想与抱负的革命青年，毕业后被分配到华北农村去搞土改，在这里，他看到许多令人触目惊心的现实：土改批斗地富，但村里地主富农不够数，为了完成上级的指标，把有些本不属于地富成分的中农也抓起来斗争，他的房东唐占魁是个中农，忠厚老实，政治上也是清白的，刘荃根据上边政策认为他不会有问题，但是唐占魁受到严刑逼供，最后被枪毙了。

刘荃觉得很负疚，但也没办法挽救，而且他还得随人一起参加对唐占魁的行刑。经过这一番打击后，他的理想破灭了，深感痛苦，与对现实同样不满的一位善良女子黄绢相爱，找到一点安慰。

土改之后，他又被调去从事抗美援朝的宣传工作，这里他更看透了现实的黑暗与丑恶，对一切都失去了希望，成为一个寻欢作乐的人，和穿着列宁装满口革命语录内心却情欲横流的女干部戈珊轧上了姘头。黄绢的到来使他又重新振作起来，就在这时，三反运动又开始了，刘荃无缘无故地被牵进了他的上司的案中，被抓起来关进狱中。戈珊想出一个“一石两鸟”的毒计，抖出张励为刘荃开脱罪责，又抛出毒饵让黄绢上钩。黄绢为了能救出刘荃，迫不得已满足了一个权要人物的兽欲，以牺牲自己的肉体保住了刘荃的生命。

刘荃出狱知道后，痛苦万分，对共产党无比愤怒，主动报名参加了抗美援朝，想在战争中忘掉这一切，战争中他被美军俘虏了。到了遣返战俘时，他本来可以选择到台湾定居，但却选择了回大陆这条路。“他并不指望再看见黄绢，但是他的生命是她的幸福换来的，他总觉得他应当对她负责，善用他的生命。他想不出更好的用途了。”他怎样“善用他的生命”？怎样才是“更好的用途”呢？张爱玲在结尾写道：

> 他要回大陆去，离开这里的战俘，回到另一个俘虏群里。只要有他这样一个人在他们之间，共产党就永远不能放心。

> 他知道反共战俘回去是要遇到残酷的报复的，但是他现在学乖了，他相信他能够胜利地通过这一切，回到群众中。一个人的力量有限，但是他不会永远是一个人。一万四千的战俘的坚决与勇敢给了他极大的信心。

毫无疑问，这些近于煽动人们反共情绪的话一定是美国新闻处官员的“授意”所在。张爱玲这部小说最失败之处也就在这里。

天涯路远

但无论如何，张爱玲的《秧歌》、《赤地之恋》两部中英文长篇小说，在香港的小说界可以说影响不小。像她这样身居香港的一个中国人，能以英文写作小说并获得好评，实在不多见，在香港这块弹丸之地，真是凤毛麟角。

她以前在大陆的《传奇》、《流言》以及其他作品纷纷被挖掘出来，在香港重新印行，不过大都是盗版，出版商看重她的名声，翻印她的作品可以牟取厚利，甚至有的人敢冒充她的名字写书。她很惊讶地发现有两部小说，一本《秋恋》，另一本《笑声泪痕》（又名《恋之悲歌》），书上署的名字都是“张爱玲”，而且书的名称也和她的书名相类似，写的内容也是男女情爱的一类，书里的主人公也是活动在沦陷前后的香港或上海，模仿得很像，但文字写得却很粗糙。从《笑声泪痕》书后一篇陈影写的跋文，可以知道小说的作者是个男士，但却冒了“张爱玲”这样的女性名字①。真的“张爱玲”非常诧异，赶紧把自己的短篇小说收集起来，定名《张爱玲短篇小说集》在天风出版社出版，以防人家再盗印或假冒。但假“张爱玲”却借了她的光，那本《笑声泪痕》先后在龙门书局和文渊书店印行多次，赚了一笔钱。

使张爱玲苦恼的还不仅是这些，她知道香港这个弹丸之地并不是可以永久栖身的地方，繁华都市下的文化却是荒漠一片。香港本地的文化是寥落肤浅的，充斥这里文坛的大多是泊来大陆、台湾、东南亚以及海外华人的作品，各色各样的作品都可以在香港翻印出版，所以表面上香港的文坛是五花八门热闹纷呈的，但却掩盖不住内在的空虚。香港人的文化趣味与素养也不是太高，尤其是狭小的城市生活空间更不适宜文艺创作，张爱玲在此也根本不做落地生根的永久打算，在写《赤地之恋》时就打算移居美

① 参见《笑声泪痕》（香港龙门书局）附录：陈影“关于《恋之悲歌》”。又张爱玲《关于〈笑声泪痕〉》已详细辩驳。

国了。就在这时，夏衍还命唐云旌写一封信托人给她，劝她不要去美国，能回上海最好，不能，留在香港也好，但她也更无心再回大陆了。

那时宋淇在香港电影界从事剧本审查工作。香港影艺界红得发紫的天王巨星李丽华和他认识颇久，李丽华知道张爱玲的电影剧本在上海上映很轰动，而且知道现居香港的张爱玲与宋淇关系极好，便再三恳请宋淇为她作介，见张爱玲一面。李丽华当年在上海演出成名之作《假凤虚凰》（黄佐临导演）与张爱玲所编的电影剧本同是一家电影公司出品，是文华公司继《不了情》、《太太万岁》之后拍的第三部片子，可以说对张爱玲慕名已久，只恨无缘相识。此刻她刚刚组建了丽华影业公司，打算独资拍片，渴望能有张爱玲编写剧本。但她害怕张爱玲不肯见，便缠着宋淇想办法安排一见。李丽华在香港本是人人皆知的女明星，她一露面，记者、影迷就会蜂拥而上，围个水泄不通，所以也不肯轻易见别人，但现在她竟然纡尊降贵求见张爱玲，宋淇也为难，张爱玲不喜见生人，他怕张爱玲如果断然拒绝便不好办了。宋淇慢慢地给张爱玲做工作，终于获得她的首肯，约定了一个时间，在宋淇家中见面。

那天下午，李丽华特地从九龙过海来到宋淇家，为了赢得张爱玲的喜欢，在装饰打扮上颇下了一番功夫，装扮得比电影上更漂亮。她等了相当久，张爱玲才姗姗到来，李丽华一改平日快人快语坦率直爽的风格，说话特别斯文，小心地恭维着张爱玲，简直有“强盗扮书生”之感。张爱玲对她的印象也特别好，“越知道一个人的事，越对她有兴趣。现在李丽华渐渐变成立体了。好像一朵花，简直活色生香。以前只是图画中的美人儿，还没有这么有意思”。

但坐了一会儿，张爱玲就托辞有事先走了。她那时正在写《赤地之恋》，同时又申请移居美国，实在无暇顾及写剧本，她与李丽华仅止于惊鸿一瞥的缘分。

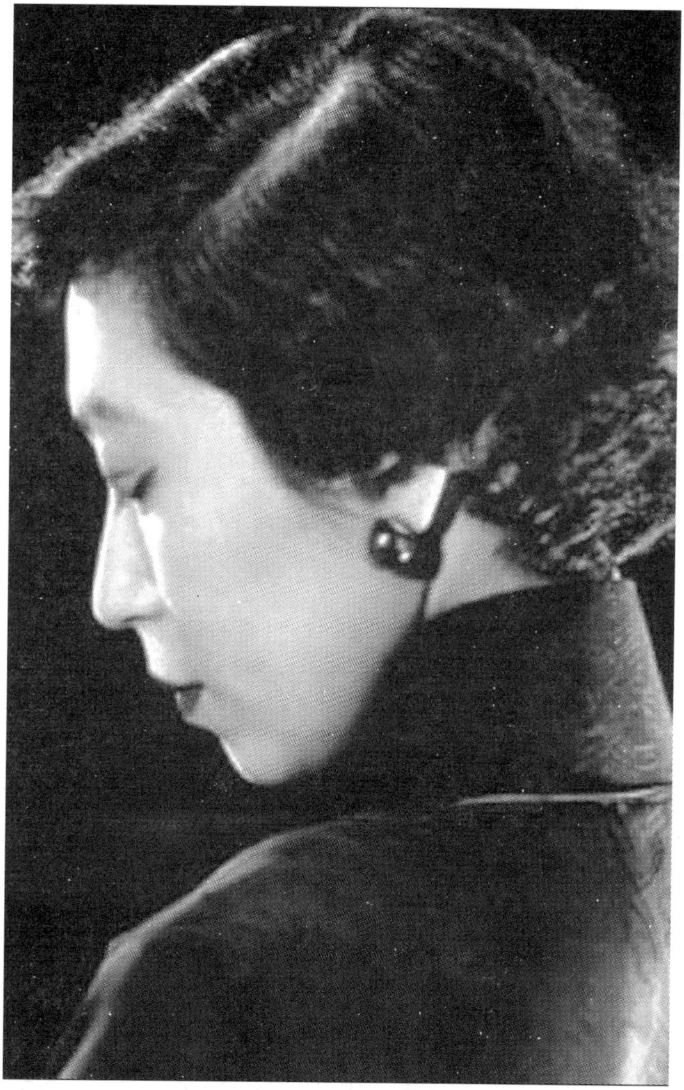

临去的背影（1955 年离开香港前摄）

1953 年，美国有一个难民法令，允许少数学有专长的人到美国定居。张爱玲申请移民美国，由美新处处长麦卡锡做保证人，顺利地办完了手续。1955 年 10 月，张爱玲搭乘“克利夫兰总统号”邮轮离港赴美。到码头送行的只有宋淇与邝文美夫妇二人，要离开这一对知心朋友的时候，张爱玲才真正有点舍不得。依依惜别后，船上遇见上海本地人，她没有一丝亲热感，还心心念念地想着这对朋友，一到日本，立即给宋淇夫妇寄了一封六页纸的长信，说：“别后我一路哭回房中，和上次离开香港时的快乐刚巧相反，现在写到这里也还是眼泪汪汪起来。”

三见胡适之

张爱玲来到了美国纽约。

这是世界最繁华的经济与文化中心，对张爱玲来说却是一个完全陌生的世界。看着这高楼林立的城市，她希望自己能走进去，在这里安稳地生活、写作。

张爱玲到美国时，她的好朋友炎樱已经移居美国生活很长一段时间了，张爱玲一到纽约就与炎樱在一起，仿佛当年同在上海似的。

炎樱认识的一个朋友在纽约职业女子宿舍住过，通过这个朋友的介绍，张爱玲就暂时住进了这所由纽约救世军办的职业女子宿舍。救世军是基督教新教办的社会活动组织，常在下层群众中举办慈善事业。纽约的救世军是救济贫民出了名的，这里几乎成为贫民收容所。

这个职业女子宿舍临时收容了许多贫民、孤儿、酒鬼、无赖，又脏又乱，餐厅里管事的老姑娘都称作中尉、少校，代斟咖啡的是常醉倒在包艾里（The Bowory）的流浪汉，有个小老头子，蓝眼睛白蒙蒙地，有气无力地靠着咖啡炉站着。连住在这里的年轻女孩子们提起来也都讪讪嗤笑。张爱玲混迹于这些人中，真是不习惯，但新来乍到，也没有办法，好在能与炎樱见面，多少减轻一些落魄之感。

到纽约后，张爱玲的第一个念头就是想去拜访她心仪已久几度通信的胡适之先生，去见见这位对自己奖掖有加的文学前辈。

还是在香港的时候，张爱玲的长篇小说《秧歌》刚刚出版，她想起她母亲、姑姑包括自己常常景仰的文学前辈胡适，就把这部小说寄给了他，想请胡适对自己的作品提出批评意见①。

胡适，字适之，安徽绩溪人，是中国新文学的奠基人。他非常博学，对文、史、哲都有独到的见解，荣获过三十多个博士学位。他又是美国大哲学家杜威的入室弟子，杜威到中国讲学，他不离左右如影随形，在中国近现代文坛上可以说是叱咤风云的人物。胡适与张爱玲还是世交，他的父亲与张爱玲的祖父张佩纶有过交谊。张爱玲的母亲与姑姑又很崇拜胡适，也与胡适有过一面之交，以前和胡适同桌打过牌。在张爱玲还未出生的时候，胡适已是中国文坛上大名鼎鼎的人物了，她读书时，国文课本上就有胡适的文章。1946 年 9 月，胡适辞去驻美大使之职在美国讲学三年回来时，姑姑在报纸上看到胡适从飞机上走下来的照片，笑道："胡适之这样年轻。"但张爱玲始终没有机会拜见这位大学者。大陆解放前夕，胡适又乘船去了美国。张爱玲从朋友处得知胡适此时正在普林斯顿大学葛斯德东方图书馆任馆长，便寄了一本《秧歌》给胡适。

此时的胡适，已是文化上的"挂冠部长"、"解甲将军"，在美国普林斯顿大学这个很不知名的图书馆任馆长。所谓的"馆长"，手下只领着一个助手，整日无事可干，正像夏志清所说的"游手好闲"。不久之后卸了

① 参见张爱玲《忆胡适之》。本节除注明出处外，皆引自该文。

“馆长”任，更闲着没事做，时常去哥伦比亚大学图书馆翻阅各种大大小小中文报纸，甚至馆中赠阅的《侨报》，他也每天都看，每版必阅，连副刊的角角落落也不遗漏，偶尔还做点小笔记或评点[①]。胡适在无聊之中，收到张爱玲从香港寄来的《秧歌》一书，十分高兴，他竟一连看了两遍，还在书上加了圈点与眉批，并给张爱玲写了一封热情洋溢的长信，说：

> 你的这本《秧歌》，我仔细看了两遍，我很高兴能看见这本很有文学价值的作品。你自己说的“有一点接近平淡而近自然”的境界，我认为你在这个方面已做到了很成功的地步！这本小说，从头到尾，写的是“饥饿”，——也许你曾想到用“饿”作书名，写得真好，真有“平淡而近自然”的细致功夫。
>
> “平淡而近自然的境界”是很难得一般读者的赏识的。《海上花》就是一个久被埋没的好例子。你这本小说出版后，得到什么评论？我很想知道一二。
>
> ……我读了你十月的信上说的“很久以前我读你写的《醒世姻缘》与《海上花》的考证，印像非常深，后来找了这两部小说来看，这些年来，前后不知看了多少遍，自己以为得到不少益处。”——我读这几句话，又读了你的小说，我真很感觉高兴！如果我提倡这两部小说的效果单止是产生了你的这一本《秧歌》，我也应该是十分满意了。
>
> 你在这本小说之前，还写了些什么书？如方便时，我很想看看。……

胡适并在她《秧歌》一书的扉页上写了一段题词，把《秧歌》推为“近

① 参见章清《胡适评传》，百花洲文艺出版社1992年8月版。

年我读的中国文艺作品，此书当然是最好的了”。

这位连茅盾、巴金、老舍的长篇小说都不大看的文学大师，对她这个小辈如此誉扬，使得张爱玲受宠若惊。其实胡适推崇她的作品一半是因为她的小说的艺术造诣，令胡适惊喜，还有一点原因是小说对共产党的攻击。胡适因为在国民党败退大陆之前曾以自己私人的名义给毛泽东写了一封信，劝毛泽东不要把国民党逼上绝路，毛泽东不予理睬，挥师打过长江。他对共产党用武力赶走国民党很不满，因此，他对反共的作品是欢迎的。同时期台湾一个青年作家姜贵也把他的反共作品《今梼杌传》（后改名《旋风》）寄给胡适，尽管姜贵的作品艺术上相当粗糙，胡适也有兴趣地看了，还写长信对他表示“敬意和谢意”。但张爱玲是不大知道这些的，她只是感激胡适的知遇之恩。

到纽约不久，张爱玲便拉了炎樱一道去拜访胡适，因为她人很拘谨，有了炎樱这个比较活泼大方的人，感觉似乎好得多。

在纽约东城区八十一街上，一排水泥砌成的白色小洋楼像一个个方盒子，门洞里现出楼梯，完全是港式公寓的房子，在秋日午后的阳光里显得更洁白、更清静。她与炎樱感到有些恍惚，仿佛又回到了香港。上得楼来，忐忑不安地，她们不知道这个将要出来的著名人物该是什么模样。

胡适开门出来，热情地迎进她俩在客厅坐下。张爱玲看到这位六十又五的学者一点不显得老，身穿长袍子，戴着眼镜，

爱玲女士：
谢谢你十月廿五日的信和你的小说《秧歌》！
请你恕我这许久没给你写信。
你这本《秧歌》，我仔细看了两遍，我很高兴能看见这本很有文学价值的作品。你自己说的“有一点接近平淡而近自然的境界”，我认为你在这方面已做到了很成功的地步！这本小说，从头到尾，写的是“饥饿”，——也许你曾想到用“饿”做书名，——写的真好，真有“平淡而近自然”的细致工夫。

胡适致张爱玲信

神采奕奕，头发整整齐齐地朝后梳着，很有学者的风度。

胡适很爽朗地笑谈着，张爱玲是见了生人就不大会讲话，显得很拘谨，人又高大，拘谨得手也不知怎么摆，脚也不知怎么放好。

胡适太太江冬秀为客人沏好了两杯浓郁的绿茶端进来，张爱玲看到这位当年由父母包办许配的胡太太，依然有着年轻时端丽的丰韵。江冬秀很白，虽然年龄大了，但圆脸上的皱纹一丝一丝很细腻，头发向后梳着，没有一丝乱发，头发后边绾着光滑发亮的圆髻。江冬秀的话略带点安徽口音，张爱玲听着更为亲切些，看来胡适这个新式人物的旧式婚姻，仍是很美满的。她立刻又想起以前颇为流传的胡适与江冬秀的婚姻佳话来。1917年，已做了北京大学教授的胡适，遵父母之命媒妁之言，回乡与这位旧式小姐结婚，一时众人议论纷纷。江冬秀虽然没有多少文化，却很聪明美丽，人又大方，到现在依然风韵犹存，难怪胡适后来能与她恩恩爱爱白头偕老呢。

张爱玲看着眼前这对老人，看着他们室内的陈设，她想到了上海，想到自己的家。小时候她父亲的书桌上就摆有《胡适文存》，与较不像样的狎邪小说《歇浦潮》、《人心大变》以及《海外缤纷录》等摆在一起。这些乱七八糟的小说她是一本一本地拖出去看的，只有《胡适文存》是坐在父亲窗下的桌前看完的。眼前，过去，时空像一沓沓照片重叠在一起，她从记忆中搜出些话题与胡适交谈。

炎樱也用国语找出话来填补无话的空间。炎樱的几句中国话本来就是半通不通的，又离开上海许多年，更不大会说了，但她那副活泼自如的神气很招人喜爱，胡适与太太很喜欢她，慢慢地用国语同她俩交谈。

张爱玲又想起她姑姑以前跟父亲借书看，后来兄妹闹翻不来往了，父亲有一次忸怩地笑着咕噜了一声："你姑姑有两本书还没还我。"姑姑有一次也不好意思地说："这本《胡适文存》还是他的。"还有一本萧伯纳的

《圣女贞德》，德国出版的，她姑姑很喜欢那米色的袖珍本，说“这套书倒是好”。张爱玲忽然想起旧事，壮着胆子，幽幽地问：“您还记得我母亲和姑姑么？她们以前还跟先生同桌打过牌呢。”

胡适很惊讶：“有这等巧事？”他很注意地看看张爱玲，仔细地回想，但怎么也想不起来了。因为他的太太是个牌迷，没有事情时，常常打麻将消遣，胡适的朋友太多了，各界都有，凑到一起没事干，也爱打牌玩。

胡适由张爱玲《秧歌》和去年的信谈到英译小说，对张爱玲准备翻译《海上花》与《醒世姻缘》很有兴趣，对她说：“张小姐想把《海上花》和《醒世姻缘》译成英文，这个志愿很好呀。以你的文学功底，我相信你能做到。不过，这的确不是一件容易的事，你要准备吃点辛苦喔！”

“我会用心努力去做的。”胡适的话增强了她的自信心。

“你怎么会对这两部作品感兴趣呢？”胡适笑着问她。

她说：“反正从小就喜欢。《海上花》似乎是父亲看了您的序文后买来的亚东版。《醒世姻缘》是后来我读了您的《考证》后破例向父亲要了四块钱买的。”

胡适很惊讶地笑道：“你记得这么清楚？”

张爱玲不禁也笑了，说：“我还记得买回来后，弟弟拿着舍不得放手，我又忽然一慷慨，先给他一两本，我从第三本看起，因为读了您的考证，大致已经有点知道了。前几年我去香港读书，正遇着港战，当了防空员，驻扎在冯平山图书馆，发现了一部《醒世姻缘》，马上就埋着头看起来，一连看了几天抬不起头来。那时图书馆房顶装着高射炮，成为轰炸的目标，炸弹一颗颗轰然地落下来，越落越近，我还在想，至少等我看完了吧？”

胡适听了张爱玲的这两句话，不禁哈哈大笑起来。

这一番谈话后，张爱玲觉得胡适真是和蔼可亲的老人，像一个年长的慈父一般，对后辈这么关怀。她也感觉到晚年在美国做寓公的胡适似乎很落寞。

后来，她又一次去看望胡适。她参观了胡适的书房，这位大学者的书房里沿墙一排顶天立地的书橱，全是一叠叠夹着许多零乱纸片的文件夹，显然都是胡适做的札记，她觉得他的书房有一种铺天盖地的压力，看着就觉得心悸。

胡适仍是非常和蔼热情。在他面前，张爱玲觉得自己太渺小了，也许是从小就崇拜这位学者的缘故吧，跟胡适谈话，觉得如对神明，话也不敢多说，口将言而嗫嚅，她感到更拘谨。

胡适和她随意地漫谈，不知怎么说起大陆来，胡适说："纯粹是军事征服。"张爱玲深有同感，她自从三十年代起看书对左派就有本能的反感，开始写东西时，她就一直站在政治潮流的外面。她的《秧歌》、《赤地之恋》所表达的内容与胡适的思想可以说不谋而合。她顿了一顿，想说些什么，但又不知从何处说起，接不上话茬。胡适脸一沉换了个话题。

胡适告诉她："你要看书可以到哥伦比亚图书馆去，那里书很多。"张爱玲笑了笑，虽然她也到过市立图书馆，但又不好意思地想自己从来没进过大图书馆，没有到大图书馆看书的习惯。这话自己都不好意思开口。

"说起来，我与你两家还算是世交呢！"胡适接着说："我的父亲与你祖父认识，你祖父还帮过我父亲一个忙呢！"又说："前几天还在书摊上看到你祖父的全集，只是没有买。"张爱玲很惭愧，虽然知道自己的祖父是张佩纶，但也只是知道祖父与李鸿章的小姐之间的婚事而已。适之先生的父亲是谁，她祖父帮过他父亲什么忙，家里的人从不跟她提祖父的事，她也一概不知。她翻过祖父的《涧于集》，但满纸的典故、人名、家常书信，几套线装书看得头昏脑涨，也没有看出什么幕后的事情。她只好点点头："嗯，是么？"实在只有听说话的资格。

胡适谈起他正在为美国《外交》杂志写一篇文章，张爱玲觉得可以找几句恭维的话了。但胡适不好意思地笑了笑："他们这里都要改的。"

张爱玲听罢有点难过，像胡适之先生的文章谁有资格改呢？她感觉到这位长者内心的一份失落，但她又能说什么呢？炎樱见过胡适后，四处打听，问别人知不知道中国胡适这个人，回来对张爱玲说："喂，你那位胡博士不大有人知道，没有林语堂出名。"这样一个中国新文化的奠基人在西方竟不被人所知，还不如林语堂，张爱玲的悲哀袭上心头。

这一年 11 月，最后的一个星期四，照例是美国的盛大节日感恩节。张爱玲与炎樱一起，到一个美国朋友家去吃饭，非常热闹，像中国的过年似的暖融融的，大家围在一起边吃边谈，一顿烤鸭吃到天黑。从好客的主人家出来，两人在整洁而又冷清的街道上踱着，好像在当年上海的灰色街道上散步一样，一边走着，四顾街上的霓虹灯，各种明亮好看的橱窗，一边说着笑着。张爱玲想起了上海的日子，但手挽着炎樱，她感觉很踏实，有这么知心的朋友，也就不大想故乡了。她们就这样在外面疯逛了一回，才回家去。

回到宿舍，张爱玲便伤风感冒，呕吐不止。恰在此时，胡适来了电话，原来是怕她一人节日里寂寞，邀她去吃中国馆子。她很感动，抱歉地告诉说她病了，胡适约好隔天来看她。

胡适果然如约而至，到这个杂乱无章的职业女子宿舍来看她了。人在他乡，有这么一个长辈关心她，她心里歉然而又温暖，感动得说不出什么话。两人坐在偌大的公用客厅中，找着话题来说，一递一句地聊着。虽然感激，但她总像是有话说不出来，便一阵沉默，沉默也是一种交谈，无言的交谈与默契。

胡适要告辞了，她送他到门口，两人站在台阶上再说一阵子话，好像话还没说完，但开口谈几句，又是沉默，她送适之先生，最后再看看那个慈父般长者的背影：

> 天冷，风大，隔着条街从赫贞江上吹来。适之先生望着街口露出的一角空蒙的灰色河面，河上有雾，不知道怎么笑眯眯地老是望着，看怔住了。他围巾裹得严严的，脖子缩在半旧的黑大衣里，厚实的肩臂，头脸相当大，整个凝成一座古铜半身像。我忽然一阵凛然，想着：原来真像人家说的那样。而我向来相信凡是偶像都有“黏土脚”，否则就站不住，不可信。我出来没穿大衣，里面暖气太热，只穿着件大挖领的夏衣，倒也一点都不冷，站久了只觉得风飕飕的。我也跟着向河上望过去微笑着，可是仿佛有一阵悲风，隔着十万八千里从时代的深处吹来，吹得眼睛都睁不开。

张爱玲把这一刹那的感情写得如此动人。她看着胡适的背影，内心涌出从未有过的悲凉，人生苦短，客中送客，这种漂泊的人生更何以堪！

然而，她没有料到，这竟是她见胡适的最后一面。

次年2月，张爱玲离开了纽约，搬到美国最东北部的新英格兰去，便无法与胡适来往联系了。两年后，她申请到南加州亨廷顿·哈特福基金会一个半年期的研究员名额。该基金会是A&P超级市场后裔办的艺文作场，专门接待文艺家，地点在一个风景秀丽的海边山谷里。按规定入基金会须有人作保而且至少需要七个人，张爱玲便写信给胡适。

胡适很爽快地答应了。也就在这时，台湾来函邀请胡适到台北任“中央研究院”院长。他知道见到张爱玲的机会不多了，还是慷慨地为她担了保，并且把张爱玲送给他的《秧歌》寄还一本给她。扉页上，有胡适的题辞，里面有他对本书的圈点，行间页眉的空白处用细密的蝇头小楷批注，他把书给张爱玲，作为两人真挚友谊的纪念。

捧着这本书，看着这密密的圈点批注，张爱玲感觉很温暖，又很重，重得她负荷不起。她回信表示感谢，可是这满腔的感动感激之情简直无法表达，她这时才第一次感到自己以前那么绚丽的彩笔现在又是何等的生涩，写出来是干巴巴的语言，一点也不能表达自己的意思，无奈还是把这干巴巴的信寄了去。

1958 年 4 月，胡适离开美国，回台湾去了。张爱玲时时刻刻地挂念着这位长辈，从报纸上寻找胡适之先生的消息。

1962 年 2 月报纸上传来噩耗：胡适之先生在“中央研究院酒会上心脏病猝发逝世”。张爱玲悲痛难忍，几年后把她的感情寄托在一篇深沉悲凉的散文《忆胡适之》里，向他致以最心痛的祭奠。

她没有忘记自己对胡适说过的志愿，也没有忘记胡适对自己的希望与勉励，因此像还债一样，把《海上花》这一部吴语方言小说译成英语和国语，每提起笔来，就会想到胡适先生不在了，眼睛背后一阵热，眼泪却流不出来。因为那种怆惶与恐怖太大了，想都不敢朝上面想。

第十章　花开花落

人生安稳的一面则有着永恒的意味，虽然这种安稳常是不完全的，而且每隔多少时候就要破坏一次，但仍然是永恒的。

——《自己的文章》

认识赖雅

张爱玲移居到美国，没有经济收入，翻译与写作的稿费不够生活的费用，只好向一些基金会请求资助。

1956年2月，张爱玲获得爱德华·麦克道威尔会为期两年的写作奖金，随即离开纽约迁往该会所在地新罕布什尔州小城彼得堡居住。这个写作基金会为作家在山上开了一个幽静的庄园，为一些有前途的作家提供一个安静舒适的生活环境，虽然没有报酬，但吃住完全免费使他们可以无忧无虑、不被打扰地完成作品。在作家马宽德和出版她《秧歌》的司克利卜纳出版社主编的担保下，麦克道威尔文艺营接收了她。

张爱玲进入这里，她报的写作计划是一部长篇小说（可能就是《怨女》）。她开始读书、思考、构思。

从拜访过胡适后，她觉得自己应该多读些书，更加充实自己，她很羡慕胡适，要像胡适那样既有渊博的学问，又能写出优秀的文学作品。

她要看一些有关上海沦陷时期的书籍，胡兰成那时写的两本书她一直找不到，图书馆也没有，张爱玲绞尽脑汁很久想不出什么办法。突然她想起在香港时日本人池田笃纪到港后，曾受胡兰成之托去看她，虽然池田没有见到她，但却给她留下信与地址。实在没办法，她只好硬着头皮给池田写信，通过池田给胡兰成转寄了一张明信片，上面既没有称呼，也不落姓名，只写了两句："手边如有《战难和亦不易》、《文明与传统》等书（《山河岁月》除外），能否暂借数月作参考?"后面留下她在美国的地址。这两本书是胡兰成以前在《中华日报》、《大楚报》的社论集。此时的胡兰成在日本已与大汉奸吴四宝的遗孀佘爱珍结婚。但看到张爱玲的来信，自作多情，居然又动了非分的念头。他马上回了信，还寄上自己的近照以及回忆录《今生今世》上部，照例又是一套花花哨哨的语言撩拨张爱玲，说什么她是九天玄女娘娘，自己是得了无字天书云云，张爱玲对这些懒得理会，也不回信，但胡兰成还是不断地给她写信。她早已看透了胡兰成沾花惹草、口是心非、虚伪成性的人品，永远不会再有什么感情可言了。便写了一封短信给他：

兰成：

你的信和书都收到了，非常感谢。我不想写信，请你原谅。我因为实在无法找到你的著作参考，所以冒失地向你借，如果使你误会，我是真的觉得抱歉。《今生今世》下卷出版的时候，你若是不感到不快，请寄一本给我。我在这里预先道谢，不另写信了。

爱玲　十二月廿七

她斩钉截铁地断绝了胡兰成的胡思乱想①。对这样的人，张爱玲真的是心如止水，春风不起了。爱已断，情已了，还有什么可说的呢？

她的写作是要在深夜完成的，白天对她来说是休息，因此看起来她比这里的任何人都优游自在。她整天的时间都陶醉于大自然之中，沐浴着春天的阳光，欣赏庄园那无边的绿草坪，看树间花开花落，天上云卷云舒，好鸟枝头朋友，落花水面文章，自是一派美景，助人文思。她感到了独处的静谧。

然而在这时，住在这里的一位老人闯进了她的世界。这位老人是一位性格开朗豪爽的绅士，虽然头发已经白了，但仍显出一种年轻人的性格和

① 参见胡兰成《今生今世》“瀛海三浅·闲愁记”。

活力，他有许多朋友，经常是高朋满座，谈笑风生。他认识了张爱玲，张爱玲也认识了他，他叫赖雅。

斐迪南·赖雅（Fedinand Reyher）是一位著名的左派戏剧家，也是一个与国际上许多知名人物有交往的活动家。他与张爱玲一样有着富有传奇色彩的魅力。

赖雅和胡适同庚，比张爱玲大出差不多三十岁。

赖雅的父母是德国移民，1891 年他出生于美国的费拉德尔菲亚。早在 1914 年，他就有一部戏剧入选现在这个麦克道威尔·克罗尼会的戏剧节。同年夏天，获得哈佛大学文艺学硕士学位，到麻省理工学院任教。赖雅很有才气，他曾以一晚上时间写成一个短篇小说，在美国当时颇有影响的《星期六晚邮》杂志社发表。不久，他作为《波士顿邮报》记者到欧洲，报道第一次世界大战。从二十世纪二十年代开始，他不断为世界各大报刊写稿，经常往返于欧美各国，他又很活跃，他的朋友中有不少是驰誉世界的文学大师，例如欧查·庞德、詹姆斯·乔伊斯、马道克斯·福特、康拉德等著名文学家。1927 年，赖雅在柏林结识了德国左派文学的大作家布莱希特，后来二人成为最亲密的朋友。赖雅当时有一部戏剧在柏林最有影响的剧场上演，德国的剧评家以为这出轰动的剧作出自布莱希特的手笔。

1931 年 8 月，赖雅的朋友电影导演约翰·休斯顿拉他去好莱坞专门编写剧本。这时，获 1930 年度诺贝尔文学奖的作家辛克莱·刘易斯曾向别人预言，说他这位朋友赖雅会一夜成名。赖雅到了好莱坞后，与他合作的制片人和导演无一不赞赏他的才华，争着为他出高薪（每周至少五百美元）与他合作。好莱坞那种高额收入和舒适安逸、灯红酒绿的生活氛围，使他中断了文学创作，荒废了他的才华。但他在美国的知名度却很高，名气比布莱希特大得多。三十年代的好莱坞是世界左翼思潮的大本营，在这里，赖雅成为马克思主义的忠实信徒，虽然他没有加入美国共产党，只是亲密的伙伴，但是他对马克思主义有着狂热的信念。

布莱希特因反对纳粹政权被迫流亡避难旅居美国时，只有赖雅等很少的朋友来往，赖雅并资助他旅费把他家眷安排在美国。赖雅与布莱希特合写了两个电影故事，并共同把《伽利略传》译成英文。布莱希特离开美国后，赖雅成了美国发行的布莱希特所有作品的正式代理人。在著名的德国“柏林剧团”成立时，赖雅又是唯一一位被正式邀请赴德成为永久团员的美国人。

赖雅和布莱希特的交往，更增加了他对马克思主义和苏联社会主义的坚定信仰。二十世纪四十年代初，由于全世界的反法西斯战争，好莱坞拍摄了一些正面描写苏联社会主义社会的电影，其中1942年著名影片《斯大林格勒的好男儿》的作者就是赖雅。当时他与布莱希特热烈地讨论将每日新闻大事搬上舞台的可能性，致力于这个新剧种活报剧的尝试。赖雅的一些小说如《我听到他们唱歌》和戏剧《以色列城堡》，都被研究者认为是相当杰出的作品。

赖雅1917年与吕蓓卡·郝威琪（Rebecca Hourwich）结婚，他们有一个女儿霏斯（Faich）。他的妻子是一个活跃的女权主义者，而赖雅则长期在各国家城市中游历，共同生活的时间很少。1926年，在妻子的要求下，他们离了婚，之后，就一直没有再婚①。赖雅不仅在好莱坞编剧取得杰出成就，在摄影史和摄影理论上也有一定的历史地位，这时的赖雅已经过了他文艺创作的黄金时期，1943年以后，因为数次中风，他的健康越来越差。1956年，他也进入麦克道威尔文艺营，抓紧时间从事写作。

① 参见司马新《张爱玲在美国：婚姻与晚年》。

梅开二度

赖雅与张爱玲在这里相识了，半年以后，即1956年8月，两人在纽约举行了简单的婚礼。这一年张爱玲只有三十六岁，而赖雅已经六十五岁了。

张爱玲以前曾说过："我一向是对于年纪大一点的人感到亲切，对于和自己差不多岁数的人稍微有点看不起。"（张爱玲《造人》）当年她与胡兰成相爱时，胡兰成比她大十四五岁，第二任丈夫又近翻了倍，这大概也是缘分。小说家的婚姻像小说，真是不可思议的"传奇"①。

更令人不可思议的是，一个西方绅士，一个东方女子，这两位看来根本没有共同点的人在一起竟然也相处得很好，非常默契。

赖雅性格非常外向，活动力强，朋友很多，常常在一起饮酒高会，颇有流荡四方的游侠风度，乐善好施，仗义疏财。张爱玲几乎没什么朋友，性格内向，喜欢独处，在钱财上又斤斤计较。

赖雅对马克思主义深信不疑，对苏联和中国等社会主义国家赞不绝口，几乎是无条件地赞扬。而张爱玲正好相反，她的《秧歌》与《赤地之恋》充满了对共产党的指责和谩骂。

但两人竟能谈到一起，而且不到半年就结婚了。张爱玲交游，不管是汪伪汉奸，还是马克思主义者，只要这个人是聪明的，心有灵犀，就不妨走到一起。不过，自从经受了与胡兰成那一种苦涩婚恋的沉重打击，她对

① 据司马新分析，文艺营的期限短暂，几个月后就得离开，张爱玲漂泊无依，在这种窘境下，她选择了赖雅作为依靠。

感情的事已看得平淡多了，不会再有青春时期爱得“欲仙欲死”的浪漫感觉了，只想有个安安稳稳的归宿。赖雅离婚后一直独身，晚年的时候需要有个伴侣。因此这一对恋人，中年情怀，桑榆晚景，虽志向不同，但相亲相爱。张爱玲是真心实意地爱着赖雅的，对夫君像对慈父般的依恋，她真心实意地要一个“家”，要一个“爱人”，毕竟这世界“长的是磨难，短的是人生”啊！

两人结婚后，生活是很美满的。赖雅晚年很少写作品，张爱玲开玩笑地称他为没有作品的作家。但赖雅由于以前的影响很大，仍是德高望重的人物。例如出版《秧歌》的美国那家出版公司，只给张爱玲预支一千元版税，而给赖雅一部未完成的小说就预支了三千[①]。张爱玲真羡慕他，更希望知道他以前的传奇经历，只是不看他的作品。赖雅爱云游四方，爱画画或看电影，与张爱玲又有同好，这个家充满了乐融融的气氛。张爱玲非常满意，写信给宋淇夫妇，说她婚后与丈夫情投意合，很幸福美满。又说：“我和 Ferd 常常谈着手边稍微宽裕点就到欧洲、东方旅行……相信几年内我们会见面。那一定像南京的俗语：乡下人进城，说得嘴儿疼。”（林以亮《私语张爱玲》）宋淇夫妇得知她终于有了爱的归宿，写信为她祝福。

张爱玲虽然接受了西方的文化与教育，有一流的英语水平，但她的兴趣仍是中国女人传统的兴趣，喜欢看通俗小说、言情小说，像《海上花》、《红楼梦》、《醒世姻缘》、《歇浦潮》等等。赖雅不太懂中文，自然无话，可是他看张爱玲从不阅读西方严肃的文艺作品，如萧伯纳、赫胥黎、威尔斯的作品很少看，至于亨利·詹姆斯、奥斯汀、马克·吐温的作品，她从来不看，她的兴趣全在通俗小说上，像詹姆斯·琼斯的小说她倒看了不少。张爱玲也不看赖雅的作品，赖雅总是说“I'm a good company”，因为

---

① 参见张爱玲致朱西宁信，转引自朱西宁《迟复已够无理——致张爱玲先生》。

就是他的好朋友大名鼎鼎的乔伊斯的作品爱玲也没兴趣。赖雅觉得他这位东方太太真是可笑，整天看这些不入流的东西竟然能写出那么好的小说，他忍不住地取笑她说："你看的都是'垃圾'。"

赖雅觉得张爱玲的胃口大有纠正的必要，向她大力推荐布莱希特，给她讲布莱希特的戏剧作品与思想，以至生平故事、日常衣着，并且带着张爱玲在三藩市和华盛顿观看布莱希特《三便士歌剧》的演出。布莱希特的名剧《四川贤妇》写的是中国背景，另一部《高加索灰阑记》则取材于中国元杂剧《灰阑记》，赖雅认为这些适合张爱玲看，便向她介绍。张爱玲不看，倒是喜欢《三便士歌剧》，看过两次，但她的写作却没有受到这位严肃文艺家的一点影响，相比之下，好莱坞的爱情喜剧她倒更喜欢。

在上世纪五十年代冷战的社会气氛中，像赖雅这样的左翼作家已渐成为被冷落的人物，他的健康状况也不如以前，在家中度着寂寞的岁月，但他的政治观念与心态依然不改。斯大林清洗苏共元老的时候，他对西方报纸上的报道不相信，还要设法为苏联辩护。他认为西方对苏联、中国社会主义国家的报道都是含有敌意的，便拒绝读报纸。他就是在这种环境与心境下度过晚年的。

他们在一起不久，张爱玲怀孕了。这是张爱玲第一次有自己的孩子，却是这么不巧，他们连个稳定的家都没有。他们在新罕布什尔州的小城彼得堡的麦克道威尔文艺营结束后，居无定所。赖雅晚年的身体已经很难自理，执意不想要这个孩子。张爱玲一边忙着写作养家，同时还要照料身体不好的赖雅，这个孩子也就不得不流产了。张爱玲说过对小孩一直没有多少兴趣，但女人母爱的天性，选择不要孩子，她内心应当是非常痛苦复杂的，她从没有谈过这些事，我们现在也不知道她那时真正的想法。总之，她流产了，并且和赖雅在纽约结婚不久，就搬到彼得堡。他们租在一个乡村公寓里，里面空荡荡的什么也没有，所有的生活设施与用品都得自己去买。他们到地摊去买便宜的生活用品，张爱玲亲手油漆房间，用灭蚁剂灭屋里的蚂蚁，过简单清苦的乡村生活。

这时，她的母亲在伦敦病重，要做手术，张爱玲写了一封信，并汇了一张一百美元的支票。手术后没多久，她母亲就去世了，孤苦一人死在伦敦。母亲留下的遗产是最后一箱古董，寄到彼得堡交给她。这一箱古董解了她的燃眉之急，他们可以考虑迁居到更好的地方去。张爱玲的理想是搬到纽约这个大都市去，而年老多病的赖雅已经不想折腾了，他觉得在彼得堡现在这样生活已经很安稳很不错了。但张爱玲还年轻，如日中天，不愿在穷乡村生活，这不利于她的创作。

他们两个申请到了位于洛杉矶的亨廷顿·哈福特基金会的资助，赖雅年轻的时候，在这里是炙手可热的好莱坞名剧作家，故地重游，他却沦落为一个穷人，连他以前认识的帮助过的朋友，也无一人援手，他非常失望。

哈福特基金会结束之后，他们就近把家迁到环境优美的旧金山——终于有了自己的安稳的家了，张爱玲可以安稳地写作了。

1960 年 7 月，张爱玲拿到了美国绿卡，成为美国正式公民。炎樱也结婚了，从日本回来特意来看她。她非常高兴，炎樱给张爱玲带来了快乐，使她忘了所有的不快。那时，她用英文写的好几部小说，在美国和英国都找不到出版商，连遭退稿。她内心很失落，但即使都没有人接受，她仍然坚持在写。

好在从 1956 年起，宋淇在香港电懋影业公司做制片，邀张爱玲为他写剧本。张爱玲为电懋公司写了许多喜剧剧本，包括《情场如战场》、《人财两得》、《六月新娘》、《桃花运》、《小儿女》、《南北和》等。张爱玲以前本来就以编写爱情喜剧《太太万岁》而蜚声上海，她又吸收了好莱坞爱情喜剧的特色，使得这些剧本在香港也极有市场，从六十年代初开始在港陆

张爱玲的美国绿卡

续公演，颇获好评。拍爱情喜剧，本小利大，加上张爱玲的剧本喜剧色彩强，因此电懋公司十年间不断约她写剧本，一部一部从不间断地拍下去。张爱玲来者不拒，多多益善，这一时期她写的剧本总数不下十几部①。香港美国新闻处麦卡锡也仍然交给她一些翻译的工作，使她能够维持生计。

台港之行

写作是张爱玲的生命，也是她谋生的手段，赖雅这时只有微乎其微一点养老金，张爱玲只得挑起全家生活的重担。怎么办？只好拼命写作赚钱。1960 年前后，她萌生了一个宏大的创作计划，写一部关于少帅张学良

---

① 参见林以亮《私语张爱玲》及《文学与电影中间的空白》。

的小说，写一部英文小说《少帅》（Young Marshall），到台湾去一趟，采访张学良，搜集张学良的资料①。赖雅听后很吃惊，他们这个家刚刚安顿下来，他已经很满足于现状了，但张爱玲不满足，要改变。他说服不了爱玲。

张爱玲先偷偷打听了一下，光去台湾，机票就是一千美金，几乎花光那个时候全部的积蓄，回来的机票钱就不够了，这真是一个很大的冒险。尽管赖雅不赞成，但张爱玲孤注一掷了：去。赖雅的身体已经不能一个人生活了，他只好到女儿所在的华盛顿去住；而张爱玲则忙着办手续去台湾。

1961 年 10 月，张爱玲飞到台湾。她错估了台湾政治形势的复杂，当她提出采访张学良的请求，一口遭到拒绝。一到台湾就碰了钉子，她非常失望沮丧。不久，美国消息来，赖雅又一次中风。赖雅从 1946 年以来已经好几次中风，张爱玲打电话问情况，得知中风还不是太严重。就这么回去吗？不，她不能这么狼狈地回去。

麦卡锡便招集几个青年作家迎迓，陪张爱玲在台湾走走看看。那时候台湾大学的几个文学青年，如白先勇、王文兴、欧阳子、陈若曦等人办了一份《现代文学》杂志，麦卡锡因为热爱文学，便热心扶持，《现代文学》出版时，他成为这家杂志的大买主，订了七百本分送别人，并且从中选了白先勇、王文兴、欧阳子、王祯和的小说各一篇，译成英文出版，定名为《新声》（*New Voices*）。这些文学青年与这位爱好文学的官员关系很好，又听说来的是他们久慕大名的张爱玲，很高兴。在张爱玲还未到来之前，他

---

① 参见周芬伶《张爱玲梦魇——她的六封家书》。此时张爱玲的小说《少帅》可能已经动笔写了，张错《初识张爱玲〈海上花〉英译稿——兼谈南加大“张爱玲特藏始末”》一文说，张爱玲的遗作中，有未完稿的英文小说《少帅》，英文打字稿七十多页。

们便打听张爱玲是什么样子，麦卡锡说："张爱玲很胖很邋遢！"众人一听都很失望，不愿再想她是什么样子了[①]。

1961年10月13日，当张爱玲一出现在他们面前时，大家眼睛一亮，原来张爱玲一点都不胖，更不邋遢，素素净净，身材修长苗条，穿着明艳舒适的衬衫，打扮得还很入时漂亮。麦卡锡这种欲扬先抑的悬念手法，使张爱玲在人们的印象中更好了。

麦卡锡夫妇特地招待她在自家阳明山的别墅中住下，订了一家餐厅为张爱玲设宴洗尘。几位青年作家恭陪，围着他们心目中崇拜的女作家问长问短。

张爱玲到台湾，最大的愿望就是要到王祯和小说中描写的花莲市去看看。王祯和家在花莲，于是自告奋勇，请假一周陪她游花莲，走大街逛小巷，连妓院云集的陋巷也去。在这里碰到一位妓女卢小姐在店里跳曼波舞，张爱玲觉得有趣，于是又游玩了有"大观园"之称的一甲级妓女户，专门去看妓女，为了了解这个特殊阶层的人情世故。妓女看到张爱玲这个很时髦的美国式打扮的女子也很注意，她看妓女，妓女也坐在嫖客腿上看她。四目相视，各得其所，一片欢喜。妓女又听说她是从美国来的，对她比对嫖客更有兴趣。

这片"风化区"后面是花莲最古老的城隍庙，庙内的柱子上有许多对仗工稳的对联，从右至左有四副：

一、阴阳原有别到此地饶舌何庸
　　报应本无差愿汝曹抚心自问
二、城郭固而高善事几重皆得入

① 这一节主要参考丘彦明《张爱玲在台湾——访王祯和》。

　　隍池深且广恶人一个不能预
三、具广大神通别是非岂遗分寸
　　秉聪明眼力判善恶不奕锱铢
四、夫微必显不爽毫厘
　　惟神则明无惭衾影

张爱玲对这些对联看得很入神，看了半天，然后很喜欢地说："我知道，我知道意思了。"她从中悟出了许多道理。

她一边看，一边做笔记，从城里到乡下，坐车在公路上看两边的风光，沿路上的一排排松柏和异花奇木，野外绿树掩映的碧瓦洋楼，连片的田野庄稼，她连连赞道："台湾真富！台湾真富！"

他们又上花冈山看了阿美族的丰年祭。那种山地歌舞，场面很浩大，四周围了许多人观看。张爱玲与王祯和挤到前面第一排，坐在地上一道观看，张爱玲看得特别认真，她喜欢山地舞这样原始的舞蹈艺术，一位全身装扮得花枝招展的山地小姐，侧面美极了，张爱玲赞叹道：这位小姐可以当选为最佳侧面奖。当地的县长也在这里，一听说张爱玲是美国来的女作家，非常热情地邀请她到贵宾席入座，张爱玲婉谢了，她仍坐在前面草地上喜滋滋地观看。台北一位舞蹈家知道是张爱玲来了，跑来跟她聊天，递上名片对她说："这些舞不好，如果给我编的话，可以更好。"张爱玲私下对王祯和说："山地舞，要他来编干嘛？"

晚上，她住到王祯和家，她和王祯和的母亲很谈得来，有时用日语交谈。每天早晨，张爱玲都要用各种各样的化妆品梳妆打扮，王祯和的母亲对她这么多不知道名目的化妆品感到很好奇，用台湾话悄悄问儿子："不知是什么东西？"街坊邻居对他们家来了这么个美丽轻盈的"时髦女孩"也好奇，都窃窃私语，猜是不是王祯和的女朋友呢。王祯和看到周围邻居好奇的目光，心里也美滋滋的，好像第一次有女朋友的感觉似的，而且他陪的是张爱玲！

他对张爱玲佩服得五体投地，他本来想学张爱玲小说的风格，但努力一段时间，始终学不来，只好放弃了。他认为张爱玲的小说，像李白的诗一样，是天才的迸发，俗人是学不来的。他又不舍得放弃这难得的当面讨教的机会，便问长问短。张爱玲很谦虚，不大谈自己的作品，而对台湾的一些青年作家的作品给予很高的评价。后来他们又由丁玲谈到大陆的作品，张爱玲说："在大陆，都是按一种'Formula'（程式化）来写作，不会有好东西的。"还保留着她对大陆文学的不满。她对胡适很崇拜，说现代中国与胡适之的影子是不能分开的。

张爱玲计划下一站由花莲到屏东，到屏东参观当地独特的"矮人祭"，然后搭金马号到高雄，再回台北。

但她突然接到麦卡锡打来的电话，告诉她一个不幸的消息：赖雅先生中风，家人打电话找她。

她马上取消原计划，由高雄返回台北。到麦卡锡阳明山别墅，与美国通了电话，非常着急地询问赖雅的病情。得知赖雅的病情已稳定，脱离了危险，才稍稍放了心。由于交通不便，她一时也回不到波士顿，还得在洛杉矶滞留转航，便依原计划去了香港。

张爱玲来台湾是悄悄地来的，她不想惊动别人，但是将要离台时，却被一位晚报记者发现了行踪，跟着要采访她，她急着赶路，只淡淡地表示她来台湾是走访亲戚。

11 月，张爱玲到香港。当然是故地重游，她此行主要目的是应香港电懋影业公司宋淇的邀请来改编《红楼梦》剧本的。但这个时候的香港，已与战前编剧决定导演不同，现在是导演支配编剧。《红楼梦》上下集写好后，宋淇并不能决定剧本，还要请上司看后才能决定。这位上司根本没有读过《红楼梦》原著，要等读完原著之后才能提修改意见，看来《红楼梦》剧本的稿费是遥遥无期了。其实那时电懋听说邵氏电影公司准备开拍《红楼梦》，但他们不能决定，在观望。宋淇提出让张爱玲写下一个剧本，稿酬八百美元。为了赶写剧本，她的腿脚都浮肿了，眼睛因溃疡而出血，整夜失眠，她也无所顾惜。一直忙了四五个月，直到1962年3月16日才回去①。在前两年，她写的《情场如战场》（1957）、《人财两得》（1957）已经上演，而且很轰动，尤其是林黛主演的《情场如战场》，打破了香港国语影片卖座纪录，《南北和》的观众也紧逼《情场如战场》的声势，电懋公司就建议她再写《南北和》的续集《南北一家亲》，之后又写了《一曲难忘》。从1961年11月至1962年上半年，不到半年时间里她就写了这两部剧本。本来还计划编写一部《南北喜相逢》，但因为她急于回美国照顾赖雅，没有写完就回去了。1962年上半年回美国之后才把剧本寄来。

《南北一家亲》有当时香港南北共处的时代色彩，但重点仍是爱情喜剧。1962年10月上映，王天林导演，雷震和白露明主演。她的写作速度如此之快，而电懋公司却跟不上拍，所以从1961年开始，这个电影公司一直在忙着拍张爱玲的剧本。1963年10月，《小儿女》首映，仍由王天林导演，雷震与尤敏主演；1964年7月《一曲难忘》首映，钟启文导演，张扬和叶枫主演。同年9月的《南北喜相逢》，又由王天林导演，雷震与白露明主演。这些都是张爱玲回美国后在香港以一年一部或两部的速度搬上银幕的。1961年前后她剧本创作跃上了最高峰，其轰动丝毫不亚于四十年代中期的小说创作。张爱玲的文名在香港广为流传②。

---

① 参见周芬伶《张爱玲梦魇——她的六封家书》。

② 参见林以亮《私语张爱玲》、《文学与电影中间的空白》，郑树森《张爱玲·赖雅·布莱希特》、《关于〈一曲难忘〉》等。

在短短的时间内张爱玲一气写了这么多剧本（这里面《南北喜相逢》是在美国完成的），这不是一般人所能做到的。产量之高，速度之快，真是惊人，但这些电影剧本只是供拍摄用的脚本，公开出版成书的很少，除了《情场如战场》、《小儿女》、《魂归离恨天》之外，其他剧本我们今天已不容易找到了。《魂归离恨天》根据艾米莉·勃朗特作品改编为中文剧本，这是张爱玲在香港电懋公司最后一个剧本，由于电懋公司关闭，没有拍成电影[①]。

照理这么短的时间内写二三个剧本应该是很忙碌的，但张爱玲好整以暇，竟然常抽时间旧地重游，重温做学生时的回忆。她重回到了中环一带学生时代进城常去小坐的青鸟咖啡馆，二十余年了——

> 青鸟咖啡馆还在，那低矮的小楼房倒没拆建大厦，一进门还是那熟悉的半环形玻璃柜台，但是没有“司空”。我还不死心，又上楼去，楼上没去过，原来地方很大，整个楼面一大统间，黑洞洞的许多卡位，正是下午茶上座的时候。也并不是黑灯咖啡厅，不过老洋房光线不足，白天也没点灯。楼梯口有个小玻璃柜台，里面全是像蜡制的小蛋糕。半黑暗中人声嘈嘈，都是上海人在谈生意。虽然乡音盈耳，我顿时皇皇如丧家之犬，假装找人匆匆扫视了一下，赶紧下楼去了。
>
> ——《谈吃与画饼充饥》

二十年前的旧地，港大依旧是港大，浅水湾仍然是浅水湾。虽然没有变化，但二十年后的感觉却大不相同，香港与台湾一样，成为她声誉最隆盛的地方。她的世界不在中国大陆，也不在美国，而是在台湾，在香港。在

---

① 参见司马新《张爱玲在美国：婚姻与晚年》。

中国大陆，她的政治身份已经被新时代所遗弃；在美国，她的中国情调趣味不受赏识。只有在香港在台湾，她的政治身份，她的中国情趣，能引起共鸣。

然而香港与台湾一样，匆匆地来，也将匆匆地去，依然陌生，在美国也是一样，游丝一缕来去无牵挂。所以虽然听到乡音，不仅没有惊喜，反而惶惶逃脱，这是没有家园、没有精神家园的悲哀。自由，辛酸的自由，虽然她有这么高的声誉，她的内心依然是凄凉的。

寸寸斜阳

大约在 1962 年初，张爱玲由香港返回美国。台港之行，她对台湾香港颇为失望、陌生，1964 年电懋公司关门，她也没有剧本可写了，以后就居住美国，再也没有踏上故土。

1963 年 3 月，她用英文写了一篇《重回前方》的散文，发表在美国《记者》杂志上，记这次港台之行。她已许久没有发表新的文章了。

年迈的赖雅先生已完全瘫痪了，终日躺在床上，身边只有张爱玲服侍左右，精心料理。赖雅虽然瘫痪，但神志仍清醒。1966 年中国大陆“文化大革命”爆发了，张爱玲拿着美国《新闻周报》上的报道文章给他看，他还是坚持认为西方的报纸对中国的社会主义都是“反面”的报道，他拒绝看报，拒绝西方一切关于社会主义的宣传，这种坚定的信仰一直没变，直到他 1967 年去世①。

到美国的这几年，张爱玲虽然找到了栖身之地，建立了一个新的

① 参见郑树森《张爱玲·赖雅·布莱希特》。

“家”，有了依归，她的生活是幸福的，但她的失落更多。她与丈夫在一起只是有个伴，有个安慰，说不上有多么热烈的感情，但她已经很满足了。苦恼的是，她已面临着创作的危机，在这个陌生的西方国度，她的作品并无多少人赏识，她的情趣都是东方式的，她的经历也是东方式的，与西方人的阅读兴趣是那么不合，对西方人很看重的文学作品她又不大喜欢，这个苦恼一直折磨着她。《秧歌》英文版出版后，她把《金锁记》扩展改写成英文小说 *Pink Tear*（《粉泪》），但还是那个司克利卜纳出版公司，却拒绝出版。

张爱玲可以改变自己的风格，向西方的精神、西方的审美情趣、西方的文学风格靠拢，这对她来说应当不是十分难的事，她有过硬的英文水平，运用英文也不比运用汉语能力弱。但可悲的是，她的一切仍旧是中国传统式的。她在访台时曾经计划着写一部以伦敦作背景的小说，是写西方人的，给西方人看的，这个理想如果实现那当然很好，但她还是放弃了。西方在她眼中仍然是陌生的，不说远在英国的伦敦，即便她在美国住了这么几年，她仍是陌生的，没有归属感，这里的一切人物、事情，与她所熟悉的中国是大不相同的，差异太大，她没有把握。

王祯和问她要不要以台湾为背景写小说？她说不行，因为台湾对她来说也是不熟悉的，不光是语言上的隔阂，对这里的许多东西，仅凭着走马观花、浮光掠影的印象，写一篇散文谈见闻是可以的，但做起小说一定没有把握。所以台湾之行除了使她看看异地的风光与人情外，并没有太多的收获。

她的世界还是在上海，这是她的土壤，她的“本命城”，像鲁迅之于绍兴，沈从文之于湘西，老舍之于北京，她的根在上海。但那是四十年代租界里的上海，现在的上海已是她永远回不了的家，像她那个逃出之后永远回不去的父亲的家一样，回不去也不想回去。上世纪四十年代老上海的那种情调，是要在香港那样的社会里才能体味出来的，但逼促狭隘的香港又不是她的栖身之地。虽然在美国有了她的家，但只是物质意义上的家，在灵魂上她仍是漂泊的流浪儿，无家可归的中国女人。

写什么？写什么？写什么？

她陷入了沉思。她年轻时的愿望，要像林语堂那样，在美国生活，做个华侨，“可以一辈子安全地隔着适当的距离崇拜着神圣的祖国”。现在终于横隔着太平洋这个“适当”的距离了——遥远的时空的距离，也许还有感情上的距离、心灵上的距离，她却又惶然了。她不能像林语堂那样超然地驾驭东西方文化，写东方生活，投合西方情趣。毕竟她的经历太有限、太狭窄。“江郎才尽”是个再浅显不过的道理，才华像乳，可以愈汲愈出，但生活像养分，没有及时大量的补充滋润，才华的泉也会干涸。

她是不愿后悔的人，一个独行者，既然走出，就一直走到底，永远不想走回头路。

赖雅活着，虽然人到晚秋，但毕竟是个安慰，总有一个人伴在身边。所以张爱玲虽然失去了她的土壤，但仍可以靠着回忆靠着她的魔杖似的彩笔写出作品。

她开始在回忆中写作，抓住记忆中一丝一缕的丝线，织成锦文绣样。旧时的记忆，三生旧梦似地回来，在脑中变得特别清晰，越远越清晰，大约已是晚年的征兆罢。她想起李商隐的诗：

> 此情可待成追忆，只是当时已惘然。

这就是她后来把这一段时间写的几篇作品定为《惘然记》的缘由。

她写了一部短篇小说：《色，戒》。

这篇小说的本事，是四十年代初发生于上海的刺杀大汉奸丁默邨的一件真事①：

上海极司菲尔路76号汪伪特工总部，头目是汪伪大汉奸丁默邨。

丁默邨早年参加共产党，后投叛国民党CC系，日军侵华后又成为汪精卫汉奸政府的中央常务委员、中央社会部部长、中央特务委员会副主任兼特工总部主任。

国民党重庆当局屡次想除掉这个老奸巨猾的汪伪特务，但丁默邨是个有丰富经验的老特务人员，戒备森严，警卫如云，行动诡秘，手下特务人员星罗棋布，谁都难以近身。重庆国民党政府把暗杀丁默邨的任务交给中统潜伏在上海的特务机构，当时陈宝骅是这个机构的负责人，知道丁默邨有个弱点是好色，便决定采用美人计来引诱他上钩。

这位被选中的美女叫郑苹如，年方二十出头，面若桃花，聪慧可人。她是中统机构的女情报员。郑苹如是中日混血儿。其父郑钺，又名郑英伯，早年留学日本追随孙中山，是同盟会成员，国民党元老。其母是日本姑娘木村花子，随夫到中国定居。上海沦陷后，郑英伯参加了上海地下抗日组织，成为陈宝骅的助手，他的女儿郑苹如在中统上海区做情报员。

郑苹如以前和丁默邨有一面之交。她在上海读中学时，丁默邨曾兼任她的校长。她本人能说一口极流利的日语，加以这师生之谊，和丁默邨认识了，几个月时间，赢得丁的信任不疑，勾引得丁默邨神魂颠倒。丁默邨到朋友家赴宴，要她陪着去。

郑苹如向中统汇报，商定以她买皮大衣为名将丁默邨诱至西伯利亚皮货店，届时中统特务埋伏周围将其暗杀。丁默邨连警卫人员也未带，乘专车到那家皮货店下车，与郑苹如手挽手进入店内。丁默邨让她挑选大衣，

① 参见林以亮《私语张爱玲》。

自己随意四处张望。他发现门外有可疑人员，顿时从口袋里掏出一大叠钞票，向空中一抛，对郑苹如说："你自己挑吧，我先走了！"钱抛了一地，引得人们一阵骚乱，他乘乱冲出人群，跳出门外，钻进轿车便逃。当中统特务反应过来开枪时，他已跑远了。

这个美人计功亏一篑，但中统以为丁默邨或许没有识破这是他们的圈套，当作是凑巧碰上杀手的，于是让郑苹如继续与丁默邨接近。丁默邨假意应付，不动声色，反将郑苹如置于死地。

这是四十年代在上海流传很广的故事，张爱玲当然应该知道。她和胡兰成恋爱后，胡兰成可能更详尽地给她讲过。

到了香港后，跟宋淇聊天的时候，宋淇也讲过类似的另一个故事：

四十年代他在燕京大学教书时，燕京大学有几个爱国学生，组织了一个刺杀汉奸的组织，他们的头子是孙连仲的儿子孙襄德（后来在香港还和宋淇见过面）。这些爱国学生在家里是大少爷、大小姐，他们既不是军统，也不是中统，国民党的各个组织他们都不是，但他们分配了任务，刺杀汉奸，在北京天津哐哐哐一连开枪打死了好几个汉奸。日本人、宪兵队、中统、军统，大家查来查去都不知是谁搞的。后来就有人不知道怎么搭上戴笠的军统的线，把这些人组织起来，后来被反间谍的人知道了，于是有几个学生被逮了起来，其中有对开滦煤矿买办的孪生女儿，很漂亮，还是宋淇教过的学生，上面看了不像，就把她们放了出来①。

张爱玲听了也很感兴趣。这些故事就一直在她脑海中酝酿着。

张爱玲的小说，虽然还是用了这样的基本情节，但她没有把这个故事写成浅薄的美人计刺杀小说，而着重刻画了女主人公王佳芝假扮少妇勾引上汉奸易某行刺前后的心理。

---

① 参见水晶《访宋淇谈流行歌曲及其他》。

王佳芝是个富有爱国抗日正义感的青年学生，为了靠近并刺杀汉奸，她装扮成少妇，被迫与那一群青年中的一个她并不喜欢的人学做爱，做出了无谓的牺牲，但她的同伴们反而鄙视她，用异样的眼光看着她，连她最有好感的邝裕民都这样看待她。她受到很大的刺激，从心里鄙视他们。但是当他们来再次请她去行动时，她还是“义不容辞”地去了。

她与易某有几次交往，将要行刺前，内心却很纷乱，“每次跟老易在一起都像洗了个热水澡，把积郁都冲掉了，因为一切有了个目的”。当她与易某上商店去购买项链，知道会有人埋伏在商店门口，待他们出来时行动，此时王佳芝内心很矛盾，她觉得这一刹那间仿佛只有他与她两人在一起。她憎恨玩过她的梁闰生，与梁闰生这些人相比，这个汉奸倒像爱她的。易某想不到“獐头鼠目”的自己中年以后还会有这样的奇遇，他想到她对他的爱中可能有权势的因素，在陶醉中不免有点悲哀。佳芝也疑心自己“有点爱上老易，她不信，但是也无法斩钉截铁地说不是，因为没有恋爱过，不知道怎样就算爱上了”。

她看到这个汉奸，“脸上的微笑有点悲哀”，她疑心自己是不是爱虚荣的贱女人，又否定了，他“此刻的微笑丝毫不带讽刺性，不过有点悲哀，他的侧影迎着台灯，目光下视，睫毛像米色的蛾刺，歇落在瘦瘦的面颊上，在她看来是一种温柔怜惜的神情”。

“这个人真爱我的，她突然想，心下轰然一声，若有所失。”

她低声说：“快走。”

她知道这太晚了。但是“老易”却已躲过这场灾难。他回到家中，已经布置了手下人把这一切行刺的人包括她一网打尽，统统枪毙。但他还在想：她还是真爱他的，是他生平第一个红粉知己。

> 得一知己，死而无憾，他觉得她的影子会永远依傍他，安慰他。虽然她恨他，她最后对他的感情强烈到是什么感情都不相干了，只是有感情。他们是原始的猎人与猎物的关系，虎与伥的关系，最终极的占有。她这才生是他的人，死是他的鬼。

王佳芝与易某在政治上是敌对的关系，一个是单纯的爱国青年，一个是杀人不眨眼的刽子手，然而都是人，有人性的相通之处。王佳芝人性中的善良与软弱使她放走了这个汉奸，但易某却残酷地把她置于死地，虽然他内心也不是没有一丝人性。人性与政治是一对矛盾，人性的爱有时会超越政治，但政治却能无情地残害人性。这也许是张爱玲内心深处的最大矛盾，包含着她对与胡兰成婚恋的反思，明知是汉奸，但人性中的弱点与情感战胜了一切，爱上他，但这爱到头来却给政治粉碎了。这是她人性至上观念受到政治的破坏后的惶惑。

这篇小说太容易让人与郑苹如刺杀丁默邨事迹对号入座了。但历史上郑苹如并没有爱上汉奸，而是至死都不向汪伪投降，最后壮烈牺牲。所以小说发表之后招致一些批评，美籍华人作家张系国就说：

> 作家如果标新立异，特意发掘不道德的题材，也许反而毁了自己。至少我认为歌颂汉奸的文学——即使非常暧昧的歌颂——是绝对不值得写的。因为过去的生活背景，张爱玲女士在处理这类题材时，尤其应该特别小心谨慎，勿引起误会，以免成为盛名之瑕。
>
> ——《不吃辣的怎么胡得出辣子——评〈色，戒〉》①

---

① 此文发表于《中国时报·人间副刊》1978年10月11日。张爱玲不爱与人论争，但这次她却不得不说了，她又写《羊毛出在羊身上——谈〈色，戒〉》一文，说：“这故事的来历说来话长，有些材料不在手边。”可见还是有所本的，有人猜测是听胡兰成以前讲的。

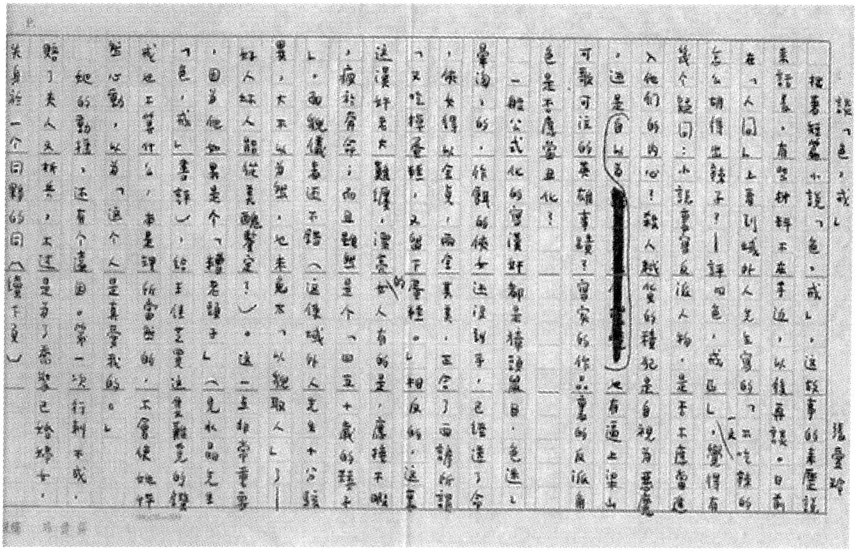

张爱玲《谈〈色，戒〉》手稿

《五四遗事》是用英文写的，发表于1956年，次年译为中文，发表于台北夏济安主编的《文学杂志》上。这是另一篇人性与政治的小说。

轰轰烈烈的“五四”运动以后五年，恋爱自由、婚姻自主的观念成为青年人的时髦话题。罗某已经由父母包办结婚了，但受“新时代”精神的影响，对家里包办的没有文化的妻子不满意，爱上女校的一个新女性密斯范。罗与密斯范二人，还有他们的朋友郭某与密斯周，两对男女，开始时是最时髦的罗曼蒂克的友谊，在月下游湖，在草地上朗诵雪莱的诗，或是写信交流新看的书刊（虽然他们天天见面），慢慢地罗曼蒂克的友谊变为实实在在的“爱情”。

罗与家中包办的妻子闹离婚，但家里死活不同意，一拖数年。密斯范疑心他一味拖延，对自己没诚心，看看希望渺茫，这位新女性怕做了老姑娘嫁不成人，便经媒人介绍与一个开当铺的相亲。罗得知消息，但还是硬着头皮离了婚，人们把他当作有勇气与封建婚姻挑战的开路先锋，但不久他又找媒婆介绍了染坊王家的美貌女儿，与他的前妻一样，也是没有文化的旧式女人。

然而密斯范的婚事不知道为什么没有成功，罗再次见到她时，她仍和过去一模一样，没有改变，于是罗旧情复炽，才觉得这新式女性是他的理想，他第二次闹离婚，又经五年终于如愿，按照他与密斯范的理想，住到了富有诗意的西湖边上。

但新婚不久，他就发现自己心目中这个最有诗意的新式女性原来和旧式女人并没有多少不同，如果说有不同之处的话，只是比旧式女人懒，比旧式女人爱面子而已。密斯范爱打麻将，“没有牌局的时候，她在家里成天躺在床上嗑瓜子，衣服也懒得换，污旧的长衫，袖叉撕裂了也不补，纽绊破了就用一根别针别上。出去的时候穿的仍旧是做新娘子时的衣服，大红大绿，反而更加衬出面容的黄瘦。罗觉得她简直变了个人”。

罗很失望，三天两头吵架，又想起染坊的王小姐，觉得还是旧式女子贤惠，把她接了回来，密斯范这位对多妻制不满的新女性虽然声称要自杀，但还是不愿离婚，客客气气地与王小姐相处，后来罗又把第一任妻子也接了回来。

到了“五四”以后十多年的1936年，至少在名义上是个一夫一妻制的社会，这位“五四”时代的“新青年”，却拥着三位娇妻在湖上偕游，朋友们一边羡慕他的“稀有的艳福”，一边取笑道：“至少你们不用另外找搭子。关起门来就是一桌麻将。”

经过“五四”运动洗礼的所谓新式的男女并没有战胜他们人性中的弱点，罗的见异思迁、喜新厌旧的天性，并没有被“五四”运动冲洗掉。密斯范这样的新式女子也未能克服与生俱来的女性的虚荣与依赖心理。她还没有得到他的时候，为了讨得他的喜欢，“与岁月的侵蚀”斗争，她的发式与服装都是经过缜密的研究，既保持与他初相识时的美丽，又不要落伍，“是流行式样与回忆之间微妙的妥协”，为了迎合他的口味，“他送给她的书，她无不从头至尾阅读，她崇拜雪莱，十年如一日”。当爱情失去了保障，哪怕做小她也愿意，在“五四”时代中走了一圈，又回到“五四”前的现状。正像张爱玲与苏青对谈时说的，这种女人，新女性的自由她也要，旧女性的权利她也要，最终未能走出旧式女人的命运。这是人性的弱点影响政治的变革，也是时代的悲哀。

这篇小说原是用英文写的，1956 年 9 月 12 日发表在美国的《记者》（*The Reporter*）双周刊上，题目是 *Stale Mates*。但恰在同时，夏志清的兄长夏济安主编的《文学杂志》催她要稿。张爱玲与夏志清昆仲关系很好，她在美国知心朋友很少，难得有像夏志清兄弟这样古道热肠的朋友，为她的工作生活奔走帮忙，她是感激不尽的，更何况这兄弟二人还是自己文学上的知音，对她的小说给予极大的赞扬与鼓励。现在约稿，焉有不勉力为之之理？张爱玲把这篇英文小说用中文译出，名为《五四遗事》，虽然看似译本，实际上却花了不少功夫，中文本与英文本并不完全一样，要比英文原作更灵活自然。夏济安对这篇小说评价极高，在他写给朋友的信中说：“张爱玲的小说确实不同凡响……张女士因熟读旧小说，充分利用它们的好处；她又深通中国的世故人情，她的灵魂的根是插在中国的泥土深处里，她是真正的中国小说家。”这话出自夏济安之口很不容易。他是一个自视甚高的人，亦狂亦侠，说话从来不肯让人，他曾有一次对张爱玲毫不示弱地说“I'm your competior，you know”（你要知道，我是你的竞争对手），是说自己的小说不逊于张爱玲。虽是一句玩笑话，张爱玲一时莫名其妙不知该怎么回答，到底夏济安也是个有一善能拳拳服膺的人。

但正如夏济安说的，张爱玲的灵魂是插在中国的泥土里的，离了这泥土，是否能枝叶长青，开出灿烂的一树繁花呢？真是难说。

《相见欢》写的是平淡得没有任何色彩的人的生活，伍太太与荀太太，一个是被丈夫抛弃了，一个是不爱丈夫的。她们的生活没有任何色彩，百无聊赖，只好在一起聊天，打发寂寞，或在回忆中找出一点点自己可留恋的地方。像荀太太，年轻时就没怎么漂亮过，但她却老是向人唠叨："我有一回被人跟，吓死了"，"他还趴在那里看呢，——吓死了"。对方也早听过多遍了，因同样无聊只好敷衍地听，她又绘声绘色地说："像学生似的"，然后又想起加上一句："穿制服。就像当兵穿的那制服，大概是个兵！"

人性中的情欲，虽然人到暮年，仍在内心的最深处动荡，仍不甘心这样平淡地消逝。伍太太与荀太太，有着同性恋的倾向，在仅有的回忆或幻想中哄自己，盯梢的男人对与她同路并比她小十几岁的姑娘不感兴趣而看上她，她觉得是一种安慰，而现在再说有这种故事人们更不相信了，所以她与伍太太终日待在一起，说从前"年轻时候"的事，也是一种安慰。

张爱玲的故事已写到没有什么可写的了，她只能重新把以前发表的作品再次进行修改，赋予旧作以新的生命。

她把《十八春》改为《半生缘》。她对《十八春》不满的地方是结尾对新社会的赞扬，这不符合她一贯"不了了之"的结尾方式，她把结尾结到解放以前，把张慕瑾遭国民党的逮捕改为被日本人抓走，把许叔惠去延安改为去美国留学。

《半生缘》这个书名是她考虑很久才定下来的。开始张爱玲想把《十八春》改名"浮世绘"，觉得似乎不切题，"悲欢离合"又太直白，"相见欢"又偏重"欢"字，"急管哀弦"又嫌调子太快，又一度想定名"惘然记"，固然典雅别致，可是不太像小说，最后才定为《半生缘》这样一个稍觉满意的书名。张爱玲把《十八春》后面自己始终感到是心病的"光明的尾巴”删去，更符合她小说一贯的风格，使得这个悲剧有了更深长的意义，但旧衣新裁，只不过稍稍变些花样而已，基本上仍是“旧作”，有时候还可能破坏了旧作原有的韵味。

她又把《金锁记》改写成长篇小说《怨女》，《金锁记》中的曹七巧变成了《怨女》中的银娣。增加了大量的活动背景、生活细节和心理描写，令人信服地刻画了银娣的幽怨。于是这个叫人同情叫人憎的极端泼辣极端变态的曹七巧，对儿女的狠毒失色了，她由变态的疯子成为一个“怨女”，成为和张爱玲笔下其他类似的“小奸小坏”的女人差别不大的人物了。原来小说中突兀的开头，在《怨女》中变得平淡多了，从银娣年轻的时候写起，到她出嫁到这个大户人家，做残废的二爷的女人，与三爷调情到丈夫死后分家，她又与三爷翻脸，平铺直叙下来。到结尾时，她不像她的前身曹七巧那样用“疯子的审慎与机智”让儿女为她殉葬了，她变成一个恶婆婆，叫媒人给儿子玉熹说了媳妇和姨太太，又千方百计地把儿子留在自己身边。银娣已经比曹七巧“平和”多了。

张爱玲把曹七巧改为银娣，银娣更像那时代命运悲苦的下层女人，更合乎情理，但是曹七巧这个疯狂、变态而又极悲壮的人物，在《怨女》里却失去了以前让人同情、震愕、痛恨的感人力量，没有悲壮，只有苍凉，成为那个时代庸常女人中的一个，至多不过再苦一点、狠心一点而已。这样改的结果，虽然更符合张爱玲的情趣，有些细节也比以前更真实、更细腻，却失去了《金锁记》的光彩，再也唤不起人们像对《金锁记》那样的喝彩。

她已经写不出更能超越四五十年代的小说了，这不是她才尽了，而是远离她生活的现实，断绝了文学的来源，灵感的来源，像无源之水、无本之木。

到了美国，文学中的张爱玲等于死去了，她像一个大上海的幽魂，活在爱她的人的心中，在美国生活的那个张爱玲，是幽魂变成的蝴蝶，只在回忆中寻找她自己。一代才人的可悲之处即在这里。

张爱玲把她的才气转向了文学翻译。1963 年，她与余光中等人翻译的《美国诗选》，在香港今日世界出版，她译了爱默森的五首诗，梭罗的三首诗。同年，今日世界出版的《欧文小说选》中，她以前翻译的一篇短篇小说《无头骑士》改为《睡谷故事》，与别人译的《李迫大梦》合为一部中英文对照的小册子出版，供英语初学者使用。又出版了她以前独立翻译的一部《爱默森文选》，从卷帙巨大的爱默森作品中选择出一部分，共分为“计划”、“生活方式”、“诗”、“人物”、“书信”五章，正文前加了一篇“译者序”，在香港今日世界出版。

张爱玲译作《欧文小说选》

除文学翻译外，1964 年，她为“美国之音”中文部翻译改编了几部广播剧。当时麦卡锡已被美国政府调回，供职于“美国之音”电台，张爱玲正好也在华盛顿住，麦卡锡便请张爱玲做这项工作。对于编惯电影剧本的张爱玲来说，这真是牛刀割鸡，一年中译编四部。先是把陈纪滢的《荻村传》编为若干个半小时的广播节目，继而又将苏联作家索尔仁尼琴（1970 年诺贝尔文学奖获得者）的名作《伊凡生命中的一天》、《玛曲昂娜的家》两部小说编为广播剧本。

1961 年，夏志清的英文著作 *A History of Modern Chinese Fiction*（《中国现代小说》）由美国耶鲁大学出版。这部文学史著作给予张爱玲很高的评价，说她“是今日中国最优秀最重要的作家”，她的《金锁记》是“中国自古以来最伟大的中篇小说”，用了五十页的篇幅论述张爱玲，对她的评价比鲁迅还高。从此，在香港、台湾和海外华人心目中，张爱玲在中国现代文坛的地位逐渐被人所认知。

但这并不能解决张爱玲在美国的实际问题，她的英文小说仍得不到美国人的认可。在夏志清及其学生的帮助下，张爱玲在俄亥俄州牛津镇的迈阿密大学作了七个半月的“驻校艺术家”。虽然工资很微薄，但不用教书，不过要接待学生，做点演讲。她准备去，可已瘫痪在床大小便失禁的赖雅却没有办法照顾自己，张爱玲只好带着赖雅同去。

次年，即 1967 年 3 月，她接到哈佛大学下属的东部贵族女子学院赖德克利夫学院 Radcliffe College 的通知，给她两年合约，做她想做的翻译工作，张爱玲又带着赖雅到了东部马萨诸塞州的坎布里奇（Cambrige，音译“康桥”）。一个女人带着瘫痪的丈夫，就这么疲惫地奔波在异域的土地上①。

① 参见刘绍铭《落难才女张爱玲》。

第十一章　美人迟暮

一个人浩然有归志了，但是忽然发现她是无家可归。

——《十八春》

灯光绿黯黯的，更显出夜半的苍凉。在暗室的一隅，发出一声声凄切凝重的磬声，和着轻轻的喃喃的模模糊糊的诵经声，“黄卷青灯，美人迟暮，千古一辙”。她心里千回百转地想，接着，一滴冷的泪珠流到冷的嘴唇上，封住了想说话又说不出的颤动着的口。

——《迟暮》

断绝尘缘

1967 年 10 月，赖雅病逝。张爱玲又成了孤零零的一人，从此只有 Reyher 这个姓氏伴她度过孤独的后半生了[1]。

对她来说，这既是解脱，又是打击。张爱玲移居美国之后，可写的东西已很少了，不过，有赖雅陪伴在一起，即使是后来赖雅瘫在病床上，张爱玲也多少有点归依感，有一种“家”的感觉。可是自赖雅去世后，这一点点可聊以慰藉的感觉也没有了。本来她对人生已没有年轻时的奢望，对爱也没有以前的热情，但赖雅的死对她仍是不小的打击，失去生活中可依存的最后东西，她完全是举目无亲了，张爱玲这时只有四十七岁，但已进入了晚年的心态。这种心态最明显的表现是创作欲望的锐减，她不再写小说了。

在这个西方人的天下里，也根本没有她的位置，她没有林语堂在美国那样高的声誉，她的中国式情调趣味难以被美国人理解，西方没有她小说的市场。《怨女》的英文版 *The Rouge of the Morth* 几经周折 1966 年在英国出版后，连她向来比较熟悉胃口的英国人，也很少有人注意这部小说，偶有一位书评者写评论文章，也是多加指责，说她在这部小说中塑造的银娣这个人物，简直令人“作呕”[2]。在美国，她的一部英文小说（或许是《半生缘》的英文版）兜来兜去一直找不到买主，外国人一看小说中搅不清的“三字经”式人名，就拒绝了，她心灰意懒，才打算把它以中文本向

---

① 参见苏伟贞《张爱玲书信选读》。

② 参见水晶《蝉——夜访张爱玲》。

港台出版①。

赖雅的死和她在西方遭受的种种冷遇，使张爱玲断绝了小说的情缘，放下了天生写小说的彩笔，以前那个五光十色绚烂多姿的张爱玲逐渐黯淡无光，闭门不出，独守空房，品尝这既心酸又自在的孤独况味。

她是喜欢孤独的。“在没有人与人交接的场合，我充满了生命的愉悦”。孤独是人生的一种境界，能够到达这种境界的人不多。张爱玲做到了这一点。

但人毕竟是有感情的动物，在她的感情世界里，似乎缺少些什么——缺少知己。正像美国歌星芭芭拉史翠珊唱红的那支歌中所说的“人——需要人的人”一样，张爱玲也需要“人”，需要二三知己，可以多少得到一点心灵上的安慰。但是在这热闹繁华的美国都市中，她却几乎没有一个朋友，更不要说贴心知己。她的感情已经冻结了，心扉紧锁，闭门不出。

人生真难，隐居亦不易，千年前中国历史上的那个大隐士陶渊明也不得不为填饱饥腹而谋生，张爱玲自然也需要衣食。

茕茕孑立、形影相吊的索居独处她不怕，但为了生活她还不得不出去做些事，以维持生命的延续。她在雷德克利夫女子学院两年时间中，专心翻译《海上花列传》一书。两年后，经夏志清介绍又移居美国西海岸的柏克莱，进入加州大学柏克莱分校的中国研究中心（Center for Chinese Studies）②。

从哈佛到柏克莱，她这个中华的流浪儿，像离根的秋叶，在美国的天地间飘飞，由东到西，寻找自己的栖身之地，“月明星稀，乌鹊南飞。绕树三匝，何枝可依?”

她找不到自己的归宿，但惊喜地发现了一个令自己高兴的所在，那就

---

① 参见林以亮《私语张爱玲》。

② 同①。

是哈佛燕京图书馆和柏克莱加大的东亚图书资料库，在这里给她精神暂时的安稳，使她忘却外界。

雷德克利夫女子学院是哈佛大学两大学院之一，它是美国最著名的女子学院，1894 年并入哈佛大学，与只招男生的哈佛学院是姊妹学校，在各方面不相上下，不过只收女生，仍保持自己的独立性。

哈佛大学这个出过六位美国总统、三十三位诺贝尔奖获得者的世界第一流大学，拥有一千一百万册藏书的图书馆使她着迷，尤其是令无数中国学者神往的哈佛燕京图书馆，收罗从古到今的中文书刊之丰富也是首屈一指的。中国近现代有许多学者如杨杏佛、赵元任、陈寅恪、林语堂、梁实秋都在这里留下过身影与足迹。张爱玲在这里看到了珍贵的脂批《红楼梦》和许多有关《红楼梦》的书籍，又勾起她对《红楼梦》研究的极大兴趣，她开始了对《红楼梦》的研究。

柏克莱加大是加利福尼亚大学柏克莱分校的简称，它是加州大学九个分校中历史最悠久、教育质量最高的高校。该校的历史上有十五位教授获得过诺贝尔奖，著名的美籍华人李远哲教授即在该校，有九十八名美国科学院院士，数量在美国仅次于哈佛。它的图书馆藏书量在全美大学中名列第二，其中东亚图书资料收藏量居全美第三位。到柏克莱后，张爱玲的工作是收集研究“文革”时期的大陆术语，但偏偏这两年大陆没有造出什么新的术语口号，她大部分时间还花在《红楼梦》上了。柏克莱对张爱玲的研究工作有很大的帮助，她两耳不闻窗外事，终日埋头《海上花》和“红学”领域。

除了在哈佛大学期间，曾破例地应华人女作家於梨华的请求到纽约州立大学做过一次演讲之外，她基本上与外界是没有什么来往的①。

---

① 参见林以亮《私语张爱玲》。

张爱玲在美国过的是闭门隐居的生活，进入柏克莱后，她完全沉入故纸堆中，不与人交接来往。在陈世骧的中国研究中心，她昼伏夜行，作息时间跟别人很不一样。她白天在家中，每到下午三四点钟，人们下班的时候，才像幽灵一样到研究所里，一直工作到午夜为止，所里的同事很难得见她一面，偶尔相遇，也只是点头而已。那时在研究中心做助理的陈少聪自认是不折不扣的“张迷”，看过她的所有小说和胡兰成的《今生今世》，对她崇拜得无以复加，内心万般希冀与她接近。与张爱玲在同一个办公室，中间只隔一层薄板，然而一年中，陈少聪却难得与自己的偶像说上几句话[①]。她活在“红楼”与“海上”的世界里，在现实的社会里几乎见不到她的影子。

一个中国的女人，做了隐士，不是在中国，而是在陌生的异国他乡，在熙熙攘攘人来人往的美国都市。如果说《红楼梦》中“可怜侯门绣户女，独卧青灯古佛旁”是苍凉中的苍凉，那么张爱玲的大隐朝市却是繁华中的苍凉，唯其外界的红尘滚滚的繁华，才能更衬出内心的苍凉与冷落。在这偌大的世界中，有谁知道有这样一个中国女人在这里默默活着？又有谁知道在这个女人冷漠的外表下丰富的内心世界？张爱玲的心中有着对人生悲欢的无尽慨叹，但欲说还休，欲说还休。

黯淡得没有光亮，寂静得没有声音，黯淡、寂静的是心境，寻寻觅觅，冷冷清清一个人，在空荡荡的雪洞一般的大房间里。

她的房间有一排落地的玻璃长窗，白天她可以让光线充足地进来，为黯淡的内心增加一些光亮，可以站在窗前看下边热热闹闹熙熙攘攘的人群；入夜，站在窗前眺望万家灯火，隔着苍茫的金山湾海水，欣赏到遥远的旧金山的高楼与营营飞着的灯光，红的星、绿的星。

---

① 参见陈少聪《与张爱玲擦肩而过》。

这个幽静的公寓楼里，死一般的寂静的大房间就是她的“家”——暂时的栖身地。她的屋内有几盏像照相室用的大灯泡，照得房间亮如白昼，是为了照亮她内心的灰暗；她把仅有的电视或收音机开得极响，只是想听到人的声音、人的生气，像《红白玫瑰》中的孟烟鹂。但她不愿任何人来见她，她需要安静，需要休息，买菜，付账，看医生，打电话，写信，她太累了，休息的时间总不够。她躺在床上，整天地伤风感冒，不能说话，一说话就想要吐，也不想说话，也无人说话，无话可说。

陈世骧教授在1971年5月去世了，开追悼会那天，她撑着病恹恹的身体去了，虽然那时已是5月，她还感到冷，她已是病了一个冬天，到现在还没有好。她没有精力待下去，露了一个面后就回去了，仍旧躺在床上休息①。

梦断“小团圆”

就在张爱玲闭门隐居专注于《红楼梦》、《海上花》的时候，胡兰成却在日本洋洋得意地写他的回忆录《今生今世》，把他一生中的八个女人一一道来。1974年他到台湾讲学，朱西宁因为是张爱玲的崇拜者，特地来拜访他，胡兰成又不失时机地给朱西宁的两个漂亮女儿朱天文、朱天心讲张爱玲，背诵张爱玲小说的名句并赠送他的《今生今世》，这副嘴脸让许多人作呕，有个作家说：胡兰成鼻梁上抹点白粉，就是舞台上的蒋干。许多作家当面挖苦批评，胡秋原写了《汉奸胡兰成速回日本去!》，在台湾作家的围剿下，胡兰成灰溜溜地离开华岗文化学院搬到朱西宁家隔壁。张爱玲

① 参见水晶《蝉——夜访张爱玲》。

闻讯，从此与朱西宁家断绝了书信往来[①]。

本来已经心如止水的张爱玲，一下子又有一种强烈的恐惧。胡兰成这个“无赖人”（这是张爱玲后来与宋淇通信中对他的厌恶的称呼）此时又到台湾来招摇撞骗，大讲中国文化，讲与张爱玲的风流韵事，借着张爱玲的名声为自己脸上贴金。可气的是朱西宁还要根据胡兰成的话，写张爱玲的传记。她本来对她四十年代与胡兰成的那段往事，早已痛心疾首，讳莫如深，恨不能永远忘记。但由于胡兰成这样张扬，再次撕裂了她的伤口，让她蒙受了说不出的耻辱。

晚年居住于日本的胡兰成

她不能再沉默。

可是，不能任凭胡兰成一面之词的胡说，但也不能像胡兰成那样再写文章宣扬，她不能像胡兰成那样无耻。她有许多不得不说的话，在她心里，构思了小说《小团圆》。这“是个爱情故事，不是打笔墨官司的白皮书”[②]。

中国的旧戏或小说里，常常有书生落难，遇到美人，然后考中状元，三妻四妾“大团圆”的套路。这本小说中，这个汉奸在逃难时，还一个接一个地玩弄女人，一个也不想丢手，做着他的“小团圆”的美梦。

这部自传体小说，主人公盛九莉就是张爱玲，邵之雍就是胡兰成。主要写盛九莉与邵之雍的恋爱，从她开始对他崇拜、认识到幻灭的整个过程。她明知道他是个汉奸，有好几个女人，跟

① 参见姚宜瑛《她在蓝色的月光中远去——与张爱玲书信往来》。
② 本节张爱玲的话与书信，皆引自宋以朗《〈小团圆〉前言》。

他在一起会背上恶名，会被社会舆论轻视，但出于崇拜，出于对他的信任，还是跟他好。后来她逐渐发现，他周旋于多个女人之间，对每个女人都是一套，既不结婚，又不愿丢手。和她刚热恋没多久，又认识了小康小姐并同居。她要邵之雍在她与小康小姐之间作出决断，他不肯，竟然把九莉带到他因汉奸身份化名潜逃避难的郁先生家，在那里她看到了他的又一个相好辛巧玉（即《今生今世》里的范秀美）。他大摇大摆地向她吹嘘小康小姐的美，还告诉她他在日本时和一个日本妇女也"发生了关系"（即《今生今世》里的日本女人一枝）。她终于看透了他！

张爱玲1975年6月左右开始写《小团圆》，因为酝酿得很成熟，9月就写完了。本来想写完后在港台连载。张爱玲1975年11月6日给宋淇的信说：

> 《小团圆》是写过去的事，虽然是我一直要写的，胡兰成现在在台湾，让他更得了意，实在不犯着，所以矛盾得厉害，一面补写，别的事上还是心神不属。

宋淇夫妇不太赞成她发表这个小说。1976年4月28日宋淇回信：

> 因为从好的一方面说，你现在是偶像，不得不给读者群众好的一方面看；从坏的一方面说，你是个目标，说得不好听点，简直成了众矢之的。……不要忘了，旁边还有一个定时炸弹："无赖人"会利用《小团圆》出版的良机而大占便宜，亦不会顾虑到张爱玲的死活。

这样，《小团圆》就一直在修改之中，到了九十年代初期还在改，最终也没有定下来。1992年3月12日，张爱玲在给宋淇夫妇的遗嘱里说"《小团圆》小说要销毁"。可她本人并没有销毁。她去世后，第二年宋淇也去世了，2007年11月，宋淇夫人邝文美又去世，最终宋淇之子宋以朗保住了这本小说，于2009年在台湾和大陆出版。好在当事之人都已经去世，以前的种种担忧不复存在，人们可以比较客观地来看胡张的恋爱了。

张爱玲说：

> 这是一个热情故事，我想表达出爱情的万转千回，完全幻灭了之后也还有点什么东西在。

这本小说，让我们看到四十年代她与胡兰成之间的那段恋爱，根本不像胡兰成描写的那么温馨浪漫，而是充满了多少矛盾、痛苦、屈辱的“痛苦之浴”。

何处觅芳踪

她就这样生活在这陌生的异域，陌生的异国人之间。

然而，在中国人中间，张爱玲仍是亲切的、光彩照人的。在香港和台湾，她是一个有极高声誉的作家。夏志清评价“她是现代中国最优秀、最重要的作家”，夏济安把她与鲁迅相提并论，虽然有人不苟同，有较大的争议，但争议的本身就说明张爱玲的影响。唐文标起初对张爱玲小说持批判态度，说张爱玲是活在新时代中的上海租界里的旧作家，是没落的上海世界的最好最后的代言人，但他对张爱玲的作品却最着迷，对张爱玲研究数他最用功，编写了三本张爱玲研究的必备书，至于朱西宁、水晶、王祯和、陈若曦、白先勇，一直是张爱玲迷的作家就更不用说了。

上世纪五十年代，张爱玲的作品，包括《秧歌》与《赤地之恋》在台湾一度是禁书，六十年代解禁之后，夏志清的《中国现代小说史》以及

《论张爱玲》等一系列论文，为张爱玲作品在台湾文学界打开了局面。六七十年代，台湾许多作家可以说是读张爱玲的小说长大的。

从六十年代中期开始，张爱玲的所有作品开始在台湾非常畅销。1966年，她的小说《怨女》在台湾《皇冠》杂志上连载，4 月，在皇冠文化出版有限公司出版单行本。台北皇冠公司又推出《张爱玲短篇小说集》，一如香港天风版，是《传奇》增订本的翻版。同时，散文集《流言》，长篇小说《秧歌》、《怨女》、《半生缘》、《赤地之恋》等十六部作品，先后在台湾出版或重版多次，皆由皇冠代理。

皇冠文化出版有限公司的老板，就是著名女作家琼瑶的丈夫平鑫涛。平鑫涛是平襟亚的堂侄，与张爱玲可以说是"两代交情"了。他和琼瑶都是张爱玲的崇拜者。琼瑶曾对人直言，自己写作上的老师就是张爱玲，由于六十年代末琼瑶言情小说热，人们自然由琼瑶而联想起张爱玲，而平鑫涛更推波助澜，不失时机地把张爱玲作品推向广大读者，又推出一个"张爱玲热"，台湾作家的情爱红尘这一类小说都或多或少地受过张爱玲的影响。陈若曦的《张爱玲一瞥》对她极崇拜。施叔青说张爱玲的小说是她的"圣经"。侨居美国的女作家於梨华也说"现在写小说的，我最喜欢张爱玲"（殷允芃《访张爱玲女士》）。像著名的女作家三毛就更明显，不单单是写法上，有些连题目都近于张爱玲的，三毛在自杀前，曾以张爱玲与胡兰成的婚恋为蓝本写了电影剧本《滚滚红尘》，那种感情更近于张爱玲的情调，这部电影公演后，有人也像当年指责张爱玲及其《色，戒》一样指责三毛对汉奸的态度，据说三毛之死与电影《滚滚红尘》也有一丝关系，从这里可以看出三毛所受张爱玲的某些影响。

像这样的例子还可以举出许多许多。

如台北有一位青年女作家，因仰慕张爱玲的大名，专程到美国去寻找她，希望能见一见自己心目中的偶像。但千里迢迢来到了美国找到张爱玲的住处的时候，张爱玲因病拒不接见，这位女作家失望得大哭，怏怏而归。有的人见不到她的人，就搬到她的公寓楼住下暗中窥探，还有的人在她的垃圾中觅宝，但始终见不到张爱玲的影子。

在这些“张迷”中要数水晶有恒心，终于叩开张爱玲的门扉。

1970 年 9 月，水晶刚到柏克莱城，手里还提着行李，便忙着问路，打听张爱玲的住所。十余年前张爱玲到台湾时，他就是张爱玲迷，张爱玲的小说他是作为范文背诵的，能随口大段大段地背出来，那时听说张爱玲来了，他很兴奋，常跑到王祯和那里打听消息：她做了什么事？说了哪些话？王祯和叫他自己去看她，他又不敢去。现在到了美国，才壮着胆子去拜访。

他第一次踏上张爱玲所住的大型公寓的门前，按了门铃，心里仍然忐忑而又惶然，因为他知道她的作息时间，十一点多，恐怕太早，张女士还未起身吧，等了一会儿，话筒里传来张爱玲迟缓朦胧的英语“哈罗——”，大概她以为是送货送报的上门了，水晶一紧张，竟用了英语来回答，通报姓名后，对方慢慢地回答：“不能见我。”停了一下又说：“因为感冒了，躺在床上，很抱歉。”她的语调低缓平和，不带丝毫感情成分，不过她把电话告诉了水晶，说很高兴得知他到柏克莱城，以后要来请打电话。

水晶从胡兰成的文章中知道张爱玲向来不轻易见人，有了这样的心理准备，因而对自己崇拜的人物不获允见，碰了钉子，心里也没有什么不愉快。以后他不敢贸然上门，只试着打电话。但试了一个多礼拜，每次电话都没有人接。在一次周末深夜两点钟，电话竟意外地打通了。张爱玲也许精神较好，和他谈了较长时间，水晶又说起以前她到台湾时，自己错过机会，现在想拜访她，张爱玲说这几天身体还是不舒服，必须时常躺在床上。水晶不甘心，问：“听说你还是照常上班啊？”“是啊，因为住在这三层楼上太热，上班的地方有冷气，凉快些。”电话那端传来张爱玲的话，好像在敷衍他。但因为她是张爱玲，水晶并没有感到她有什么不对。

张爱玲要了水晶的电话和地址，并且说等身体好时先写一信给他，再在电话中约一下时间。

水晶等了一个多月，对方既无信来，又无电话。水晶想大概张女士已忘了此事，便也不再想了①。

到次年即1971年6月，水晶的一篇《试论张爱玲〈倾城之恋〉中的神话结构》刊出后，影印了一份寄给她，信上说暑假准备回东岸去。不久，收到张爱玲的来信，说："我总希望你在动身前能见着——已经病了一冬天，讲着都嫌腻烦。下星期也许会好一点。哪天晚上请你过来一趟，请打个电话来，下午五六点钟后打。祝近好，文章收到，非常感谢。"

水晶终于如愿地在周末晚上，见到了心仪已久的张爱玲。

看到眼前的张爱玲，他心中的第一感觉是：这不是想象中的张爱玲。

张爱玲很瘦，瘦而大的脸庞上，眼睛"清炯炯的洋溢着颤抖的灵魂"。她的头发是她小说中常常写到的那种"五凤翻飞"式的，两条胳臂又细又长，令人想起杜甫"清辉玉臂寒"的诗句来。

她的起居室空阔得像雪洞一般，墙上没有任何装饰和照片，迎面一排落地的窗子，她起身拉开白色的落地纱幔，露出外面的景色与光亮。

张爱玲知道水晶去年订婚了，特地为他购买了一瓶八盎司重的Chanel No.5牌的香水，送给他的未婚妻。水晶没有想到张爱玲心这么细，连自己在南洋待过、自己的订婚的事都清楚地记得，他原以为自己这样一个年轻人在张爱玲心目中是无足轻重的，原来张爱玲想得这么周到，他既惶愧又感动。

张爱玲这天身体好了精神也特别好，兴致也高。在水晶心中原想她是一个病恹恹懒兮兮的女人，没想到高兴时的她仍然有生气，她问水晶要不要喝点酒，喝什么酒，得知对方不会喝酒，她起身为他取出一听可口可乐

① 参见水晶《访张爱玲不遇》。

来。她扎煞着手，吃力地揭开听上的盖子，那一本正经的神气，仍然使人想起二十多年前胡兰成所描写的样子。

她自己泡上一杯咖啡，不时地用勺子搅动着，搅得很细，然后又替水晶也端出一杯来。她喝咖啡的姿态很优雅，西方淑女式的优雅，身子斜签在沙发上，微扬着脸，面带笑容，与水晶闲谈起来。

水晶说见到了她，和自己想象的她大不一样，张爱玲一惊，感觉到一种深深的刺激。其实，水晶所感到的不一样是张爱玲不像他想象的那样病恹恹的样子，而眼前的她竟是这样活泼言笑晏晏。张爱玲误会了他的意思，她感到自己确实年老了，但仍然和蔼地微笑着听水晶谈观感。

她的房间很大，但奇怪的是，书房里空空的没有什么书架，连书桌也没有。水晶很诧异，像她这样以笔墨为生的作家，怎么能没有书桌呢？张爱玲指着床头那只小台子，像上海人所说的“夜壶箱”样的小桌说，她的作品就是在这样的桌子上写成的。她说：“这样方便些，有了书桌，反而显得过分正式，写不出东西来。”

她问起水晶在南洋生活的见闻。张爱玲除了写作与研究《红楼梦》、《海上花》等小说外，还喜欢人种学，津津有味地阅读有关人种的记载。她问起南洋的猎头族（Dayak）的生活情形，她对这种原始民族的风俗习惯很感兴趣，水晶于是把自己的所见绘声绘色地讲给她听。张爱玲听得神情专注，像是稚气未脱的小女孩听故事那样的神情。

水晶又告诉她最近看了朱瘦菊的《歇浦潮》，叫好不置。张爱玲在童年时代就读过此书，她写的《怨女》中，就下意识地受其影响。又谈到《海上花》、《红楼梦》、张恨水，张爱玲谈起古典小说，很有兴致，一一解答了有关问题，有时不同意水晶固执的意见，但仍宽容地听这个初出茅庐的年轻人独抒己见。

水晶提起她的作品，随口成段成段地引用，极力推崇。张爱玲很惊讶他看得这么仔细，记得这么清楚，她谦虚地笑笑，说早年的作品，连她自己都不大记得了，只有《半生缘》最近重印，记忆还算较清晰。又说，《赤地之恋》是在授权的情形下写成的，所以非常不满意，因为故事大纲已经固定了，还有什么地方可供作者发挥呢？水晶对她的《倾城之恋》、《桂花蒸：阿小悲秋》、《沉香屑：第一炉香》以及《红玫瑰与白玫瑰》都是很欣赏的，把自己认为好的地方说出来征求张爱玲的意见。张爱玲一边听着，爽朗地大笑，她笑得很开心，似乎年轻了许多，水晶感到她的笑声有些"腻搭搭，发痴嘀嗒"，仿佛是十多岁的小女孩那种笑声。从笑声里，叫人完全不敢相信她已经活了半个世纪。

但张爱玲对自己的作品能在中国现代文学史上占多高地位仍感到不确定。因为似乎从"五四"一开始，就让几个作家决定了潮流，后来在这潮流以外的作家就根本不被重视，当年她处在创作高峰时就感到了这层困惑，现在，困惑更是越来越深了。说这话时，她又想起三四十年代的上海，是多么的熟悉，但现在上海已是处于"文革"的混乱之中，恐怕今生再也见不到了，就像古代的大西洋城，沉到海底去了，她神情黯然，有一种玉石俱焚的感慨。

现代的中国作家中，她非常喜欢沈从文和老舍的短篇小说。钱钟书的《围城》她也看过，短篇没大接触。但她更佩服鲁迅，她认为，鲁迅很能暴露中国人性格中的阴暗面与劣根性，这一传统到鲁迅死后，突然中断，很是可惜。后来的中国作家，在提高民族自信心的旗帜下，走的都是"文过饰非"的路子，只说好的，不说坏的，实在可惜。与中国现代作家相比，她倒喜欢看近代的小说和一些西方作家的作品，虽然不大看严肃的西洋作家作品，但对这些作家作品还是相当熟悉。她谈了不少琼斯和品脱的作品，跟以写"冷血"出名的美国畅销书作家托曼·开普特也通过信。

她手边经常收到两份台湾出版的杂志《幼狮文艺》和《皇冠》，她对台湾作家也很熟悉，常看一些青年作家的作品与翻译小说，虽然她很少出门，但对外界并不隔膜。

当水晶捧着张爱玲题赠的《怨女》和一瓶香水从张爱玲住的这幢三层公寓楼辞别出来时，已经是次日凌晨二点半了①。

像这样的会面畅谈，是张爱玲后三十年唯一的一次，在寂寞的人生之旅中，发现一点欢笑，一天，一年，一世。

当午夜千家万户酣然入梦万籁俱寂的时候，这个世界才是张爱玲的，她与月亮同行藏，所以看到的月亮比谁都多，笔下的月也明媚，也玲珑。有月光陪伴她走入“红楼”，回到“海上”……

《红楼梦魇》

柏克莱加大的中国研究中心是由著名的美籍华人学者陈世骧教授所主持的中文研究所。进入了中国人办的中文研究所，张爱玲才感觉到自己在同胞的中间，有一些温暖，开始潜心研究《红楼梦》。但 1971 年陈世骧去世后，她在柏克莱没有了靠山，研究期限也结束了。她无处可依，加之北加州气候寒冷，水土不服，常患感冒。这年秋她移居较温暖的洛杉矶。此后她在洛杉矶举目无亲，再也领不到一份奖金，又没有工作，日常生活全靠稿费维持，拖着疲病的身体为一日三餐忙碌。不仅感冒照旧，牙齿也永远看不好，骨质脆弱，动不动就骨折。最可怕的，患了奇痒的皮肤病，常常怀疑屋中有跳蚤，为了避免“虫患”，必须常常搬家，永远没有固定的家。事实上她早已没有家，她的家只在“红楼梦”里。

① 这一段内容主要采自水晶《蝉——夜访张爱玲》。

这时张爱玲已经不要为生计忙碌奔波，她在皇冠有大笔版税，可以衣食无忧了。但她忽然发现已经没有什么可写的了。

失去了小说创作的光彩，对一个以写小说为生命的人是一大可悲，张爱玲的难堪与落寞是可想而知的。她很无奈。她从《红楼梦》里又找到了安慰。因为她对《红楼梦》有着终生难解的“情结”，从七八岁第一次看此书开始，她就直觉地感到八十回以后，忽然一个个人物都变得语言无味、面目可憎起来，只抱怨“后来怎么不好看了”？这种对《红楼梦》的悟性之高，使她迷上了“红楼”，以后每隔几年都要从头开始再读一遍，十三四岁时学着《红楼梦》的笔调写了《摩登红楼梦》，她对这本小说简直是着了迷，一遍一遍地看，每次印象皆稍有不同，跟着自己的生命阅历在变。但反应都是所谓的“揿钮反应”，一揿电钮“红楼”里的一切就奔凑而来，而且对前后两部分的感觉永远相同，很久以后才听说后四十回是高鹗续的，她兴奋地感叹：怪不得觉得不好。不过当时没有时间去深究。

到1954年左右，才在香港第一次看到根据脂批研究八十回后事的书，在她实在是个直觉与感情上的经验，真是石破天惊，惊喜交集①。她对曹雪芹《红楼梦》未能完书一直心里难过。《冷斋夜话》载彭渊材有人生“五恨”之说：“一恨鲥鱼多骨；二恨金橘太酸；三恨莼菜性冷；四恨海棠无香；五恨曾子固不能诗。”而张爱玲却说“三恨红楼梦未完”②。这种对“红楼”不能释怀的情绪，使她立志研究此书，看清这书上哪些是曹雪芹的原意，哪些是高鹗的误解，哪些是后人的窜改，还《红楼梦》以真正面貌。

她在哈佛燕京图书馆和柏克莱加大，有机会看到脂批本《红楼梦》等

---

① 参见张爱玲《红楼梦未完》。

② 张爱玲记忆错误，误将所谓的“五恨”作“三恨”。

多种版本，高鹗续书的原本，曹雪芹生前几个友人的诗集，以及近现代人胡适、周汝昌、吴世昌、俞平伯、冯其庸等人的红学著作，还有大陆与港台的文学刊物。她都是站着看的——来不及坐下，贪看了许多书。她不必查原书，因为对《红楼梦》读得实在是太熟了，不同的本子不用留神看，只要一读，稍微眼生一点的字自会蹦出来。她谦称自己研究红学的“唯一资格实在是熟读《红楼梦》”，事实上她的资格也实在不止这一点，更重要的是她的悟性与思考。她是在看了两大图书馆能见到的各种版本的《红楼梦》、红学研究书籍之后才做起红学研究的。

张爱玲说《红楼梦》与《金瓶梅》“在我是一切的源泉，尤其是《红楼梦》，《红楼梦》遗稿有‘五六稿’被借阅者遗失，我一直恨不得坐时间机器飞了去，到那人家里去找出来，抢回来”。既然现在不可能，只有对各种版本多加研究，从中发现曹雪芹原著的真貌。她对这些版本看过之后得出一个结论，《红楼梦》的一个特点是改写时间之长——何止十年间“增删五次”？直到去世时为止，大概占作者成年时代的全部。她认为，此书改写二十年之久，为了省抄工，不见得每次大改几处就从头重抄一份。当然是尽量利用手头现有的抄本。而不同时期的早本已经传了出去，书主跟着改，也不见得每次又都从头重抄一份。所以各本的内容新旧不一，不能因某处某回年代早晚判断各本的早晚，这个看来是“常识”的发现，是她研究《红楼梦》的一个要点。有些改写的地方看似荒唐，令人难以置信，例如许多本子的改写常在回首或回末，张爱玲认为，因为一回本的线装书，一头一尾换一页较便。难道曹雪芹写作态度这样轻率，张爱玲看出，“缝钉稿本该是麝月名下的工作——袭人麝月都实有其人，后来作者身边只剩下一个麝月——也可见其他体恤人”。

从1967年开始，张爱玲花了十年时间研究《红楼梦》，为之废寝忘食，她把关于考据《红楼梦》的大纲寄给好友宋淇，宋淇戏称之为“红楼梦魇”，在写信的时候就问：“你的红楼梦魇做得怎么样了?”张爱玲觉得“红楼梦魇”这个词很好，很能代表她对“红楼”的情结，因而把她的七篇红学考据文章，包括《红楼梦未完》、《红楼梦插曲》以及“五详”《红楼梦》，合称为《红楼梦魇》，1976年交台湾皇冠出版社出版。

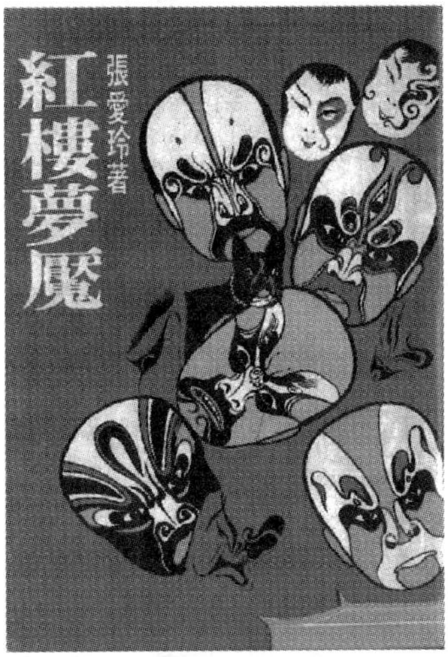

《红楼梦魇》

从入哈佛算起，到1976年《红楼梦魇》出版，整整十年。陈世骧教授去世之后不久，她结束了在柏克莱加大的研究工作，但《红楼梦》的考据工作仍在进行，1973年，她又移居到洛杉矶，更完全与世隔绝，她基本上没有写其他任何东西，只一心一意地研究红学。

她进入《红楼梦》的世界，“像迷宫，像拼图游戏，又像推理侦探小说，早本各各不同的结局又有‘罗生门’的情趣”，真正地到了着魔一般，梦魇一般。生活中所有的孤单冷落，因为有“红楼”的庇护，她可以躲进“红楼”成一统，不管外界的风风雨雨的凄寒，也不感到寂寞，因为有“红楼”中那么多熟悉的人物在书里书外陪着她，这些“熟人”在“红楼”中早已下落不明，早已死了心，通过仔细研究，又有了消息。

“红楼”就是她精神上的家园，“偶遇拂逆，事无大小，只要详一会《红楼梦》就好了”。

她凭着自己的聪明才智，游戏般地一层一层地在迷宫里绕来绕去，曹雪芹构建的这座迷宫，经过许多人的纂动修改，已经很难分辨哪些是曹雪芹原来的，哪些是别人添改的，她要在这里寻找真正的曹雪芹的手笔，谈何容易！她把这本《红楼梦魇》视作自己的“长途探险”，读者有兴致的话可以从头起与她同走一遭。但这一层套一层的烦琐游戏难免会把人绕糊涂了①。

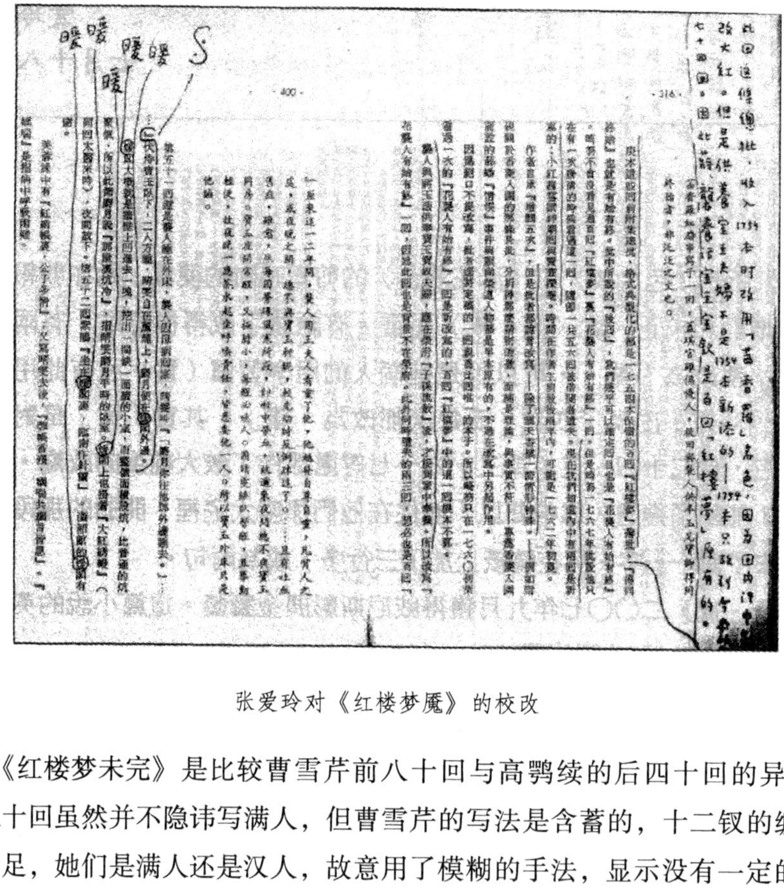

张爱玲对《红楼梦魇》的校改

《红楼梦未完》是比较曹雪芹前八十回与高鹗续的后四十回的异同。前八十回虽然并不隐讳写满人，但曹雪芹的写法是含蓄的，十二钗的缠足与天足，她们是满人还是汉人，故意用了模糊的手法，显示没有一定的时代性。如写林黛玉的衣着只写“外面罩着大红羽缎对襟褂子”，一色的大

① 以上见张爱玲《〈红楼梦魇〉自序》。

红外衣，没有满人的镶滚，没有时间性。写她弱不禁风的娇弱，但不写她缠足，连面貌也是纯情的“薄面含嗔”——“世外仙姝寂寞林”，一种飘渺的美。

到了后四十回，高鹗把《红楼梦》坐实为写满人，坐实缠足，旧本中的“姐姐”也变成“妞妞”。张爱玲发现了高鹗续书中的潦草，人物的服饰描写与原书不吻合，对贾家的庄园也有所改动。但是，高鹗对曹雪芹的家世与满人习俗是相当熟悉的，他知道曹家出过一位姑奶奶，做了讷尔苏的福晋，并把她写入续书内，成为元妃。元妃册立以后，身体发福，中风而死，这是任何人都编造不出的。秦可卿淫丧天香楼，人们只知秦氏死得蹊跷，只有高鹗知道她是自缢。高鹗显然与曹家有点沾亲带故，最了解荣宁二府的家丑，又续书中极力把小说中写宁府的丑事加以遮掩，为贾珍私通儿媳、诱奸小姨袒护，把原书中这些话转嫁于“不得志的奴仆们”的“造言诽谤”。

接下来，张爱玲在《红楼梦插曲之一》中，勾出高鹗生平的一件事及对“续书”的影响。高鹗在中举前曾纳一歌女畹君为妾生子，但因家中母亲刁难，加上他一直不第，畹君后来就离开高家，重入风尘。高鹗当时仍有相思之情，想让畹君回来，但到了中举之后，尽管自己年纪也不轻了，但想到自己的无量前途，便与畹君断绝了往来。

畹君在高家的身份，与《红楼梦》中袭人在宝玉房里的身份相仿。畹君为父母卖身，与袭人当年被父母卖进宁府也相仿。在高鹗续书中写袭人再醮失节，也与畹君一样。高鹗把他与畹君这一段经历写到后四十回的袭人身上，他对袭人“势利”的责骂也是冲着他的畹君来的。

《初详红楼梦》的副题是“论全抄本”。比较乾隆抄本百廿回红楼梦稿本，与其他抄本的异同。《二详红楼梦》是关于甲戌本与庚辰本的年份的考证。

《三详红楼梦》的副题为："是创作而不是自传"，张爱玲钩稽不同本子的脂砚的评语，结合曹雪芹的朋友明义等人的记载，得出这样的结论：宝玉大致是脂砚的画像，但个性中也有作者的成分在内。他们共同的家庭背景与一些纪实的细节都用了进去，也间或有作者亲身的经验，如出园与袭人别嫁，但是绝大部分的故事内容都是虚构的。延迟元妃之死，获罪的主犯自贾珍改为贾赦贾政，加抄家，都纯粹出于艺术上的要求。金钏儿从晴雯脱化出来的经过，也就是创造的过程。黛玉的个性轮廓根据脂砚早年的恋人，较重要的宝黛文字却是虚构的。正如麝月实有其人，麝月正传却是虚构的。《红楼梦》是创作，不是自传性小说。

《四详红楼梦》是考据《红楼梦》的改稿和遗稿，从曹氏以及他的朋友脂砚、畸笏的改稿与批注的异同入手，看《红楼梦》一书内容上的演变。

《五详红楼梦》是还原曹雪芹最早期原著的真面目。她得出的结论重要的有：一、早本写宝玉与史湘云偕老，贾宝玉并未出家；二、贾家出事是由于甄士隐家被抄，贾家因代隐匿财产获罪，但是并没有抄家之事。三、贾家最初只有贾政一房，所以第一个早本没有贾赦与宁府，也没有贾雨村与甄家。这是曹雪芹初写时的样子。第一个早本是性格结局，将贾家的败落归咎于宝玉自身。但这样不大使人同情，也有些地方如史湘云以后"穷无所归"等有叙述上的漏洞。他最初十年内五次增删，最重要的是双管齐下，改结局为获罪与出家。但一写获罪，又太有点像曹雪芹自家，所以为避文字狱，他添了贾赦宁府作为祸首与烟幕，改写出家。袭人在第一个早本内并没有迎养宝玉夫妇，改出家后终于添写袭人迎养宝玉宝钗，使宝玉出家后不会弃宝钗于不顾。

张爱玲在沉入《红楼梦》的世界的时候，有一位漂亮的美国太太来拜访她。这位太太很年轻，面貌很像女电影明星，她读中国史博士学位，博士论文题目是《中国人的侠女崇拜——兼论“中国功夫”与女权运动》。她问张爱玲：中国人这样注重女人的幽闲贞静，为什么又这么爱慕侠女？那时，张爱玲还在柏克莱，正研究史湘云这个人物，《红楼梦》五十七回湘云要替邢岫烟打抱不平，黛玉笑她：“你又充什么荆轲、聂政？”她想起来，便与这位芳名唤作若克三·卫特基的太太谈起《红楼梦》来。这位太太与她的丈夫都是新左派，对中国共产党很赞美，过后给张爱玲寄了一本《毛泽东革命性的不朽》一书，作为对张爱玲的报答。她不禁哑然失笑，只好“笑纳”了，也没有道谢。一两年后，若克三·卫特基夫妇一同到北京访问一周，见了毛泽东，她还访问了江青，大陆“文革”结束后，张爱玲才在美国的电视上看到她当年访问中共的录像。卫特基把江青视为“被压迫的女性”一类，这是她在美国感到滑稽得可笑的事。

译注《海上花》

在研究《红楼梦》的同时，张爱玲还把她的精力移到韩子云《海上花》这部吴语小说上。陈世骧有次对张爱玲说：“中国文学的好处在诗，不在小说。”这话有一定道理，张爱玲对古典的诗虽然也激动，但她的兴趣还在小说[①]。

可惜，中国的小说“起了个大早，赶了个晚集”，明清以后的小说不少，好的不多，就是几个长篇小说。而且这几部她认为好的小说，又多是悲惨的命运：《水浒传》被腰斩，《金瓶梅》是禁书，《红楼梦》没写完，

---

① 这一节主要参考了张爱玲的《国语本〈海上花〉译后记》、《忆胡适之》，施康强《张爱玲著译〈海上花〉》。

还有个《海上花》——可惜没人知道。此外就只有《三国演义》、《西游记》、《儒林外史》，三本书里倒有两本是历史、神话故事，缺少格雷亨·葛林所谓的“通常的人生的回声”，实在是太贫乏了。

《海上花》是完全可以和前边那些家喻户晓的名著相提并论的，胡适称它为“平淡而近自然”的杰作，“吴语文学的第一部杰作”，但一般人却很少知道。

《海上花》是第一个专写妓院的小说，但它不是《九尾龟》那样的“嫖妓指南”式的作品，它写的是妓院中的“爱情”——这话似乎是荒唐的，其实这才是最真实的“爱情”。在中国这个爱情荒芜的国度中，“恋爱只能是早熟的表兄妹，一成年，就只有妓院这脏乱的角落里还许有机会。再就只有《聊斋》中狐鬼的狂想曲了”。

《海上花》主题其实是禁果的果园，填写了百年前人生的一个重要空白。

张爱玲十三四岁开始看这本书，看完之后没东西看了，才又倒过来看书前的序。序是新文学家刘半农做的，特引了原书中两段文字，张爱玲看完这两段，又翻看原文，确实是好。此后一直未有机会再看，但对这书印象却极深。

这本《海上花》自1894年出版单行本后，虽然下层读者也有看的，但却不被读书人重视。1922年上海清华书局重排，四年后亚东书局出版汪原放校点本，前面有大名鼎鼎的刘半农与胡适之的序言，极力推崇，但是两位力能扛鼎的大手笔也未能救活这本失落的名著，一直未能引起注意。张爱玲很为此书的沉没不平。

这本书难以被接受的最大一个表层的障碍是吴方言对白。吴语的对白只有上海苏州一带的人能够看懂，而且亲切有味，但出了吴语地区，其他人即不堪卒读。吴方言不像北京方言那样具有普遍性，只有狭小的地域，读者群也就小多了。

但这本书在文学上却是很好的作品，胡适说它代表一种“文学上很不容易做到的境界”，它的好是独特的，不像《三国》、《水浒》和高鹗续的百廿回本的《红楼梦》那样有“传奇”性，而是一种“平淡而近自然”的风格，这种风格是“普通看小说的人所不能赏识的”。

深层的原因就是中国的读者的胃口已被《水浒传》、《三国演义》以及高鹗续的《红楼梦》养成一种奇怪的“偏食”倾向，对文学作品唯一的评价标准就是传奇化的情节，写实的细节。《海上花》就没有这种传奇性。中国人的感情总是单纯的，好就是一切都好，坏就是一切都坏，对任何事物的评价完全是道德的标准。就像张爱玲在自己小的时候看电影，看见一个人物出场就急切地要问：“是好人还是坏人?”像《红楼梦》这样空前绝后的杰作，没写完还不要紧，最可悲的是被人续补了四十回，又倒过来改前八十回，把《红楼梦》弄成浅薄的“传奇剧”，使曹雪芹笔下的人物尤其是凤姐、袭人、尤三姐都变了质，人物失去了多面复杂性。在曹雪芹心中，凤姐虽然贪酷，并没有不贞；袭人虽然失节再嫁，但“初试云雨情”是被宝玉强迫的，并没有半推半就；尤三姐放荡的过去被删掉了，因为殉情的女人必须是纯洁的。《海上花》中的嫖客妓女虽然不是十足的坏，但也没有一样是纯洁的，都是阴暗社会中的阴暗人物，如果它早生一二百年，或许也会像《金瓶梅》那样有影响。

但是，它却产生在清末，高雅比不上《红楼梦》，下流比不上《九尾龟》和《品花宝鉴》，尤其是第二次出版在“五四”运动以后，爱好西方文艺的人看不起它，寻求刺激的人觉得它不算什么，北伐后婚姻自由，废除纳妾，恋爱婚姻自由流行了，写妓院的小说也就自然过时了，它是一部生不逢时的作品。

然而，这部小说的文学价值却使得张爱玲不忍心它沉落下去，她要把这部“填写了百年前人生的一个重要空白”的作品的价值指给世人看。

“海上花”是很简单的譬喻，“海上”是上海二字的倒文，“花”是妓女通用的代名词。在上海这个全国最繁华的城市里，一般的人，像一些官员、商人甚至地位更低的奴仆店伙，他们的生活空虚枯燥无聊，像书中的两个阔商人洪善卿、陈小云，闲谈闷坐，“须臾词穷意竭，相对无聊”，空虚得连麻将也不打，洪善卿是不会，陈小云是不赌，唯一的娱乐是嫖，而且他们嫖的妓女都是四五年的老交情了，也从来不想换新鲜。虽然他们家中都有老婆，但盲婚的夫妇虽然婚后也有发生爱情的，不过先有性再有爱缺少悬念憧憬与神秘感，就不是恋爱，生活索然无味，便在这里寻找“爱情”。完全像谈恋爱一样地追求女人，很珍惜这得之不易的感情。

妓院是高等妓院，虽然“婊子无情”，虚情假意是她们职业的一部分，但这些较高等的妓院，为那些不满于婚姻的官吏、商人、店伙、西崽提供了一个有点类似西方舞场酒吧的社交场合。这些妓院里的娼妓并不全是淫妇，有的接客不是太多，有的很晚才破身，如周双珠，闲适得近乎独守空闺，虽然她是老鸨的独生女，身份有点特殊。但一般的妓女与老鸨也是母女相称，多少有点家庭的气氛，很少有强迫接客的事。

“在这样人道的情形下，女人性心理正常，对稍微中意点的男子是有反应的，如果对方有长性，来往日久也容易发生感情。”这倒比纯粹的封建家庭里的女子更有恋爱与婚姻的自由，“妓女从良至少比良家女有自决权”。

李淑芳——张爱玲称之为“东方的茶花女”——陶玉甫的情人，陶玉甫不懈地追求她，有四五年之久，要娶她为妻，但他家中人不同意，至多只允许纳她为妾，但李淑芳偏偏不嫁他做小妾，而且也不愿搬出去住做他的“外室”，她追求的是自己真正的价值，是真正的爱情。

王莲生与沈小红也有几年的交往，当沈小红看到情人在另一妓女处摆酒请客，两人闹起情绪，各自以与别的异性相好的表象反激对方，使二人重归于好。还有洪善卿与周双珠、罗子富与黄翠凤等等。

他们之间的“爱情”，究竟成不成其为“爱情”？张爱玲说：

> 恋爱的定义之一，我想是夸张一个异性与其他一切异性的分别。书里这些嫖客的从一而终的倾向，并不是从前的男子更有情性，更是“习惯的动物”，不想换口味追求刺激，而是有更迫切更基本的需要，与性同样必要——爱情。

在过去的早婚时代，当一个男子还不明白什么是爱情的时候，已经结婚生子了，性是不成问题的，但情却没有，要么是不费力气由父母包办的妻子，要么是不费力气用钱买来的姬妾，因为不平等，就无任何爱情可言。而像《海上花》中这样在社交场合上遇见的、追求的，总要经过一段时间的追求，有的时间很短还不能到手，有时甚至会弄得更僵，像罗子富与黄翠凤的关系就是这样的一种关系，并不是一有钱就可以买到女人，这较近于通常的恋爱过程。

题材是下流的题材，但书却写得含蓄蕴藉，没有淫秽描写，结构上很有特色，有些地方明显地学《红楼梦》的笔法，虽然比不上《红楼梦》，但不失为优秀的作品，人物的语言是活灵活现的有生气的。

张爱玲花很大功夫先把此书译成英文，而且“译笔之佳不作第二人想”（柳存仁评语，见林以亮《〈海上花〉的英译本》），但是外国读者对这本小说并不是太欣赏，不是她译得不好，而是不欣赏这种情调。她打算在香港出版，可惜的是这部译稿在搬家时被她弄丢了。她又把此书译成国语，把吴方言的对白全改译为国语，目的是为了让所有不懂吴语的中国人都能欣赏这部“海上奇书”。她对小说做了大胆的处理，原书六十四回，张爱玲把其中的四回合并为两回，删去另两回的回目，变成了六十回。书里的方言词汇也改了过来。

经过张爱玲写小说手笔的翻译，这本书比原著要整洁流畅多了，更适合一般人的阅读习惯，而且，她在书中加了一些很有特色的注，长短不一，皆很精彩，尤其是对旧上海狎妓的风俗、行话、人物的衣着等等，都表现了张爱玲对社会这个特殊阶层人情世故的洞悉。她的注有许多是凭自己的记忆与感想写的，有的材料还需要核实，不一定全能靠住，但别有会心，也很幽默俏皮，可以看做小说式的注解。

如第二回注“围签”，张爱玲说：“围签可能就是果盘，在官话普及后被果盘这名称取代，——围，因为果盘分隔为几只小碟子，围绕中央的一只；签，似指果脯上戳的牙签。”

同一回注“长三”和“幺二”：“一等妓女叫长三，因为她们那里打围茶——访客饮茶谈话——三元，出局——应酬侑酒——也是三元，像骨牌中的长三，两个三点并列。所以二等妓女叫幺二，打茶围一元，出局二元。”又由此谈到“书寓”，引晚清王廷鼎《南浦行云录》：“难后（太平天国之乱）女说书者风行沪上，实即妓女，也称先生，女称先生即此。”张爱玲在下面有一段精彩的注：

> 女说书在上海沦为娼妓，称“书寓”，自高身价，在原有的长三之上，逐渐放弃说书，与其他妓女一样唱京戏侑酒。长三也就跟着书寓称为“先生”——幺二仍旧称“小姐”。吴语“先生”读如“西桑”，上海的英美人听了误以为 sing song，因为她们在酒席上例必唱歌，sing song girl 因此得名，并非“歌女”译名。“歌女”是 1920 年到 1930 年间的新名词，还在有舞女之后。当时始有秦淮河夫子庙歌女，经常上场清唱，与上海妓女偶一参加“群芳会唱”不同，而且也只有南京有。

第三回中众嫖客在聚秀堂叫局上菜，等妓女“陆秀林已换了衣裳出来，杨家妈报说：‘上先生了’”。张爱玲注：“视应召侑酒的妓女为一道菜，显然是较为守旧的二等堂子的陋规。它们仍称‘聚秀堂’、‘绘春堂’——堂子因此得名，想必起初它们是唯一的高等妓院。”

张爱玲对人物的语言、风俗、衣着都有简洁而又明快的注释，对人物的心理也有切中要害的分析，以一个作家的文心来体会小说中的人情世故、心理感情。如她在第五回注中说：“也许由于对年纪的敏感，妓女彼此不称呼‘姐姐’，特别客气的时候代以半开玩笑性质的‘哥哥’。”到了十九回张惠贞见了黄翠凤，叫“翠凤姐”，注曰：“破例称姐姐，不避讳年龄，是特别亲密。”三十八回里张秀英招呼赵二宝：“姐姐来看嘛，这儿好玩。”张爱玲说：“张秀英比赵二宝大好几岁，而客气地称她‘姐姐’，显得她们之间的新距离。——她们还是良家妇女的口吻，没有不称‘姐姐’的避讳。”

张爱玲有丰富的中外文学知识，这在她的简短的注中也能看出来。如第三十三回：“你看完《聊斋》，再拿《里乘》、《闽小纪》来看，那就‘快刀’、‘霸产’，包你都懂。”张爱玲注：

> 二书均见《笔记小说大观》。手边无书，疑是《里乘》（清人许叔平著）记菜市口斩犯头落地犹呼“好快刀！”《闽小记》述一冤屈事，堪比孔子弟子颜回被诬霸产。“好快刀”事有几分可信性。参看得普立兹奖新闻记者泰德·摩根著《毛姆传》。1935年，名作家毛姆游法属圭亚那，参观罪犯流放区——当地死刑仍用断头台——听见说有个医生曾经要求一个斩犯断头后眨三下眼睛，医生发誓说眨了两下。

她虽然无书可参考，但仍可以靠记忆洋洋洒洒地引证东西文学作品，张爱玲到底是张爱玲。

张爱玲对注解有时不免疏误，由于她许多知识是靠以前看书的记忆，有不准确的地方，如“歌女”一词早在唐宋时期就有，并不始于上世纪三十年代，还有些注解引书有误，但从文学欣赏的角度看她的译注，却很入木三分细腻准确，表现了她的聪明。

这部书 1981 年在台湾皇冠杂志社刊出，后来又在皇冠出版社出了单行本，销路似乎还不错，一段时间内，每年都要重印一次，张爱玲的作品在台湾畅销，这本书也随之畅销了。1995 年开始大陆上也出版发行。以前胡适、刘半农没有救过来的作品，现在借着张爱玲的大名又有复活的迹象，大陆有过好几次重版了。

但张爱玲活着的时候，对此书最终能否被“救活”还没有多大的把握。《海上花》被“两弃”之后，第三次出版的命运如何，她为此书戏拟了一回，回目是：

> 张爱玲五详《红楼梦》
> 看官们三弃《海上花》

到底这本书是否会被看官们“三弃”，还有待于时间的检验。

回首前尘

详过《红楼梦》，译完《海上花》，张爱玲了却了多年以来对这两部古典名著许下的心愿，也偿还了积压在心头的文债，可以告慰于地下长眠的胡适之先生了，她如释重负。

然而她已到了暮年。

美人迟暮，古今同慨。

张爱玲老了，灵感的源泉越来越枯竭，完成这两部学术著作，她此生已别无所求。

然而，非常戏剧性地，她又一次走红了。隔了半个世纪，在她原来生活的上海，乃至整个中国大陆，张爱玲又成为一个“传奇”，读张爱玲、谈张爱玲在八十年代后成为中国青年人的时髦，张爱玲的作品多次被再版，搬上银幕。她以前的旧作不断地被研究者掘墓般发掘出来，当作“出土文物”在各种杂志上发表，尤其是当年她丢弃不写的两个长篇小说也被发掘出来了。她对旧作的某些不满几十年来一直耿耿于心，只是离开大陆时，许多书稿不便携带，这些东西在脑子里已经淡出，现在被残酷地挖掘出来，她再看看几十年前的旧作，恍如隔世，难言的感慨袭上心头，作为对今生今世的回顾，她把自己四十年代未收入《传奇》、《流言》的作品以及后来又写的作品做了一番整理。

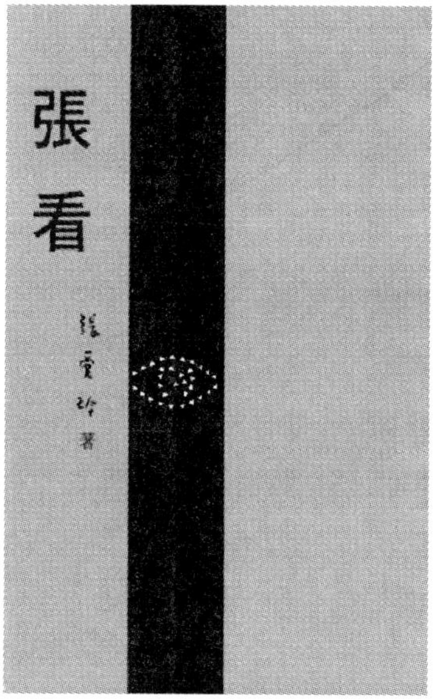

散文集《张看》

1976年，她把沦陷期间未收入《流言》的散文《姑姑语录》、《论写作》、《天才梦》，未写成的小说《连环套》、《创世纪》，加上后来发表的《忆胡适之》、《谈看书》、《谈看书后记》，定名为《张看》交台北皇冠出版社出版。在“序”中，她承认了当年被傅雷严厉批评过的《连环套》的缺点，说：

三十年不见，尽管自以为坏，也没想到这样恶劣，通篇胡扯，不禁骇笑。一路看下去，不由得一直呲牙咧嘴做鬼脸，皱着眉咬着牙笑，从齿缝里迸出一声拖长的“Eeeeee!”（用“噫”会被误认为是叹息，“咦”又像是惊讶，都不对）连牙齿寒飕飕起来，这才尝到“齿冷”的滋味。看到霓喜去支店探望店伙情人一节，以为行文至此，总有个什么目的，看完了诧异地对自己说：“就这样算了？”想要探测写这一段时候的脑筋，竟格格不入进不去，一片空白，感到一丝恐怖。

人到老年，心气平和下来，傅雷当年的批评就显得很忠厚中肯。她本不打算把《连环套》与《创世纪》收进去，但研究她小说的唐文标教授执意不允，否则不把旧稿寄给她，说盗印在即，你不印别人印，因此，她只好收了进去，这样还可以顺便说明一下这两本小说未完成的原因，“抢救下两件破烂，也实在啼笑皆非”（张爱玲《〈张看〉自序》）。

1983年6月，皇冠出版社又出版了《惘然记》，收入张爱玲的短篇小说《色，戒》、《浮花浪蕊》、《相见欢》；四十年代的《殷宝滟送花楼会》（添写了“尾声”）、《多少恨》（加了“前言”）；五十年代写的电影剧本《情场如战场》。

1988年，又出版了《续集》，收入《关于〈笑声泪痕〉》、《羊毛出在羊身上——谈〈色，戒〉》、《表姨细姨及其他》、《谈吃与画饼充饥》、《国语本〈海上花〉译后记》；六十年代的电影剧本《小儿女》与《魂归离恨天》；短篇小说《五四遗事》中、英文两篇。

1987年，《余韵》出版，收入四五十年代的旧作《散戏》、《中国人的宗教》、《“卷首玉照”及其他》、《双声》、《气短情长及其他》、《我看苏青》、《华丽缘》与小说《小艾》。其中《华丽缘》与《小艾》有改动。

才人老去，“余韵”犹存，少了昔日光彩照人的锋芒，但更显出平淡自然归朴返真的境界，铅华脱去，不假雕饰，在她后期为数不多的散文中，还显出当年上海滩才女的风韵，一种老成的美。在台湾与香港，二十年来仍有着一股迷人的魅力，不仅有三毛、白先勇等许许多多的人学习她的技巧，三毛还以她为题材，写《滚滚红尘》。研究她的人也很多，除了水晶早年出的《张爱玲的小说艺术》外，唐文标编了《张爱玲卷》、《张爱玲资料大全集》、《张爱玲研究》三本书，张健主编了《张爱玲的小说世界》，香港的郑树森写了大量的张爱玲的考据文章，宋淇以他与张爱玲的长期友谊写了《私语张爱玲》、《张爱玲语录》。台湾大批的“张迷”的捧场喝彩，使张爱玲热经久不衰。

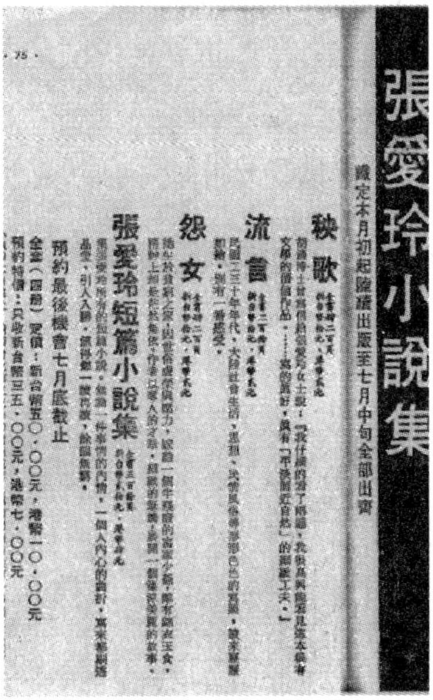

《皇冠》1968 年 7 月所登的张爱玲新书广告

有个张迷戴文采为了见张爱玲，特意把她公寓的隔壁一间租了下来，每日暗中拜见，又在她丢的废纸堆里觅宝。

“五四”以来的中国新文学随着时代的潮流滚滚而下，一个呼声，一个方向，冲涤着社会各个角落。如果你不能浮在潮流之上，顺着这个方向，回响这个声音，则必将被淹没。不幸，张爱玲就是其中一个。由于大陆长期闭关锁国，文学上左倾思潮垄断文坛，二十世纪从五十年代到八十年代之前，中国的现代文学史、小说史、散文史各种专著上，都没有张爱玲这个名字。她已完全被人遗忘了，遗忘得无影无踪。

当然，也有人知道有过她这样一个人，在爱着她的人的心底。

如她的姑姑，她的弟弟，她的好朋友苏青，她只活在他们的心中。但张爱玲在哪里？是死是活？就连这些最亲密的人也不知道她的踪影。张爱玲也同样不知道她的大陆的亲友，几十年天涯相隔、生死契阔，“有弟皆分散，无家问死生”……

她的姑姑在晚年常常念叨：不知爱玲怎么样了？八十岁的老人不能见到自己的侄女儿，心中非常焦急，她看到柯灵的《遥寄张爱玲》一文后，写信向柯灵求助，柯灵也不知道，而辗转通过港台朋友打听。

她的弟弟张子静，更是寻姊心切。1981 年底，他在上海《文汇月刊》上读到张葆莘的文章《张爱玲传奇》，这是大陆报刊上三十年来第一次有关张爱玲的文字，他萌动了寻找姐姐的念头，毕竟是血脉相连的骨肉同胞啊！他托台湾的亲戚、美国的朋友寻找，经过一段相当曲折的过程后，张爱玲终于与亲人联系上了。

但不久张爱玲移居洛杉矶，姑姑与弟弟的信件丢失，双方又失去了联系，张子静一次次去信都石沉大海，托亲友寻找也毫无下落。他只得求助于上海市政府华侨事务办公室，上海市侨办把他的信转交国务院侨办，国务院侨办又把信转给美国洛杉矶领事馆，通过一个新闻记者（就是那个做过张爱玲芳邻一月有余的女记者戴文采）的联系，再度找到了张爱玲。

晚年的张爱玲很少写信，不得已写的信也只寥寥数语，唯有给姑姑的信写得最多，也最长。姑姑张茂渊自张爱玲 1952 年离开大陆后一直住在长江公寓，也一直独来独往，直到 1979 年 78 岁时，才宣布与几十年的老朋友李开第结婚。李开第三十年代与张茂渊同在一家洋行工作。1939 年，张爱玲去香港大学读书，在法律上需要一个监护人，张茂渊就托当时在香港分行做事的李先生作张爱玲的监护人，1952 年张爱玲坐船去香港，还是李先生去码头接的站。后来，姑姑写信告诉她结婚的事，张爱玲很高兴，马上写信祝贺。张爱玲信上说，她听说早年有人给姑姑算命，说她到老年才能结婚，现在终于应验了，她为姑姑感到高兴。年逾花甲的张爱玲，在姑姑面前还是个“小侄女”，她的口吻还像从前与姑姑在一起那样有说有笑的神气。但毕竟都到了老年，思念之情牵肠挂肚，天各一方，只有不断地给姑姑写信安慰了。

她的弟弟劝她回上海看看，但是她拒绝回大陆，她没有说明原因①。四十年的岁月，八千里的距离，都没有感情的距离遥远。她的内心里对大陆太隔膜，太生疏。极“左”的政治思潮给予她的恐惧感，在“文化大革命”中更为加剧，那时她虽身在海外，但对大陆的事情却很关心，她听到过许多知识界的人士被批斗被迫害致死的惨事。虽然“文革”已结束这么多年，时代的浪潮已经平静，但她仍不能消除内心的恐惧与宿怨，感情上的距离太远太远，她无法接近，只有终老异乡了。

张爱玲，一个中国老太太，穿着旗袍，陌生地走在异国的土地上，但人却是中国的，感情却是中国的。年纪大了，难免怀旧，看到旧金山唐人街上的老豆腐，就会想到小时候跟母亲在一起住，到舅舅家里吃饭的情景；看到多伦多街上橱窗里的香肠卷，就想起小时候父亲带她到飞达咖啡馆，让她自己挑选蛋糕，父亲买香肠卷的往事；甚至读到小说中写的草炉饼，就想起姑姑给她买的大饼。想起旧时上海“马……草炉饼”的呼声。这是那个时代的“上海之音”，周璇、姚莉的流行歌只是邻家无线电的嘈音，是背景音乐，不是主题歌②。

她年逾古稀，已经到了无梦想的年龄，但仍然会梦见“回家”。她梦见了姑姑，听见有人在门外叫姑姑的名字，她很惊奇：那个叫姑姑的阿姨不是早已死了么？为什么她在叫姑姑呢？她有一种不祥的预感，果然几天

① 参见萧关鸿《寻找张爱玲》，《南方周末》1995年11月10日。

② 参见张爱玲《谈吃与画饼充饥》、《草炉饼》。

生前最后一张留影（1994 年 7 月摄于美国）

之后，收到姑丈的信：九十岁高龄的姑姑病逝！她失去了自己最可亲可敬的长辈，惟有祝姑丈多保重。

多保重！张爱玲也多病，常年感冒，牙已坏完，皮肤病更重，1989 年春，偏巧在街上又被一位青年开车撞了一下，已经经不起折腾的她被撞得左肩骨裂，每天要治疗，要吃药，要锻炼，要烧饭，只有自己照顾自己。

一病又是三年，她身体有些好转，但知道自己的日子也许不多了，她翻开从大陆带来的珍藏了几十年的老照相簿，一页页看着自己和亲人的照片，亦真亦幻，似梦非梦。在悠长得像永生的孩童时代，相当愉快地度日如年；然后是崎岖的成长期，似漫漫长途，看不到尽头，满目的荒凉，只有祖父母的姻缘色彩鲜明以及她当年在大上海华丽辉煌的精彩镜头。镜头一闪而过，然后，时间加速，越来越快，繁弦急管转入急管哀弦，急景凋年倒已经遥遥在望。一连串的蒙太奇，下接淡出……

她要把自己的这些照片收入全集内留给世人，即使自己死了，成为一缕烟，一抔土，零落成泥碾作尘，也要在世间留下一个张爱玲……

尾声　魂归何处

青山依旧在，几度夕阳红。

在她的祖国神州大地上，张爱玲再次辉煌，比起五十年前更耀眼夺目，色彩绚烂。然而青春已逝，红颜不再，任是热闹繁华，她也不再留恋，真的要走了，她要离开这个世界了。

她早为自己写下了遗嘱：一、所有私人物品留给香港的宋淇夫妇。二、不举行任何丧礼，将遗体火化，骨灰撒到任何空旷的荒野。她像姑姑一样对生死看得这么淡，姑姑死时，也是要把骨灰随便撒掉——姑侄一样的脾气。

张爱玲最后的日子租住在西洛杉矶市 10911 Rochester Ave. 206 号，这是最简单的无隔间公寓。她的房间里几乎没有家具，除了一台电视及收音机外，没有床，没有桌，也没有椅，屋里个人的物品非常少。她已没有精力清扫房间，吃饭的餐具只是纸碗、纸碟，零乱地放着。晚上，她躺在地板上睡觉。

这一天，她又无力地躺在地板上，拉了一条毯子盖在身上，她已太累了，迷迷糊糊地睡着了。

她真的睡着了，生前事，身后名，一切的一切与她无关了，永远的……

也许，一滴冷泪顺着腮边淌下，她没有去拭，让它风干了。迷迷糊糊中，七十五年的人生影子般地浮现，错乱的，重叠的，像是那个记忆不清的秋千院落，像是孤身客死异国他乡的母亲，像是红红绿绿游魂不定的自己的身影，像是鸡声初叫席子嫌冷时候的迢遥的梦……

1995 年 9 月 19 日，七十五年前的这天她来到了人世，七十五年后的这天，她化作云烟消逝而去。她的骨灰被撒到太平洋中——生也漂泊，死也漂泊。

魂兮！归来——

[附录一]

小团圆*（节选）

四

…………

有天下午比比来了。新收回的客室L形，很长。红砖壁炉。十一月稀薄的阳光从玻璃门射进来，不够深入，飞絮一样迷蒙。

“有人在杂志上写了篇批评，说我好。是个汪政府的官。昨天编辑又来了封信，说他关进监牢了，”她（九莉）笑着告诉比比，作为这时代的笑话。

起先女编辑文姬把那篇书评的清样寄来给她看，文笔学鲁迅学得非常像。极薄的清样纸雪白，加上校对的大字朱批，像有一种线装书，她有点舍不得寄回去。寄了去文姬又来了封信说：“邵君已经失去自由了。他倒是个硬汉，也不要钱。”

---

* 这部自传体小说，实则写张爱玲与胡兰成的恋爱，主人公盛九莉就是张爱玲，邵之雍就是胡兰成。这里节选部分章节，作为“评传”的参考材料。

九莉有点担忧书评不能发表了——文姬没提，也许没问题。一方面她在做白日梦，要救邵之雍出来。

她鄙视年青人的梦。

结果是一个日军顾问荒木拿着手枪冲进看守所，才放出来的。此后到上海来的时候，向文姬要了她的住址来看她，穿着旧黑大衣，眉眼很英秀，国语说得有点像湖南话。像个职业志士。

楚娣第一次见面便笑道：“太太一块来了没有？”

九莉立刻笑了。中国人过了一个年纪全都有太太，还用得着三姑提醒她？也提得太明显了点。之雍一面答应着也笑了。

去后楚娣道：“他的眼睛倒是非常亮。”

“你跟你三姑在一起的时候像很小，不跟她在一起的时候又很老练，”之雍说。

他天天来。她们家不兴房门整天开着，像有些中国人家一样。尤其因为有个房客，过道里门全关着，在他就像住旅馆一样，开着门会使他觉得像闯到别人家里，但是在客室里关着门一坐坐很久，九莉实在觉得窘。楚娣只皱着眉半笑着轻声说了声：“天天来——！”

她永远看见他的半侧面，背着亮坐在斜对面的沙发椅上，瘦削的面颊，眼窝里略有些憔悴的阴影，弓形的嘴唇，边上有棱。沉默了下来的时候，用手去捻沙发椅扶手上的一根毛呢线头，带着一丝微笑，目光下视，像捧着一满杯的水，小心不泼出来。

“你脸上有神的光，”他突然有点纳罕的轻声说。

“我的皮肤油，”她笑着解释。

“是满面油光吗？”他也笑了。

他约她到向璟家里去一趟，说向璟想见见她。向璟是战前的文人，在沦陷区当然地位很高。之雍晚饭后骑着他儿子的单车来接她，替她叫了部三轮车。清冷的冬夜，路相当远。向璟住着个花园洋房，方块乌木壁的大客厅里许多人，是个没酒喝的鸡尾酒会。九莉戴着淡黄边眼镜，鲜荔枝一样半透明的清水脸，只搽着桃红唇膏，半卷的头发蛛丝一样细而不黑，无力的堆在肩上，穿着件喇叭袖孔雀蓝宁绸棉袍，整个看上去有点怪，见了人也还是有点僵，也不大有人跟她说话。

“其实我还是你的表叔，”向璟告诉她。

他们本来亲戚特别多，二婶三姑在国外总是说：“不要朝那边看——那边那人有点像我们的亲戚。”

向璟是还潮的留学生，回国后穿长袍，抽大烟，但仍旧是个美男子，希腊风的侧影。他太太是原有的，家里给娶的，这天没有出现。他早已不写东西了，现在当然更有理由韬光养晦。

九莉想走，找到了之雍，他坐在沙发上跟两个人说话。她第一次看见他眼睛里轻藐的神气，很震动。

她崇拜他，为什么不能让他知道？等于走过的时候送一束花，像中世纪欧洲流行的恋爱一样绝望，往往是骑士与主公的夫人之间的，形式化得连主公都不干涉。她一直觉得只有无目的的爱才是真的。当然她没对他说什么中世纪的话，但是他后来信上也说“寻求圣杯”。

他走后一烟灰盘的烟蒂，她都拣了起来，收在一只旧信封里。

她有两张相片，给他看，因为照相没戴眼镜，她觉得是她的本来面目。有一张是文姬要登她的照片，特为到对门一家德国摄影师西坡尔那里照的，非常贵，所以只印了一张。阴影里只露出一个脸，看不见头发，像阮布然特的画。光线太暗，杂志上印得一片模糊，因此原来的一张更独一无二，他喜欢就送了给他。

“这是你的一面，”他说另一张。“这张是整个的人。”

杂志上虽然印得不清楚，“我在看守所里看见，也看得出你很高。”

他临走她顺手抽开书桌抽屉，把装满了烟蒂的信封拿给他看。他笑了。

他每次问“打搅了你写东西吧?”她总是摇摇头笑笑。

他发现她吃睡工作都在这间房里，笑道：“你还是过的学生生活。”她也只微笑。

后来她说：“我不觉得穷是正常的。家里穷，可以连吃只水果都成了道德问题。”

“你像我年青的时候一样。那时候我在邮局做事，有人寄一本帖，我看了非常好，就留了下来。”

他爱过一个同乡的“四小姐”，她要到日本留学，本来可以一块去，“要四百块钱——就是没有，”他笑着说。

“我看见她这两年的一张照片，也没怎么改变。穿着衬衫，长裤子，”他说。

他没说她结了婚没有，九莉也不忍问。她想大概一定早已结了婚了。

他除了讲些生平的小故事，也有许多理论。她觉得理论除了能有确实证据的，往往会有“愿望性质的思想”，一厢情愿把事实归纳到一个框框里。他的作风态度有点像左派，但是“不喜欢”共产党总是阴风惨惨的，也受不了他们的纪律。在她觉得共产这观念其实也没有什么，近代思想的趋势本来是人人应当有饭吃，有些事上，如教育，更是有多大胃口就拿多少。不过实践又是一回事。至于纪律，全部自由一交给别人，势必久假而不归。

“和平运动”的理论不便太实际，也只好讲拗理。他理想化中国农村，她觉得不过是怀旧，也都不去注意听他。但是每天晚上他走后她累得发抖，整个的人淘虚了一样，坐在三姑房里俯身向着小电炉，抱着胳膊望着红红的火。楚娣也不大说话，像大祸临头一样，说话也悄声，仿佛家里有病人。

九莉从来不留人吃饭，因为要她三姑做菜。但是一坐坐到七八点钟，不留吃晚饭，也成了一件窘事。再加上对楚娣的窘，两下夹攻实在受不了，她想秘密出门旅行一次，打破这恶性循环。但是她有个老同学到常州去做女教员，在火车站上似乎被日本兵打了个嘴巴子——她始终没说出口来。总是现在不是旅行的时候，而且也没这闲钱。

有天晚上他临走，她站起来送他出去，他揿灭了烟蒂，双手按在她手臂上笑道："眼镜拿掉它好不好？"

她笑着摘下眼镜。他一吻她，一阵强有力的痉挛在他胳膊上流下去，可以感觉到他袖子里的手臂很粗。

九莉想道："这个人是真爱我的。"但是一只方方舌尖立刻伸到他嘴唇里，一个干燥的软木塞，因为话说多了口干。他马上觉得她的反感，也就微笑着放了手。

隔了一天他在外面吃了晚饭来，有人请客。她泡了茶搁在他面前的时候闻得见酒气。谈了一会，他坐到她旁边来。

"我们永远在一起好不好？"

昏黄的灯下，她在沙发靠背上别过头来微笑望着他。"你喝醉了。"

"我醉了也只有觉得好的东西更好，憎恶的更憎恶。"他拿着她的手翻过来看掌心的纹路，再看另一只手，笑道："这样无聊，看起手相来了。"又道："我们永远在一起好吗？"

"你太太呢？"

他有没有略顿一顿？"我可以离婚。"

那该要多少钱？

"我现在不想结婚。过几年我会去找你。"她不便说等战后，他逃亡到边远的小城的时候，她会千山万水的找了去，在昏黄的油灯影里重逢。

他微笑着没作声。

讲起在看守所里托看守替他买杂志，看她新写的东西，他笑道：“我对看守宣传，所以这看守也对我很好。”又道：“你这名字脂粉气很重，也不像笔名，我想着不知道是不是男人化名。如果是男人，也要去找他，所有能发生的关系都要发生。”

临走的时候他把她拦在门边，一只手臂撑在门上，孜孜的微笑着久久望着她。他正面比较横宽，有点女人气，而且是个市井的泼辣的女人。她不去看他，水远山遥的微笑望到几千里外，也许还是那边城灯下。

他终于只说了声“你眉毛很高。”

他走后，她带笑告诉楚娣：“邵之雍说‘我们永远在一起好不好？’说他可以离婚。”那么许多钟点单独相对，实在需要有个交代。她不喜欢告诉人，除非有必要，对比比就什么也没说。从前跟比比几乎无话不谈，在香港也还给楚娣写过长信。但是自从写东西，觉得无论说什么都有人懂，即使不懂，她也有一种信心，总会有人懂。曾经沧海难为水，更嫌自己说话言不达意，什么都不愿告诉人了。每次破例，也从来得不到满足与安慰，过后总是懊悔。

当下楚娣听了笑道：“我一直想知道人家求婚怎么说。有一次绪哥哥说：‘你怎么没结婚？’那时候躺在床上，我没听清楚，以为他说‘你怎么不跟我结婚？’我说‘你没跟我说。’”转述的几句对白全用英文，声口轻快，仿佛是好莱坞喜剧的俏皮话，但是下一句显然是自觉的反高潮：“他说‘不是，我是说你怎么没结婚。”

九莉替他们俩窘死了，但是三姑似乎并不怎么介意，绪哥哥也被他硬挺过去了。

轻松过了，楚娣又道：“当然你知道，在婚姻上你跟他情形不同。”

“我知道。”

次日之雍没来。一两个星期后，楚娣忽道："邵之雍好些天没来了。"

九莉笑道："嗳。"

马路上两行洋梧桐刚抽出叶子来，每一棵高擎着一只嫩绿点子的碗。春寒，冷得有些湿腻。她在路上走，心情非常轻快。一件事圆满结束了——她希望，也有点怅惘。

五

正以为"其患遂绝"，他又来了。她也没问怎么这些天没来。后来他有一次说："那时候我想着真是不行也只好算了，"她仿佛有点诧异似的微笑。

又一次他说："我想着你如果真是愚蠢的话，那也就是不行了。"

在这以前他说过不止一次："我看你很难。"是说她很难找到喜欢她的人。

九莉笑道："我知道。"但是事实是她要他走。

在香港她有一次向比比说："我怕未来。"

没说怕什么。但是比比也知道，有点悲哀的微笑着说："人生总得要去过的。"

之雍笑道："我总是忍不住要对别人讲起你。那天问徐衡：'你觉得盛小姐美不美？'"

是她在向璟家里见过的一个画家。"他说'风度很好。'我很生气。"

她也只微笑。对海的探海灯搜索到她，蓝色的光把她塑在临时的神龛里。

他送了她几本日本版画，坐在她旁边一块看画册，看完了又拉着她的手看。

她忽然注意到她孔雀蓝喇叭袖里的手腕十分瘦削，见他也在看，不禁自卫的说："其实我平常不是这么瘦。"

他略怔了怔，方道："是为了我吗？"

她红了脸低下头去，立刻想起旧小说里那句滥调："怎么样也是抬不起头来，有千斤重。"也是抬不起头来，是真的还是在演戏？

他注视了她一会之后吻她。两只孔雀蓝袍袖软弱的溜上他肩膀，围在他颈项上。

"你仿佛很有经验。"

九莉笑道："电影上看来的。"

这次与此后他都是像电影上一样只吻嘴唇。

他揽着她坐在他膝盖上，脸贴着脸，他的眼睛在她面颊旁边亮晶晶的像个钻石耳坠子。

"你的眼睛真好看。"

"'三角眼。'"

不知道什么人这样说他。她想是他的同学或是当教员的时候的同事。

寂静中听见别处无线电里的流行歌。在这时候听见那些郎呀妹的曲调，两人都笑了起来。高楼上是没有的，是下面街上的人家。但是连歌词的套语都有意味起来。偶而有两句清晰的。

"嗳，这流行歌也很好。"他也在听。

大都听不清楚，她听着都像小时候二婶三姑常弹唱的一支英文歌：

泛舟顺流而下
金色的梦之河，
唱着个
恋歌。

她觉得过了童年就没有这样平安过。时间变得悠长，无穷无尽，是个金色的沙漠，浩浩荡荡一无所有，只有嘹亮的音乐，过去未来重门洞开，永生大概只能是这样。这一段时间与生命里无论什么别的事都不一样，因此与任何别的事都不相干。她不过陪他多走一段路。在金色梦的河上划船，随时可以上岸。

他望着她。“明明美嘤，怎么说不美？”又道：“你就是笑不好。现在好了。”

不过笑得自然了点，她想。

他三十九岁。“一般到了这年纪都有一种惰性了的，”他笑着说。

听他的口气他也畏难。但是当然他是说他不像别人，有重新来过的决心。她也有点知道没有这天长地久的感觉，她那金色的永生也不是那样。

他算鲁迅与许广平年龄的差别， “他们只在一起九年。好像太少了点。”

又道：“不过许广平是他的学生，鲁迅对她也还是当作一个值得爱护的青年。”他永远在分析他们的关系。又讲起汪精卫与陈璧君，他们还是国民党同志的时候，陈璧君有天晚上有事找他，在他房子外面淋着雨站了一夜，第二天早上才开门请她进去。

陈璧君的照片她看见过，矮胖，戴眼镜，很丑。汪精卫她知道是美男子。

“我们这是对半，无所谓追求。”见她笑着没说什么，又道：“大概我走了六步，你走了四步，”讨价还价似的，她更笑了。

又有一次他又说：“太大胆了一般的男人会害怕的。”

“我是因为我不过是对你表示一点心意。我们根本没有前途，不到哪里去。”但是她当时从来想不出话说。而且即使她会分辩，这话也仿佛说得不是时候。以后他自然知道——不久以后。还能有多少时候？

她用指尖沿着他的眼睛鼻子嘴勾划着，仍旧是遥坐的时候的半侧面，目光下视，凝注的微笑，却有一丝凄然。

“我总是高兴得像狂喜一样，你倒像有点悲哀，”她说。

他笑道：“我是像个孩子哭了半天要苹果，苹果拿到手里还在抽噎。”

她知道他是说他一直想遇见像她这样的人。

“你像六朝的佛像。”她说。

“嗳，我也喜欢那种腰身细的佛像，不知道从什么时候起，就都是大肚子弥勒佛了。”

那些石佛都是北朝的。他说过他祖先是羌人。

“秀男说她没看见我这样过。”

秀男是他侄女。“我这侄女一直跟着我，替我管家，对我非常好。看我生活不安定，她为了帮我维持家用，决定嫁给一个姓闻的木材商人，也是我们同乡，人很好。”

九莉到他上海的住宅去看过他一次，见到秀男，俏丽白净的方圆脸，微卷的长头发披在背上，穿着件二蓝布罩袍，看上去至多二十几岁。那位闻先生刚巧也在，有点窘似的偏着身子鞠了一躬，穿着西装，三十几岁，脸上有点麻麻癞癞的，实在配不上她。

“她爱她叔叔，”九莉心里想。

他讲他给一个朋友信上说：“我跟盛九莉小姐，恋爱了。”顿了顿，末了有点抗声说。

她没说什么，心里却十分高兴。她也恨不得要人知道。而且，这是宣传。

她的腿倒不瘦，袜子上端露出的一块更白腻。

他抚摸着这块腿。“这样好的人，可以让我这样亲近。”

微风中棕榈叶的手指。沙滩上的潮水，一道蜿蜒的白线往上爬，又往后退，几乎是静止的。她要它永远继续下去，让她在这金色的永生里再沉浸一会。

有一天又是这样坐在他身上，忽然有什么东西在座下鞭打她。她无法相信——狮子老虎掸苍蝇的尾巴，包着绒布的警棍。看过的两本淫书上也没有，而且一时也联系不起来。应当立刻笑着跳起来，不予理会。但是还没想到这一着，已经不打了。她也没马上从他膝盖上溜下来，那太明显。

那天后来她告诉他："向璟写了封信给我，骂你，叫我当心你，"她笑着说。

之雍略顿了顿，方道："向璟这人还不错，他对我也很了解，说我这样手无寸金的人，还能有点作为，不容易，他说他不行了。"

他不相信她！她简直不能相信。她有什么动机，会对他说向璟的坏话？还是表示有人关心她，抬高自己的身份？她根本没想通，但是也模糊的意识到之雍迷信他自己影响人的能力，不相信谁会背叛他。他对他的朋友都是占有性的，一个也不肯放弃。

信就在书桌抽屉里，先赞美了她那篇"小杰作"，然后叫她当心"这社会上有吃人的魔鬼。"当然没指名说他，但是文姬也已经在说"现在外面都说你跟邵之雍非常接近。"

她没拿给他看，她最怕使人觉得窘，何况是他，尽管她这是过虑。也许她也是不愿正视他在这一点上有点疯狂。

结果她找楚娣帮她写，回了向璟一封客气而不着边际的信。

之雍回南京去了，来信说他照常看朋友，下棋，在清凉山上散步，但是"一切都不对了。……生命在你手里像一条迸跳的鱼，你又想抓住它又嫌腥气。"

她不怎么喜欢这比喻，也许朦胧的联想到那只赶苍蝇的老虎尾巴。

但是他这封长信写得很得体，她拿给楚娣看，免得以为他们有什么。

楚娣笑道："你也该有封情书了。"

"我真喜欢红绿灯，"过街的时候她向比比说。

"带回去插在头发上吧，"比比说。

之雍再来上海，她向他说"我喜欢上海。有时候马路边上干净得随时可以坐下来。"

之雍笑道："唔。其实不是这样的。"

为什么不是？他说"有些高房子给人一种威胁，"不也是同样的主观？

"你倒是不给人自卑感，"他有次说。

他揿铃她去开门，他笑道："我每次来总觉得门里有个人。"听他的语气仿佛有个女体附在门背后，连门都软化了。她不大喜欢这样想。

"你们这里布置得非常好，"他说。"我去过好些讲究的地方，都不及这里。"

她笑道："这都是我母亲跟三姑，跟我不相干。"

他稍稍吃了一惊道："你喜欢什么样的呢？"

深紫的洞窟，她想。任何浓烈的颜色她都喜欢，但是没看见过有深紫的墙，除非是个舞厅。要个没有回忆的颜色，回忆总有点悲哀。

她只带笑轻声说了声"跟别的地方都两样。"

他有点担心似的，没问下去。

她觉得了，也有点轻微的反感，下意识的想着"已经预备找房子了？"

他说他还是最怀念他第一个妻子，死在乡下的。他们是旧式婚姻，只相过一次亲。

"我不喜欢恋爱，我喜欢结婚。""我要跟你确定，"他把脸埋在她肩上说。

她不懂，不离婚怎么结婚？她不想跟他提离婚的事，而且没有钱根本办不到。同时他这话也有点刺耳，也许她也有点感觉到他所谓结婚是另一回事。

说过两遍她毫无反应，有一天之雍便道："我们的事，听其自然好不好？"

"嗳。"她有把握随时可以停止。这次他走了不会再来了。

他们在沙发上拥抱着，门框上站着一只木雕的鸟。对掩着的黄褐色双扉与墙平齐，上面又没有门楣之类，怎么有空地可以站一只尺来高的鸟？但是她背对着门也知道它是立体的，不是平面的画在墙上的。雕刻得非常原始，也没加油漆，是远祖祀奉的偶像？它在看着她。她随时可以站起来走开。

…………

这天刚巧无处可去，没电影看实在是桩苦事。九莉忽然想起来，那画家徐衡曾经把住址写给她，叫她随时去看他的画，问比比有没有兴趣，便一同到徐家去看画。

徐家住得不远，是弄堂房子，从厨房后门进去，宽大阴暗的客室里有十几幅没配画框的油画挂在墙上，搁在地下倚着墙。徐衡领着她们走了一圈，唯唯诺诺的很拘谨。也不过三十几岁的人，家常却穿着一套古旧的墨绿西装，仿佛还是从前有种唯美派才有的，泛了色的地方更碧绿。

之雍忽然走了进来。九莉知道他跟徐衡很熟，却再也没想到他刚巧也在这里。他有一次在她家里遇见过比比，大家点头招呼，房间里光线暗，她也是偶然才瞥见他满面笑容，却带着窘意。比比的中文够不上谈画，只能说英文。九莉以为窘是因为言语不通，怕他与徐衡有自卑感，义不容辞的奋身投入缺口，说个不停。尤其因为并不喜欢徐的画，更不好意思看了就走，巡视了两遍，他又从内室搬出两张来，大概他们只住底层两间。欣赏过了方才告辞，主人与之雍送了她们出来，通往厨房的小穿堂里有一桌麻将，进出都没来得及细看，仿佛都是女太太们。

次日之雍来了，方才知道他太太在那里打牌。

“偏你话那么多，叽哩喳啦说个不完，”他笑着说。

她只笑着叫“真糟糕。”回想起来，才记得迎面坐着的一个女人满面怒容。匆匆走过，只看见仿佛个子很高，年纪不大。

“她说：‘我难道比不上她吗？’”

他说过“我太太倒是都说漂亮的。”九莉看见过她一张户外拍的小照片，的确照任何标准都是个美人，较近长方脸，颀长有曲线，看上去气性很大，在这里，站在一棵芭蕉前面，也沉着脸，剔起一双画成抛物线的眉毛。她是秦淮河的歌女。他对自己说：“这次要娶个漂亮的。”她嫁他的时候才十五岁，但是在一起几个月之后有了感情才有肉体关系的。

他讲起出狱的时候，“这次我出来之后，更爱她了，她倒——嗳，对我冷淡起来了。”他笑道：“像要跟我讲条件似的嘅！我很不高兴。”

昨天当场打了他一个嘴巴子，当然他没提，只说：“换了别人，给她这么一闹只有更接近，我们还是一样。”

九莉偏拣昨天去穿件民初枣红大围巾缝成的长背心，下摆垂着原有的绒线排穗，罩在孔雀蓝棉袍上，触目异常。他显然对她的印象很坏，而且给他丢了脸。她不禁抚然。本来他们早该结束了。但是当然也不能给他太太一闹就散场，太可笑。九莉对她完全坦然，没什么对不起她。并没有拿了她什么，因为他们的关系不同。

他还是坐到很晚才走。次日再来，她端了茶来，坐在他的沙发椅旁边地毯上。

他有点诧异的说：“你其实很温柔。像日本女人。大概本来是烟视媚行的，都给升华升掉了。”

她总是像听惯了谀词一样的笑笑。

“昨天我走的时候，这里那个看门的嫌晚了，还要拿钥匙替我开门，嘴里骂着脏话。我生了气，打了他。”他仰着头吸了口香烟，眼睛里有轻蔑的神气。“喝，打得不轻呃，一跤跌得老远。那么大个子，不中用，我是因为练太极拳。其实我常给他们钱的，尤其是那开电梯的。”

公寓的两个门警都是山东大汉，不知道从什么杂牌军队里退伍下来的，黄卡其布制服，夏天是英国式短裤，躺在一张籐躺椅上拦着路，突出两只黄色膝盖。

开电梯的告诉楚娣：“那位先生个子不大，力气倒大，把看门的打得脸上青了一块，这两天不好意思来上班。”

也不知怎么，自从之雍打了那门警，九莉觉得对他不同了，这才没有假想的成份了。

“我爱上了那邵先生，他要想法子离婚，”她竟告诉比比，拣她们一只手吊在头上公共汽车的皮圈上的时候轻快的说，不给她机会发作。

比比也继续微笑，不过是她那种露出三分恐惧的笑容。后来才气愤的说：“第一个突破你的防御的人，你一点女性本能的手腕也没有！”随又笑道：“我要是个男人就好了，给你省多少事。”

在九莉那里遇见之雍，她当然还是有说有笑的满敷衍。他觉得她非常妩媚。

“九莉的头发梢上分开的，可以撕成两根，”他忽然告诉她。

九莉非常不好意思。他在炫示他们的亲昵。比比显然觉得这话太不绅士派，脸色变了，但是随即岔了开去。那天他与比比一同走的。

有一天讲起她要钱出了名，对稿费斤斤较量，九莉告诉他“我总想多赚点钱，我欠我母亲的债一定要还的。”她从前也提起过她母亲为她花了许多钱又抱怨。不过这次话一出口就奇窘，因为他太太是歌女，当然他曾经出钱替她“还债”。他听着一定耳熟，像社会小说上的“条斧开出来了。”但是此一时彼一时，明知他现在没钱，她告诉他不过是因为她对钱的态度需要解释。

连之雍都有点变色，但是随即微笑应了声“唔。”

他又回南京去了。初夏再来上海的时候，拎着个箱子到她这里来，她以为是从车站直接来的。大概信上不便说，他来了才告诉她他要到华中去办报，然后笑着把那只廉价的中号布纹合板手提箱拖了过来，放平了打开箱盖，一箱子钞票。她知道一定来自他办报的经费，也不看，一笑便关了箱盖，拖开立在室隅。

连换几个币制，加上通货膨胀，她对币值完全没数，但是也知道尽管通货膨胀，这是一大笔钱。

她把箱子拎去给楚娣看，笑道：“邵之雍拿来给我还二婶的钱。”其实他并没有这样说。但是她这时候也没想到。

楚娣笑道：“他倒是会弄钱。”

九莉这才觉得有了借口，不用感到窘了，也可以留他吃饭了。但是第二天晚上他在她们家吃了便饭之后，她实在觉得不好意思，打了个手巾把子来，刚递了给他，已经一侧身走了，半回过头来一笑。

他望着她有点神往。但是她再回到客室的时候，之雍笑道：“这毛巾这么干这么烫，怎么擦脸？”

专供饭后用的小方块毛巾，本来折成三角形像两块三明治似的放在碟子上，冷而湿。她猜着他习惯了热手巾把子，要热才舒服，毛孔开放，所以拿去另绞了来。她用楚娣的浴室，在过道另一端，老远的拿来，毛巾又小，一定凉了，所以把热水龙头开得特别烫，又绞得特别紧，手都烫疼了。

“我再去绞一把来。”

她再回来，他说：“到洋台上去好不好？”

这洋台不小，但是方方正正的，又什么家俱都没有，粗重的阔条水泥阑干筑得很高，整个几何式。灯火管制的城市没什么夜景，黑暗的洋台上就是头上一片天，空洞的紫黝黝微带铁锈气的天上，高悬着大半个白月亮，裹着一团清光。

“‘明明如月，何时可撷？’在这里了！”他作势一把捉住她，两人都笑了。他忘了手指上夹着香烟，发现他烫了她的手臂一下，轻声笑着叫了声嗳哟。

他吻她，她像蜡烛上的火苗，一阵风吹着往后一飘，倒折过去。但是那热风也是烛焰，热烘烘的贴上来。

“是真的吗？”她说。

“是真的，两个人都是真的。”

他又差不多天天来。这一天下午秀男来找他，九莉招呼过了马上走开了，让他们说话。等她泡了茶来，秀男没吃就走了。他们在最高的这层楼上站在洋台上看她出来，她在街上还又别过身来微笑挥手。

“她说‘你们像在天上，’”次日他告诉九莉。

“因为她爱他，”九莉心里想，有点凄然。

浴佛节庙会，附近几条街都摆满了摊子，连高楼上都听得见嗡嗡的人声，也更有一种初夏的气息，九莉下去买了两张平金绣花鞋面，但是这里没什么东西有泥土气，不像香港的土布。

“你的衣服都像乡下小孩子，”他说。

依偎着，她又想念他遥坐的半侧面，忽道：“我好像只喜欢你某一个角度。”

之雍脸色动了一动，因为她的确有时候忽然意兴阑珊起来。但是他眼睛里随即有轻蔑的神气，俯身揿灭了香烟，微笑道：“你十分爱我，我也十分知道，”别过头来吻她，像山的阴影，黑下来的天，直罩下来，额前垂着一绺子头发。

他讲几句话又心不在焉的别过头来吻她一下，像只小兽在溪边顾盼着，时而低下头去啜口水。

砖红的窗帘被风吸在金色横条铁栅上，一棱一棱，是个扯满了的红帆。壁上一面大圆镜子像个月洞门。夕阳在镜子上照出两小条五彩的虹影。他们静静的望着它，几乎有点恐惧。

他笑道："没有人像这样一天到晚在一起的。"

又道："'相看两不厌，惟有敬亭山。'"

"能这样抱着睡一晚上就好了，光是抱着，"他说。

又道："乡下有一种鹿，是一种很大的鹿，头小。有一天被我捉到一只，力气很大，差点给它跑了。累极了，抱着它睡着了，醒了，它已经跑了。"

虹影消失了。他们并排躺在沙发上，他在黄昏中久久望着她的眼睛。"忽然觉得你很像一个聊斋里的狐女。"

他告诉她他第一个妻子是因为想念他，被一个狐狸精迷上了，自以为天天梦见他，所以得了痨病死的。

他真相信有狐狸精！九莉突然觉得整个的中原隔在他们之间，远得使她心悸。

木雕的鸟仍旧站在门头上。

他回南京去了。

她写信给他说："我真高兴有你太太在那里。"

她想起比比说的，跟女朋友出去之后需要去找妓女的话。并不是她侮辱人，反正他们现在仍旧是夫妇。她知道之雍，没有极大的一笔赡养费，他也决不肯让绯雯走的。

她不觉得他有什么对不起绯雯。那么美，又刚过二十岁，还怕没有出路？

她不妒忌过去的人，或是将要成为过去的。

在同一封信里她又说："我还是担心我们将来怎么办。"

他回信说："……至于我们的婚姻，的确是麻烦。但是不愉快的事都让我来承担好了。昨天夜里她起来到餐室里开了橱倒酒喝。我去抢了下来，她忽然怪笑起来，又说：'我的父亲哪！'"

九莉看了也悚然，从来没去问那句话的意义。想必总是从十五岁起，他在她心目中代替了她的亡父，所以现在要向父亲诉说。

"现在都知道盛九莉是邵之雍的人了，"他信上说。

九林想必也听见了点风声，来了一趟，诧异得眼睛睁得又圆又大。但是看她们这里一切照常，也看不出什么来。

他自从那年五爸爸去说项，结果送他进了一家大学附中，读了两年升入大学，念了两年不想念下去，想找事。没有兴趣九莉也不赞成念下去，但是也无法帮他找事，更不愿意向之雍开口。

"一个人要靠人帮总不行，"楚娣当着他说。

九莉对这话有点轻微的反感，因为她弟弟天生是个混饭吃的人，至少开始的时候没人拉他一把怎么行？

他小时候有一次病重，是楚娣连日熬夜，隔两个钟头数几滴药水给他吃。九莉也是听她自己说的。但是她这些年来硬起心肠自卫惯了，不然就都靠上来了。

九莉给之雍信上说，她梦见告诉她的老女佣关于他，同时看见他在大太阳里微笑的脸，不知道为什么是深红色的脸，刻满了约有一寸见方的卐字浮雕，有两三分深，阴影明晰。她觉得奇怪，怎么一直没注意到，用指尖轻轻的抚摸着，想着不知道是不是还有点疼。

他信上说不知道为什么刻着卐字。其实她有点知道是充军刺字，卐字代表轴心国。

她写了首诗：

他的过去里没有我，
寂寂的流年，
深深的庭院，
空房里晒着太阳，
已经是古代的太阳了。
我要一直跑进去，
大喊“我在这儿，
我在这儿呀！”

他没说，但是显然不喜欢。他的过去有声有色，不是那么空虚，在等着她来。

六

之雍夏天到华中去，第二年十月那次回来，告诉她说：“我带了笔钱来给绯雯，把她的事情解决了。”

九莉除了那次信上说了声“担心我们将来怎么办，”从来没提过他离婚的事。但是现在他既然提起来，便微笑低声道：

“还有你第二个太太。”是他到内地教书的时候娶的，他的孩子们除了最大的一个儿子是亡妻生的，底下几个都是她的。后来得了神经病，与孩子们住在上海，由秀男管家。“因为法律上她是你正式的太太。”

“大家都承认绯雯是我的太太。”

“不过你跟绯雯结婚的时候没跟她离婚。”

“要赶她出去是不行的！”

她笑了。“不过是法律上的手续。”随即走开了。

终于这一天他带了两份报纸来，两个报上都是并排登着“邵之雍章绯雯协议离婚启事”，“邵之雍陈瑶凤协议离婚启事”，看着非常可笑。他把报纸向一只镜面乌漆树根矮几上一丢，在沙发椅上坐下来，虽然带笑，脸色很凄楚。

她知道是为了绯雯，坐到沙发椅扶手上去抚摸他的头发。他护痛似的微笑皱着眉略躲闪了一下，她就又笑着坐回原处。

“另外替绯雯买了辆卡车。她要个卡车做生意，”他说。

“哦。”

又闲谈了几句，一度沉默后，九莉忽然笑道：“我真高兴。”

之雍笑道：“我早就知道你忍不住要说了！”

她后来告诉楚娣：“邵之雍很难受，为了他太太。”

楚娣皱眉笑道：“真是——！‘衔着是块骨头，丢了是块肉。’”又道：“当然这也是他的好处，将来他对你也是一样。”

那两条启事一登出来，报上自然推测他们要结婚了。

楚娣得意的笑道：“大报小报一齐报导。——我就最气说跟我住住就不想结婚了。这话奇怪不奇怪？”

原来亲戚间已经在议论，认为九莉跟她住着传染上了独身主义。当然这还是之雍的事传出去之前。她一直没告诉九莉。

“那么什么时候结婚？”她问。

“他也提起过，不过现在时局这样，还是不要，对于我好些。”

他是这样说的：“就宣布也好，请朋友吃酒，那种情调也很好，”慨然说。

他在还债。她觉得有点凄惨。

他见她不作声，也不像有兴致，便又把话说回来了。

提起时局，楚娣自是点头应了声“唔。”但又皱眉笑道：“要是养出个孩子来怎么办?”

照例九莉只会诧异的笑笑，但是今天她们姑侄都有点反常。九莉竟笑道：“他说要是有孩子就交给秀男带。”

楚娣失笑道：“不能听他的。疼得很的。——也许你像我一样，不会生。二婶不知道打过多少胎。”

九莉非常诧异。“二婶打过胎?”

楚娣笑叹道：“喝!”似又自悔失言，看了她一眼，悄然道：“我当你知道。”

…………

七

…………

她就是不疑心人，就连对她母亲的发现之后。这时候听楚娣猜碧桃做了主人的妾，她很不以为然。她想碧桃在她家这些年，虽然没吃苦，也没有称心如意过。南京来人总带咸板鸭来，女佣们笑碧桃爱吃鸭屁股，她不作声。九莉看见她凝重的脸色，知道她不过是吃别人不要吃的，才说爱吃。只有她年纪最小，又是个丫头。后来结了婚又被遗弃，经过这些挫折，职业上一旦扬眉吐气，也许也就满足了。主人即使对她有好感，也不见得会怎样。到底这是中国。

碧桃与她一同度过她在北方的童年，像有种巫魇封住了的，没有生老病死的那一段沉酣的岁月，也许心理上都受影响。她刚才还在笑碧桃天真，不知道她自己才天真得不可救药。一直以为之雍与小康小姐与辛巧玉没发生关系。

他去华中后第一封信上就提起小康小姐。住在医院里作为报社宿舍，因为医院比较干净。有个看护才十六岁，人非常好，大家都称赞她，他喜欢跟她开玩笑。她回信问候小康小姐，轻飘的说了声“我是最妒忌的女人，但是当然高兴你在那里生活不太枯寂。”

也许他不信。她从来没妒忌过绯雯，也不妒忌文姬，认为那是他刚出狱的时候一种反常的心理，一条性命是拣来的。文姬大概像有些欧美日本女作家，不修边幅，石像一样清俊的长长的脸，身材趋向矮胖，旗袍上罩件臃肿的咖啡色绒线衫，织出累累的葡萄串花样。她那么浪漫，那次当然不能当桩事。

“你有性病没有？”文姬忽然问。

他笑了。“你呢？你有没有？”

在这种情况下的经典式对白。

他从前有许多很有情调的小故事，她总以为是他感情没有寄托。

“我是喜欢女人，”他自己承认，有点忸怩的笑着。“老的女人不喜欢，”不必要的补上一句，她笑了。

她以为止于欣赏。她知道有很拘谨的男人也这样，而且也往往把对方看得非常崇高，正因为有距离。不过他们不讲，只偶然冒出一句，几乎是愤怒的。

他带荒木来过。荒木高个子，瘦长的脸，只有剃光头与一副细黑框的圆眼镜是典型日本人的。他去过蒙古，她非常有兴趣。之雍随即带了张蒙古唱片来，又把他家里的留声机拿了来。那蒙古歌没什么曲调，是远距离的呼声，但是不像阿尔卑斯山上长呼的耍花腔。同样单调，日本的能剧有鬼音，瓮声瓮气像瓮尸案的冤魂。蒙古歌不像它们有地方性——而且地方性浓到村俗可笑的地步——只是平平的，一个年青人的喉咙，始终听着很远，初民的声音。她连听了好几遍，坚持把唱机唱片都还了他们。

荒木在北京住过很久，国语说得比她好。之雍告诉她他在北京隔壁邻居有个女孩子很调皮，荒木常在院子里隔着墙跟她闹着玩，终于恋爱了，但是她家里当然通不过。她结了婚，荒木也在日本订了婚，是他自己看中的一个女学生。战时未婚妻到他家里来住了一阵子，回去火车被轰炸，死了。结果他跟家里的下女在神社结了婚。

那北京女孩子嫁的丈夫不成器，孩子又多，荒木这些年一直经常资助她，又替她介绍职业。有一次她实在受不了，决定离开家，她丈夫跪下来求她，孩子们都跪下了。她正拿着镜子梳头发，把镜子一丢，叹了口气，叫他们起来。

九莉见过她一次，骨瘦如柴，但是并没有病容，也不很见老，只是长期的精神与物质上的煎逼把人熬成了人干，使人看着骇然。看得出本来是稚气的脸，清丽白皙，额部像幼童似的圆圆的突出，长挑身材，烫发，北派滚边织锦缎长袖旗袍，领口瘦得大出一圈。她跟荒木说说笑笑很轻松，但是两人声调底下都有一种温存。

“她对荒木像老姐姐一样，要说他的，”之雍后来说。

九莉相信这种古东方的境界他也做得到。不过他对女人太博爱，又较富幻想，一来就把人理想化了，所以到处留情。当然在内地客邸凄凉，更需要这种生活上的情趣。

“我倒很喜欢中学教员的生活，”他说过。

报社宿舍里的生活，她想有点像单身的教员宿舍。他喜欢教书。总有学生崇拜他，有时候也有漂亮的女同事可以开开玩笑。不过教员因为职位关系，种种地方受约束。但是与小康小姐也只能开开玩笑，跟一个十六岁的正经女孩子还能怎样？

他也的确是忙累，办报外又创办一个文艺月刊，除了少数转载，一个杂志全是他一个人化名写的。

她信上常问候小康小姐。他也不短提起她，引她的话，像新做父母的人转述小孩的妙语。九莉渐渐感觉到他这方面的精神生活对于他多重要。他是这么个人，有什么办法？如果真爱一个人，能砍掉他一个枝干？

她梦见手搁在一棵棕榈树上，突出一环一环的淡灰色树干非常长。沿着欹斜的树身一路望过去，海天一色，在耀眼的阳光里白茫茫的，睁不开眼睛。这梦一望而知是弗洛依德式的，与性有关。她没想到也是一种愿望，棕榈没有树枝。

秋天之雍回上海来，打电话来说：“喂，我回来了。”听见他的声音，她突然一阵轻微的眩晕，安定了下来，像是往后一倒，靠在墙上，其实站在那里一动也没动。

中秋节刚过了两天。

“邵之雍回来了，”她告诉楚娣。

楚娣笑道：“跟太太过了节才来。”

九莉只笑笑。她根本没想到他先回南京去了一趟。她又不过节，而且明天是她生日。她小时候总闹不清楚，以为她的生日就是中秋节。

他又带了许多钱给她。这次她拿着觉得有点不对。显然他不相信她说的还她母亲的钱的话，以为不过是个借口。上次的钱买了金子保值，但是到时候知道够不够？将来的币制当然又要换过，几翻就没有了，任何政府都会这一招。还是多留一点。屡次想叫三姑替她算算二婶到底为她花了多少钱，至少有个数。但是币值这样动荡，早算有什么用？也不能老找三姑算，老说要还钱多贫，对之雍她也没再提起。说了人家不信，她从来不好意思再说一遍。

“经济上我保护你好吗？”他说。

她微笑着没作声。她赚的钱是不够用，写得不够多，出书也只有初版畅销。刚上来一阵子倒很多产，后来就接不上了，又一直对滥写感到恐怖。能从这里抽出点钱来贴补着点也好。他不也资助徐衡与一个诗人？“至少我比他们好些，”她想。

“我去办报是为了钱，不过也是相信对国家人民有好处，不然也不会去，”他说。

依偎间，他有点抱歉的说：“我是像开车的人一只手臂抱着爱人，有点心不在焉。”

她感到一丝凉意。

他讲起小康小姐，一些日常琐事，对答永远像是反唇相讥，打打闹闹，抢了东西一个跑一个追：“你这人最坏了！”

原来如此，她想。中国风的调情因为上层阶级不许可，只能在民间存在，所以总是打情骂俏，并不是高级调情她就会，但是不禁感到鄙夷。

她笑道：“小康小姐什么样子？”

他回答的声音很低，几乎悄然，很小心戒备，不这样不那样，没举出什么特点，但是“一件蓝布长衫穿在她身上也非常干净相。”

“头发烫了没有？”

“没烫，不过有点……朝里弯，”他很费劲的比划了一下。

正是她母亲说的少女应当像这样。

他们的关系在变。她直觉的回到他们刚认识的时候对他单纯的崇拜，作为补偿。也许因为中间又有了距离。也许因为她的隐忧——至少这一点是只有她能给他的。

她狂热的喜欢他这一向产量惊人的散文。他在她这里写东西，坐在她书桌前面，是案头一座丝丝缕缕质地的暗银雕像。

“你像我书桌上的一个小银神。”

晚饭后她洗完了碗回到客室的时候，他迎上来吻她，她直溜下去跪在他跟前抱着他的腿，脸贴在他腿上，他有点窘，笑着双手拉她起来，就势把她高举在空中，笑道："崇拜自己的老婆——！"

他从华北找了虞克潜来，到报社帮忙。虞克潜是当代首席名作家的大弟子。之雍带他来看九莉。虞克潜学者风度，但是她看见他眼睛在眼镜框边缘下斜溜着她，不禁想道："这人心术不正。"他走后她也没说什么，因为上次向璟的事，知道之雍听不进这话。

"荒木说绯雯，说，'我到你家里这些次，从来没看见过有一样你爱吃的菜，'"之雍说。

九莉听了没说什么。其实她也是这样，他来了，添菜不过是到附近老大房买点酱肉与"铺盖卷"——百叶包碎肉——都是他不爱吃的。她知道他喜欢郊寒岛瘦一路的菜。如果她学起做菜来，还不给她三姑笑死了？至于叫菜，她是跟着三姑过，虽然出一半钱，房子是三姑二婶顶下来的，要留神不喧宾夺主，只能随随便便的，还照本来的生活方式。楚娣对她已经十分容忍了。楚娣有个好癖是看房子，无故也有时候看了报上的招租广告去看公寓，等于看橱窗。有一次看了个极精致的小公寓，只有一间房，房间又不大，节省空间，橱门背后装着烫衣板，可以放下来，羡慕得不得了。九莉知道她多么渴望一个人独住，自己更要识相点。

食色一样，九莉对于性也总是若无其事，每次都仿佛很意外，不好意思预先有什么准备，因此除了脱下的一条三角裤，从来手边什么也没有。次日自己洗裤子，闻见一股米汤的气味，想起她小时候病中吃的米汤。

"我们将来也还是要跟你三姑住在一起，"之雍说。她后来笑着告诉楚娣，楚娣笑道："一个你已经够受了，再加上个邵之雍还行？"

在饭桌上，九莉讲起前几天送稿子到一个编辑家里，杂志社远，编辑荀桦就住在附近一个弄堂里，所以总是送到他家里去。他们住二楼亭子间，她刚上楼梯，后门又进来了几个日本宪兵，也上楼来了。她进退两难，只好继续往上走，到亭子间门口张望了一下，门开着，没人在家。再下楼去，就有个宪兵跟着下来，掏出铅笔记下她的姓名住址。出来到了弄堂里，忽然有个女人赶上来，是荀桦另一个同居的女人朱小姐，上次也是在这里碰见的。

“荀桦被捕了，宪兵队带走的，”她说。“荀太太出去打听消息，所以我在这里替她看家。刚才宪兵来调查，我避到隔壁房间里，溜了出来。”

之雍正有点心神不定，听了便道：“宪兵队这样胡闹不行的。荀桦这人还不错。这样好了：我来写封信交给他家里送去。”

九莉心里想之雍就是多事，不知底细的人，知道他是怎么回事？当然她也听见文姬说过荀桦人好。

饭后之雍马上写了封八行书给宪兵队大队长，九莉看了有一句“荀桦为人尚属纯正，”不禁笑了，想起那次送稿子到荀家去，也是这样没人在家，也是这朱小姐跟了出来，告诉她荀太太出去了，她在这里替她看孩子。九莉以为是荀太太的朋友，但是她随即嗫嚅的说了出来：她在一个书局做女职员，与荀桦有三个孩子了。荀太太也不是正式的，乡下还有一个，不过这一个厉害，非常凶，是个小学教师。

这朱小姐长得有点像九莉的落选继母二表姑，高高大大的，甜中带苦的宽脸大眼睛。二表姑拉着她的手不放，朱小姐也拉着她的孔雀蓝棉袍袖子依依不舍。九莉以为她是憋了一肚子的话想找人诉苦，又不便带她到家里去，不但楚娣嫌烦，她自己也怕沾上了送不走她，只好陪着她站在弄堂里，却再也没想到她是误以为荀桦又有了新的女朋友，所以在警告她。

这种局面是南京谚语所谓“糟哚哚，一锅粥”，九莉从来不联想到她自己身上。她跟之雍的事跟谁都不一样，谁也不懂得。只要看她一眼就是误解她。

她立刻把之雍的信送了去。这次荀太太在家。

“我上次来，听见荀先生被捕的消息，今天我讲起这桩事，刚巧这位邵先生在那里，很抱不平，就说他写封信去试试，”她告诉荀太太。

荀太太比朱小姐矮小，一双吊梢眼，方脸高颧骨，颊上两块杏黄胭脂，也的确凶相，但是当然千恩万谢。次日又与朱小姐一同来登门道谢，幸而之雍已经离开了上海。

二人去后楚娣笑道：“荀桦大小老婆联袂来道谢。”

两三个星期后，荀桦放了出来，也不知道是否与那封信有关。亲自来道谢，荀桦有点山羊脸，向来衣着特别整洁，今天更收拾得头光面滑，西装毕挺。

“疑心我是共产党，”他笑着解释。

九莉笑道：“那么到底是不是呢？”楚娣也笑了。

荀桦笑道：“不是的呀！”

他提起坐老虎凳，九莉非常好奇，但是脑子里有点什么东西在抗拒着，不吸收，像隔着一道沉重的石门，听不见惨叫声。听见安竹斯死讯的时候，一阵阴风石门关上了，也许也就是这道门。

他走后楚娣笑道：“到底也不知道他是不是。”

九莉无法想像。巴金小说里的共产党都是住亭子间，随时有个风吹草动，可以搬剩一间空房。荀家也住亭子间，相当整洁，不像一般“住小家的”东西堆得满坑满谷。一张双人铁床，粉红条纹的床单。他们五六个孩子，最大的一个女儿已经十二三岁了，想必另外还有一间房。三个老婆两大批孩子，这样拖泥带水的，难道是作掩蔽？

“他写过一封信给我，劝我到重庆去，”九莉说。“当然这也不一定就证明他不是共产党。当时我倒是有点感激他肯这么说，因为信上说这话有点危险，尤其是个‘文化人’。”

她不记得什么时候收到这封信，但是信上有一句“只有白纸上写着黑字是真的，”是说别的什么都是假的，似乎是指之雍。那就是已经传了出去，说她与之雍接近。原来荀桦是第二个警告她的人——还是第一个？还在向璟之前？——说得太斯文隐晦了，她都没看懂，这时候才恍惚想起来。

结果倒是之雍救了他一命，如果是那封信有效的话。

荀桦隔了几天再来，这次楚娣就没出去见他。

第三次来过之后，楚娣夹着英文笑道："不知道他这是不是算求爱，"但是眼睛里有一种焦急的神气，九莉看到了觉得侮辱了她。

但是也还是经楚娣点醒了，她这才知道荀桦错会了意，以为她像她小时候看的一张默片"多情的女伶"，嫁给军阀做姨太太，从监牢里救出被诬陷的书生。

荀桦改编过一出叫座的话剧，但是他的专长是与战前文坛作联络员，来了就讲些文坛掌故，有他参预的，往往使他夹在中间左右为难，"窘真窘！"——他的口头禅。

九莉书也没看过，人名也都不熟悉，根本对牛弹琴。他说话圆融过份，常常微笑嗫嚅着，简直听不见，然后爆发出一阵低沉的嘿嘿的笑声，下结论道："窘真窘！"

他到底又不傻，来了两三次也就不来了。

之雍每次回来总带钱给她。有一次说起"你这里也可以……"声音一低，道："有一笔钱，""你这里"三个字听着非常刺耳。

她拿着钱总很僵，他马上注意到了。不知道怎么，她心里一凛，仿佛不是好事。

有一天他讲起华中，说："你要不要去看看？"

九莉笑道："我怎么能去呢？不能坐飞机。"他是乘军用飞机。

"可以的，就说是我的家属好了。"

连她也知道家属是妾的代名词。

之雍见她微笑着没接口，便又笑道："你还是在这里好。"

她知道他是说她出去给人的印象不好。她也有同感。她像是附属在这两间房子上的狐鬼。

楚娣有一天不知怎么说起的，夹着英文说了句："你是个高价的女人。"

九莉听了一怔。事实是她钱没少花，但是一点也看不出来。当然她一年到头医生牙医生看个不停，也是她十六七岁的时候两场大病留下来的痼疾，一笔医药费着实可观。也不省在吃上，不像楚娣既怕胖又能吃苦。同时她对比比代为设计的奇装异服毫无抵抗力。

楚娣看不过去，道："最可气的是她自己的衣服也并不怪。"

九莉微笑着也不分辩。比比从小一直有发胖的趋势，个子又不高，不宜穿太极端的时装，但是当然不会说这种近于自贬的话，只说九莉"苍白退缩，需要引人注意。"九莉也愿意觉得她这人整个是比比一手创造的。现在没好莱坞电影看，英文书也久已不看了，私生活又隐蔽起来，与比比也没有别的接触面了。

楚娣本来说比比："你简直就像是爱她。"

一方面比比大胆创造，九莉自己又复古，结果闹得一件合用的衣服也没有。有一次在街上排队登记，穿着一身户口布喇叭袖湖色短衫，雪青洋纱裤子，眼镜早已不戴了，管事的坐在人行道上一张小书桌前，一看是个乡下新上来的大姐，因道："可认得字？"

九莉轻声笑道："认得，"心里十分高兴，终于插足在广大群众中。

"你的头发总是一样的，"之雍说。

"嗳。"她微笑，仿佛听不出他的批评。

她下一个生日他回来，那一向华中经过美机大轰炸。他信上讲许多炸死的人，衣服炸飞了，又剥了皮，都成了裸体趺坐着的赤红色的罗汉。当面讲起，反而没有信上印象深。他显然失望，没说下去。出去到月夜的洋台上，她等不及回到灯下，就把新照的一张相片拿给他看。照片上笑着，裸露着锁子骨，戴着比比借给她的细金脖链吊着一颗葡萄紫宝石，像个突出的长乳头。

之雍在月下看了看，忽然很刺激的笑道："你这张照片上非常有野心的样子嗳！"

九莉也只微笑。拍照的时候比比在旁导演道："想你的英雄。"她当时想起他，人远，视野辽阔，有"卷帘梳洗望黄河"的感觉。

那天晚上讲起虞克潜："虞克潜这人靠不住，已经走了。"略顿了顿，又道："这样卑鄙的——！他追求小康，背后对她说我，说'他有太太的。'"

九莉想道："谁？难道是我？"这时候他还没跟绯雯离婚。

报社正副社长为了小康小姐吃醋，闹得副社长辞职走了？但是他骂虞克潜卑鄙，不见得是怪他揭破"他有太太的，"大概是说虞克潜把他们天真的关系拉到较低的一级上。至少九莉以为是这样。

"刚到上海来的时候，说非常想家，说了许多关于他太太，他们的关系怎样不寻常，"之雍又好气又好笑的说。

讲起小康来，正色道："轰炸的时候在防空洞里，小康倒像是要保护我的样子嗳！"此外依旧是他们那种玩笑打趣。

以为"总不至于"的事，一步步成了真的了。九莉对自己说："'知己知彼'。你如果还想保留他，就必须听他讲，无论听了多痛苦。"但是一面微笑听着，心里乱刀砍出来，砍得人影子都没有了。

次日下午比比来了。之雍搬了张椅子，又把她的椅子挪到房间正中。比比看他这样布置着，虽然微笑，显然有点忐忑不安。他先捺她坐下，与她面对面坐得很近，像日本人一样两手按在膝上，恳切的告诉她这次大轰炸多么剧烈。

比比在这情形下与九莉一样，只能是英国式的反应，微笑听着，有点窘。她们也都经过轰炸的，还没有防空洞的设备。九莉在旁边更有点不好意思，只好笑着走开，搭讪着到书桌上找什么东西。

比比与之雍到洋台上去了。九莉坐在窗口书桌前，窗外就是洋台，听见之雍问比比："一个人能同时爱两个人吗？"窗外天色突然黑了下来，也都没听见比比有没有回答。大概没有认真回答，也甚至于当是说她，在跟她调情。她以后从来没跟九莉提起这话。

比比去后，九莉微笑道："你刚才说一个人能不能同时爱两个人，我好像忽然天黑了下来。"

之雍护痛似的笑着呻吟了一声"唔……"把脸伏在她肩上。

"那么好的人，一定要给她受教育，"他终于说。"要好好的培植她……"

她马上想起楚娣说她与蕊秋在外国："都当我们是什么军阀的姨太太。"照例总是送下堂妾出洋。刚花了这些钱离掉一个，倒又要负担起另一个五年计划？

"但是她那么美！"他又痛苦的叫出声来。又道："连她洗的衣服都特别干净。"

她从心底里泛出鄙夷不屑来。她也自己洗衣服，而且也非常疙瘩，必要的话也会替他洗的。

蕊秋常说中国人不懂恋爱，"所以有人说爱过外国人就不会再爱中国人了。"当然不能一概而论，但是业精于勤，中国人因为过去管得太紧，实在缺少经验。要爱不止一个人——其实不会同时爱，不过是爱一个，保留从前爱过的——恐怕也只有西方的生活部门化的一个办法，隔离起来。隔离需要钱，像荀太太朱小姐那样，势必"守望相助"。此外还需要一种纪律，之雍是办不到的。

这也是人生的讽刺，九莉给她母亲从小训练得一点好奇心都没有，她的好奇心纯是对外的，越是亲信越是四周多留空白，像国画一样，让他们有充分的空间可以透气，又像珠宝上衬垫的棉花。不是她的信，连信封都不看。偏遇到个之雍非告诉她不可。当然，知道就是接受。但是他主要是因为是他得意的事。

九莉跟她三姑到夏赫特家里去过，他太太年纪非常轻，本来是他的学生，长得不错，棕色头发，有点苍白神经质。纳粹治下的德国女人都是脂粉不施。在中国生了个男孩子，他们叫他“那中国人”。她即使对楚娣有点疑心，也绝对不知道，外国女人没那么有涵养。夏赫特连最细微的事都喜欢说反话，算幽默，务必叫人捉摸不定。当然他也是纳粹党，否则也不会当上校长。

“他们对犹太人是坏，”楚娣讲起来的时候悄声说。“走进犹太人开的店都说气味难闻。”

又道：“夏赫特就是一样，给我把牙齿装好了，倒真是幸亏他，连嘴的样子都变了。”

他介绍了个时髦的德国女牙医给她，替她出钱。牙齿纠正了以后，渐渐的几年后嘴变小了，嘴唇也薄了，连脸型都俏皮起来。虽然可惜太晚了点，西谚有云：“宁晚毋终身抱憾。”

之雍这次回来，有人找他演讲。九莉也去了。大概是个征用的花园住宅，地点僻静，在大门口遇见他儿子推着自行车也来了。

也不知道是没人来听，还是本来不算正式演讲，只有十来个人围着长餐桌坐着。几个青年也不知是学生还是记者，很老练的发问。这时候轴心国大势已去，实在没什么可说的了，但是之雍讲得非常好，她觉得放在哪里都是第一流的，比他写得好。有个戴眼镜的年青女人一口广东国语，火气很大，咄咄逼人，一个个问题都被他闲闲的还打了过去。

出来之雍笑道："老婆儿子都带去了。"

次日他一早动身，那天晚上忽然说："到我家里去好不好？"

近午夜了，她没跟楚娣说要出去一趟，两人悄悄的走了出来。秋天晚上冷得舒服，昏暗的街灯下，没有行人也没有车辆，手牵着手有时候走到街心。广阔的沥青马路像是倒了过来，人在蒙着星尘的青黑色天空上走。

他家里住着个相当大的弄堂房子。女佣来开门，显然非常意外。也许人都睡了。到客室坐了一会，倒了茶来。秀男出现了，含笑招呼。在黄黯的灯光下，仿佛大家都是久别重逢，有点仓皇。之雍走过一边与秀男说了几句话，她又出去了。

之雍走回来笑道："家里都没有我睡的地方了。"

隔了一会，他带她到三楼一间很杂乱的房间里，带上门又出去了。这里的灯泡更微弱，她站着四面看了看，把大衣皮包搁在五斗橱上。房门忽然开了，一个高个子的女人探头进来看了看，又悄没声的掩上了门。九莉只瞥见一张苍黄的长方脸，仿佛长眉俊目，头发在额上正中有个波浪，猜着一定是他有神经病的第二个太太，想起简爱的故事，不禁有点毛骨悚然起来。

"她很高，脸有点硬性，"他说。

在不同的时候说过一点关于她的事。

"是朋友介绍的。"结了婚回家去，"马上抱进房去。"

也许西方抱新娘子进门的习俗是这样源起的。

"有沉默的夫妻关系，"他信上说，大概也是说她。

他参加和平运动后办报，赶写社论累得发抖，对着桌上的香烟都没力气去拿，回家来她发神经病跟他吵，瞎疑心。

刚才她完全不像有神经病。当然有时候是看不出来。

她神经病发得正是时候。——还是有了绯雯才发神经病？也许九莉一直有点疑心。

之雍随即回来了。她也没提刚才有人来过。他找了两本埃及童话来给她看。

木栏杆的床不大，珠罗纱帐子灰白色，有灰尘的气味。褥单似乎是新换的。她有点害怕，到了这里像做了俘虏一样。他解衣上床也像有点不好意思。

但是不疼了，平常她总叫他不要关灯，“因为我要看见你的脸，不然不知道是什么人。”

他微红的微笑的脸俯向她，是苦海里长着的一朵赤金莲花。

“怎么今天不痛了？因为是你的生日？”他说。

他眼睛里闪着兴奋的光，像鱼摆尾一样在她里面荡漾了一下，望着她一笑。

他忽然退出，爬到脚头去。

“嗳，你在做什么？”她恐惧的笑着问。他的头发拂在她大腿上，毛毵毵的不知道什么野兽的头。

兽在幽暗的岩洞里的一线黄泉就饮，泊泊的用舌头卷起来。她是洞口倒挂着的蝙蝠，深山中藏匿的遗民，被侵犯了，被发现了，无助，无告的，有只动物在小口小口的啜着她的核心。暴露的恐怖揉合在难忍的愿望里：要他回来，马上回来——回到她的怀抱里，回到她眼底——

快睡着了的时候，虽然有蚊帐，秋后的蚊子咬得很厉害。

“怎么会有蚊子，”他说，用手指蘸了唾沫搽在她叮的包上，使她想起比比用手指蘸了唾沫，看土布掉不掉色。

早上醒了，等不及的在枕上翻看埃及童话。他说有个故事里有个没心肝的小女孩像比比。她知道他是说关于轰炸的事。

他是不好说她没有心肝。

清冷的早晨，她带着两本童话回去了，唯一关心的是用钥匙开门进去，不要吵醒三姑。

八

从这时候起，直到二次世界大战结束，有大半年的工夫，她内心有一种混乱，上面一层白蜡封住了它，是表面上的平静安全感。这段时间内发生的事，总当作是上一年或是下一年的，除非从别方面证明不可能是上一年还是下一年。这一年内一件事也不记得，可以称为失落的一年。

一片空白中，有之雍在看报，下午的阳光照进来，她在画张速写，画他在看波资坦会议的报道。

"二次大战要完了，"他抬起头来安静的说。

"嗳哟，"她笑着低声呻吟了一下。"希望它永远打下去。"

之雍沉下脸来道："死这么许多人，要它永远打下去？"

九莉依旧轻声笑道："我不过因为要跟你在一起。"

他面色才缓和了下来。

她不觉得良心上过不去。她整个的成年生活都在二次大战内，大战像是个固定的东西，顽山恶水，也仍旧构成了她的地平线。人都怕有巨变，怎么会不想它继续存在？她的愿望又有什么相干？那时候那样着急，怕他们打起来，不也还是打起来了？如果她是他们的选民，又还仿佛是"匹夫有责"，应当有点责任感。

德国投降前的春天，一场春雪后，夏赫特买了一瓶威斯忌回家，在结了冰的台阶上滑倒了，打碎了酒瓶，坐在台阶上哭了起来。

楚娣帮他变卖衣物，又借钱给他回国。有一件"午夜蓝"大衣，没穿过两次，那呢子质地是现在买不到的。九莉替之雍买了下来，不知道预备他什么时候穿。她刚认识他的时候就知道战后他要逃亡，事到临头反而糊涂起来，也是因为这是她“失落的一年”，失魂落魄。

楚娣笑道：“打扮邵之雍。”

有天晚上已经睡了，被炮竹声吵醒了，听见楚娣说日本投降了，一翻身又睡着了。

他的报纸寄来的最后两天还有篇东西提起“我思念的人，像个无根无叶的莲花，黑暗中的一盏明灯……”

两星期后，一大早在睡梦中听见电话铃声，作U字形，两头轻，正中奇响，在朦胧中更放大了，钢啷啷刺耳。碧绿的枝叶扎的幸运的马蹄铁形花圈，一只只，成串，在新凉的空气中流过。

她终于醒了，跑去接电话。

“喂，我荒木啊。……嗳，他来了。我陪你去看他。现在就去吧？”

偏偏前两天刚烫了头发，最难看的时期，又短又倔强，无法可想。

半小时后荒木就来了。因为避免合坐一辆三轮车，叫了两部人力车，路又远，奇慢。路上看见两个人抱头角力，与蒙古的摔角似乎又不同些。马路上汽车少，偶然有一卡车一卡车的日本兵，运去集中起来。这两个人剃光头，却留着两三撮头发，扎成马尾式，小辮子似的翘着，夹在三轮与塌车自行车之间，互扭着边斗边走，正像两条牛，牛角绊在一起锁住了。身上只穿着汗衫，黄卡其裤，瘦瘦的，不像日本角力者胖大，但是她想是一种日式表演，因为末日感的日侨与日本兵大概现在肯花钱，被挑动了乡情，也许会多给。

还有个人跟在后面摇动一只竹筒，用筒中的洒豆打拍子。二人应声扯一个架式，又换一个架式，始终纳着头。下一个红绿灯前，两部人力车相并，她想问荒木，但是没开口。忽然有许多话仿佛都不便说了。

人力车拉到虹口已经十点半左右，停在横街上一排住宅门口。揿铃，一个典型的日本女人来开门，矮小，穿着花布连衫裙，小鹅蛋脸粉白脂红。荒木与她讲了几句话，九莉跟着一同进去，上楼。不是日式房屋，走进一间房，之雍从床上坐起来。他是坐日本兵船来的，混杂在兵士里，也剃了光头，很不好意思的戴上一顶卡其布船形便帽。在船上生了场病，瘦了一圈。

荒木略坐了坐就先走了。

之雍挪到他椅子上坐着继续谈着，轻声笑道："本来看情形还可以在那边开创个局面，撑一个时期再说，后来不对了，支持不下了——"

九莉也笑了。她反正越是遇到这种情形，越是尽量的像平常一样。

谈了一会，之雍忽然笑道："还是爱人，不是太太。"

她也只当是赞美的话一样，只笑笑。

之雍悄声道："投降以后那些日本高级军官，跟他们说话，都像是心里半明半昧的。"

九莉很震动。这间房只有两扇百叶门通洋台，没有窗户，光线很暗，这时候忽然黑洞洞的，是个中国旧式平房，窗纸上有雕花窗棂的黑色剪影。

"……兵船上非常大的统舱，吐的人很多。"

都是幽深的大场面，她听着森森然。

"你能不能到日本去?"她轻声问。

他略摇了摇头。"我有个小同乡，从前他们家接济过我，送我进中学，前几年我也帮过他们钱，帮了很多。我可以住在他们家，在乡下。"

也许还是这样最妥当，本乡本土，不是外路人引人注意。日本美军占领的，怎么能去，自投罗网，是她糊涂了。

"你想这样要有多久?"她轻声说。

他忖了一忖。"四年。"

她又觉得身在那小小的暗间里，窗纸上有窗棂云钩的黑色剪影。是因为神秘的未来连着过去，时间打通了？

“你不要紧的，”他说，眼睛里现出他那种轻蔑的神气。

她想问他可需要钱，但是没说。船一通她母亲就要回来了，要还钱。信一通，已经来信催她回香港读完大学。校方曾经口头上答应送她到牛津做研究生，如果一直能维持那成绩的话。

但是她想现在年纪大了几岁，再走这条远兜远转的路，怕定不下心来。现在再去申请她从前那奖学金，也都已经来不及了——就快开学了。自费出国钱又不够。但是在本地实在无法卖文的话，也只好去了再想办法，至少那条路是她走过的。在香港也是先念着才拿到奖学金的。

告诉他他一定以为是离开他。她大概因为从小她母亲来来去去惯了，不大当桩事。不过是钱的事。

至于他家里的家用，有秀男的闻先生负担。秀男不是已经为他牺牲了吗？

近午了，不知道这日本人家几点钟吃午饭，不能让主人为难。

“我走了，明天再来。”她站起来拿起皮包。

“好。”

次日下午她买了一大盒奶油蛋糕带去送给主人家。乘电车去，半路上忽然看见荀桦，也在车上，很热络的招呼着，在人丛中挤了过来，吊在籐圈上站在她跟前。

寒暄后，荀桦笑道：“你现在知道了吧，是我信上那句话：‘只有白纸上写着黑字是真的。’”

“是吗？”九莉心里想。“不知道。”她只微笑。

…………

之雍跟小康小姐是在什么情形下分别的？当然昨天也就想到了。她有点怕听。幸而他一直没提。但是说着话，一度默然片刻的时候，他忽然沉下脸来。她知道是因为她没问起小康。

自从他那次承认“爱两个人”，她就没再问候过小康小姐。十分违心的事她也不做。他自动答应了放弃小康，她也从来不去提醒他，就像他上次离婚的事一样，要看他的了。

现在来不及积钱给小康受高等教育了，就此不了了之，那是也不会的。还不是所有手边的钱全送了给她。本来还想割据一方大干一下的，总不会刚赶上没钱在手里。

她希望小康这时候势利一点——本来不也是因为他是小地方的大人物？——但是出亡前慷慨赠金，在这样的情形下似乎也势利不起来。就有他也会说服自己，认为没有。

给人脸子看，她只当不看见。

“比比怎么样了？”他终于笑问。

九莉笑道：“在庆祝西方的路又通了。”

之雍笑道：“唔。”

停战的次日比比拖她出去庆祝。在西点店敞亮的楼窗前对坐着，事实是连她也忧喜参半。

讲起他那些老同事——显然他从荒木那里听到一些消息——他无可奈何的嗤笑道：“有这么呆的——！一个个坐在家里等着人去抓。”

又微笑道：“昨天这里的日本女人带我去看一只很大的橱，意思是说如果有人来检查，可以躲在里面。我不会去躲在那里，因为要是给人搜出来很窘。”

他是这样的，她想。最怕有失尊严。每次早上从她那里出去，她本来叫他手里提着鞋子，出去再穿。

之雍顿了顿道：“还是穿着，不然要是你三姑忽然开了门出来，看见了很窘。”

在过道里走，皮鞋声音很响，她在床上听着，走一步心里一紧。

“你三姑一定知道了，”他屡次这样猜测着。

她也知道一定是知道了，心直往下沉，但总是担忧的微笑答道：“不知道。”

她送他从后门出去，路短一点，而且用不着砰上大门，那响声楚娣不可避免的会听见。厨房有扇门开在后洋台上。狭长的一溜洋台，铁阑干外一望无际，是上海的远景，云淡风轻，空旷的天脚下，地平线很高。洋台上横拦着个木栅门，像个柴扉。晨风披拂中，她只穿着件墨绿绒线背心，长齐三角裤，光着腿，大腿与腰一样粗细。

他出去了她再把木栅门钩上，回到房间里去，把床边地下蚊香盘里的烟蒂倒掉。

早上无法开闹钟，他总是忖量一下，到时候自己会醒过来，吻她一下，扳她一只腿，让她一只脚站在床上。

“怎么又？”她朦胧中诧异的问。

她也不想醒过来，宁愿躺在纱幕后。在海船上颠簸着，最是像摇篮一样使人入睡。

“这里用一种绿纱帐子，非常大，一房间都盖满了，”在那日本人家里，他微笑着说。

“晚上来挂起来。”

九莉笑道：“像浮世绘上的。”她没说这里的主妇很有几分姿色，一比，浮世绘上挂帐子的女人胖胖的长脸像大半口袋面粉。

他去关百叶门。她也站了起来，跟到门边轻声道：“不要。你不是不舒服刚好？”

“不相干。已经好了。”

她还是觉得不应当，在危难的时候住在别人家里——而且已经这样敌意了。

之雍又去关另一扇百叶门。她站在那里，望着他趿着双布鞋的背影。

很大的木床，但是还没有她那么窄的卧榻舒服。也许因为这次整个的没颜落色的，她需要表示在她不是这样，所以后来蜷缩着躺在他怀里，忽然幽幽的说了声："我要跟你去。"

离得这样近，她可以觉得他突如其来的一阵恐惧，但是他随即从容说道："那不是两个人都缴了械吗？"

"我现在也没有出路。"

"那是暂时的事。"

她心目中的乡下是赤地千里，像鸟瞰的照片上，光与影不知道怎么一来，凸凹颠倒，田径都是坑道，有一人高，里面有人幢幢来往。但是在这光秃秃的朱红泥的大地上，就连韩妈带去的那只洋铁箱子都没处可藏，除非掘个洞埋在地下。

但是像之雍秀男他们大概有联络有办法，她不懂这些。也许他去不要紧。就这样把他交给他们了？

"能不能到英国美国去？"她声音极细微，但是话一出口，立即又感到他一阵强烈的恐惧。去做华工？非法入境，查出来是战犯。她自己去了也无法谋生，没有学位，还要拖着个他？她不过因为她母亲的缘故，像海员的子女总是面海，出了事就想往海上跑。但是也知道外国苦。蕊秋因为怕她想去玩去，总是强调一般学生生活多苦。

之雍开了百叶门之后，屋主的小女儿来请九莉过去，因为送了礼，招待吃茶，一面诵经祈祷大家平安。

九莉想道："刚才一定已经来过了，看见门关着，回去告诉她父母，"不禁皱眉。

这间房有榻榻米，装着纸门，但是男主人坐在椅子上，一个非常典型的日本军官，胖墩墩的很结实，点头招呼。那童化头发的小女孩子拉开纸门，捧了茶盘进来，跪着搁在榻榻米上，女主人代倒茶送了过来。上首有张条几方桌供着佛，也有铜磬木鱼，但是都不大像。男主人随即敲敲打打念起经来，女人跟着唱诵，与中土的和尚念经也仿佛似是而非。

破旧的淡绿漆窗棂，一排窗户，西晒，非常热。夕阳中朗声唱念个不完，一句也不懂，有种热带的异国情调，不知道怎么，只有一个西印度群岛黑人青年的小说非常像，里面写他中学放假回家，洋铁皮屋顶的小木屋背山面海，烤箱一样热。他母亲在檐下做他们的名菜绿鹦哥，备下一堆堆红的黄的咖哩香料，焚琴煮鹤忙了一整天。

仿佛事终于告一段落，九莉出来到之雍房里，也就该回去了。

之雍有点厌烦的笑道："是一天到晚念经。"

她一直觉得应当问他一声要不要用钱，但是憋着没问。

"你明天不要来吧。"

"嗳，不要路上又碰见人，"她微笑着说。

电车到了外滩，遇见庆祝的大游行，过不去，大家都下了车，在人丛里挤着。她向三大公司跑马厅挤过去，整个的南京路是苍黑的万头攒动，一条马路弯弯的直竖起来，矗立在黄昏的天空里，蝇头蠕蠕动着。正中扎的一座座牌楼下，一连串吉普车军用卡车缓缓开过，一比都很小，这样漫天遍地都是人。连炮竹声都听不大见，偶而"拼!""訇!"两声巨响，声音也很闷。

一个美国空军高坐在车头上，人丛中许多男子跟着车扶着走，举起手臂把手搭在他腿上。这犹裔青年显然有点受宠若惊，船形便帽下，眼睛里闪着喜悦的光芒，笑得长鼻子更钩了，但也是带窘意的笑容。他们男色比较流行，尤其在军中。这么些东方人来摸他的大腿，不免有点心慌。九莉在几百万人中只看到这一张脸，他却没看见她，几乎是不能想象。

她拼命顶着人潮一步步往前蹭，自己知道泥足了，违反世界潮流，蹭蹬定了。走得冰河一样慢，心里想：三个钟头打一个比喻，还怕我不懂？腻烦到极点。

人声嗡嗡，都笑嘻嘻的，女人也有，揩油的似乎没有，连扒手都歇手了。

回到家里精疲力尽，也只摇摇头说声“喝！”向床上一倒。

隔了两天，秀男晚上陪着之雍来了，约定明天一早来接他。送了秀男出去，九莉弯到楚娣房里告诉她：“邵之雍来了。”

楚娣到客室相见，带笑点头招呼，只比平时亲热些。

之雍敝旧的士兵制服换了西装，瘦怯怯的还是病后的样子，倚在水汀上笑道：“造造反又造不成。”讲了点停战后那边混乱的情形。

九莉去帮着备饭。楚娣悄悄的笑道：“邵之雍像要做皇帝的样子。”

九莉也笑了。又回到客室里，笑道：“要不要洗个澡？下乡去恐怕洗澡没这么容易。”

先找不到干净的大毛巾，只拿出个擦脸的让他将就用着，后来大毛巾又找到了，送了进去，不禁用指尖碰了碰他金色的背脊，背上皮肤紧而滑泽，简直入水不濡，可以不用擦干。

他这算是第一次在这公寓里过夜。饭后楚娣立即回房，过道里的门全都关得铁桶相似，仿佛不知道他们要怎样一夕狂欢。九莉觉得很不是味。

在那日本人家里她曾经说：“我写给你的信要是方便的话，都拿来给我。我要写我们的事。”

今天大概秀男从家里带了来。人散后之雍递给她一大包。“你的信都在这里了。”眼睛里有轻蔑的神气。

为什么？以为她借故索回她那些狂热的信？

她不由得想起箱子里的那张婚书。

那天之雍大概晚上有宴会，来得很早，下午两点钟就说："睡一会好不好？"一睡一两个钟头，她屡次诧笑道："怎么还不完？"又道："嗳，嗳，又要疼起来了。"

起床像看了早场电影出来，满街大太阳，剩下的大半天不知道怎样打发，使人忽忽若失。

之雍也许也有这感觉，问她有没有笔砚，道："去买张婚书来好不好？"

她不喜欢这些秘密举行结婚仪式的事，觉得是自骗自。但是比比带她到四马路绣货店去买绒花，看见橱窗里有大红龙凤婚书，非常喜欢那条街的气氛，便独自出去了，乘电车到四马路，拣装裱与金色图案最古色古香的买了一张，这张最大。

之雍见了道："怎么只有一张？"

九莉怔了怔道："我不知道婚书有两张。"

她根本没想到婚书需要"各执一份"。那店员也没说。她不敢想他该作何感想——当然认为是非正式结合，写给女方作凭据的。旧式生意人厚道，也不去点穿她。剩下来那张不知道怎么办。

路远，也不能再去买，她已经累极了。

之雍一笑，只得磨墨提笔写道："邵之雍盛九莉签定终身，结为夫妇。岁月静好，现世安稳。"因道："我因为你不喜欢琴，所以不能用'琴瑟静好'。"又笑道："这里只好我的名字在你前面。"

两人签了字。只有一张，只好由她收了起来，太大，没处可搁，卷起来又没有丝带可系，只能压箱底，也从来没给人看过。

最后的这天晚上他说："荒木想到延安去。有好些日本军官都跑了去投奔共产党，好继续打下去。你见到他的时候告诉他，他还是回国去的好。日本这国家将来还是有希望的。”

他终于讲起小康小姐。

“我临走的时候她一直哭。她哭也很美的。那时候院子里灯光零乱，人来人往的，她一直躺在床上哭。”又道：“她说：‘他有太太的，我怎么办呢？’”

原来他是跟小康小姐生离死别了来的。

“躺在床上哭”是什么地方的床？护士宿舍的寝室里？他可以进去？内地的事——也许他有地位，就什么地方都去得。从前西方没有沙发的时候，不也通行在床上见客？

她又来曲解了，因为不能正视现实。当然是他的床。他临走当然在他房里。躺在他床上哭。

他没说有没有发生关系，其实也已经说到了边缘上，但是她相信小康小姐是个有心机有手腕的女孩子，尽管才十七八岁，但是早熟，也已经在外面历练了好几年了。内地守旧，她不会的。他所以更把她理想化了，但是九莉觉得还是他的一个痛疮，不能问。因为这样他当然更对小康没把握，是真的生离死别了。

她那张单人榻床搁在L形房间的拐角里，白天罩着古铜色绸套子，堆着各色靠垫。从前两个人睡并不挤，只觉得每人多一只手臂，恨不得砍掉它。但是现在非常挤，碍手碍脚，简直像两棵树砍倒了堆在一起，枝枝桠桠磕磕碰碰，不知道有多少地方扞格抵触。

那年夏天那么热，靠在一起热得受不了，但是让开了没一会，又自会靠上来。热得都像烟呛了喉咙，但是分开一会又会回来，是尽责的蚂蚁在绵延的火焰山上爬山，掉下去又爬上来。突然淡紫色的闪电照亮了房间，一亮一暗三四次。半晌，方才一阵震耳的雷声滚了过去，歪歪斜斜轻重不匀，像要从天上跌下来。

下大雨了，下得那么持久，一片沙沙声，简直是从地面上往上长，黑暗中遍地丛生着琉璃树，微白的蓬蒿，雨的森林。

九莉笑道："我真高兴我用不着出去。"

之雍略顿了顿，笑道："喂，你这自私自利也可以适可而止了吧？"

"你回去路上不危险吗？有没有人跟？"她忽然想起来问。

之雍笑了。"我天天到这里来，这些特务早知道了。"

她没作声，但是显然动容。所以他知道她非常虚荣心，又一度担心她会像《战争与和平》里的纳塔霞，忽然又爱上了别人。后来看她亦无他异，才放心她，当然更没有顾忌了。她还能怎样？

其实她也并没有想到这些，不过因为床太小嫌挤，不免有今昔之感。

这一两丈见方的角落里回忆太多了，不想起来都觉得窒息。壁灯照在砖红的窗帘上，也是红灯影里。

终于有那么一天，两人黏缠在一堆黏缠到一个地步，之雍不高兴了，坐起身来抽烟，说了声"这是信任不信任的问题。"

向来人家一用大帽子压人，她立刻起反感不理睬。他这句话也有点耳熟。薄幸的故事里，男人不都是这么说？她在他背后溜下床去，没作声。

他有点担心的看了看她的脸色。

"到楼顶上去好不好？"他说。

去透口气也好，这里窒息起来了。

楼顶洋台上从来没有人，灯火管制下，大城市也没有红光反映到天上，他们像在广场上散步，但是什么地方的广场？什么地方也不是，四周一无所有，就是头上一片天。

其实这里也有点低气压，但是她已经不能想像她曾经在这里想跳楼。

还是那几座碉堡式的大烟囱与机器间。

他们很少说话，说了也被风吹走了一半，听上去总像悄然。

在水泥阑干边站了一会。

“下去吧，”他说。

九莉悄悄的用钥匙开门进去，知道楚娣听见他们出去了又回来。

回到房间里坐下来，也还是在那影响下，轻声说两句不相干的话。

他坐了一会站起来，微笑着拉着她一只手往床前走去，两人的手臂拉成一条直线。在黯淡的灯光里，她忽然看见有五六个女人连头裹在回教或是古希腊服装里，只是个昏黑的剪影，一个跟着一个，走在他们前面，她知道是他从前的女人，但是恐怖中也有点什么地方使她比较安心，仿佛加入了人群的行列。

小赫胥黎与十八世纪名臣兼作家吉斯特菲尔伯爵都说性的姿势滑稽，也的确是。她终于大笑起来，笑得他泄了气。

他笑着坐起来点上根香烟。

“今天无论如何要搞好它。”

他不断的吻着她，让她放心。

越发荒唐可笑了，一只黄泥坛子有节奏的撞击。

“嗳，不行的，办不到的，”她想笑着说，但是知道说也是白说。

泥坛子机械性的一下一下撞上来，没完。绑在刑具上把她往两边拉，两边有人很耐心的死命拖拉着，想硬把一个人活活扯成两半。

还在撞，还在拉，没完。突然一口气往上堵着，她差点呕吐出来。

他注意的看了看她的脸，仿佛看她断了气没有。

“刚才你眼睛里有眼泪，”他后来轻声说。“不知道怎么，我也不觉得抱歉。”

他睡着了。她望着他的脸，黄黯的灯光中，是她不喜欢的正面。

她有种茫茫无依的感觉，像在黄昏时分出海，路不熟，又远。

现在在他逃亡的前夜，他睡着了，正好背对着她。

厨房里有一把斩肉的板刀，太沉重了。还有把切西瓜的长刀，比较伏手。对准了那狭窄的金色背脊一刀。他现在是法外之人了，拖下楼梯往街上一丢。看秀男有什么办法。

但是她看过侦探小说，知道凶手总是打的如意算盘，永远会有疏忽的地方，或是一个不巧，碰见了人。

"你要为不爱你的人而死?"她对自己说。

她看见便衣警探一行人在墙跟下押着她走。

为他坐牢丢人出丑都不犯着。

他好像觉得了什么，立刻翻过身来。似乎没醒，但是她不愿意跟他面对面睡，也跟着翻身。现在就是这样挤，像罐头里的沙丁鱼，一律朝一边躺着。

次日一早秀男来接他，临时发现需要一条被单打包袱。她一时找不到干净的被单，他们走后方才赶着送被单下楼去，跑到大门口，他们已经走了。她站在阶前怔了一会。一只黄白二色小花狗蹲坐在她前面台阶上，一只小耳朵向前折着，从这背影上也就看得出它对一切都很满意，街道，晴明的秋天早晨。她也有同感，仿佛人都走光了，但是清空可爱。

她转身进去，邻家的一个犹太小女孩坐在楼梯上唱念着："哈啰！哈啰！再会！再会，哈啰！哈啰！再会！再会！"

之雍下乡住在郁家，郁先生有事到上海来，顺便带了封长信给她，笑道："我预备遇到检查就吃了它。"

九莉笑道："这么长，真要不消化了。"

这郁先生倒没有内地大少爷的习气，一副少年老成的样子，说话也得体，但是忍不住笑着告诉她："秀男说那次送他下乡，看他在火车上一路打瞌睡，笑他太辛苦了。"

九莉听了也只得笑笑，想道："是那张床太挤，想必又有点心惊肉跳的，没睡好。”

那次在她这里看见楚娣一只皮包，是战后新到的美国货，小方块软塑胶拼成的，乌亮可爱。信上说：“我也想替我妻买一只的。”

“乡下现在连我也过不惯了，”他说。

她一直劝他信不要写得太长，尤其是邮寄的，危险，他总是不听，长篇大论写文章一样。他太需要人，需要听众观众。

她笑向楚娣道：“邵之雍在乡下闷得要发神经病了。”

楚娣皱眉道：“又何至于这样？”

郁先生再来，又告诉她乡下多一张陌生的脸就引起注意，所以又担心起来，把他送到另一个小城去，住在他们亲戚家里。

蕊秋终于离开了印度，但是似乎并不急于回来，取道马来亚，又住了下来。九莉没回香港读完大学，说她想继续写作，她母亲来信骂她“井底之蛙”。

楚娣倒也不主张她读学位。楚娣总说“出去做事另有一功，”言外之意是不犯着再下本钱，她不是这块料，不如干她的本行碰运气。

九莉口中不言，总把留学当作最后一条路，不过看英国战后十分狼狈，觉得他们现在自顾不暇，美国她又更没把握。

“美国人的事难讲，”楚睇总是说。

要稳扎稳打，只好蹲在家里往国外投稿，也始终摸不出门路来。

之雍化名写了封信与一个著名的学者讨论佛学，由九莉转寄，收到回信她也代转了去，觉得这人的态度十分谦和，不过说他的信长，“亦不能尽解。”之雍下一封信竟说他“自取其辱，”愧对她。

九莉想道：“怎么这么脆弱？名人给读者回信，能这样已经不容易了。人家知道你是谁？知道了还许不理你。他太不耐寂寞：心智在崩溃。”

她突然觉得一定要看见他家里的人，忽然此外没有亲人了。

她去看秀男。他们家还是那样，想必是那位闻先生代为维持。秀男婚后也还是住在这里替他们管家。九莉甚至于都没给她道过喜。

秀男含笑招呼，但是显然感到意外。

“我看他信上非常着急，没耐心，”九莉说着流下泪来。不知道怎么，她从来没对之雍流过泪。

秀男默然片刻，方道：“没耐心起来没耐心，耐心起来倒也非常耐心的呀。”

九莉不作声：心里想也许是要像她这样的女人才真了解她爱的人。影星埃洛弗林有句名言：“男女最好言语不通”，也是有点道理。

九莉略坐了坐就走了，回来告诉楚娣“到邵之雍家里去了一趟，”见楚娣稍稍有点变色，还不知道为什么，再也没想到楚娣是以为她受不了寂寞，想去跟他去了。

快两年了。战后金子不值钱，她母亲再不回来，只怕都不够还钱了，尽管过得省，什么留学早已休想。除了打不出一条路来的苦闷，她老在家里不见人，也很安心。

“你倒心定，”楚娣说过不止一次了。

郁先生又到上海来了。提起之雍，她竟又流下泪来。

郁先生轻声道：“想念得很吗？可以去看他一次。”

她淡笑着摇摇头。

谈到别处去了。再提起他的时候，郁先生忽然不经意似的说：“听他说话，倒是想小康的时候多。”

九莉低声带笑“哦”了一声，没说什么。

她从来没问小康小姐有没有消息。

但是她要当面问之雍到底预备怎样。这不确定，忽然一刻也不能再忍耐下去了。写信没用，他现在总是玄乎其玄的。

楚娣不赞成她去，但是当然也不拦阻，只主张她照她自己从前摸黑上电台的夜行衣防身服，做一件蓝布大棉袍路上穿，特别加厚。九莉当然拣最鲜明刺目的，那种翠蓝的蓝布。

郁先生年底回家，带她一同走，过了年送她到那小城去。

临行楚娣道："给人卖掉了我都不知道。"

九莉笑道："我一到就写张明信片来。"

十

过了年大雪堵住了路不能走。好容易路通了，一大早坐着山轿上路，积雪的山坡后的蓝天蓝得那样，仿佛探手到那斜坡背后一掏一定掏得出一块。

郁先生这次专拣小路"落荒而走，"不知道是不是怕有人认识九莉。一出上海就乘货车，大家坐在行李上，没有车门，门口敞着，一路上朔风呜呜吹进来，把头发吹成一块灰饼，她用手梳爬着，涩得手都插不进去。但是天气实在好，江南的田野还是美：冬天萧疏的树，也还有些碧绿的菜畦，夹着一湾亮蓝水塘。车声隆隆，在那长方形的缺口里景色迅速变换，像个山水画折子豁辣豁辣扯开来。

在小站上上来一个军官，先有人搬上一张藤躺椅让他坐，跟上来一个年青的女人，替他盖上车毯，蹲坐在他脚边，拨脚炉里的灰。她相当高大，穿着翠蓝布窄袖罩袍，白净俏丽，稚气的突出的额，两鬓梳得虚笼笼的，头发长，烫过，像是他买来的女人。两人倒是一对，军官三十来岁，瘦骨脸，淘虚了的黄眼珠，疲倦的微笑。她偶而说话他从来不答理。

乘了一截子航船，路过一个小城，在县党部借宿。她不懂，难道党部也像寺院一样，招待过往行人？去探望被通缉的人，住在国民党党部也有点滑稽。想必郁先生自有道理，她也不去问他。堂屋上首墙上交叉着纸糊的小国旗，“青天白日满地红”用玫瑰红，娇艳异常。因为当地只有这种包年赏的红纸？

“未晚先投宿，”她从楼窗口看见石库门天井里一角斜阳，一个豆腐担子挑进来。里面出来了一个年青的职员，穿长袍，手里拿着个小秤，掀开豆腐上盖的布，秤起豆腐来，一副当家过日子的样子。

他乡，他的乡土，也是异乡。

越走越暖和。这次投宿在一家人家，住屋是个大鸟笼，里面一个统间，足有两三层楼高，圆顶，望上去全是竹竿搭的，不知道有没有木材，看着头晕，上面盖着芦席。这是中国？还是非洲？至少也是婆罗洲。棕色的半黑暗中，房间大得望不见边，远处靠墙另有副铺板，有人睡在上面微嗽。

改乘独轮车，她这辆走在前面，旷野里整天只有她与一个铜盆似的太阳，脸对脸。晒塌了皮，尻骨也磨破了。独轮车又上山，狭窄的小径下临青溪，傍山的一面许多淡紫的大石头，像连台本戏的布景。

郁先生的姑父住着这小城里数一数二的一幢房子，院子里有假山石，金鱼池，外面却是意大利风的深粉红色墙壁，粉墙又有一段刷白粉黑晕，充大理石。这堵假大理石墙，上缘挖成个座钟形，两旁一边卷起个浪头，恶俗得可笑，中国就是这样出人意外，有时候又有非常珍异的东西，不当桩事。她和之雍在这城里散步，在人家晾衣竹竿下钻过去，看见一幅印花布旧被面挂在那里，白地青色团花，是耶稣与十二门徒像，笔致古朴的国画，圈在个微方的圆圈里，像康熙磁瓶肚子上的图案。她疑心这还是清初的天主教士的影响，正是出青花磁的时代。

她差点跑去问这家人家买下来。她跟比比在一起养成了游客心理。

旅馆里供给的双梁方头细草拖鞋也有古意。房门外楼梯口在墙角钉着个木板搭的小神龛，供着个神道的牌位，插着两枝香。街上大榕树干上有个洞，洞里也嵌着同样的小神龛。

这一天出去散步之前，她在涂她的桃色唇膏，之雍在旁边等着，忽道："不要搽了好不好？"他没说怕引人注意，但是他带她到书店去，两人站着翻书，也还是随口低声谈着，尽管她心里有点戒惧。

又有一次他在旅馆房间里高谈阔论，隔着板壁忽然听见两个男子好奇的说：

"隔壁是什么人？"

"听口音是外路人……"有点神秘感似的，没说下去。

九莉突然紧张起来。之雍也寂然了。

其实别后这些时她一文进账也没有，但是当初如果跟着他跑了会闯祸的，她现在知道。她总是那样若无其事，他又不肯露出惧色来，跟她在一起又免不了要发议论。总之不行，即使没有辛巧玉这个人。

当然郁先生早就提起过，他父亲从前有个姨太太，父亲故后她很能干，在乡下办过蚕桑学校，大家称她辛先生。她就是这小城的人，所以由她送了之雍来，一男一女，她又是本地人，路上不会引起疑心。

九莉听了心里一动，想道："来了。"但是还是不信。

刚到那天，她跟着郁先生走进他姨父家这间昏暗的大房间，人很多，但是随即看见一个淡白的静静窥伺的脸，很俊秀，依傍着一个女眷坐在一边，中等身材，朴素的旗袍上穿件深色绒线衫，没烫头发，大概总有三十几岁，但是看上去年青得多。她一看见就猜着是巧玉，也就明白了。之雍也走来点头招呼，打了个转身又出去了。他算是认识她，一个王太太。

她听见他在隔壁房间里说话的声音，很刺激的笑声。她知道是因为她臃肿的蓝布棉袍，晒塌了皮的红红的鼻子，使他在巧玉面前丢脸。

其实当然并没有这样想，只是听到那刺耳的笑声的时候震了一震，"心恶之，"随即把这印象压了下去，抛在脑后。

“你这次来看我我真是感激的，”单独见面的时候他郑重的说。

随又微笑道：“辛先生这次真是‘千里送京娘’一样的送了我来。天冷，坐黄包车走长路非常冷，她把一只烤火的篮子放在脚底下，把衣服烧了个洞，我真不过意，她笑着说没关系。”

九莉笑道：“这样烧出来的洞有时候很好看，像月晕一样。”她在火盆上把深青宁绸裤脚烧了个洞，隐隐的彩虹似的一圈圈月华，中央焦黄，一戳就破，露出丝绵来，正是白色的月亮。

之雍听了神往，笑道：“嗳。其实洞上可以绣朵花。”

他显然以为她能欣赏这故事的情调，就是接受了。她是写东西的，就该这样，像当了矿工就该得“黑肺”症？

她不怪他在危难中抓住一切抓得住的，但是在顺境中也已经这样——也许还更甚——这一念根本不能想，只觉得心往下沉，又有点感到滑稽。

当地只有一家客栈，要明天才有房间空出来。九莉不想打搅郁先生亲戚家里，郁先生便也说“在辛先生母亲家住一夜吧。”

巧玉小时候她母亲把她卖给郁家做丫头。她母亲住着一间小瓦屋，虽然是大杂院性质，院子里空屋多，很幽静。之雍送九莉去，曲曲折折穿过许多院落，都没什么人，又有树木。这间房狭长，屋角一张小木床，挂着蚊帐。旁边一张两屉小桌子，收拾得很干净。小灰砖砌的地，日久坑洼不平，一只桌腿底下需要垫砖头，另一端有个白泥灶。

九莉笑道：“这里好。”到了这里呼吸也自由些。郁先生的姨父很官派，瘦小，细细的两撇八字须，虽然客气，有时候露出凌厉的眼神。

“之雍怎么能在他们家长住，也没个名目？”她后来问郁先生。

“没关系的。”郁先生淡淡的说，有点冷然，别过头去不看着她。

巧玉的母亲是个笑呵呵的短脸小老太婆，煮饭的时候把鸡蛋打在个碟子里，搁在圆底大饭锅里的架子上，邻近木头锅盖。饭煮好了，鸡蛋也已经蒸瘪了，粘在碟子上，蛋白味道像橡皮。

次日之雍来接她，她告诉他，他也说："嗳，我跟她说了好几次了，她非要这样做，说此地都是这样。"

中国菜这样出名。这也不是穷乡僻壤，倒已经有人不知道煎蛋炒蛋卧鸡蛋，她觉得骇人听闻。

不知道为什么，她以为巧玉与他不过是彼此有心。"其实路上倒有机会。"也这样朦胧的意识到。

也不想想他们一个是亡命者，一个是不复年青的妇人，都需要抓住好时光。到了这里也可以在她母亲这里相会，九莉自己就睡在那张床上。刚看见那小屋的时候，也心里一动，但是就没往下想。也是下意识的拒绝正视这局面，太"糟哚哚，一锅粥。"

他现在告诉她，住在那日本人家的主妇也跟他发生关系了。她本来知道日本女人风流，不比中国家庭主妇。而且日本人现在末日感得厉害，他当然处境比他们还更危险。这种露水姻缘她不介意，甚至于有点觉得他替她扩展了地平线。他也许也这样想，尽管她从来不问他，也不鼓励他告诉她。

他带巧玉到旅馆里来了一趟。九莉对她像对任何人一样，矫枉过正的极力敷衍。实在想不出话来说，因笑道："她真好看，我来画她。"找出铅笔与纸来。之雍十分高兴。巧玉始终不开口。

画了半天，只画了一只微笑的眼睛，双眼皮，在睫毛的阴影里。之雍接过来看，因为只有一只眼睛，有点摸不着头脑，只肃然轻声赞好。

九莉自己看着，忽道："不知道怎么，这眼睛倒有点像你。"他眼睛比她小，但是因为缺少面部轮廓与其他的五官作比例，看不出大小来。

之雍把脸一沉，搁下不看了。九莉也没画下去。

她再略坐了坐，便先走了。

谈到虞克潜，他说他“气质坏。他的文章是下过一番功夫的，所以不大看得出来。”又道：“良心坏，写东西也会变坏的。”

九莉知道是说她一毛不拔，只当听不出来。指桑骂槐，像乡下女人的诅咒。在他正面的面貌里探头探脑的泼妇终于出现了。

吓不倒她。自从“失落的一年”以来，早就写得既少又极坏。这两年不过翻译旧著。

房间里窒息起来的时候，惟有出去走走。她穿着乌梅色窄袖棉袍，袖口开叉处钉着一颗青碧色大核桃钮，他说像舞剑的衣裳。太触目，但是她没为这次旅行特为做衣服，除了那件代替冬大衣的蓝布棉袍，不但难看，也太热不能穿了。

“别人看着不知道怎么想，这女人很时髦，这男人呢看看又不像，”他在街上说。又苦笑道：“连走路的样子都要改掉，说话的声气……”

她知道销声匿迹的困难，在他尤其痛苦，因为他的风度是刻意培养出来的。但是她觉得他外表并没改变，一件老羊皮袍子穿着也很相宜。

“有一次在路上，我试过挑担子，”他有点不好意思的说。“很难哦，不会挑的人真的很麻烦。”

她也注意到挑夫的小跑步，一颠一颠，必须颠在节骨眼上。

城外菜花正开着，最鲜明的正黄色，直伸展到天边。因为地势扁平，望过去并不很广阔，而是一条黄带子，没有尽头。晴天，相形之下天色也给逼成了极淡的浅蓝。她对色彩无餍的欲望这才满足了，比香港满山的杜鹃花映着碧蓝的海还要广大，也更“照眼明。”连偶然飘来的粪味都不难闻，不然还当是狂想。

走着看着，惊笑着，九莉终于微笑道：“你决定怎么样，要是不能放弃小康小姐，我可以走开。”

巧玉是他的保护色，又是他现在唯一的一点安慰，所以根本不提她。

他显然很感到意外，略顿了顿便微笑道：“好的牙齿为什么要拔掉？要选择就是不好……”

为什么“要选择就是不好”？她听了半天听不懂，觉得不是诡辩，是疯人的逻辑。

次日他带了本《左传》来跟她一块看，因又笑道：“齐桓公做公子的时候，出了点事逃走，叫他的未婚妻等他二十五年。她说：‘等你二十五年，我也老了，不如就说永远等你吧。’”

他仿佛预期她会说什么。

她微笑着没作声。等不等不在她。

他说过“四年，”四年过了一半，一定反而渺茫起来了。

在小城里就像住在时钟里，滴搭声特别响，觉得时间在过去，而不知道是什么时候。

她临走那天，他没等她说出来，便微笑道：“不要问我了好不好？”

她也就微笑着没再问他。

她竟会不知道他已经答覆了她。直到回去了两三星期后才回过味来。

等有一天他能出头露面了，等他回来三美团圆？

有句英文谚语：“灵魂过了铁”，她这才知道是说什么。一直因为没尝过那滋味，甚至于不确定作何解释，也许应当译作“铁进入了灵魂”，是说灵魂坚强起来了。

还有“灵魂的黑夜”，这些套语忽然都震心起来。

那痛苦像火车一样轰隆轰隆一天到晚开着，日夜之间没有一点空隙。一醒过来它就在枕边，是只手表，走了一夜。

在马路上偶然听见店家播送的京戏，唱须生的中州音非常像之雍，她立刻眼睛里汪着眼泪。

在饭桌上她想起之雍寄人篱下，坐在主人家的大圆桌面上。青菜吃到嘴里像湿抹布，脆的东西又像纸，咽不下去。

她梦见站在从前楼梯口的一只朱漆小橱前——橱面上有一大道裂纹，因为太破旧，没从北边带来——在面包上抹果酱，预备带给之雍。他躲在隔壁一座空屋里。

她没当着楚娣哭，但是楚娣当然也知道，这一天见她又忙忙的把一份碗筷收了去，免得看见一碗饭没动，便笑道："你这样'食少事繁，吾其不久矣！'"

九莉把碗碟送到厨房里回来，坐了下来笑道："邵之雍爱上了小康小姐，现在又有了这辛先生，我又从来没问过他要不要用钱。"

为了点钱痛苦得这样？楚娣便道："还了他好了！"

"二婶就要回来了，我要还二婶的钱。"

"也不一定要现在还二婶。"

九莉不作声。她需要现在就还她。

这话无法出口，像是赌气。但是不说，楚娣一定以为她是要乘着有这笔钱在手里还二婶。她就这样没志气，这钱以后就赚不回来了？但是九莉早年比她三姑困苦，看事不那么容易。

默然了一会。楚娣轻声笑道："他也是太滥了。"

楚娣有一次讲起那些"老话"，道："我们盛家本来是北边乡下穷读书人家，又侉又迂。他们卞家是'将门'，老爹爹告老回家了，还像带兵一样，天不亮就起来。谁没起来，老爹爹一脚踢开房门，骂着脏话，你外婆那时候做媳妇都是这样。"顿了一顿，若有所思，又道："竺家人坏。"

九莉知道她尤其是指大爷与绪哥哥父子俩。也都是她喜欢的人——她帮大爷虽然是为了他儿子，对他本人也有好感。

又有一次她说九莉："你坏。"

虽然不是"听其辞若有憾焉，其实乃深喜之，"也有几分佩服。见九莉这时候痛苦起来，虽然她自己也是过来人，不免失望——到底还是个平凡的女人。

“没有一个男人值得这样，”她只冷冷的轻声说了这么一声。

九莉曾经向她笑着说：“我不知道怎么，喜欢起来简直是狂喜，难受起来倒不大觉得，木木的。”楚娣也笑，认为稀罕。

她是最不多愁善感的人，抵抗力很强。事实是只有她母亲与之雍给她受过罪。那时候想死给她母亲看：“你这才知道了吧？”对于之雍，自杀的念头也在那里，不过没让它露面，因为自己也知道太笨了。之雍能说服自己相信随便什么。她死了他自有一番解释，认为“也很好，”就又一团祥和之气起来。

但是她仍旧写长信给他，告诉他她多痛苦。现在轮到他不正视现实了，简直不懂她说些什么，也不知道是装作不懂，但是也写长信来百般譬解。每一封都是厚厚的一大叠，也不怕邮局疑心了。

她就靠吃美军罐头的大听西柚汁，比橙汁酸淡，不嫌甜腻。两个月吃下来，有一天在街上看见橱窗里一个苍老的瘦女人迎面走来，不认识了，吓了一跳。多年后在报上看见大陆饥民的事，妇女月经停止，她也有几个月没有。

郁先生来了。

在那小城里有过一番虚惊，他含糊的告诉她——是因为接连收到那些长信？——所以又搬回乡下去了。

谈了一会，他皱眉笑道：“他要把小康接来。这怎么行？她一口外乡话，在乡下太引人注意了。一定要我去接她来。”

郁先生是真急了。有点负担不起了，当然希望九莉拿出钱来。郁先生发现只有提起小康小姐能刺激她。

她只微笑听着，想道：“接她会去吗？不大能想像。团圆的时候还没到，这是接她去过地下生活。”

九莉忽道：“他对女人不大实际。”她总觉得他如果真跟小康小姐发生了关系，不会把她这样理想化。

郁先生怔了一怔道：“很实际的噘！”

轮到九莉怔了怔。两人都没往下说。

至少临别的时候有过。当然了。按照三美团圆的公式，这是必需的，作为信物，不然再海誓山盟也没用。

她也甚至于都没怪自己怎么这么糊涂，会早没想到。唯一的感觉是一条路走到了尽头，一件事情结束了。因为现在知道小康小姐会等着他。

并不是她笃信一夫一妻制，只晓得她受不了。她只听信痛苦的语言，她的乡音。

巧玉过境，秀男陪着她来了。也许因为九莉没问她有几天耽搁，显然不预备留她住，秀男只说过一会就来接她。

现在当然知道了巧玉“千里送京娘”路上已经成其好事，但是见了面也都没想起这些，泡了杯茶笑着端了来，便去帮着楚娣做饭。

楚娣轻声道：“要不要添两样菜？”

“算了，不然还当我们过得很好。”

在饭桌上看见巧玉食不下咽的样子，她从心底里厌烦出来。

桌上只有楚娣讲两句普通的会话，九莉偶而搭讪两句。她没问起之雍，也不想知道他们为什么需要暂时拆档。当然他现在回到郁家了，但是他们也多少是过了明路的了。

饭后秀男就来接了巧玉去了。

楚娣低声笑道：“她倒是跟邵之雍非常配。”

九莉笑道：“嗳。”毫不介意。

她早已不写长信了，只隔些时写张机械性的便条。之雍以为她没事了，又来信道："昨天巧玉睡了午觉之后来看我，脸上有衰老，我更爱她了。有一次夜里同睡，她醒来发现胸前的钮扣都解开了，说：'能有五年在一起，就死也甘心了。'我的毛病是永远沾沾自喜，有点什么就要告诉你，但是我觉得她其实也非常好，你也要妒忌妒忌她才好。不过你真要是妒忌起来，我又吃不消了。"

她有情书错投之感，又好气又好笑。

十二

…………

她母亲走后不久，之雍过境。

秀男打了电话来，九莉便守在电梯旁边接应，虚掩着门，免得揿铃还要在门外等一会，万一过道里遇见人。天冷，她穿着那件车毯大衣，两手插在口袋里。下摆保留了原来的羊毛排穗，不然不够长，但是因为燕山说："这些须头有点怪，"所以剪掉了。

之雍走出电梯，秀男笑着一点头，就又跟着电梯下去了。

"你这样美，"之雍有点迟疑的说。

她微笑着像不听见似的，返身领路进门，但是有点觉得他对她的无反应也有反应。

到客室里坐了下来，才沏了茶来，电话铃响。她去接电话，留了个神，没有随手关门。

"喂？"

"嗳。"燕山的声音。

她顿时耳边轰隆轰隆，像两簇星球擦身而过的洪大的嘈音。她的两个世界要相撞了。

"嗳，好吧？……我还好。这两天忙吧？"她带笑说，但是非常简短，等着他说有什么事。

燕山有点不高兴，说他也没什么事，过天再谈，随即挂断了。

她回到客室里，之雍心神不定的绕着圈子踱着。

“你讲上海话的声音很柔媚，”他说。显然他在听她接电话。

她笑道：“我到了香港才学会讲上海话，因为宿舍里有上海人，没法子解释怎么一直住在上海，不会说上海话。”

她没提是谁打来的，他也没问。

楚娣进来谈了一会，没多坐。

郁先生来了。

谈起比比，之雍问道：“你见过没有？”郁先生说见过。“你觉得漂亮不漂亮？”

郁先生低声笑道：“漂亮的。”

之雍笑道：“那你就去追求她好了。”

郁先生正色道：“嗳，那怎么可以。”

九莉听着也十分刺耳，心里想“你以为人家有说有笑的，就容易上手？那是乡下佬的见解。”又觉得下流，凑趣，借花献佛巴结人。

郁先生一向自谦“一点成就也没有，就只有个婚姻还好。”

谈到黄昏时分，郁先生走了。她送他出去，回来之雍说：“郁先生这次对我真是——！这样的交情，连饭都不留人家吃！”

他们从来没吵过，这是第一次。她也不作声。他有什么不知道的，她们这里不留人吃饭，从前为了不留他吃饭多么不好意思。郁先生也不是不知道。郁先生一度在上海找了个事，做个牙医生的助手，大概住在之雍家里，常来，带了厚厚的一大本牙医学的书来托她代译。其实专门性的书她也不会译，但是那牙医生似乎不知道，很高兴拣了个便宜，雇了个助手可以替他译书扬扬名。郁先生来了她总从冰箱里舀出一小碗柠檬皮切丝燉黑枣，助消化的，他很爱吃。她告诉他“这是我自己的钱买的，”免得他客气。

她出去到厨房里向楚娣笑道：“邵之雍生气了，因为没留郁先生吃饭。”

楚娣勃然变色，她当然知道不留吃饭是因为她，一向叫九莉“你就都推在我身上好了。”“这也太残忍了。”她也只夹着英文说了这么一声。

一面做饭，又轻声道：“我觉得你这回对他两样了。”

九莉笑道：“嗳。”觉得她三姑这话说得多余。

吃了晚饭楚娣照例回房，九莉把自己的卧室让给之雍，去浴室方便些，她自己可以用楚娣的浴室。

她把烟灰盘带到卧室里，之雍抽着烟讲起有些入狱的汪政府官员，被捕前“到女人那里去住，女人就像一罐花生，有在那里就吃个不停。”

“女人”想必是指外室。

“有没有酒喝？”他忽然有点烦躁的说。

吃花生下酒？还是需要酒助兴？她略顿了顿方道：“这时候我不知道可以到什么地方去买酒。”脸上没有笑容。

“唔，”他安静的说，显然在控制着自己不发脾气。

熟人的消息讲得告一段落的时候，她微笑着问了声“你跟小康小姐有没有发生关系？”

“嗯，就是临走的时候。”他声音低了下来。“大概最后都是要用强的。——当然你不是这样。”

她没说什么。

他默然片刻，又道：“秀男帮你说话嗷，说‘那盛小姐不是很好吗？’”

她立刻起了强烈的反感，想道：“靠人帮我说话也好了！”

他从口袋里掏出一张小照片来，带笑欠身递给她看。“这是小康。”

发亮的小照片已经有皱纹了。草坪上照的全身像，圆嘟嘟的腮颊，弯弯的一双笑眼，有点吊眼梢。大概是雨过天青的竹布旗袍，照出来雪白，看得出胸部丰满。头发不长，朝里卷着点。比她母亲心目中的少女胖些。

她刚拿在手里看了看，一抬头看见他震恐的脸色，心里冷笑道：“当我像你讲的那些熟人的太太一样，会撕掉？”马上微笑递还给他。

他再揣在身上，谈到别处去了。

再谈下去，见她并没有不高兴的神气，便把烟灰盘搁在床上，人也斜倚在床上，“坐到这边来好不好？”

她坐了过来，低着头微笑着不朝他看。“我前一向真是痛苦得差点死了。”这话似乎非得坐近了说。信上跟他讲不清，她需要再当面告诉他一声，作为她今天晚上的态度的解释。

她感到他强烈的注视，也觉得她眼睛里一滴眼泪都影踪全无，自己这么说着都没有真实感。

他显然在等她说下去。为什么现在好了。

九莉想道：“他完全不管我的死活，就知道保存他所有的。”

她没往下说，之雍便道：“你这样痛苦也是好的。”

是说她能有这样强烈的感情是好的。又是他那一套，“好的”与“不好”，使她憎笑得要叫起来。

他从前说过：“正式结婚的还可以离婚，非正式的更断不掉。”“我倒不相信，”她想，但是也有点好奇，难道真是习惯成自然？人是“习惯的动物”，那这是动物多于习惯了。

“这个脱了它好不好？”她听见他说。

本来对坐着的时候已经感到房间里沉寂得奇怪，仿佛少了一样什么东西，是空气里的电流，感情的飘带。没有这些飘带的缭绕，人都光秃秃的小了一圈。在床沿上坐着，更觉得异样，仿佛有个真空的庐舍，不到一人高，罩住了他们，在真空中什么动作都不得劲。

但是她看见自己从乌梅色窄袖棉袍里钻出来，是他说的“舞剑的衣裳”。他坐得这样近，但是虚笼笼的，也不知道是避免接触。她挣扎着褪下那紧窄的袖子，竟如入无人之境。

她暗自笑叹道：“我们这真是灯尽油干了，不是横死，不会有鬼魂。”笑着又套上袖子，里面上身只穿着件绊带丝织背心，见之雍恨毒的钉眼看了她两眼。

又是那件车毯大衣作祟。他以为她又有了别的恋人，这次终于胸部起了变化。

她一面扣着揿钮，微笑着忙忙的出去了，仿佛忘了什么东西，去拿。

回到客室里，她褪下榻床的套子，脱了衣服往被窝里一钻。寒夜，新换的被单，里面雪洞一样清冷。她很快就睡着了。

次日一大早之雍来推醒了她。她一睁开眼睛，忽然双臂围住他的颈项，轻声道：“之雍。”他们的过去像长城一样，在地平线上绵延起伏，但是长城在现代没有用了。

她看见他奇窘的笑容，正像那次在那画家家里碰见他太太的时候。

“他不爱我了，所以觉得窘，”她想，连忙放下手臂，直坐起来，把棉袍往头上一套。这次他也不看她。

他回到卧室里，她把早餐搁在托盘上送了去，见她书桌抽屉全都翻得乱七八糟，又惊又气。

你看好了，看你查得出什么。

她战后陆续写的一个长篇小说的片段，都堆在桌面上。

“这里面简直没有我嘿！”之雍睁大了眼睛，又是气又是笑的说。但是当然又补了一句：“你写自己写得非常好。”

写到他总是个剪影或背影。

她不作声。她一直什么都不相信，就相信他。

还没来得及吃早饭，秀男已经来了。九莉把预备好的二两金子拿了出来，笑着交给秀男。

之雍在旁边看着，也声色不动。

这次他又回到那小城去，到了之后大概回过味来了，连来了几封信："相见休言有泪珠……你不和我吻，我很惆怅。两个人要好，没有想到要盟誓，但是我现在跟你说，我永远爱你。"

"他以为我怕他遗弃我，"她想。"其实他从来不放弃任何人，连同性的朋友在内。人是他活动的资本。我告诉他说他不能放弃小康，我可以走开的话，他根本不相信。"

她回信很短，也不提这些。卖掉了一只电影剧本，又汇了笔钱给他。

他又来信说不久可以有机会找事，显然是怕她把他当作个负担。她回信说："你身体还没复原，还是不要急于找事的好。"

…………

那天他走后她写了封短信给之雍。一直拖延到现在，也是因为这时候跟他断掉总像是不义。当然这次还了他的钱又好些。

…………

这封信还没寄到，她收到之雍两封信，像是收到死了的人的信，心里非常难受。

此后他又写了两封长信给比比："她是以她的全生命来爱我的，但是她现在叫我永远不要再写信给她了。……"

比比一脸为难的神气。"这叫我怎么样？"

"你交了给我你的责任就完了。"

然后她辗转听见说邵家吓得搬了家，之雍也离开了那小城，这次大概不敢再回乡下，本来一直两头跑。

“当我会去告密，”她鼻子里哼了一声向自己说。

…………

她从来不想起之雍，不过有时候无缘无故的那痛苦又来了。威尔斯有篇科学小说《摩若医生的岛》*，写一个外科医生能把牛马野兽改造成人，但是隔些时又会长回来，露出原形，要再浸在硫酸里，牲畜们称为“痛苦之浴”，她总想起这四个字来。有时候也正是在洗澡，也许是泡在热水里的联想，浴缸里又没有书看，脑子里又不在想什么，所以乘虚而入。这时候也都不想起之雍的名字，只认识那感觉，五中如沸，混身火烧火辣烫伤了一样，潮水一样的淹上来，总要淹个两三次才退。

她看到空气污染使威尼斯的石像患石癌，想道：“现在海枯石烂也很快。”

她再看到之雍的著作，不欣赏了。是他从乡下来的长信中开始觉察的一种怪腔，她一看见“亦是好的”就要笑。读到小康小姐嫁了人是“不好”，一面笑，不禁皱眉，也像有时候看见国人思想还潮，使她骇笑道：“唉！怎么还这样？”

…………

---

* *The Island of Dr. Moreau*，曾拍成电影“拦截人魔岛”。作者H. G. 威尔斯（H. G. Wells 1866—1946）是英国著名科幻小说大师。

［附录二］

张爱玲年谱

1920 年

9 月 19 日，张爱玲出生于上海。祖籍河北丰润，乳名张煐，10 岁时改为张爱玲。发表《十八春》时曾用笔名梁京。

祖父张佩伦，字幼樵，一字绳庵，同治进士，清流派中坚，1884 年中法战争时被派福建会办海疆事务，渎职失败溃逃，被清廷革职充军，后入李鸿章幕。祖母李菊耦为李鸿章幼女。家饶资财，在安徽无为等地有几处田产。

父张志沂（廷众）为张佩伦第三子。是旧官宦家的阔少爷，从没有正式工作，靠祖上留下的遗产过日子。据张爱玲猜测，母亲黄素琼（逸梵）可能是混血儿，黄家从明代由广东搬到湖南，以湖南为籍贯，黄逸梵是南京长江水师提督黄翼升的孙女。张志沂与黄逸梵是远房表兄妹，从小由父母包办成婚。但黄逸梵是一个富有艺术修养的新女性，夫妻关系极不和睦，父亲在外蓄妾。

姑母张茂渊与黄逸梵关系甚融洽。张爱玲出生后，名义上过继给长房，所以对父母称“叔叔”“婶婶”。

1921 年

周岁抓周，抓了钱。

12 月弟弟张子静出生。

1923 年

随父母迁到天津法租界张家旧宅住。也到北京去过。

1924 年

在父亲以及女佣人的教育下，开始背诵唐诗。也听家中的男佣人“毛物”讲《三国演义》，“毛娘”讲“孟丽君女扮男装中状元”的故事。

1925 年

母亲黄逸梵与姑母张茂渊结伴去法国学习。

1926 年

母亲走后，父亲将“姨奶奶”接回家中居住。父妾原是妓女，绰号老八，入张家后性情暴躁，经常为小事吵闹，后被赶走。

张爱玲与弟弟子静在一起生活，由于重男轻女，带弟弟的女佣张干处处要强占先，带她的女佣何干自觉心虚，凡事都要让着张干，这使张爱玲过早地想到男女平等问题，立志图强，要超过弟弟。

家里为她与弟弟请了塾师，张爱玲开始接受私塾教育，背经书，时常为背不出书而苦恼。

1928 年

此年前后，开始大量阅读通俗小说与古典名著，如《歇浦潮》、《西游记》等，七八岁时第一次看《红楼梦》。

七岁这一年，她开始学写小说。她写的第一篇是一个无题的家庭伦理悲剧。还有一篇历史小说，“话说隋末唐初的时候”，写了一张纸就不再写了。

1929 年

全家由天津乘船迁往上海。张爱玲在船舱里重读《西游记》。写过一篇乌托邦式的小说《快乐村》。

父亲因打过度的吗啡而中毒。这时母亲与姑姑由法国游学归来，父亲痛悔前非，与母亲重归于好。全家又由石库门房子搬进花园洋房。除了画图画、看小说、写小说之外，张爱玲开始学习弹钢琴，她不知道应选什么作为终身事业，看了一部描写穷困画家的影片后，哭了一场，决定做一个钢琴家。

这一年，开始给编辑写第一封投稿信。也开始看新文学作品，如老舍的《二马》，丁玲《莎菲女士的日记》等。

1930 年

春，父亲病好后，故态复萌，不拿出生活费，要母亲贴钱，两人激烈争吵，终于协议离婚。

夏秋，张爱玲进入上海黄氏小学，正式更名为张爱玲，由于有英文的基础，入校从四年级读起。

母亲一人再度赴法国学习，临走时到校与她告别。张爱玲在校住读，周末回家，她父亲家中有自己的汽车，上学下学看电影都有汽车接送。

1931 年

从这一年到次年前半年，一直在小学读书。在这里写了她第一个有完整情节的小说，是关于一个恋爱的女郎，因表姊插足，酿成了三角恋爱的悲剧，愤而投水自杀。这篇小说在小学同学中传阅。

在学校的作文课上，她写了《理想中的理想村》。

秋，进入圣玛利亚女校初中。

1932 年

刚升入初一，即发表短篇小说《不幸的她》，刊于 1932 年圣玛利亚女校年刊《凤藻》第 12 期。这是迄今发现的张爱玲最早公开发表的作品。

这一段时间，父亲很欣赏她的作文，并鼓励她写旧体诗。她在学校作了三首七绝，第二首《夏雨》经先生浓圈密点，对“声如羯鼓催花发，带雨莲开第一枝”极为叹赏。

张爱玲在中学时代之初，即为自己勾画了一生的计划，想学画卡通影片，毕业后到英国去，尽量把中国画的作风介绍到美国，要比林语堂还出风头，穿最别致的衣服，周游世界。

1933 年

是年前后，张爱玲画了一幅漫画，投到上海《大美晚报》发表，收到平生第一笔稿费五元钱，她为自己买了一支小号丹琪唇膏。

散文《迟暮》刊于 1933 年圣玛利亚女校年刊《凤藻》上。

她开始写长篇，写了类似鸳鸯蝴蝶派的长篇章回小说《摩登红楼梦》，回目是父亲代拟的，共六回：沧桑变幻宝黛住层楼，鸡犬升仙贾琏膺景命；弭讼端覆雨翻云，赛时装嗔莺叱燕；收放心浪子别闺闱，假虔诚情郎参教典；萍梗天涯有情成眷属，凄凉泉路同命作鸳鸯；音问沉浮良朋空洒泪，波光骀荡情侣共嬉春；陷阱设康衢娇娃蹈险，骊歌惊别梦游子伤怀。（张爱玲《存稿》说共“五回”，恐笔误。）

1934 年

夏，升入圣校高中。

是年，父亲续娶孙用蕃。后母孙用蕃是曾任段祺瑞政府国务总理兼外交委员会委员长的孙宝琦的庶出女儿，排行第七，非常凶悍，爱吸鸦片，常虐待住在家中的弟弟与女佣。张爱玲看到后母对弟弟的冷酷非常讨厌，很少回家，住在学校，也偶尔到姑姑家去住。

1935 年

这前后，她读了丁玲的小说，穆时英的《南北极》，巴金的《灭亡》等小说。由于家庭环境的影响，她的性格变得孤僻、冷漠、板滞，不爱说话。宿舍零乱，但考试总得 A 或甲的优秀成绩。

1936 年

秋，汪宏声受圣玛利亚女校之聘，任中文部教务主任职，兼授高中国文课，对国文课程有所改进，成为张爱玲的老师。在作文课上，张爱玲的作文《看云》引起他的极大兴趣和赞赏。

汪宏声先生组织校内的文艺团体“国光会”，出版刊物《国光》。10 月，在《国光》创刊号上有张爱玲的模仿新文艺风格的短篇小说《牛》（汪宏声《记张爱玲》说是《霸王别姬》，记忆有误）。同期，还发表了她的书评与读书报告《〈若馨〉评》、《读书报告〈烟水愁城录〉》，前者评的是圣校女同学张如瑾的作品，后者是林纾译小说的评论。

散文《秋雨》发表于 1936 年圣校年刊《凤藻》上。

1937 年

两篇小说评介《无轨列车》与《在黑暗中》在《国光》第 6 期发表。前者系林疑今著，后者为丁玲的小说。

随笔《论卡通画之前途》、英文散文《牧羊者素描》、英文散文《心愿》，相继刊于 1937 年圣校年刊《凤藻》上。

小说《霸王别姬》在《国光》第 9 期发表，在全校引起反响，汪宏声在课堂上说，它比起郭沫若的《楚霸王之死》，可以说有过之而无不及。

这一年，张爱玲还有两首嘲笑两位男教师的打油诗化名在《国光》上发表，曾引起一场小小的风波。

7 月，张爱玲从圣玛利亚女校毕业。

母亲黄逸梵为她留学事从法国归来。张爱玲向父亲提出到英国留学的请求，被父亲和后母嘲骂。

“八一三”事变后，她因为父亲家中附近有炮声不能入睡，搬到母亲处住了两个星期，回家后遭到后母与父亲的毒打。第二天姑姑张茂渊来说情，也被打伤住院。张茂渊与兄长自此不再往来。张爱玲被父亲关押在家中一秋一冬。

1938 年

年初，乘家人不注意，张爱玲逃出父亲家，与母亲住在开纳公寓。从小照看她的女佣何干被牵连，后母把张爱玲的一切个人用品都分给别人。

在待人接物的生活常识上张爱玲显得呆滞、愚笨，母亲对她很失望，给她两年时间学习适应环境。并提出，如果嫁人，就不必要文凭，如果要学业，则没有多少钱供她打扮。她思考过后准备学习，入校补习，母亲为她聘请英国教师辅导，准备报考伦敦大学。

1939 年

1 月，参加伦敦大学远东区入校考试，获得远东区第一名的成绩（当时伦敦大学远东考区设在上海），因欧洲第二次世界大战的全面爆发，8 月 29 日改入香港大学读书。与母亲、姑姑迁居爱丁顿公寓（今常德公寓）。

9 月，在香港，上海《西风》杂志举行三周年纪念征文，以“我的……”为题，张爱玲写了《我的天才梦》应征。

母亲移居新加坡，至 1943 年又到印度。

1940 年

4 月 16 日，《西风》月刊征文揭晓，张爱玲《我的天才梦》本为首奖，但正式公布时，排除在一、二、三等奖外，列名誉奖第三名，在《西风》8 月号上发表。次年获奖征文以她的《我的天才梦》为书名结集在西风社出版。

在香港大学认识了同学炎樱。炎樱，锡兰人，原名莫黛（Fatima），又改为貘黛，貘梦，张爱玲替她取名炎樱，与她是终身的朋友。

1941 年

6 月，张爱玲获得“Nemazee Donor 奖学金”；同期又获得“何福奖学金”，何福奖学金是颁发给第二学年考试成绩最优秀的学生的。12 月 18 日，日军入侵香港，港大停课。她经历了香港被围的全过程，参加“守城”工作，休战后在大学临时医院做看护。

1942 年

香港沦陷以后，香港大学停课，张爱玲未毕业即在本年下半年回到上海。

在香港两年多的学习中，她为了练习英文，没有发表小说散文，连得两个奖学金，每一样功课总考第一，有个先生对她说，他教了这么多年书，从没有给过学生这么高的分数。在香港战乱的经历她后来写成散文《烬余录》。

回上海后，报考圣约翰女学，因国文不及格，曾入校补习国文。不久辍学，开始用英文写了一系列影评与散文。

1943 年

张爱玲的英文文章先后在上海德国人克劳斯·梅涅特主编的英文月刊《二十世纪》上发表，共计有：

Chinese Life and Fashions（《中国人的生活与服装》），载《二十世纪》第 4 卷第 1 期（1 月）。附手绘插图 12 幅。此文后以中文重写，题为《更衣记》。

影评 Wife, Vamp, Child（《妻子·狐狸精·孩子》），评电影《梅娘曲》和《桃李争春》，载《二十世纪》第 4 卷第 5 期（5 月）。后以中文改写，名为《借银灯》。

散文 Still Alive（《还活着》），载《二十世纪》第 4 卷第 6 期（6 月）。此文后以中文改写，题《洋人看京戏及其他》。同期还有影评 The Opium War(《鸦片战争》)，评的是以鸦片战争为题材的电影《万世流芳》。

影评《秋之歌》（英译名：Song of Autumn）和《浮云掩月》（英译名：Cloud over the Moon），载《二十世纪》第 5 卷第 1 期（7 月）。

影评 Mother and Daughters-in-Law，评影片《自由钟》、《两代女性》和《母亲》，载《二十世纪》第5卷第2、3期合刊（8—9月）。

影评《万紫千红》和《迎春燕》，载《二十世纪》第5卷第4期（10月）。

影评 China：Education of the Family(《中国的家庭教育》)，评影片《新生》和《渔家女》，载《二十世纪》第5卷第5期（11月）。此文后以中文改写为《银宫就学记》。

散文 Demons and Fairis（《妖魔与神仙》)，载《二十世纪》第5卷第6期（12月）。此文后以中文改写，题为《中国人的宗教》。

同时，她又写了大量的中文作品。

4月，她带着《沉香屑：第一炉香》、《沉香屑：第二炉香》，经人引荐拜访了鸳鸯蝴蝶派刊物《紫罗兰》的主编周瘦鹃。一星期后，周瘦鹃征求她的意见，她同意将这两篇小说登在《紫罗兰》杂志上。

5月，《沉香屑：第一炉香》在《紫罗兰》上登载。张爱玲邀请周瘦鹃到家中，与姑姑张茂渊设西式茶会答谢。

6月，《沉香屑：第二炉香》在《紫罗兰》月刊上发表。

7月，在上海福州路昼锦里附近一个小弄堂的一间家庭式的厢屋——《万象》杂志编辑室里，与柯灵会面，张爱玲把短篇小说《心经》交给柯灵，与柯灵结下了深厚友谊。

7月10日，短篇小说《茉莉香片》在《杂志》月刊第11卷第4期发表。

同日，散文《到底是上海人》在《杂志》月刊第11卷第5期发表。

8—9月，短篇小说《心经》在《万象》月刊第2、3期发表。

9—10月，小说《倾城之恋》在《杂志》第11卷第6、7期发表。

11月，《崔承喜二次来沪记》（座谈纪要）在《杂志》月刊第12卷第2期发表。

同月，小说《琉璃瓦》在《万象》月刊第5期发表。

同月，散文《洋人看京戏及其他》在《古今》半月刊第33期发表。

同月，小说《封锁》在《天地》月刊第2期发表。

11月10日—12月10日，小说《金锁记》分两次在《杂志》月刊第12卷第2、3期发表。

12月，散文随笔《更衣记》在《古今》第34期发表。

同月，散文《公寓生活记趣》在《天地》月刊第3期发表。

1944年

1月10日，散文《道路以目》在《天地》月刊第4期发表。

同月，散文《必也正名乎》在《杂志》月刊第12卷第4期发表。

1—6月，长篇小说《连环套》开始在《万象》月刊第7—12期连载，至6月中断。

2月初，汉奸文人胡兰成获释后去上海，慕张爱玲文名来拜访，二人遂相识恋爱。胡兰成，1906年生，浙江嵊县人，曾任汪精卫伪政府《南华日报》、《中华日报》总主笔，汪伪政府中央委员、宣传部次长、行政院法制局局长，又暗通日本政界军界，被汪精卫短期关押，经日本出面施压放出。

2月，小说《年青的时候》在《杂志》第12卷第5期发表。

2月10日，散文《烬余录》在《天地》月刊第5期发表。

3月10日，《谈女人》在《天地》月刊第6期发表。

同月，小说《花凋》在《杂志》月刊第12卷第6期发表。

3月16日，《杂志》月刊社主持召开女作家座谈会，地点在《新中国报社》，由鲁风与吴江枫主持，张爱玲出席座谈会，在会上谈了自己最初的作品以及她对喜爱的古今中外作品的看法。参加座谈会的还有苏青、潘柳黛、汪丽玲、吴婴之、蓝业珍、关露以及写《中国女性文学史》的学者谭正璧等，主要谈女性文学等问题。

4月10日，《论写作》和“小品”三则（包括《爱》、《有女同车》、《走！走到楼上去!》），在《杂志》月刊第13卷第1期发表。同期发表的还有吴江枫记录整理的《女作家座谈会》的记录。

5月，散文《童言无忌》、《造人》在《天地》月刊第7、8期合刊上发表。

5月5日，散文《被窝》发表于《学艺》第101期。

同月，著名文学翻译家傅雷化名“迅雨”，在《万象》月刊第11期发表《论张爱玲的小说》，对她的小说既做出了充分的肯定，认为《金锁记》是她最“完满之作”，“文坛最美的收获之一”，同时又对她的《连环套》等提出中肯的批评。

5、6月，胡兰成在《杂志》上发表《评张爱玲》，对张爱玲的作品不遗余力地赞扬。

5—7月，小说《红玫瑰与白玫瑰》在《杂志》月刊第13卷第2、3、4期连载。

6月1日，散文《打人》在《天地》月刊第9期发表。

同月前后，柯灵被日本沪南宪兵队逮捕，张爱玲与胡兰成去柯灵家存问并留言，并请胡兰成找日军要求释放。

7月1日，散文《私语》在《天地》月刊第10期发表。

7月10日，《说胡萝卜》在《杂志》月刊第13卷第4期发表。

同月，《自己的文章》在《新东方》杂志发表，未点名地针对傅雷的批评为自己辩解。此文在同年12月转载于《苦竹》杂志第2期。

由于傅雷的批评，加上张爱玲本已对《连环套》逐期赶写连载疲于应付，《连环套》在《万象》的连载中断，引起《万象》杂志老板平襟亚不满，在《海报》上署名“秋翁”登《一千元的灰钿》一文攻击，说张爱玲多拿了一千元稿酬。张爱玲也登文声明自己从未多拿。

同月，散文《诗与胡说》、《写什么》在《杂志》第13卷第5期发表。

8月15日，小说集《传奇》由《杂志》月刊社出版。收入小说10篇，依次为《金锁记》、《倾城之恋》、《茉莉香片》、《沉香屑：第一炉香》、《沉香屑：第二炉香》、《琉璃瓦》、《心经》、《年青的时候》、《花凋》、《封锁》。销路很好，四天内初版便销完。

8月26日，《杂志》社在康乐酒家主持召开《传奇》集评茶会，邀请的人员有炎樱、苏青、谷正、柳雨生（书面参加）、南容、哲非、周班公（书面参加）、袁昌、陶亢德、尧洛川、实斋、钱公侠、谭正璧、谭惟翰等，由鲁风、吴江枫主持。张爱玲出席听取与会者的意见。

7—8月间，在章珍英家里的同学聚会中，张爱玲第一次见到夏志清。

8—10月，随笔《中国人的宗教》分三次在《天地》月刊第11、12、13期连载。

夏秋间，张爱玲与胡兰成结婚。胡兰成因为担心日后的时局会连累到张爱玲，所以没有举行结婚仪式，只写婚书为定：“胡兰成与张爱玲签订终身，结为夫妇，愿使岁月静好，现世安稳。”旁有炎樱为媒证。

9月10日，散文《忘不了的画》在《杂志》月刊第13卷第6期发表，同期还有吴江枫记录整理的《〈传奇〉集评茶会》。

同月，散文《散戏》、《炎樱语录》在《小天地》月刊第1期发表。

同月，《无国籍的女人》在《飚》月刊副刊号发表。

9月25日，小说集《传奇》再版，换上炎樱设计的封面，附作者像，并加了一篇《再版序》。

11月1日，散文《谈跳舞》在《天地》月刊第14期发表。

11月10日，《殷宝滟送花楼会》（列女传之一）在《杂志》月刊第14

卷第2期发表。

11月19日，散文《被窝》载《新中国报》“学艺”。

同月，散文《谈音乐》，在《苦竹》月刊第1期发表。

11月15日，张爱玲《致力报主编黄也白信》载《春秋》1944年12月。

同月，胡兰成到武汉接办日伪刊物《大楚报》后，与汉阳医院护士周训德关系暧昧，瞒着张爱玲，年底与这位护士又结了婚。

12月，小说《等》在《杂志》月刊第14卷第3期发表。

同月，《桂花蒸：阿小悲秋》在《苦竹》第2期发表；同期还有她的《自己的文章》。

同月，散文集《流言》由五洲书报社初版。《流言》收录散文30篇：《童言无忌》、《自己的文章》、《公寓生活记趣》、《夜营的喇叭》、《必也正名乎》、《烬余录》、《到底是上海人》、《道路以目》、《更衣记》、《爱》、《谈女人》、《借银灯》、《走！走到楼上去!》、《银宫就学记》、《洋人看京戏及其他》、《说胡萝卜》、《炎樱语录》、《存稿》、《写什么》、《造人》、《打人》、《诗与胡说》、《有女同车》、《私语》、《忘不了的画》、《雨伞下》、《谈跳舞》、《谈画》、《〈传奇〉再版序》、《谈音乐》。附录照片三帧，手绘插图多幅。封面为炎樱设计。

同月，《罗兰观感》在《力报》8日、9日连载。《关于〈倾城之恋〉的老实话》在《海报》9日发表。苏青《读〈倾城之恋〉》在《海报》10日发表。16日，自编话剧《倾城之恋》在上海新光大戏园上演。导演是朱端钧，罗兰饰白流苏，舒适饰范柳原，在上海公演一个月，至次年初共演八十场，引起轰动，《力报》出了“倾城之恋特刊”。

1945年

1月，一组散文《气短情长及其他》（包括《气短情长》、《小女人》、

《家主》、《狗》、《孔子》、《不肖》、《孤独》、《少说两句罢》八则）在《小天地》第4期发表。

同月，《流言》由街灯出版社重印。

2月，散文《〈卷首玉照〉及其他》在《天地》月刊第17期发表。

2月10日，小说《留情》在《杂志》月刊第14卷第5期发表。

2月27日下午，在张爱玲的寓所，由记者主持苏青、张爱玲对话，讨论关于妇女、家庭、婚姻等问题。

3月，散文《双声》在《天地》月刊第18期发表。

同月，胡兰成回上海，告诉张爱玲他与周训德之事，不久又返武汉。

3—6月，小说《创世纪》在《杂志》第14卷第6期、第15卷第1—3期发表。由吴江枫记录整理的《苏青张爱玲对谈记》在《杂志》第14卷第6期发表。

4月9日，朝鲜舞蹈家崔承喜第二次来沪，张爱玲参加上海女作家欢迎崔承喜聚谈会。同时参加的有王渊、潘柳黛、关露等人。

4月10日，散文《吉利》在《杂志》月刊第15卷第1期发表。

同月，散文《我看苏青》在《天地》第19期发表。

5月，散文《姑姑语录》在《杂志》月刊第15卷第2期发表。

7月21日，《杂志》社在咸阳路2号以茶宴的形式开纳凉晚会，邀请张爱玲与日本电影女明星李香兰，日本军人政客松本、川喜多以及汪伪政府文人陈彬龢、金雄白等，闲谈生活与艺术，张爱玲由炎樱与姑姑陪同参加，话不投机，发言不多。日本“第三届大东亚文学者大会”曾邀她参加，报上登出的名单内有她，她立即写信辞去。

8月10日，由记者整理记录的《纳凉会记》在《杂志》第15卷第5期刊出。

8月15日，日本天皇宣布无条件投降，9月2日在投降仪式上签字。

之后，汉奸胡兰成遭通缉，化名张嘉仪潜逃。

1946 年

2 月，胡兰成为躲避通缉，隐匿于温州一带乡下，又与一村妇范秀美同居。张爱玲到这里探望胡兰成，发生争吵，返回上海，次年与胡兰成关系破裂。

春，唐大郎、龚之方创办山河图书公司，由柯灵推荐，向张爱玲约稿。

7 月，唐、龚约请张爱玲、桑弧、柯灵、炎樱、魏绍昌等人见面，为以后的合作打开局面。

11 月，小说集《传奇》增订本由上海山河图书公司出版。在初版基础上增收新作 5 篇，依次为《留情》、《鸿鸾禧》、《红玫瑰与白玫瑰》、《等》、《桂花蒸：阿小悲秋》，另有前言《有几句话同读者说》、跋语《中国的日夜》。封面由炎樱设计，著名书法家邓散木题写书名。

1947 年

4 月，散文《华丽缘》在《大家》月刊创刊号上发表。

同月中旬，电影剧本《不了情》被上海文华影片公司搬上银幕，由桑弧导演，刘琼、陈燕燕主演，被誉为“胜利以后国产电影最最适合观众理想之巨片”（4 月 6 日《申报》语）。

5—6 月，小说《多少恨》（根据《不了情》改编）在《大家》第 2、3 期上发表。

12 月 3 日，《〈太太万岁〉题记》发表在洪深主编的上海《大公报》副刊“戏剧与电影”上，洪深热情地写了“编后记”。

12 月 12 日，署名“胡珂”的《抒愤》在上海《时代日报·新生》刊出，对张爱玲《太太万岁》及“题记”进行了猛烈的批判。13日，东方蝃蝀（李君维）发表《〈太太万岁〉中的太太》，对剧本做了较为客观的评价。

12月14日，《太太万岁》在上海皇后、金城、金都、国际四大影院同时公映，桑弧导演，蒋天流主演。同月下旬的《大公报》、《申报》、《新闻报》都报道了放映盛况。同日，方澄《所谓“浮世的悲欢”——〈太太万岁〉观后》载《大公报·大公园》；15日，徐曾《张爱玲和她的〈太太万岁〉》载《新民晚报·夜花园》；19日，沙易《评〈太太万岁〉》载《中央日报·杂艺》。

1948年

1月7日，莘薤《我们不乞求，也不施舍廉价的怜悯——一个太太看〈太太万岁〉》，洪深《恕我不愿领受这番盛情——一个丈夫对〈太太万岁〉的回答》在《大公报·戏剧与电影》上发表，左派文人批判张爱玲。

1949年

2月，参与桑弧创作的电影剧本《哀乐中年》，在上海潮锋出版社刊印，列为“文学者丛书”之七。

5月，上海解放。

是年，文华影片公司筹拍《金锁记》，中途停止。《哀乐中年》拍摄公映，由桑弧自编自导，实则此片有不少张爱玲的帮助。

1950年

3月25日至次年2月11日，长篇小说《十八春》在《亦报》连载，在社会上产生了强烈的反响。张爱玲表示，读者对其作品关心，她既感到高兴，又感到恐惧，并谈到她小说中的主人公是旧社会的牺牲者。

7月25日，《〈亦报〉的好文章》在《亦报》创刊一周年之际发表。

同月，上海召开第一次文学艺术界代表大会，张爱玲在夏衍的关照下应邀出席，坐在后排，在一片灰蓝的中山装中，她身着旗袍，外面罩了件网眼的白绒线衫，显得非常突出。

土改开始后，被夏衍安排文代会下乡参加土改两个多月。

1951年

参加中国旅行社办的临时观光团体，到杭州去过一次。

11月，《十八春》由上海《亦报》社出版单行本。

11月4日至次年1月24日，中篇小说《小艾》在《亦报》第三版连载。

上海市电影剧本创作所成立，夏衍兼所长，柯灵为副所长，夏衍拟聘张爱玲为编剧，但因有人反对，未能如愿。

张爱玲知道香港大学早已复学，遂写信联系申请继续因战争中断的学业，得到许可后，便积极策划离开大陆。

1952年

7月，持香港大学同意复学证明出境。9月进入港大。11月至次年2月赴日本东京与炎樱见面，因找不到工作又返港。

1953年

3月，返香港，先寄居于香港女青年会，为美国新闻署香港新闻处做翻译，译过海明威《老人与海》，玛乔丽·劳林斯《小鹿》、《爱默森文选》、华盛顿·欧文《无头骑士》等。认识了美新处处长麦卡锡夫妇，以及居住在香港的宋淇（笔名林以亮）、邝文美夫妇。

开始用英文写作长篇小说 *The Rice Sprout Song*（《秧歌》）。

《秧歌》英文本在美国出版，美国《纽约时报》、《星期六文学评论》、《时代》周刊相继发表书评。

构思《色，戒》，直到1957年才写出发表。

同时以中文写作长篇小说《赤地之恋》。

1954 年

1月起长篇小说《秧歌》与《赤地之恋》先后在香港《今日世界》连载。《赤地之恋》（英文名 *The Naked Earth*）由《今日世界》出版中文、英文单行本。

将陈纪滢的《荻村传》译成英文本。

7月，《张爱玲短篇小说集》由香港天风出版社出版。内容与《传奇》增订本同，并加一篇序言。

10月25日，将《秧歌》寄给客居美国的胡适，并写了一封信。

父亲张廷众于此年去世。

1955 年

1月25日，胡适将《秧歌》“仔细地看了两遍后”，回信表示对此书欣赏，他在为此书扉页的题辞上说：“写得真细致、忠厚”，“近年我读的中国文艺作品，此书当然是最好的了”，并要她多寄几本给他。

2月20日，给胡适回信寄了五本中文版《秧歌》，及《传奇》、《流言》与《赤地之恋》的英文本。

秋，乘“克利夫兰总统号”轮船，经由日本移居美国。《秧歌》英文版由纽约司克利卜纳（Scribner）公司出版。

经炎樱介绍，张爱玲住在纽约救世军办的职业女子宿舍。到纽约后，11月即与炎樱一道拜访胡适，后自己又单独拜访一次。

11月底，胡适到职业女子宿舍来看她，这是她与胡适见的最后一面。她后来曾写散文《忆胡适之》。

1956年

3月，获得爱德华·麦克道威尔（Edward Mac Dowell Colony）写作奖金，搬到美国东北部的新罕布什尔州小城彼得堡居住，至6月止。

在这里，她结识了美国左翼作家赖雅（Ferdinand Reyher）。赖雅1891年生于美国，1914年获哈佛大学文学硕士学位，1917年与美国女权运动家瑞碧卡·霍瑞琪结婚，后离婚。与著名作家刘易士、布莱希特交往密切。

8月18日，与赖雅在纽约结婚。

9月12日，英文小说 *Stale Mates*（《五四遗事》）发表于美国 *The Reporter*（《记者》）双周刊。

11月，重回麦克道威尔文艺营，完成英文小说《粉泪》（*Pink Tears*）。《赤地之恋》英文版由香港友联出版社出版。

从这一年开始，在宋淇安排下，为香港电懋电影公司编写剧本，计有《情场如战场》、《人财两得》、《六月新娘》、《温柔乡》、《桃花运》、《小儿女》等。电影剧本《情场如战场》开始摄制。

1957年

1月20日，小说《五四遗事》（中、英文）在台北夏济安主编的《文学杂志》第1卷第5期发表。《秧歌》由美国哥伦比亚广播公司（CBS）编为广播剧播出。

夏志清《张爱玲论》在台北《文学杂志》发表，对张爱玲小说成就给予高度肯定。

母亲黄逸梵在英国逝世。

1958 年

由胡适作保，申请到南加州亨廷顿·哈特福基金会（Huntington Hartford Foundation）的一个半年期的名额。该基金会是A&P超级市场后裔办的一个艺文作场，专门接待文艺家。半年以后她又与赖雅移居波士顿。

12月，胡兰成《今生今世》上册出版，邮寄张爱玲。次年9月，又寄下册。

1959 年

5月，移居旧金山。一边写英文小说，一边为香港电懋电影公司编写剧本。英译《荻村传》由香港虹霓出版社出版。

1960 年

7月，在旧金山加入美国国籍。

1961 年

3月，夏志清英文著作《中国现代小说史》由美国耶鲁大学出版社出版。

10月13日，为创作剧本《红楼梦》赴香港。先取道台湾，欲采访张学良，被拒。由麦卡锡安排与台湾大学的青年作家白先勇、王文兴、欧阳子、陈若曦、王祯和等会面畅谈，又到花莲、屏东，观看当地的山地舞与民族风俗。

10月底，赖雅在美国中风。得知赖雅病情稳定，无生命危险后，又乘飞机到香港。

11 月，为香港电懋电影公司编写《红楼梦》上下集，又改编《南北一家亲》、《一曲难忘》、《南北喜相逢》等电影剧本。剧本中一些粤语对白系与宋淇合作。

1962 年

3 月，回美国，与丈夫移居华盛顿，把根据好莱坞影片改编的《南北喜相逢》寄到香港。

7 月，译玛乔丽·劳林斯（Marjorie Rawlings）的《小鹿》，改名《鹿苑长春》出版，附“译后记”。

10 月，《南北一家亲》在香港上映。王天林导演，雷震与白露明主演。

1963 年

3 月 28 日，在美国的《记者》杂志发表英文散文 A Return to the Frontier(《重回前方》)，记这次台港之行。完成改编《魂归离恨天》剧本。

《美国诗选》（与人合译）在香港今日世界社出版。张爱玲译了爱默森的五首诗、梭罗的三首诗。

《欧文小说选》(与人合译）在香港今日世界社出版。张爱玲译了《无头骑士》一篇小说。

10 月 2 日，剧本《小儿女》在香港首映，王天林导演，雷震与尤敏主演。

1964 年

为“美国之音”编写广播剧，先后把陈纪滢《荻村传》、苏联索尔仁尼琴《伊凡生命中的一天》，以及莫泊桑、亨利·詹姆斯的作品改编播出，至1966年止。

《爱默森文选》（翻译）在香港今日世界社出版。分“计划”、“生活方式”、“诗”、“人物”、“书信”五章，前有“译者序”。

7月，剧本《一曲难忘》在香港首映，钟启文导演，张扬和叶枫主演。

9月，剧本《南北喜相逢》在香港首映，王天林导演，雷震与白露明主演。

《美国现代七大小说家》（与人合译）在台北出版。张爱玲译了辛克莱·路易士、欧纳斯特·海明威以及汤姆斯·沃尔芙三位作家的作品。

1966年

4月，《怨女》单行本由台北皇冠出版社出版，开始了与皇冠文化公司的合作。

《怨女》中文版在香港《星岛晚报》连载。

是年，开始《海上花》的国语译注。

夏，应邀参加印第安纳大学“东西文学关系讨论会”，发言谈中国电影。

9月，在迈阿密大学（Miami University）做过短期的驻校作家。

1967年

9月，到马萨诸塞州的剑桥（Cambridge），进入哈佛大学雷德克里夫女子学院作驻校作家，开始用英文翻译《海上花列传》。在哈佛燕京图书馆，看了《红楼梦》许多不同版本和有关研究著作，开始了对《红楼梦》的研究。

在哈佛期间曾应华人女作家於梨华邀请到纽约州立大学做过演讲。

10月，赖雅在波士顿病逝。

中英文对照的《睡谷故事》（即欧文的《无头骑士》）与他人译欧文的另一篇小说《李迫大梦》由香港今日世界社出版。

长篇小说《怨女》(*The Rouge of the Morth*) 在英国伦敦出版。

1968 年

2 月起，在《皇冠》月刊上连载《惘然记》(后改名《半生缘》)。

6 月起，长篇小说《秧歌》、《怨女》、《张爱玲小说集》(短篇小说)、《流言》先后在台北皇冠出版社出版。

同时也着手《红楼梦》与《海上花》的研究。

1969 年

4 月，在瑞克利夫研究院宣读论文《中国翻译作为文化影响的桥梁》。

6、7 月间，由夏志清推荐，移居美国西海岸柏克莱城，进入加利福尼亚大学柏克莱分校陈世骧主持的中国研究中心任研究员，为期两年。在柏克莱加大期间，主要研究大陆新出现的名词术语。同时在东方图书馆继续搜集《红楼梦》资料。张爱玲的作息时间与别人不同，常常中午起床，下午三四点钟上班，很少与人交往。

1970 年

9 月，青年作家水晶从美国东部到柏克莱，拜访张爱玲，张因病了很长时间，未见。

1971 年

5 月末，柏克莱加大比较文学系教授陈世骧因心脏病去世，张爱玲参加追悼会。

6月3日，写信约水晶见面。一周后，水晶夜访，长谈七个小时，谈古典名著、现代作家，以及自己的作品人物。水晶后来写了《初访张爱玲不遇》、《蝉——夜访张爱玲》记之。

同月底，结束在柏克莱加大的研究工作。

1972年

移居美国洛杉矶。

译著《老人与海》（海明威）由香港今日世界社出版。

《红楼梦未完》在台北幼狮文艺研究社出版的“幼狮月刊学术丛书”《红楼梦研究集》第30卷第40期发表。

1973年

9月，水晶《张爱玲的小说艺术》在台湾大地出版社出版。

《谈看书》在台北《中国时报·人间副刊》发表。

《初详红楼梦》在台北《皇冠》杂志发表。

1974年

5月，胡兰成从日本到我国台湾，在华岗文化学院任教授，讲授中国文化。台湾作家朱西宁想为张爱玲作传，知道他与张爱玲的关系，拜访他。胡兰成大讲张爱玲的小说以及他与张爱玲的关系。张爱玲与朱西宁断绝了书信往来。

同月，宋淇介绍她为香港中文大学写丁玲小说研究，主要研究丁玲早期小说，后因校方取消计划而没有动笔。

1975 年

《二详红楼梦》在《皇冠》杂志连载。同时完成《海上花列传》英译。

5 月，胡兰成《山河岁月》在台湾出版，拟续出《今生今世》，受到台湾文化界的讨伐，如余光中《山河岁月话渔樵》、胡秋原《汉奸胡兰成速回日本去!》。

7 月，创作自传体小说《小团圆》，写她与胡兰成恋爱事，本拟在台港连载，后在宋淇夫妇劝说下搁置未发。

1976 年

《红楼梦未完》由台北皇冠出版社出版单行本。

5 月，散文小说集《张看》由台北皇冠出版社出版。收入《忆胡适之》、《谈看书》、《谈看书后记》，以及上海沦陷时期未收入《流言》的散文旧作《姑姑语录》、《论写作》、《天才梦》，两部未完成的小说《连环套》、《创世纪》，并有自序一篇。封面为自己设计。后由香港文化·生活出版社再版。

是年，林以亮（宋淇）发表《私语张爱玲》，后收入其专著《昨日今日》中，1981 年 5 月由皇冠出版社出版。

1977 年

8 月，花了十年心血撰写的红学专著《红楼梦魇》由台北皇冠出版社出版，11 月再版。收入《红楼梦未完》、《红楼梦插曲之一》、《初详红楼梦》、《二详红楼梦》、《三详红楼梦》、《四详红楼梦》、《五详红楼梦》七篇。前有“自序”。封面为自己设计，集京剧脸谱而成。

1978 年

1 月，短篇小说《色，戒》在台北《中国时报·人间副刊》发表。

3 月 15 日，随笔《对现代中文的一点小意见》在台北《中国时报·人间副刊》发表。

4 月 11 日，《人间小札》在台北《中国时报·人间副刊》发表。

11 月 27 日，散文《羊毛出在羊身上——谈〈色，戒〉》在台北《中国时报·人间副刊》发表。

是年，创作中篇小说《同学少年都不贱》，未发表。身后 2004 年 2 月由皇冠出版。

1981 年

国语本评注《海上花》由台北皇冠杂志社出版。将原来吴语对白的《海上花列传》（韩子云著）译成国语，加了注评，并将原书六十四回的四回加以删并，成为六十回本，有“序言”和“译后记”。

《海上花》英译本“译后记”与本书第一、二两章又在香港中文大学翻译研究中心《译丛》“通俗小说特大号”上发表。英译稿后因搬家遗失。

张爱玲的姑姑张茂渊与李开第在上海结婚，80 年代张爱玲作品在大陆的版权即由李开第代理。

11 月，张葆莘《张爱玲传奇》在《文汇月刊》上发表，这是三十年来大陆首次有关张爱玲的文章。

1982 年

2 月，《关于〈笑声泪痕〉》发表，刊物不详，后收入《续集》。

唐文标编《张爱玲卷》出版。分四辑：第一辑收张爱玲 3 篇小说；第二辑收录胡兰成5篇文章；第三辑收《我看苏青》及有关她们二人的文章；第四辑收苏青文章9篇。

1983年

《殷宝滟送花楼会》（尾声）在台北《联合报·副刊》发表。

6月，小说剧本集《惘然记》由台北皇冠出版社出版。收入短篇小说《色，戒》、《浮华浪蕊》、《相见欢》，四十年代的《殷宝滟送花楼会》（加了“尾声”）、《多少恨》（附“前言”），电影剧本《情场如战场》。书前有“序言”。

10月1、2日，《国语本〈海上花〉译后记》在台北《联合报·副刊》发表。

1984年

1月3日，《〈海上花〉的几个问题》（英译本序），在台北《联合报·副刊》发表。

《倾城之恋》由许鞍华导演上映，这是张爱玲的小说第一次搬上银幕。

6月，《张爱玲资料大全集》（唐文标主编）由台北时报文化出版事业有限公司出版。收集了张爱玲的许多图片、小说初稿与有关研究文章。后因著作权问题被停止发行。

是年起，由于蚤子而引起的皮肤病，她只得迁于洛杉矶汽车旅馆（Motels），多次搬迁，直到1988年始痊愈。

1985年

2月，柯灵的回忆文章《遥寄张爱玲》在《香港文学》第2期发表，对研究张爱玲有历史文献价值。

夏，庄信正介绍朋友林式同为张爱玲生活上的照料人，帮助她搬家、办理各种手续。

是年，《传奇》由上海书店影印出版。

1986 年

2 月，小说集《传奇》由人民文学出版社重新排印，前附作者像。

12 月 27 日起至次年 1 月 18 日，《小艾》在台北《联合报 · 副刊》连载。

1987 年

2 月 3 日，王祯和在“台视”答记者问，回忆 1961 年张爱玲的台湾之行。这篇题作《张爱玲在台湾》的访问录，后来发表在《联合文学》第 29 期。

3 月，《流言》由上海书店影印出版。

《联合文学》第 29 期推出“张爱玲专号”，发表港台研究张爱玲的文章多篇，特别是首次发表电影剧本《南北喜相逢》、《小儿女》等。

《十八春》由江苏文艺出版社重印，署名张爱玲。

《半生缘》由花城出版社重印。

《爱默森文选》由北京三联书店重印。

5 月，《余韵》由台北皇冠出版社出版，收入旧作散文《散戏》、《中国人的宗教》、《“卷首玉照”及其他》、《双声》、《气短情长及其他》、《我看苏青》、《华丽缘》，小说《小艾》，后两篇略有改动。

1988 年

2 月，《续集》由台北皇冠出版社出版。收五十年代以后的作品散文《关于〈笑声泪痕〉》、《羊毛出在羊身上》、《表姨细姨及其他》、《谈吃与画饼充饥》、《国语本〈海上花〉译后记》，电影剧本《小儿女》、《魂归离恨天》，短篇小说《五四遗事》中、英文本。另有自序。

3 月，郑树森编选《张爱玲的世界》由台北允晨文化公司出版。

迁居林式同建造的 Lake St. 公寓

1989 年

1 月 20 日，致弟弟张子静信。

3 月间，外出被汽车撞伤，右肩骨裂。

5 月 25—30 日，剧本《太太万岁》在台北《联合报》连载。

9 月，散文《草炉饼》在台北《联合报·副刊》发表。

1990 年

9 月 25 日，散文《“嗄?”》在台北《联合报·副刊》发表。

9 月 30 日—10 月 23 日，剧本《哀乐中年》被误作张氏作品在《联合报·副刊》连载。

由但汉章导演的《怨女》、关锦鹏导演的《红玫瑰与白玫瑰》搬上银幕。

1991 年

移居林式同介绍的 Rochester Ave. 公寓，直至去世。

5 月，《赤地之恋》由台北皇冠文学出版有限公司出版。

6月，姑姑张茂渊在上海去世，终年九十岁。遗嘱不举行告别仪式，骨灰随便撒掉。张爱玲得知后写信给李开第表示哀悼。

7月，《张爱玲全集》由台北皇冠文学出版有限公司出版。

1992年

2月14日，在律师处签下遗嘱两项：一、所有的私人物品留交香港的宋淇夫妇；二、不举行任何葬礼，将遗体火化，骨灰撒到任何空旷的地方。

6月，《张爱玲散文全编》由浙江文艺出版社出版。

7月，金宏达、于青编《张爱玲文集》（四卷本）由安徽文艺出版社出版。1994年又增补《红楼梦魇》一册。

10月，《天才奇女——张爱玲》（于青著）由百花文艺出版社出版；又中国青年出版社1994年再版。

1993年

4月3日，张爱玲的三篇佚文《写〈倾城之恋〉的老实话》、《罗兰观感》、《被窝》，刊于《文汇读书周报》。陈子善的介绍文章中还引录了张爱玲给《春秋》主编陈蝶衣的一封信。

11月，《对照记——看老照片》图文在台北《皇冠》杂志连载。

12月，《张爱玲传》（余斌著）由海南国际新闻出版中心出版。

1994年

《对照集》作为《全集》的一种由台北皇冠出版社出版。

9月，获台湾地区第十七届时报文学奖“特别成就奖”。

12月3日，《忆西风——第十七届时报文学奖特别成就奖得奖感言》载台北《中国时报·人间副刊》。

1995 年

9 月 8 日，在美国洛杉矶 10911 Rochester Ave. 公寓死后一星期才被发现，海内外报纸纷纷做了报道。19 日遗体火化。遗物由宋淇、邝文美夫妇处理。

9 月 30 日，生前好友美籍华人夏志清、张错、林式同、张信生、高全之等在加州玫瑰岗墓场为她举行了追悼会。追悼会后，骨灰撒入太平洋。

[附录三]

张爱玲传记资料目录*

《写在〈紫罗兰〉前头》，周瘦鹃，1943 年 5 月

《女作家座谈会》，吴江枫记，《杂志》1944 年 4 月

《论张爱玲的小说》，迅雨（傅雷），《万象》第三年第 11 期（1944 年 5 月）

《评张爱玲》，胡兰成，《杂志》1944 年 5、6 月

《〈传奇〉集评茶会记》，吴江枫记，《杂志》1944 年 9 月

《说张爱玲》，柳雨生，《风雨谈》1944 年 10 月

《苏青与张爱玲》，谭正璧，《风雨谈》1944 年 11 月

《记张爱玲》，汪宏声，《语林》第 1 卷第 1 期，1944 年 12 月

《观〈倾城之恋〉》，柳雨生，《中华日报·副刊》1944 年 12 月 28 日

《评张爱玲的〈流言〉》，许季木，《杂志》1945 年 1 月

《剧坛巡礼·倾城之恋》，应贲，《杂志》1945 年 1 月

---

* 此“目录”大致以时间先后编排，1995 年以前详录，之后选择提供第一手文献的重要资料；凡报刊、出版社涉及香港、台湾地区的特别注明。由于所见有限，难免遗珠之憾。

《致钱公侠信》，汪丹山、何杏仙，《语林》第 1 卷第 2 期，1945 年 1 月 25 日

《苏青张爱玲对谈记》，吴江枫记，《杂志》1945 年 3 月

《张爱玲与左派》，胡览乘，《天地》，1945 年 6 月

《浪子与善女人》（外四篇），炎樱，张爱玲译，《杂志》1945 年 7 月

《纳凉会记》，吴江枫记，《杂志》1945 年 8 月

《张爱玲哪里去了?》，慕容妍，《辛报》1945 年 9 月 13 日

《推荐梁京的小说》，叔红，《亦报》1950 年 3 月 24 日

《梁京何人?》，传奇，《亦报》1950 年 4 月 6 日

《〈十八春〉事件》，齐甘，《亦报》1950 年 9 月 11 日

《与梁京谈〈十八春〉》，叔红，《亦报》1951 年 9 月 17 日

《也谈〈十八春〉》，明朗，《亦报》1950 年 9 月 30 日

《记梁京》，高唐，《亦报》1951 年 2 月 15 日

《张爱玲一瞥》，陈若曦，台北《现代文学》1961 年 11 月号

《中国现代小说史》“张爱玲”专章，夏志清，美国耶鲁大学出版社，1961 年（英文版，夏济安译为中文）

《读张爱玲著〈怨女〉偶拾》，水晶《抛砖记》，台北三民书局，1969 年

《读张爱玲新作有感》，水晶，同上

《谈〈秧歌〉的结构》，水晶，同上

《张爱玲的短篇小说》，夏志清，《爱情、社会、小说》，台北纯文学出版社，1970 年

《评〈秧歌〉》，夏志清，同上

《访张爱玲女士》，殷允芃，《中国人的光辉及其他》，台北志文出版社，1971 年

《〈秧歌〉中的情与景——兼谈其时代感》，康来新，台北《幼狮月刊》第34卷第1期，1971年7月

《从〈封锁〉看〈封锁〉的境界》，董挽华，台北《幼狮月刊》第35卷第6期，1972年6月

The Short Stories of Chang Ai-ling：A Literary Analysis，By Curtis Peter Adkins，柏克莱加大文学硕士论文，1972年

《张爱玲的小说艺术》，水晶，台北大地出版社，1973年。计有：

《寻张爱玲不遇》

《蝉——夜访张爱玲》

《夜访张爱玲补遗》

《张爱玲的处女作》

《象忧亦忧》

《〈炉香〉袅袅〈仕女图〉》

《关于〈沉香屑：第一炉香〉》

《试论张爱玲〈倾城之恋〉的神话结构》

《在群星里也放光》

《潜望镜下一男性——我读红白玫瑰》

《从张爱玲的小说看作家地位的论定》，林柏燕，《文学探索》，台北书评书目出版社，1973年

《张爱玲的女性本位》，高全之，台北《幼狮文艺》第38卷第2期，1973年8月

《抗战时代落水作家述论》（三），台北《反攻》第384期，1974年3月

《由张爱玲看中国传统在文学中的优点》，马庄穆，于锡娟译，台北

《文香》第3期，1974年5月

《张爱玲的小说艺术》，也斯，香港《快报》1974年5月31日至6月7日

《未完成的旧作》，也斯，香港《快报》1974年6月25、26日

《我看〈连环套〉》，傅禺，台北《幼狮文艺》第40卷第2期，1974年8月

《〈秧歌〉里的中国农民》，许家石，台北《中外文学》第3卷第4期，1974年9月

《张爱玲·〈红楼梦〉·郁达夫》，林柏燕，台北《中华文艺》第8卷第4期，1974年12月；又收入作者著《文学印象》，台北大林出版社，1978年

“Eileen Chang's Bridges to China” by Jeannie Bohlmeye，Tamkang Review 5：1，1974

《评唐文标的〈论张爱玲早期的小说〉——兼谈其“实事求是，不作调人”》，银正雄，台北《书评书目》第22、23期，1975年2—3月

《记张爱玲》，潘柳黛，香港《南北极》第58期，1975年3月

《张爱玲》，陈敬之，台北《畅流》第52卷第3、4、7、9、12期，1975年9月—1976年2月

《最怪的女作家张爱玲》，董千里，香港《中国文选》第101期，1975年9月

《张爱玲的旧作和新著》，克亮，台北《象牙塔外》第3期，1975年10月

《〈金锁记〉读后赘言》，张健，《读书与品书》，台北“国家出版社”，1975年增订版

《评介〈张爱玲短篇小说集〉》，张健，同上

《今生今世》，胡兰成，台北远行出版社，1976年，内有《记张爱玲》

《张爱玲杂碎》，唐文标，台北联经出版事业公司，1976 年。计有：

《一级一级走向没有光的所在——张爱玲短篇小说长论》
《又热又熟又清又湿——张爱玲小说〈连环套〉》
《关于迅雨〈论张爱玲的小说〉》（附：迅雨《论张爱玲的小说》）
《张爱玲小说系年》
《张爱玲旧作新魂》
《跋〈张爱玲杂碎〉》

《看〈张爱玲杂碎〉》，王翟，台北《书评书目》第 42 期，1976 年 12 月

《张爱玲的〈半生缘〉》，王拓《张爱玲与宋江》，台北蓝灯文化事业公司，1976 年

《先觉者·后觉者·不觉者——谈〈张爱玲杂碎〉》，朱西宁，台北《书目书评》第 42 期，1976 年 10 月

《张爱玲研究》，林佩芬，台北《中华文艺》第 12 卷第 2 期，1976 年 10 月

《读张爱玲的〈张看〉》，项青，台北《书目书评》第 42 期，1976 年 10 月

《张爱玲语录》，林以亮，香港《明报月刊》第 132 期，1976 年 12 月

《倾城佳人白流苏——论张爱玲的〈倾城之恋〉》，台北《中华文艺》第 12 卷第 5 期，1977 年 1 月

《〈怨女〉与〈金锁记〉之比较》，陈嵘，台北《中华文艺》第 12 卷第 5 期，1977 年 1 月

《试评〈秧歌〉》，马叔礼，台北《中外文学》第 5 卷第 10 期，1977 年 3 月

《〈封锁〉分析》，陈炳良，香港《明报月刊》第141期，1977年9月

“Themes and Techniques in Eileen Chang's Stories”, by Stephen Cheng Tamkang Revien 8：2，1977. 10

《张看》（书评），黄俊东《猎书小记》，香港明窗出版社，1977年12月

《细说〈半生缘〉》，林柏燕《文学印象》，台北大林出版社，1978年

《看张——〈相见欢〉的探讨》，林佩芬，台北《书目书评》第70期，1979年2月

《文学评论——古典与现代》（有关《金锁记》与《怨女》的一篇），李元贞，台北牧童出版社，1979年

“Unwelcome Muse：Chinese Literature in Shanghai and Peking 1937—1945” by Edward M. Gunn Jr. New York：Columbia University Press，1980

《从张爱玲的〈五四遗事〉说起》，林以亮《昨日今日》，台北皇冠出版社，1981年

《张爱玲传奇》，张葆莘，《文汇月刊》1981年11月；又转载于香港《南北极》第140期，1982年1月

《张爱玲短篇小说中的“启悟”主题》，陈炳良、黄德伟，台北《中外文学》第11卷第2期，1982年7月

《评张爱玲的短篇小说》，颜纯钧，《文学评论丛刊》第15辑，1982年11月

《张爱玲卷》，唐文标编，香港艺文图书公司，1982年

“Fiction and Autobiography：Spatial Form in The Golden Cangue and The Woman Warrior” by Lucier Miller and Hui-chuan Chang，1983年

《张爱玲短篇小说论集》，陈炳良，台北远景出版事业公司，1983年初版，1985年再版

《开向沪港“洋场社会”的窗口——读张爱玲小说集〈传奇〉》，赵

园，《中国现代文学研究丛刊》1983年第3期

《张爱玲资料大全集》，唐文标主编，台北时报文化出版事业有限公司，1984年

《张爱玲研究》，唐文标，台北联经出版事业公司，1983年12月

《张爱玲的小说世界》，张健主编，台北学生书局，1984年7月。计有：

《张爱玲小说中的女性》，郭玉雯

《张爱玲小说中的男性世界》，张钧莉

《从人物塑造和写景谈张爱玲小说的语言》，沈冬青

《张爱玲小说的讽刺艺术》，沈乃慧

《张爱玲小说中的日月意象》，曹淑娟

《张爱玲与姜贵反共小说之比较》，吕清泉

《奇女子张爱玲》，杨翼编，香港奔马出版社，1984年8月

《一支淡淡的哀歌——评张爱玲的〈秧歌〉》，龙应台，台北《新书月刊》第16期，1985年1月

《遥寄张爱玲》，柯灵，香港《香港文学》第2期，1985年2月；又载于《读书》1985年第4期

《张爱玲与陈若曦》，舒非，香港《中报月刊》1985年5月；又载于《深圳特区报》1985年6月3日

《张爱玲和她的〈金锁记〉中的曹七巧》，黄万华，《牡丹江师院学报》1986年第1期

《走过三十年代的传奇——张爱玲短篇小说欣赏》，白蕴华，《文艺月刊》第204期，1986年6月

《张爱玲创作中篇小说〈小艾〉的背景》，陈子善，香港《明报月刊》1987 年 1 月号

《〈金锁记〉与〈红楼梦〉》，吕启祥，《中国现代文学研究丛刊》1987 年第 1 期

《张爱玲的小说世界——评小说集〈传奇〉》，胡凌芝，《抗战文艺研究》，1987 年第 1 期

《〈亦报〉载评张爱玲文集辑录小引》，陈子善，香港《明报月刊》1987 年 4 月号

《〈小艾〉在我心》，萧锦绵，同上

《张爱玲启悟小说的人性深层隐秘与人性观照——评〈茉莉香片〉与〈沉香屑：第二炉香〉》，张国祯，《海峡》1987 年第 1 期

《丁玲与张爱玲：一个时代的升腾飞扬与苍凉坠落》，钱荫榆，《贵州民族学院学报》1987 年第 2 期

《以庸俗反当代》，蔡美丽，《当代》1987 年 6 月

《女性传奇的张力——略谈张爱玲的小说》，薛建中，《文学报》1987 年 7 月 2 日

"Moon, Madness, and Mutilation in Elieen Chang's Translution of the Golden Cangue", by Shirley J. Paolini, Presented at the Fifth Quadriannial International Comparative Literature Conference at Tamshui, Taiwan, on August 10, 1987

"In Feminine Datail: Modernity and Narration in Four Modern Chinese Writer", by Rey Chow, Presented at The Fifth International Conference on Literary Theory, University of HongKong, on December 11, 1987

《略论张爱玲的中篇小说——〈倾城之恋〉序》，载《倾城之恋》，广西人民出版社，1987 年

《张爱玲的"失落者"心态及创作》，宋家宏，《文学评论》1988 年第

1 期

《张爱玲二三事》，司马新，香港《明报月刊》1988 年 3 月号

《张爱玲小说艺术管窥》，饶芃子、黄仲文，《香港文学》第 39 期，1988 年 3 月

《也说张爱玲》，其佩，《新民晚报》1988 年 6 月 4 日

《张爱玲和张爱玲的“冷”》，饶芃子，《语文月刊》1988 年第 3 期

《埋没五十载的张爱玲“少作”》，陈子善，香港《明报月刊》1989 年 1 月

《张爱玲的世界》，郑树森编，台北允晨文化实业股份有限公司，1989 年

《华丽缘——我的邻居张爱玲》，戴文采，《女人啊！女人》，台北圆光出版社，1989 年 11 月

《雏凤新声——新发现的张爱玲早期习作》，陈子善，香港《明报月刊》1990 年 7 月

《在女作家客厅里》，李君维，《新民晚报》1990 年 8 月 1 日

《张爱玲的感性世界——析〈流言〉》，余凌，《读书》1991 年第 7 期

《张爱玲生平和创作活动简记》，孙瑞珍，《新文学史料》1989 年第 2 期

《张爱玲佚文三篇》，陈子善辑录，内容包括《写〈倾城之恋〉的老实话》、《罗兰观感》、《被窝》，还有张爱玲给《春秋》主编陈蝶衣的一封信。《文汇读书周报》1993 年 4 月 3 日

《苏青评张爱玲和张爱玲的二幅画》，陈子善，香港《明报月刊》1993 年 4 月

《在茫茫报海中搜寻——张爱玲佚文钩沉记》，陈子善，香港《明报月刊》1993 年 5 月

《天才奇女——张爱玲》，于青，百花文艺出版社，1992 年 10 月

《张爱玲传》，余斌，海南国际新闻出版中心，1993年12月

《张爱玲的〈太太万岁〉》，郑树森，《从现代到当代》，台北三民书局，1994年2月

《张爱玲与苏青》，静思编，安徽文艺出版社，1994年6月。有关于苏青的五篇文章，附录有：《记炎樱》，路易士

《贵族才女张爱玲》，萧南编，四川文艺出版社，1995年5月。除以上已载外，尚有：

《我的姊姊张爱玲》，张子静

《一封信》，炎樱

《南来随笔》，沈启无

《张爱玲在台湾——王祯和答丘彦明访问》

《张爱玲·赖雅·布莱希特》，郑树森

《张爱玲的爱人》，张放

《移居美国的张爱玲》，王一心

《张爱玲生平创作活动简记》，孙瑞珍

《关于张爱玲生平创作情况的补正》，王景山

《张爱玲著译〈海上花〉》，施康强

《张爱玲的奇喻和“伟大的瞬间”》，张叹凤

《张爱玲金针巧绣》，沈谦，台北《“中央日报”》1995年8月25日

《金童玉女半生缘——胡兰成与张爱玲》，张瑞芬，台北《“中央日报”》1995年10月4、5、6日

《最后的贵族——张爱玲》，胡辛，二十一世纪出版社，1995年9月

《喜欢苍凉，更喜欢悲壮——海外作家谈张爱玲》，《文汇读书周报》

1995年10月7日

《她，安详地躺在地上，盖着毯子》，同上

《怀念我的姊姊张爱玲》，张子静，《文汇报》1995年10月12日

《关于张佩纶》，金性尧，《文汇读书周报》1995年10月28日

《对语言学和翻译学的独到见解——关于张爱玲佚文的说明》，陈子善，《文汇读书周报》1995年11月4日

《寻找张爱玲》，萧关鸿，《南方周末》1995年11月10日

《私语张爱玲》，陈子善编，浙江文艺出版社，1995年11月

《张爱玲的文学情结》，鲲西，《文汇读书周报》1995年12月2日

《张爱玲的祖父张佩纶》，陈宏魁、陈图麟，《周末》1995年12月2日

《永远的张爱玲——弟弟、丈夫、亲友笔下的传奇》，季季、关鸿编，学林出版社，1996年1月

《作别张爱玲》，陈子善编，文汇出版社，1996年2月

《张爱玲在美国：婚姻与晚年》，司马新，徐斯、司马新译，上海文艺出版社，1996年7月

《我与张爱玲的垃圾》，季季，《小说界》1996年第10期

《四十年代初的张爱玲》，沈立行，《档案与史学》1996年第2期

《永远的"流言"：最新出炉的张爱玲遗札特辑》，夏志清，《书城》1998年第1—6、10、12期

《张爱玲·香港·电影》，罗卡，《书城》1998年第6期

《今生缘〈张爱玲在美国〉之外一章》，司马新，《书城》1998年第12期

《张爱玲〈天才梦〉和文学奖》，陈子善，《作家》2001年第1期

《张爱玲与"附逆文人"事件》，张光芒，《学问》2001年第4期

《说不尽的张爱玲》，陈子善，上海三联书店，2004年5月

《替张爱玲补妆》，水晶，山东画报出版社，2004 年 5 月

《再读张爱玲》，刘绍铭、梁秉钧、许子东编，山东画报出版社，2004 年 5 月

《张爱玲的风气——1949 年前张爱玲评说》，陈子善，山东画报出版社，2004 年 5 月。除以上已载外，尚有：

《〈传奇〉的印象》，顾乐水（章品镇）

《张爱玲的风气》，东方蝃蝀（李君维）

《读张爱玲〈传奇〉》，吴小如

《〈倾城之恋〉演出特刊》评论选

《评舞台上之〈倾城之恋〉》，沙岑

《细腻简洁——观〈倾城之恋〉后》，无忌

《〈倾城之恋〉赞》，蝶衣（陈蝶衣）

《所谓“浮世的悲欢”——〈太太万岁〉观后》，方澄

《评〈太太万岁〉》，沙易

《〈太太万岁〉的太太》，东方蝃蝀（李君维）

《恕我不愿领受这番盛情——一个丈夫对于〈太太万岁〉的回答》，洪深

《我们不乞求也不施舍廉价的怜悯——一个“太太”看了〈太太万岁〉》，莘薤

《记忆张爱玲》，陈子善，山东画报出版社，2004 年 5 月，包括：

《初见张爱玲，喜逢刘金川——兼忆我的沪江岁月》，夏志清

《我所知道的张爱玲》，刘金川

《怀念我的姊姊张爱玲》，张子静

《往事哪堪回味——〈张爱玲传奇〉观后》，古之红

《两记张爱玲》，魏绍昌

《且说炎樱》，李君维

《张爱玲的广播剧——记〈伊凡生命中的一天〉》，高克毅

《落难才女张爱玲》，刘绍铭

《与张爱玲擦肩而过》，陈少聪

《她在蓝色的月光中远去——与张爱玲书信往来》，姚宜瑛

《张爱玲拜节》，姚宜瑛

《瑰美的传奇·永恒的停格——结缘张爱玲》，平鑫涛

《花忆前身——回忆张爱玲和胡兰成》，朱天文

《“我的同学张爱玲……”——顾淑琪女士访问记》，舒明

《张爱玲二三事——访张爱玲姑丈记》，司马新

《访宋淇谈流行歌曲及其他》，水晶

《张爱玲与香港美国新闻处——访问麦卡锡先生》，高全之

《〈天才梦〉获奖考》，陈子善

《发掘张爱玲四十年代史料随想》，陈子善

《无心插柳柳成荫——〈郁金香〉发现始末》，吴福辉，李楠

《张爱玲的香港大学因缘》，黄康显

《林以亮〈私语张爱玲〉补遗》，高全之

《张爱玲的英文自白》，高全之

《张爱玲怕谁?》，苏友贞

《张爱玲与两个片种》，郑树森

《改编张爱玲》，郑树森

《张爱玲梦魇——她的六封家书》，周芬伶

《我听到她在唱歌——赖雅日记中的张爱玲》，周芬伶

《初识张爱玲〈海上花〉英译稿——兼谈南加大“张爱玲特藏”始末》，张错

《张爱玲·夏志清·〈海上花〉》，浦丽琳

《落地的麦子不死——张爱玲与张派传人》，王德威，山东画报出版社，2004 年 5 月

《张爱玲海外生活的“另一炉香”》，陈子善，《上海文学》2004 年第 9 期

《落难才女张爱玲》，刘绍铭，《书城》2005 年第 8 期

《〈郁金香〉发表始末初探》，陈子善，《上海文学》2005 年第 10 期

《张爱玲给吉田丰子的信》，张欣，《中国现代文学研究丛刊》2005 年第 6 期

《自夸与自鄙——张爱玲的书信演出》，苏伟贞，《书城》2007 年第 1 期

《清如水、明如镜的秋天——张爱玲来信笺注》，庄信正，《书城》2006 年第 5—7 期，2007 年第 2、6、7 期

《张爱玲与小报——从〈天地人〉“出土”说起》，陈子善，《书城》2007 年第 9 期

《从吴友如到张爱玲：19 世纪 90 年代到 20 世纪 40 年代海派媒体“仕女”插图的文化演绎》，姚玳玫，《文艺研究》2007 年第 1 期

《史实与秩序——谁最早发现张爱玲英译〈海上花〉遗稿?》高全之，《书城》2008 年第 9 期

《张爱玲遗札，十四年后送达上海》，陈子善，《读书文摘》2010 年第 6 期

《张爱玲文坛交往录（1943—1952，上海）》，蔡登山，《新文学史料》2011 年第 1 期

《女装·时装·更衣记·爱——张爱玲与恩师许地山》，邵迎建，《新文学史料》2011 年第 1 期

《张爱玲译事年表》，陈亚明，《新文学史料》2011 年第 1 期

《张爱玲祖籍暨家系考略》，韩荣钧、吴善中，《民国档案》2011 年第 1 期

《作者抑或工匠——张爱玲的电懋剧本》，张承宇，《北京电影学院学报》2011 年第 2 期

后记

时间过得真快，一转眼已经过去了十六七年。“弃我去者，昨日之日不可留。”看着这本旧作，感觉时间的加速度真是可怕。

这本传记，原是在张爱玲去世后不久动笔写的，当时有感于张爱玲作品的华美和她去世的凄凉，故取名为《魂归何处——张爱玲传》。随着时间的推移，张爱玲的一些旧作特别是她的自传体小说《小团圆》等被发现，新的研究资料不断出现，迫使我这次修订也不得不对原来的传记作了很大的修改，有许多地方已经改得面目全非，书名也改为《流言与传奇——张爱玲评传》。

看着旧作，感觉像是重温旧梦。当年，萌生了写此书的想法，有好长一段时间，我完全沉浸在张爱玲的世界里。一回到家，就扎进书房，关上窗户，拉严窗帘，与外界完全隔绝，沉进她的作品中，寝食俱废，往往是通宵达旦。我这个人天资愚钝，写什么人的传记，就要完全沉入传主的生活当中，翻来覆去地读作品，排比各种资料，编写年谱，追踪传主的生平历程，体味传主的个性特征，还原传主的生活情景。那时心里想的、嘴中念的、手上写的都是张爱玲，甚至睡梦中也常常梦见她。就这样，像单相思的人写情书似的，花了整整两三个月的时间，一气呵成，写完此书，才算从梦游中走出来。写完之后，时过境迁，隔一段时间再来审视当初的稿子，再加修改，就会感觉更客观一些。十多年来，常常有热心的读者与我联系，提出各种意见建议，给我提供新的资料，特别是海内外关于张爱玲的研究已有很多新的成果，故趁着这次修订的机会，我尽量都吸收进来。在此谨向所有的专家学者以及本书的读者致以诚挚的谢意。

二十年来陆续写了一些传记作品，完全出于对作家作品的喜爱。因为喜爱，才有创作的冲动，才会在创作中融入自己的感情。也有评论者批评有“溢美”之嫌（比如批评拙著《钱钟书传》）。我个人觉得溢美并不完全是“坏事”，在本着传记真实性的前提下，作者完全可以根据自己的判断作出自己的评价。比起夏志清先生《中国现代小说史》来，我对钱钟书、张爱玲作品的评价还很不够，远远称不上“溢美”。

本来这本旧著已经成为历史的陈迹，承蒙商务印书馆厚艳芬女士垂青，并给予许多有益的建议，而修订再版。所以就趁着这个机会做个交代，算是给这不可留的时光留下一些痕迹，在生命里，也在书本上。

孔庆茂

2013 年 1 月